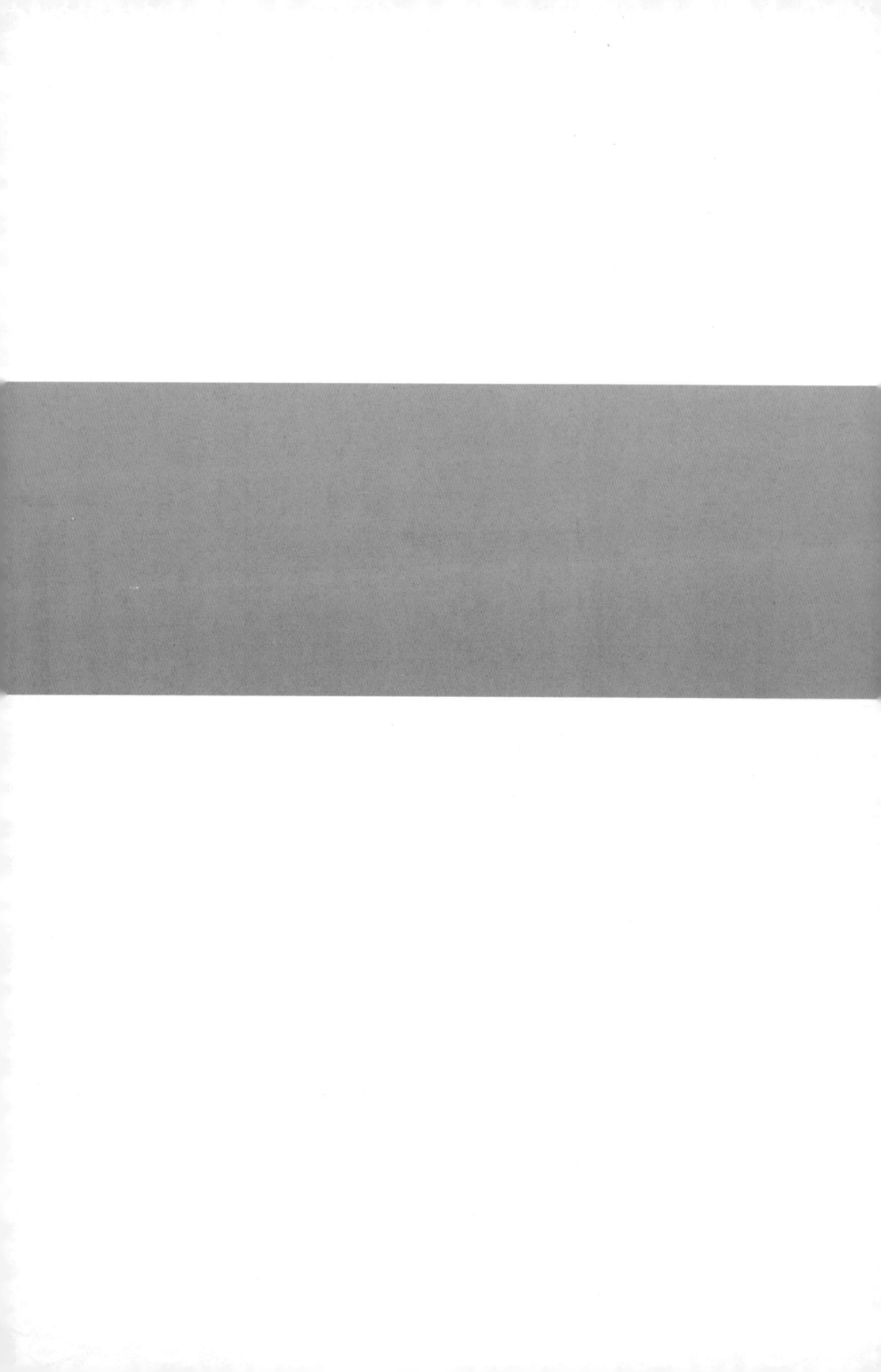

马克思恩格斯法正义观研究

突破传统研究对象和研究方法界限的一个尝试

着力从法哲学和思想史的角度，以马克思恩格斯的法正义观为线索

试图贯通马克思主义法学与马克思主义伦理学的有机联系

人民出版社

目　录

导　　论

正义是人类社会的一种基本价值，更是法的最高和终极价值体现。马克思恩格斯作为科学社会主义理论的创始人，虽然没有专门论著直接阐述正义与法问题，但通过对近代资本主义制度的深刻批判以及对未来共产主义制度的不懈追求，表达了经典作家科学辩证的法正义观。

一、理论价值与现实意义

自有文字记载的人类社会历史以来，正义就与人类形影相随，作为评价人类行为以及诸多人类创造物的标尺。人们在一代又一代前赴后继的探索中，深刻地认识到，"有一种东西，对于人类的福利要比任何其他东西都更重要，那就是正义。"① 正义是一个专属于人类的价值概念，它承载着人类对于理想社会状态的期盼与设计。"正义如同日月星辰一样始终照耀着、指引着人类追求理想社会状态的发展之路。"② 当然，正义也是法的价值，且应作为法的最高和终极价值追求。但是，何谓正义？如何实现正义？正义和法之间到底是什么关系？什么是法正义？法律自身怎样才能体现正义？法正义又如何去促进社会中的其他因素（他者）实现正义？对这些问题的思考却是仁者见仁、智者见智。异彩纷呈的理论学说，林林总总的体系设计，以及层出不穷的创新实践，构成了人类政治法律思想史上绵延不绝的永恒主题。

时至今日，这些问题在学界不但没有达成深层次的共识，反而出现了越来越多的理论困惑。20 世纪 70 年代，罗尔斯的《正义论》一问世，在世界社会科学研究领域犹如一石激起千层浪，引来不同学科从多种角度对正义问题的多面夹击。罗尔斯由此被封为新自由主义的领军人物。罗尔斯正义论的反响此起彼伏，赞同维护者有之，批判颠覆者有之，修补完善者有之。各种观点交锋

---

① 周辅成编：《西方伦理学名著选辑》下卷，商务印书馆 1987 年版，第 534 页。

② 张恒山：《法理要论》第 3 版，北京大学出版社 2009 年版，第 203 页。

对阵,难决高下。在众说纷纭、莫衷一是的正义问题上,我们不禁产生了这样一个疑问,社会主义学者为何在这里出现了缺席,他们对这一问题是如何认识的?社会主义的思想先驱——空想社会主义者没有系统地对正义问题进行论述;马克思和恩格斯本人也从来没有正面阐述过他们的正义理论。因此,从20世纪下半叶开始,就有关"马克思与正义"的关系问题,围绕"马克思是赞成还是反对正义?马克思是否批判资本主义为不正义?马克思基于什么批判资本主义?"等子问题,在西方马克思主义阵营中,引发了一场错综复杂的理论交锋。

纵观社会主义学说的形成发展史,从其思想源头到理论成熟再到实践检验和继承发展的思想脉络中,正义理想始终是或隐或显地贯穿其中的一条精神红线,特别是作为无产阶级革命导师的马克思恩格斯更是无时无刻不在为正义理想而奋斗,正义是马克思恩格斯科学社会主义学说中的核心价值。在马克思恩格斯的法哲学思想体系中,蕴涵着对社会基本制度正义问题的思考。可以肯定地说,正义是马克思恩格斯法哲学的一个重要范畴。他们通过对历史发展必然规律的揭示,客观分析了资本主义社会的弊端,然后得出了资本主义社会必然灭亡而社会主义社会必然胜利的结论,其间蕴涵着无产阶级对社会制度的正当性、合理性的是非评判与价值选择。"尽管马克思恩格斯没有专门论述法与正义问题,但他们的著作中包含着丰富的有关思想,这些思想形成了唯物主义关于法与正义的理论基础,为后人探研法与正义问题提供了科学的方法论根据。"①应该说,马克思恩格斯不但存在正义思想,而且正义对法的批判(法正义观)在他们的整个科学社会主义理论体系中还占有极其重要的地位。在当代中国,社会主义法治国家、法治政府、法治社会一体建设要取得实效,不能忽视法正义理论的构建。而研究当代中国的法正义问题,必须回到科学社会主义的经典作家马克思恩格斯那里,必须回到他们的理论原点。惟有在此坚实的基础之上,将马克思恩格斯法正义观与当代中国实际相结合,将正义理想与实践探索相结合,对法正义问题的诠释才有可能提到一个新的高度。离开马克思恩格斯法正义观这一坚实的根基,中国的法正义理论创新则无异于缘木求鱼和沙丘之上建立空中楼阁。

迄今为止,国内外关于马克思恩格斯法律观和正义观的研究总体上是分两条线进行的,二者始终是割裂的。而对马克思恩格斯法正义观的研究,几乎

---

① 孙国华、郭华成:《马克思主义法正义观初探》,《中国法学》1991年第3期。

付之阙如。在西方法律思想史上，正义与法的关系历来是西方主流法学派别争论的焦点问题之一。法理学或法哲学的本意即是有关法的正当性即法自身正义与否问题的追问和反思。在马克思恩格斯创建的浩瀚博大的理论体系中，对此问题的认识亦有许多独到之处。另外，在研究方法上，国内外关于马克思恩格斯法或法律观、正义观的研究，大多局限于马克思恩格斯的文本，从他们的字面论述中找寻法、法律、正义的字眼和痕迹，欠缺了历史的纬度。这种文本主义的研究方法对于廓清马克思恩格斯法正义观的具体内容有所助益，但结论总不免断章取义并流于肤浅。

　　理论研究是一项前赴后继的事业，前有古人后有来者。任何理论体系都不是从天上掉下来的，也不是任何人的头脑中固有的，它总是一种基于前人研究基础上的思考和基于特定历史潮流以及现实环境下的创造。对马克思恩格斯法正义观的研究涉及哲学、伦理学、政治学、经济学、社会学、法学等多个学科，历来为学界的"关门研究"所限制。学科之间的孤立发展，影响了马克思恩格斯法正义观研究的深入。本书试图从法哲学和法律思想史的角度，循着前人对于法正义问题思考的脉络，探讨马克思恩格斯法正义观的来龙去脉，它的思想渊源及基本内涵，论证马克思恩格斯的法正义观在当代中国仍具有无穷的时代价值，希望能起到一点抛砖引玉的作用，唤起学界对马克思恩格斯法正义观问题的关注。同时也希望从正义理想与法律实践相结合的视角研读经典，反思社会主义国家法学理论及法治实践对马克思恩格斯法正义观的检验、继承与发展，更好地将马克思主义与中国当代实践相结合。

　　进入 21 世纪后，中国作为马克思主义理论指导下建立的硕果仅存的几个社会主义国家之一，如果不能在马克思恩格斯法正义观的研究上有所突破，就难以建立真正对中国法治建设有所助益的法学理论。鉴于此，笔者愿意做一些基础性的工作，首先分析马克思恩格斯法正义观形成的社会条件——经济基础、阶级基础及思想理论资源。通过对历史资料的梳理，追寻马克思恩格斯法正义观的形成发展轨迹，笔者发现马克思恩格斯与古人的思想有着千丝万缕的联系，古希腊思想家的法正义理论和历代空想社会主义者的法正义思考构成了马克思恩格斯法正义观的直接理论来源，马克思恩格斯从先驱思想家那里继承并发展了建设正义社会制度（当然包括法律制度）的理想。以此为基础，对马克思恩格斯的发展正义观、唯物法律观及辩证的正义与法关系观进行微观的剖析和论证，并对这一理论在与社会主义国家的法治建设实践对接时产生的积极影响及存在的不调适现象进行实证研究，为推动马克思主义法正义理论的中国化尽绵薄之力。

二、研究现状与未解问题

古往今来，国内外关于正义问题的研究可谓是学派纷呈，蔚为大观。对法正义问题的探讨，往往隐没在宏大的正义理论体系中。因此，本研究综述总体上是关于正义问题的研究现状。综而观之，可将迄今为止的正义观作如下分类：从主体角度看，可分为一人社会的正义观（柏拉图的理想国就是一个大写的"个人"）、两人社会的正义观（休谟的正义前提是资源相对于人类需求的稀缺和人际之间有限的慷慨）、三人社会的正义观（张恒山先生一改西方法学局限于一人社会或两人社会背景下的研究传统，创新性地提出"三人社会模式"这一常态的人类社会构成模式，并用三人社会中第三方的良知与理性协同评价，来解释正义、道德及法律规则的起源及本质）；从对象角度看，可分为政治正义观、经济（分配）正义观、社会正义观、法律正义观；从价值角度看，可分为差序正义观（亦可以称为等级秩序正义观或和谐正义观），以苏格拉底、柏拉图、亚里士多德为代表；权利正义观，以康德、黑格尔为代表；自由主义正义观，包括自由至上主义者、新自由主义者，以诺奇克、哈耶克、罗尔斯、德沃金等人为代表；平等主义正义观，以西方马克思主义者、社群主义者、民主社会主义者为代表；发展正义观，是贯穿于空想社会主义以来、与马克思恩格斯科学社会主义一脉相承的广泛意义上的马克思主义学说的正义主题。马克思主义经典作家的思想博大精深，国内外研究马克思恩格斯思想的论著可谓是连篇累牍，汗牛充栋。但是，其中专门以其法正义观为研究对象的却寥寥可数。对马克思恩格斯学说中法正义观的相关论述，仅散见于国内对马克思恩格斯法律观、正义观、自由、平等或人权等思想进行的研究中，或散见于当代西方马克思主义以及社群主义对自由主义正义观的批判性研究中。

（一）国外正义与法研究现状述评

国外对于正义问题的研究，源远流长。笔者就阅读范围所及，认为大致可归纳为以下几条思路：

1. 就一般正义建构独立的理论体系。如柏拉图的《理想国》就是系统地对一般意义上的正义问题展开论述，是一部正义论的开古之作。罗尔斯的《正义论》则可谓是近代以来研究一般正义问题的集大成者。当然，由于来自各方的理论批判，罗尔斯在后来的《政治自由主义》中，对其正义理论作了修正，从普适性的正义退缩到了特定社会（即自由民主程度较高的一种封闭共同体）

的政治正义。

2. 在建构某学科理论体系时涉及一般正义问题。如亚里士多德的《政治学》、休谟的《人性论》、亚当·斯密的《道德情操论》、康德的《道德的形而上学原理》、黑格尔的《法哲学原理》、哈耶克的《自由秩序原理》、塞缪尔·弗莱施哈克尔的《分配正义简史》、博登海默的《法理学、法哲学与法律方法》、弗洛姆的《爱的艺术》、佩珀的《生态社会主义：从深生态学到社会正义》都不同程度地涉及一般正义问题，将正义作为建构哲学、伦理学、政治学、经济学、法理学、心理学或生态学体系的分析视角。

3. 研究特定领域或适用于特定对象的正义。如威廉·葛德文的《政治正义论》，布莱恩·巴里的《社会正义论》、《正义诸理论》、《作为公道的正义》，赫费的《政治的正义性——法和国家的批判哲学之基础》，孙斯坦的《自由市场与社会正义》，伦纳德·霍布豪斯的《社会正义要素》，弗雷泽的《正义的尺度——全球化世界中政治空间的再认识》，沃尔泽的《正义诸领域：为多元主义与平等一辩》，戴维·米勒的《社会正义原则》等即是从政治、经济（分配）、社会或全球、代际等特定领域切入正义问题。

4. 从批判其他学者或学派的角度建构自己的正义观。如诺奇克的《无政府、国家与乌托邦》，德沃金的《认真对待权利》、《平等——至上的美德》，桑德尔的《自由主义与正义的局限性》，奥尼尔的《迈向正义与美德——实践推理的建构性解释》、麦金太尔的《追寻美德》、《德性之后》、《谁之正义，何种合理性？》等。其中，社群主义者对自由主义正义观进行了尖锐的批判，作为自由主义的对立面，与社会主义学者的立场互为补充。例如，桑德尔通过对罗尔斯的分配正义理论及其理论基础的批判，构建起一种强调社群共同利益、反对个人主义的政治法律正义观，认为对政治主体的理解应从社群开始，放弃权利政治学，倡导公益政治学。麦金太尔则从整体上对现代自由主义正义观进行了深刻批判，他直指现代自由主义软肋，认为自由主义者使正义依附于实在法律规则，强调法律之内和之下的正义，这种对正义的理解是完全错误的，既背离了古希腊以来的政治美德传统，也歪曲了现实世界中人与社会的本质联系，提出以德性正义取代自由主义的规则正义。

5. 对马克思正义观的研究以及对西方马克思主义者正义观的研究。

当代西方马克思主义者对马克思正义观的研究：西方马克思主义阵营内部，对马克思与正义的关系问题长期存在争论。一种观点认为马克思有正义观。如胡萨米通过对马克思分配正义观的研究，认为马克思在拒斥、批判正义

之时，并没有同时否定一般意义上的正义，而是在以共产主义的正义观批判资
本主义社会的不正义。① 尼尔森在对自由主义正义观的批判和激进平等主义理
论的建构中，遵循了马克思主义的理论传统，特别是继承了马克思恩格斯对平
等、正义问题的阶级分析思路及从按劳分配到按需分配的共产主义分配正义原
则等思想。② 另一种观点认为马克思没有正义观。例如伍德就主张正义与否在
马克思的视野中纯粹是一个事实问题，而不是一个价值判断。马克思的"正
义"概念描述的只是现实社会的交易和分配制度同生产方式的匹配程度，它只
与人们关于现实制度是"适合"还是"不适合"现实生产方式的经验判断相
关，而与社会成员的价值判断或理想追求无关。与胡萨米等人的认识相反，伍
德坚持认为马克思不仅没有以"不正义"之名谴责资本主义，反倒对资本主义
的正义性作了充分论证。③ 塔克尔在马克思是否批判资本主义为不正义的观点
上与伍德较为接近，因此，在西方学术界，如布坎南和麦卡锡等人，一般把他
们的观点并称为塔克尔——伍德观点。从总体上来看，塔克尔和伍德研究的最
有价值之处是注意到了历史唯物主义方法对于理解马克思正义思想的重要性。
认为权利、正义都是意识形态的组成部分，不过是社会生产关系的表现形式。
在共产主义与正义的关系问题上，他们不认为马克思是基于资本主义制度的不
正义性而痛斥资本主义，也不认为马克思致力于建立的未来共产主义社会是一
个正义的王国。因为在他们看来，马克思虽然重视分配问题，但并不认为分配
正义的诉求是推翻资本主义制度的动力。④ 布坎南以分析哲学的方法分析马克
思对正义、权利的批判，通过追溯马克思政治哲学思想的黑格尔渊源，认为应
该从黑格尔法哲学去领悟马克思对权利和正义的批判，马克思对资本主义权利

---

① Z.I.Husami, Marx on Distributive Justice, from Karl Marx's Social and Political Thought：
critical Assessments,Jessop,Bob［eds］, London; New York: Routledge,vol.1,1993.

② ［加］罗伯特·韦尔、凯·尼尔森编:《分析马克思主义新论》，鲁克俭译，中国人民大
学出版社 2002 年版; Kai nielsen.Equality and Liberty: A Defence of Radical Equalitarian-
ism. Rowman & Allanheld, 1985。

③ Allen Wood, Marxian Critic of Justice,from Karl Marx's Social and Political Thought: Criti-
cal Assessments, Jessop, Bob［eds］, London; NewYork: Routledge, vol. 1, 1993; Allen
wood, Marx on Right and Justice: A Reply to Husami, from Karl Marx's Social and Political
Thought: critical Assessments, Jessop, Bob［eds］, London; New York: Routledge, vol. 1993,
pp.453-474. Allen Wood: Karl Marx, London: Routledge and Kegan Paul, 1981.

④ Robert Tucker, Philosophy and Myth in Karl Marx, Cambridge University Press, 1961; The
Marxian Revolutionary Idea, Norton and Co., 1969.

和正义观念的批判经历了一个从内在批判到外在批判的过程。布坎南以罗尔斯的正义理论检视马克思对正义的批判，以彰显双方的理论偏颇。他肯定罗尔斯吸收了马克思批判正义的一些成果，并对当代马克思主义者批判罗尔斯正义论的十个观点做了分析和回应。①

其他学者对西方马克思主义（研究）者正义观的研究：分析马克思主义是西方马克思主义阵营中最具代表性的派别，近年来出现专门以分析马克思主义正义观为研究对象的一些论著。如汤姆·迈耶的《分析马克思主义》、戴维·戈登的《复兴马克思——分析马克思主义论自由、剥削和正义》、马库斯·罗伯茨的《分析马克思主义——一个评论》以及肖恩·塞耶斯的评论文章《分析马克思主义与道德》、《道德价值与进步》等。就正义观研究而言，虽然西方马克思主义内部争论激烈，但总体看外界对此关注不多。

与上述研究形成鲜明对照的是，国外学者对马克思法学理论的研究并不多见，这可能与国外的马克思主义（研究）者大多否认马克思有独立的法学理论有关，因而他们更多是从道德伦理视角关注马克思的正义观。

总体看来，在探讨正义问题方面，国外学者的研究可谓卷帙浩繁，但对马克思恩格斯正义观的思想演变却鲜有人论及，对马克思恩格斯法正义观的理论源流更是无人问津。对社会主义思想演变的归纳梳理，恩格斯的《社会主义从空想到科学的发展》一文提供了一个经典范本和借鉴。恩格斯分析了空想社会主义产生和发展的历史，特别是19世纪三大空想社会主义者的思想成果及认识局限，系统阐述了科学社会主义的思想来源、理论基础及基本原理，是总结社会主义理论发展脉络的经典文献。但恩格斯在这篇文章中主要采用的是一种辨异的研究方法，而忽略了或者说是简化了思想之间的求同、包容性研究，对社会主义理论中的正义与法问题基本没有涉及。继马克思恩格斯之后的国外马克思主义（研究）者则大都局限于对马克思恩格斯思想的文本分析，由于缺少了历史的纬度，因而也没有注意正义与法这一法理学的基本问题在社会主义学说中的渊源相继及在马克思恩格斯理论体系中的地位。

（二）国内正义与法研究现状综述

作为舶来品，正义理念在中国的最初传播和实践，自然是以西方社会的理论模式作为背景和参照的。迄今为止，国内理论界对正义问题的研究多局限

---

① Allen E.Buchanan, Marx and Justice: The Rodical Critique of Liberalism, London: Methuen, 1982.

于对西方主流法学——自由主义法学正义观的翻译与评介，对马克思恩格斯的正义理论关注者甚少，对马克思恩格斯法正义观的研究更是凤毛麟角。该领域尤为值得一提的是我国著名马克思主义法理学家孙国华先生于20世纪90年代初所作的《马克思主义法正义观初探》一文，该文简要论述了马克思主义法正义观的基础以及当代社会主义法与正义的一般及具体关系，可以说是开该领域研究之先河，只可惜后学之中志趣在此者乏人。目前国内学界关于正义问题的研究，根据侧重点不同，可分为以下几个角度：

1. 一般正义问题的探讨。国内在这方面的主要成果有何怀宏的《公平的正义》、《良心与正义》，慈继伟的《正义的两面》，胡海波的《正义的追寻——人类发展的理想境界》，倪勇的《社会变革中的正义观念》等著作。

2. 对特定领域正义或某些限定条件下的正义的研究。张恒山教授的《论正义和法律正义》一文分析了对正义问题加以探讨的必要性与可能性，厘清了正义和法律正义的基本含义，并对历史上探索法律正义的若干思路进行了梳理与评析，为当代中国的正义思考搭建了一个易形成共识的平台。何建华的《经济正义论》、《分配正义论》对经济领域的正义进行了全面系统的论证。其他属于这方面研究的还有高兆明的《制度公正论》、胡启忠的《契约正义论》、陈周旺的《正义之善——论乌托邦的政治意义》、葛四友的《正义与运气》、孙书行、韩跃红的《多学科视野中的公平与正义》、张静的《转型中国：社会公正观研究》、黎珍的《正义与和谐——政治哲学视野中的社会资本》、马建军的《教育公正——政治哲学的视角》、吴根友的《在道义论与正义论之间——比较政治哲学诸问题初探》、韩水法的《正义的视野：政治哲学与中国社会》、刘雪斌的《代际正义研究》、董建萍的《公正视域中的中国特色社会主义——当代中国社会公正若干问题研究》、文长春的《正义：政治哲学的视界》、王锋的《行政正义论》、杨一平的《司法正义论》、胡玉鸿的《司法公正的理论根基——经典作家的分析视角》、张书琛的《社会主义市场经济中的社会公正问题》等。

3. 对特定学者或特定学派正义观的述评。当前国内正义理论研究最多集中于这一视角。如李小科、李蜀人合著的《正义女神的新传人——约翰罗尔斯》对罗尔斯其人其理论进行了极富人性化的解读。袁永红的《正义与历史实践》对当代西方自由主义正义理论的主要表现形式及来自社群主义和西方马克思主义视野的批判进行了评析，认为同当代自由主义正义论相比较，马克思主义正义观的主要特点是其科学性，因为它对人类正义追求与正义问题的分析是以科学的历史观——唯物史观为基础的。曹玉涛的《分析马克思主义的正义论研究》介绍了分析马克思主义产生的时代背景、特征和宗旨，在此基础上选取其规范理论即正义理论作为研究对象，作者分别以"马克思是赞成还是反对正义？马克思缘何批判资本主义？平等是否为社会主义的价值目标？"三个问题为焦点，按照历史和逻辑相统一的原则，全面、系统地梳理了分析马克思主义的正义理论，并从历史和价值相统一的维度，对分析马克思主义的方法、内容和性质进行了批判性分析。这一类的研究成果还有王玉峰的《城邦的正义与灵魂的正义》、黄显中的《公正德性论——亚里士多德公正思想研究》、李梅的《权利与正义：康德政治哲学研究》、刘小枫和陈少明合著的《格劳秀斯与国际正义》、徐清飞的《求索正义：罗尔斯正义理论发展探究》、曹瑞涛的《多元时代的"正义方舟"——罗尔斯后期政治哲学思想研究》、何霜梅的《正义与社群：社群主义对以罗尔斯为首的新自由主义的批判》、盛美军的《罗尔斯正义理论的法文化意蕴》、顾肃的《罗尔斯正义与自由的求索》、李志江的《良序社会的政治哲学——罗尔斯正义理论研究》、傅鹤鸣的《法律正义论：德沃金法伦理思想研究》、张翠梅的《罗伯特·诺齐克之资格正义理论研究》等。

　　4. 对马克思（主义）正义观的研究。吴忠民教授在《社会公正论》一书中第三章第一节专论"马克思主义的公正思想"。作者认为公正思想是马克思主义理论体系的一个有机组成部分，经典作家非常关注社会公正问题，且形成了比较系统的公正思想。马克思主义理论的首要价值和基本目标就是在高度发达的经济基础上追求全人类的彻底解放，从而消灭一切社会不公正现象，实现人类社会真正意义上的公正，并指出这正是马克思主义具有强大生命力的根本原因。余文烈的《分析学派的马克思主义》一书中有两章涉及西方学者关于"马克思和正义"的论题之争，即"第五章马克思如何看待正义、自由和平等？"和"第六章马克思是否有伦理基础？"。作者在重点介绍了伍德和胡萨米对正义的看法后，也提出了一些自己的看法，余先生认为马克思虽然批判资本主义的理论基础是唯物史观和剩余价值学说，而不是正义观念，但马克思还是持有某种正义观。他还指出布伦克特、卢克斯等人虽然在试图以历史唯物主义原理去建构无产阶级的道德体系或正义观方面难以令人信服，但他们的努力也给人们以希望——以历史唯物主义为出发点，探讨历史唯物主义的道德观或正义观的路径正在"通向辉煌前景的大门"。台湾学者洪镰德在《马克思的正义观的析评》一文中，试图从三个角度来理解马克思关于正义的思想。作者认为，首先，马克思是从伦理的角度把正义当做祛恶求善的道德规范来看待，并指出马克思的道德不是超阶级超社会的道德，因而，不存在永恒的正义或普遍的正义。其次，马克思是把正义看作法律概念，与特定社会政治制度和法制有关。最后，马克思强调用科学来分析个别的、具体的社会，把社会分解为处于下层的经济基础和作为上层建筑的意识形态，并把正义作为意识形态的一部分。① 林进平从涉及"马克思和正义"关系的三个子问题入手，考察了马克思在不同历史阶段对"正义"态度的变化，认为正义在马克思的思想历程中先后经历了从被继承、反思到批判和超越的过程，并对马克思与罗尔斯、哈耶克在正义问题上的理论思考进行了比较，提出了当代中国摆脱正义困境的出路所在。② 王广认为马克思恩格斯没有局限于正义概念去谈"正义"，而是深入正义问题的背后，探究其后深刻的物质生产根源，正义在经典作家那里是一个历史的发展的概念，会随着经济基础的变更发生变化甚而退出历史舞台。③ 作者的结论是，要真正解决正义问题，必须超越正义观念的现实土壤，关注正义之后更加辽远的历史空间。③ 陈传胜则将马克思恩格斯公平正义观的核心思想归结为：把商品经济的巨大历史作用和社会对生产过程的自发形式的反作用结合起来，为实现社会的公平正义创造各种条件和要素。④ 范广军的《中国共产党社会公正思想研究》，任映红、戴海东的《中国共产党的社会公正观研究》，汪琼枝的《当代中国社会主义正义观研究》等文对我国历届领导集体在继承马克思恩格斯社会公正观基础上的创新与发展进行了梳理归纳。这一视角的研究还有惠吉兴、刘燕飞《正义·民主·法治：马克思主义政治哲学的当代境界》、上海市社会科学界第八届学术年会论文集《马克思主义视野下的公平与正义》、李惠斌、李义天编《马克思与正义理论》等。

5. 对不同学者或学派正义观之间的比较研究。例如胡真圣《两种正义观：马克思、罗尔斯正义思想比论》就选取了一个很好的比较视角，在马克思与罗尔斯之间设想了一次假想的激烈对话与辩论。另外，胡万钟《个人权利之上的平等与自由——罗尔斯、德沃金与诺齐克、哈耶克分配正义思想比较述评》，王贺锋、慕旗娟《柏拉图与孔孟"正义观"之比较》，张艳梅《自由还是平

① 洪镰德：《马克思的正义观的析评》，《北京大学学报》哲学社会科学版 1991 年第 1 期。
② 林进平：《马克思的"正义"解读》，社会科学文献出版社 2009 年版。
③ 王广：《正义之后：马克思恩格斯正义观研究》，江苏人民出版社 2010 年版，作者的话第 2 页。
④ 陈传胜：《马克思恩格斯的公平正义观研究》，合肥工业大学出版社 2011 年版，第 198 页。

等——诺奇克和罗尔斯的正义观比较》等文也都选取不同的角度对正义观进行了比较研究。

6.对中国传统正义观的开发和挖掘。学界近年来在这方面也有一些零星的论文问世，代表性成果有苏力《中国传统戏剧与正义观之塑造》，刘宝才、马菊霞《中国传统正义观的内涵及特点》，石永之《孟子的正义思想》等。

与国外关于马克思主义法律观研究的冷清氛围相比，国内学界在这一研究领域颇显繁荣。许多学者对马克思主义法律观从不同视角给予了关注，与国内马克思主义正义观的研究相映成趣。代表性的研究成果有付子堂《马克思主义法律思想研究》、《文本与实践之间：马克思主义法律思想中国化问题研究》、张文显《马克思主义法理学——理论、方法和前沿》、张光博《坚持马克思主义法律观》、公丕祥《马克思法哲学思想述论》、毛信庄《〈资本论〉法律思想研究》、李光灿、吕世伦《马克思恩格斯法律思想史》、曲可伸《马克思主义法律思想史》、邱瑛琪、房清侠《马克思恩格斯刑法思想研究》、杜万华《马克思法哲学与法律社会学理论研究》、种明钊、万映忠主编《〈资本论〉关于法的论述》、薛伦倬主编《马克思主义法学新探》等。另外，老一辈法学家郭道晖先生耄耋之年仍笔耕不辍，近年潜心研究推出的《法理学精义》也可谓是一部马克思主义法理学力作，他立足于对中国现实问题的关怀，提出"检验马克思"和"发展马克思"的命题，为深化国内法学理论研究提供了一个独特的视角。

国内外理论界的上述探索为我们的进一步研究提供了宝贵的素材，也是我们探讨正义与法问题的重要基础。另外还有一些文献，很难从内容上具体说清它们与笔者所探讨的问题之间的关联，但它们却以思想的深刻性和内容的丰富性启发了笔者对这个论题的思考，如张恒山《法理要论》、卓泽渊《法的价值论》、严存生《法的价值问题研究》、何怀宏《良知论》等，这里不再一一列出。

三、研究对象与研究方法

本书所称的正义，是处于同一社会共同体中的人们在一定时期内形成的价值共识。由于针对的对象不同，正义有个人正义与社会制度正义之分，本书所称的正义侧重于社会制度正义。

法，或称法律，则是一种以权利和义务为主要内容的制度性事实，是事物本身的内在规律以原则或规则的形式在社会成员集体意志中的体现，是约束社会成员行为的一种信息。

法正义观，是指人们关于法正义即社会制度正义问题的各种认识、看法或观点，是一种包括法律观在内的正义观。其主要内容涉及正义观、法律观以及人们关于正义与法关系问题的认识等。按照孙国华先生的解释，法正义观"就是指关于法与正义的关系的观点，或者说是指从正义的角度观察法律现象的观点。"①笔者赞同这一定义的前半部分，但认为后半部分有失偏差。关系双方的影响总是相互的、互动的，几乎不存在任何一方总是处在恒定的强势地位，永远是影响者、评价者，而另一方总是被动的被影响者、被评价者。因此，法正义观既包括"从正义的角度观察法律现象的观点"，也包括从法律的角度观察正义的观点。既然涉及正义与法两种事物之间的关系，人们首先必须对正义与法这两种事物有明确、一致的所指。否则，论者双方或多方所称的此法非彼法，此正义非彼正义，在论证的起点已经是南辕北辙，那就遑论正义与法的关系到底如何了，正所谓"失之毫厘，谬以千里"。因此，谈及法正义观，核心当然是人们关于正义与法关系的观点，但人们的法律观、正义观也是法正义观的题中应有之义。当然，在法正义观的视野下谈法律观、正义观，本书不打算涉及法律观、正义观的方方面面，只侧重于关注对双方关系有实质影响的内容。

本书的研究重点是马克思恩格斯的法正义观，对其他学派或学者的法正义观的提及是为了更好地阐明马克思恩格斯法正义观的思想渊源或实质内容。因为有比较才有鉴别，有鉴别才能分出优劣，马克思恩格斯的法正义观只有在与西方其他影响较大的法学思潮相比较的情况下，才更能彰显其在理论上的科学性和跨越时空的生命力及影响力。选题中还有一个问题需要解释一下，即论文选择马克思和恩格斯两人的法正义观进行研究，有一个问题——马克思和恩格斯两人的思想特别是两人的法正义观是否完全一致？——是不容回避的。在马克思思想与恩格斯思想的相互关系问题上，西方思想家中出现了两种截然对立的观点：一种观点是自马克思逝世到20世纪60年代一直占主导地位的"一致论"，认为两人是"如此紧密地联系在一起而无法分离"；另一种观点是自20世纪60年代至今盛行的"对立论"，强调两人思想之间的差别和对立。②也许恩格斯本人的话是最有说服力的，1885年恩格斯在撰写《关于共产

---

① 孙国华、郭华成：《马克思主义法正义观初探》，《中国法学》1991年第3期。
② ［美］J.D. 亨勒：《马克思和恩格斯思想上的一致性》，《中国社会科学文摘》2009年第9期。

主义者同盟的历史》一文中回忆道："当我 1844 年夏天在巴黎访问马克思时，我们在一切理论领域都显出意见完全一致，从此开始了我们共同的工作。"① 笔者认为，关于"马克思与恩格斯的思想是一致还是对立"的这种争论是毫无意义的。即使是同一个人的思想，也会随着历史阶段、生活场景的变迁以及个人知识积累的增长而不断变化，比如学界对青年马克思、老年（成熟）马克思和晚年马克思的争论。更何况是两个人的思想，简单地说"完全一致"简直是天方夜谭。但是，极端的强调"对立"也无异于痴人说梦。正如 J.D. 亨勒所言："当然，两人不可能在所有问题上都想法完全一致，但他们在根本上是一致的。……他们能一起和谐地工作近 40 年这一事实，如果没有思想上的根本一致就无法解释。"② 本书赞同这一观点。引文中不管是马克思和恩格斯合写的内容，还是两人分别的论述，笔者认为都能代表他们的共同主张。

马克思恩格斯的法正义观与马克思主义法正义观的关系。马克思主义的本义是指马克思和恩格斯共同创立的涉及哲学、经济学、政治学、社会学等学科的一套理论体系，但现在它是一个被过度使用的词语，含义不太明确。以 1848 年《共产党宣言》的发表为标志，马克思主义在世界范围内正式诞生。自此以后，这一概念的内涵和外延不断被扩充。在 1974 年的《大英百科全书》中，对"马克思主义"词条的解释是"马克思主义一词，用法不一。其最主要的含义是指卡尔·马克思的思想，从广义上说有时还包括其朋友及合作者弗里德里希·恩格斯的思想。尤其在 1914 年以前，还存在着为各种社会主义运动所理解和实践的马克思主义。然后有由列宁制定，斯大林所完善的苏联马克思主义，这种马克思主义又称为马克思列宁主义，它是俄国革命后建立的各国共产党所信奉的理论。其支流是反斯大林主义者列甫·托洛茨基及其门徒们所解释的马克思主义。还有毛泽东的中国式马克思列宁主义。"③ 例如，美国著名的马克思主义学者莫里斯·迈斯纳所称的马克思主义仅是指马克思和恩格斯的思想，他认为马克思主义与列宁主义、斯大林主义、毛泽东主义是有所区别的，"马克思主义既代表了关于未来社会的乌托邦幻想的最强有力的方面，同时又

---

① 恩格斯：《关于共产主义者同盟的历史》，《马克思恩格斯文集》第 4 卷，人民出版社 2009 年版，第 232 页。

② ［美］J.D. 亨勒：《马克思和恩格斯思想上的一致性》，《中国社会科学文摘》2009 年第 9 期。

③ 《社会主义、共产主义、马克思主义——外国百科条目选译》，东方出版社 1985 年版，第 489 页。

对'乌托邦主义'提出了最猛烈的批判。……尽管马克思和恩格斯不愿意详细描绘未来社会的图景（这是大家都知道的），但他们的确对未来共产主义社会的图景作了描述：'在那里，每个人的自由发展是一切人的自由发展的条件。'这个社会将把'各尽所能，按需分配'的原则写在它的旗帜上。"①国内也有少数学者是在这一较狭窄的意义上使用"马克思主义"一词，如李述森在《经典马克思主义与俄国化马克思主义：一种比较分析》一文中提到的"马克思主义俄国化"或"俄国化马克思主义"。②而在国内各学科领域广泛谈到的"马克思主义中国化"的表述中，很明显中国马克思主义者的思想不包括在"中国化"以前的"马克思主义"的含义中，至于中国以外的自诩或他人称之为马克思主义者的思想则需要经过我国思想界的主流认可为"正统"，才能属于马克思主义（按照这一标准，列宁、斯大林的思想无疑属于马克思主义，而托洛茨基和当代西方马克思主义者的思想则不被承认为真正的马克思主义）。另外，国内学界对马克思主义一词还有更广义的使用，如孙国华先生在《马克思主义法正义观初探》一文、付子堂教授在其专著《马克思主义法律思想研究》一书中就涉及了马克思恩格斯以来的列宁、斯大林以及中国历代领导集体的法正义观、法律思想。本书为了论述的方便，尽可能回避使用含义丰富的"马克思主义"一词，行文中偶尔用到，也是就其较狭窄的含义而言，仅指马克思和恩格斯两位经典作家的思想。因此，本书中出现的马克思主义法正义观特指马克思恩格斯的法正义观。

本书以西方古希腊思想家的著述、历代空想社会主义者的文本、科学社会主义经典作家马克思恩格斯的原著以及当时的时代背景为理论和现实分析材料，写作方法主要是历史考察和文本分析。另外，在分析不同理论、不同思想的交锋时运用比较分析方法，通过比较不同国家和不同历史时期的思想家关于正义与法关系理解的同异，论证马克思恩格斯法正义观的科学性和合理性，并客观分析其理论得失，凸显其在当代中国的时代价值。论文坚持历史和逻辑相统一的方法论原则，从法哲学和法律思想史的角度结合经典作家所处的历史背景，对其法正义思想进行逻辑的分析和把握，力求准确归纳马克思恩格斯法正

---

① ［美］莫里斯·迈斯纳：《马克思主义、毛泽东主义和乌托邦主义》，张宁、陈铭康等译，中国人民大学出版社 2005 年版，第 4 页。

② 李述森：《经典马克思主义与俄国化马克思主义：一种比较分析》，《济南大学学报》2010 年第 1 期。

义观的形成逻辑和原文原意，把握其在社会主义思想发展史中的地位和影响及对中国当代法治建设的启示意义。

四、研究思路与创新之处

马克思恩格斯法正义观的研究是一个理论性和时代性都很强的问题，需要有深厚的理论功底和敏锐的现实观察力。没有艰深的理论积累，很难把握马克思恩格斯学说中法正义观的实质；缺乏现实关怀，研究则缺乏生命力。如何更好地将理论与中国当代实践相结合，对论者将是一个挑战。另外，与本论题研究有关的文献资料历史跨度大，又很零散，资料的收集、审阅以及在此基础上进行分类归纳整理将是一项极费时费力的工作，这给研究带来一定困难。

本书所称的马克思恩格斯法正义观仅限于马克思恩格斯两人的正义与法思想，基本不涉及马克思恩格斯之后的自诩或他人称之为马克思主义者的法正义观。不过，在解读马克思恩格斯法正义观的理论原意时，也会参照、赞同或批判其他马克思主义（研究）者的观点。在研究方法上，不拘泥于多数论者所采取的文本分析方法，而是将其放入历史长河，追溯该理论形成演变的历史轨迹。马克思恩格斯的法正义观是以古希腊思想家的法正义思想为理论渊源，继承并发展了空想社会主义者的法正义思考，在对近代资产阶级自由主义法正义观批判的基础上建构起来的包括理想、制度和实践"三位一体"的以"唯物"为基础、以"发展"为核心的辩证的法正义观。历史的考察表明，在不同的历史时期，在不同的社会发展阶段，出现过许多不同的法正义观，但唯物辩证法认为，发展的实质是新事物终归要取代旧事物，这是由新事物的本质特点及事物发展的客观规律决定的。笔者认为，其中新事物取代旧事物的发展趋势就是一个接近正义的历史和逻辑进程，只有顺应新事物取代旧事物发展规律的行为选择和制度设计才有助于正义的实现。马克思恩格斯的法正义观在当代仍有着无限的生机和活力。中国法学不能只跟在西方自由主义法学的后面亦步亦趋，只有在继承马克思恩格斯科学社会主义法正义观的基础上，结合当代中国实际进行理论创新，方能对世界法学作出自己的贡献。

基于上述思考，本书拟由以下几部分构成：

导论　研究意义及研究现状分析。

第一章　马克思恩格斯法正义观形成的社会基础。包括经济基础、阶级基础及其思想理论资源。重点放在第三部分，论述马克思恩格斯与古人之间的理论联系，具体从两个方面展开：

马克思恩格斯法正义观的理论源头。主要讨论前希腊、古希腊以及希腊化时期人们的法正义观念，特别是柏拉图的法正义理论和公有制理论通过后来空想社会主义的改造对马克思的间接影响，伊壁鸠鲁的自我意识观念和契约正义论对马克思的直接影响。

马克思恩格斯法正义观的思想先导。对16世纪至19世纪300年间早期、中期以及后期空想社会主义者的法正义思考进行梳理。19世纪三大空想社会主义者最早提出人类社会的发展过程是有规律可循的，是不断前进的进步过程。社会发展到理想社会制度是合理的，是符合客观规律的。资本主义必将被更理想的社会制度所代替，这个理想社会可能是"实业制度"、"和谐制度"，或者是"劳动公社联合体"。圣西门曾经天才地预见到，历史不是偶然事件的联系和堆积，而是有规律的现象。每一个衰老的和行将灭亡的社会制度都为下一个新制度的产生准备了条件，每一个新制度的产生又都是以往历史的延续和必然的结果。这代表了空想社会主义者在正义与法关系问题上的主要观点，也是马克思恩格斯的科学社会主义从空想社会主义者那里吸取的主要营养。

第二章 马克思恩格斯的正义观。马克思恩格斯创立科学社会主义理论的基本出发点就是实现社会正义。与以往的社会主义者相同，他们也认为现实社会出现了极端的不正义，造成社会不正义的根源就在于经济领域的私有制和政治领域的阶级对立。但与以往的社会主义者不同，他们第一次把实现社会正义的途径建立在科学的社会基本矛盾运动规律的基础上，提出了解决问题的方案在于无产阶级通过社会主义革命建立共产主义制度。

第三章 马克思恩格斯正义视野下的法律观。主要论述马克思恩格斯在对法与法律的含义加以区别的基础上提出的法起源观、法本质观、法价值观和法发展观。

第四章 马克思恩格斯关于正义与法关系的认识。科学社会主义的创始人马克思恩格斯通过唯物史观的真理性发现，创造性地提出了辩证的"正义与法"观，超越了西方自然法学和实证法学两大学派的正义与法之争，科学解决了正义与法的关系问题。

第五章 正义与法的具体关联：以我国社会主义法的创制及实施为例。

结语 回到马克思恩格斯。

本书在以下方面有所创新：

研究视角的创新。目前国内外关于马克思恩格斯法正义理论的研究，大多局限于经典作家的文本，从他们的字面论述中找寻正义与法的字眼和痕迹。

这种单纯依据文本的研究方法对于廓清马克思恩格斯法正义观的具体内容有所助益，但容易断章取义，使结论缺乏充分的说服力。笔者试图从法哲学和法律思想史的角度全面探讨马克思恩格斯法正义观形成的社会基础及思想内涵，在文本分析的基础上增加了历史的纬度。

研究方法的创新。国内学界以往对马克思主义之外其他社会主义流派的态度，多侧重于求异。其实不管何种社会主义流派，它们追求的社会理想是基本一致的。对此进行一些求同的、包容性的研究不但无损于马克思主义理论的纯洁性，相反应当更有利于马克思主义理论体系自身的完善和发展。因此，本书在研究方法上既注重求同研究，发掘马克思恩格斯法正义观与西方其他理论资源之间的承继关系；也兼顾求异研究，探求马克思恩格斯法正义观的理论特色和独特魅力。

主要观点的创新。1. 马克思恩格斯是在批判地继承古希腊思想家以及历代空想社会主义者的法正义观和继承性地批判近代资产阶级自由主义法正义观的基础上建构起来的科学的法正义观，与其前人及同时代人的思想有渊源相继的关系。2. 发展是贯穿空想社会主义以来各社会主义流派法正义思考的主旋律，马克思恩格斯法正义观的实质精神也是发展，即新事物取代旧事物的客观规律。而新事物取代旧事物的发展趋势就是一个接近正义的历史和逻辑进程，只有顺应新事物取代旧事物发展规律的行为选择和制度设计才有助于正义的实现。马克思恩格斯的法正义观是包含法律观在内的正义观，法律观是为其正义观服务的，本书对马克思恩格斯正义视野下的法律观进行了重新审视，在法的起源、法的本质、法的价值、法的发展等问题上得出了许多不同于传统马克思主义法学研究者的新解读。在正义与法的关系问题上，马克思恩格斯由于运用了科学的辩证唯物主义和历史唯物主义方法思考问题，提出了辩证的正义与法关系观，超越了西方法律思想史上由来已久的自然法正义与实在法正义之争，实现了法哲学史上的伟大革命。3. 马克思恩格斯的法正义观在当代仍有着无限的生机和活力。中国法学不能只跟在西方自由主义法学的后面亦步亦趋，只有在继承社会主义学派法正义观的思想精华特别是马克思恩格斯法正义观的精神实质的基础上，充分吸纳其他理论派别思考法正义问题的合理之处，并结合当代中国实际进行理论创新，才能使中国法学找到自己的安身立命之本，在世界法学中真正占有一席之地。

第一章　马克思恩格斯法正义观形成的社会基础

　　马克思恩格斯的法正义观是在批判地继承西方社会优秀思想文化遗产的基础上形成并发展起来的，是与一定社会的实践活动和历史条件紧密联系在一起的。在人类思想史上，一种新的社会理论和学说的创立，绝不是任何人在头脑中凭空设想的结果，而总是适应社会发展的需要产生的，只有当社会的发展提出了新的任务时，才能产生出来。换句话说，任何一种理论，只要有些许可取之处，都不可能脱离其特定的时代背景：特定的生产、生活方式；特定的经济、政治状况；特定的历史、地理概貌；特定的国家、民族风情等。更何况马克思恩格斯创立的马克思主义这一宏伟科学的理论体系，除了创立者自身的高尚情操和个人主观努力外，更是离不开 19 世纪西方资本主义发展的社会基础。

　　法正义观是贯穿整部马克思主义学说的一条理论红线，其形成同样与 19 世纪欧洲的社会背景紧密相关。社会是一个系统结构，其中必定包含有一系列的子系统，经济技术、政治制度、文化心态三者则构成其主要部分。这些子系统密切相关，缺一不可。可以说，正是当时欧洲主要资本主义国家机器大工业的发展和从自由竞争向垄断阶段过渡的经济状况、资本主义剥削日趋加重和无产阶级队伍日益壮大以及斗争意识从自发趋向自觉的阶级基础、西方文明的辉煌源头和空想社会主义学说广泛传播的理论资源共同促生了马克思恩格斯的发展正义观、唯物法律观以及辩证的正义与法关系观，超越了他们之前时代、同时代甚至之后时代的西方主流法学——自由主义法学——的法正义观，也超越了各种封建的社会主义、小资产阶级社会主义、"真正"社会主义等形形色色的伪社会主义流派尤其是空想社会主义的法正义观，实现了法正义观的激烈革命。

　　马克思和恩格斯走入社会生活的年代是 19 世纪 30 年代至 40 年代，这个时期正是资本主义商品经济充分发展、反思精神活跃、反抗权威和传统以及要求思想、感情和行动自由的时代，同时也是资产阶级"双元革命"①
风起云涌的时代。正如恩格斯所说："每一时代的理论思维，从而我们时代
的理论思维，都是一种历史的产物，它在不同的时代具有完全不同的形式，
同时具有完全不同的内容。"②19世纪西方经济的、政治的与思想的诸方面
因素和条件，为马克思恩格斯法正义观的形成与发展提供了广阔而坚实的
基础。可以说，马克思恩格斯的法正义观是时代的产物。没有19世纪资本
主义大工业的发展和产业工人阶级作为一支独立的政治力量登上历史舞台，
没有古希腊哲学的丰富宝藏以及社会主义、共产主义学说在世界范围内的
广泛传播，就不会有马克思恩格斯法正义观的产生。因此，了解这一时期
欧洲社会的经济、政治以及理论基础，有助于我们更深入地把握马克思恩
格斯法正义观的意义、内涵及实质。因为马克思和恩格斯一生的活动空间
都在19世纪的欧洲，他们毕生关注和研究的对象主要是当时的欧洲社会
（虽然他们也曾放眼亚洲的中国和印度、北美洲的美国等国的时事和历史，
但在其整个理论体系中不是主要构成部分），所以本章主要分析19世纪欧
洲的社会状况。

第一节　19世纪欧洲社会的经济状况

在近代西方社会的演进过程中，18世纪末以蒸汽机的发明和应用为标志，
第一次科技革命在欧洲爆发。科技革命引发了产业革命，产业革命迅速推动了
资本主义机器大工业的形成与发展。伴随着机器大工业的发展和商业繁荣，也
引起了城市、地区之间在生产和交换领域的新的分工，催生出更多新的生产关
系和交往形式。由此地域的局限性逐渐被打破，封建制度日益遭到瓦解，欧洲
社会历史进入了一个新的阶段。

18世纪末叶，当法国人正在政治领域酝酿一次大革命的时候，已经历了

---

① 即法国的政治革命和英国的工业革命。见［英］艾瑞克·霍布斯鲍姆：《革命的年代：
　　1789—1848》，王章辉等译，江苏人民出版社1999年版，导言第2页。
② 恩格斯：《自然辩证法》，《马克思恩格斯选集》第4卷，人民出版社1995年版，第
　　284页。

"光荣革命"的英国却在静悄悄地开始他们的另一种革命——"工业革命"①。这是一个大变革的时代,是"人类历史上自从发明了农业和冶金术,发明了文字、城邦那遥远的时代以来的最伟大变革"。②工业革命使资本主义生产从工场手工业转化为机器大生产,极大地提高了资本主义社会的生产力水平,"资产阶级在它不到一百年的阶级统治中所创造的生产力,比过去一切世代创造的全部生产力还要多,还要大。自然力的征服,机器的采用,化学在工业和农业中的应用,轮船的行驶,铁路的通行,电报的使用,整个整个大陆的开垦,河川的通航,仿佛用法术从地下呼唤出来的大量人口,——过去哪一个世纪料想到在社会劳动里蕴藏有这样的生产力呢?"③

当历史老人叩开19世纪的大门时,英国已经步入工业阶段,大工业在经济中占据了统治地位。工业革命的技术成就从英国逐步蔓延到了欧洲大陆,比利时的工业化步伐迅速跟进,法国在政治革命后也开始了从农业向制造业的过渡,工业革命迅速发展起来,工业已广泛采用机器生产。1820年,法国只有蒸汽机65台,1840年增加到2591台,而到1847年就增加到4800多台,仅次于英国而居第二位。相比之下,德国那时还是一个"显而易见"的"贫困"的国家。④它在政治上仍然分为30多个封建的独立邦,国家没有实现统一;经济上仍然是一个带有封建性的农业国,自1807年始,普鲁士政府推动了三次自上而下的土地改革,终于动摇了旧的封建土地结构,迅速融入了工业化进程。到19世纪30—40年代,德国已经开始工业革命进程。40年代初仅普鲁士就有蒸汽机1100多台,大小工厂78000多家,而且工业特别集中,西部的萨克森和西里西亚成为纺织业的中心,深受法国大革命影响的莱茵地区成为德

---

① 按霍布斯鲍姆的说法,工业革命这个词是英国和法国的社会主义者在19世纪20年代发明的,可能是从与法国那场政治革命的类比中引伸而来。见〔英〕艾瑞克·霍布斯鲍姆:《革命的年代:1789—1848》,王章辉等译,江苏人民出版社1999年版,第33—34页。笔者认为工业革命是一个比科技革命和产业革命涵义更广的词汇,能涵盖后两者的意思在内。

② 〔英〕艾瑞克·霍布斯鲍姆:《革命的年代:1789—1848》,王章辉等译,江苏人民出版社1999年版,导言第2页。

③ 马克思恩格斯:"共产党宣言",《马克思恩格斯选集》第3卷,人民出版社1995年版,第277页。

④ 〔英〕戴维·麦克莱伦:《马克思主义以前的马克思》,李兴国等译,社会科学文献出版社1992年版,第1页。

国工业最发达的地区。意大利地区之间发展不平衡，南北差异很大。北方皮埃蒙特及热那亚地区因矿藏丰富且土壤肥沃，在 70 年代初国家统一后工业化发展十分迅猛。斯堪的那维亚的瑞典和挪威也很快跟进，并发展出了各自的特色。瑞典铁矿丰富，因而冶金工业发达，并由此带动了机器设备制造业的发展；挪威则利用英国技术发展起了自己的纺织工业。葡萄牙和西班牙反应比较迟钝，到 70 年代基本上还保持着农业国的面貌，尽管西班牙也建设了以马德里为中心的铁路网，但由于铁轨规格不同于其他欧洲国家，结果反而妨碍了与外界的交通。奥地利哈布斯堡帝国（包括匈牙利）的工业化也非常滞后，到 19 世纪末才开始，而且主要局限于波希米亚地区。俄国的反应不算太慢（这似乎和沙皇政府的扩张野心有很大关系），在 19 世纪 40 年代就开始了工业化进程，纺纱业、织布业、毛纺织业、造纸业等相继向工厂制过渡。但由于农奴制度的束缚，俄国的工业化进程有些缓慢，直到 1861 年农奴制废除之后才大幅度加速。到 19 世纪 80 年代俄国基本完成了初步工业化。但俄国的工业化有一系列弱点。首先是对外国的资本和技术有较强的依赖性，不少企业是外资创办的（在 70 年代，俄国资本中外资所占的比重为三分之一，90 年代增长到二分之一），机器设备大部分从英国进口。其次是发展不平衡，工业主要聚集在欧俄地区，产业结构也不合理，轻工业发展快于重工业，交通运输发展没跟上，工业生产中还长期保留着农奴制残余。再次是技术落后，没有建立发达的机器制造业，设备更新缓慢，劳动密集型企业居多，且由于文化教育落后，俄国工人素质也比较差。总之，19 世纪俄国工业化的水平是很低的。

　　到 19 世纪末，整个欧洲基本上都完成了初步工业化，完成了从农耕文明向商工文明[①] 的现代社会转型。尽管各国之间水平不一，且差距还很大，而且各国的发展状况基本上仍保持着 18 世纪的态势：越往东情况越差。起初经济上政治上都是如此，但 1871 年德国实现统一后，局面有所改观，德国的工业化出现了腾飞，在经济上后来者居上，到 20 世纪初一度超过了英法两国。根据麦克莱伦掌握的资料，德国采矿业的产量在 1800 年到 1830 年间增长了50%，从 1830 年到 1842 年间又翻了一番。冶金业产量在 1800 年到 1830 年间增长了 2 倍。1830 年到 1840 年这 10 年间生产出的生活资料，相当于 1800 年到 1810 年 10 年间的 8 倍。1834 年，德国的铁产量是 13.4 万吨，到 1841 年

---

① 　农耕文明与商工文明是张恒山先生研究文明转型时使用的概念，此处借用这一提法。
　　参见张恒山：《论文明转型——文明与文明类型》，《人民论坛》2010 年 11 月中旬刊。

增加到 17 万吨。德国在 1835 年才铺设第一条铁轨，可是到 1847 年，铁路总长已达到 2500 公里。1836 年进口棉花 18.7 万吨，1845 年增长到 44.6 万吨。1837 年到 1848 年间，蒸汽机的数量增加了 2 倍。但由于其政治上的落后性（民主化程度低），德国现代化的水平实际上仍远在西欧之下。

遍及欧洲的工业革命虽然使社会生产力得到了巨大的发展，但是同时也导致了资本主义社会的基本矛盾——即生产的社会化和生产资料的私人占有之间的矛盾日益激化。基本矛盾的加剧必然导致周期性经济危机的爆发。周期性的经济危机使社会生产力遭到严重破坏，给劳动人民带来无穷的灾难，集中暴露了资本主义的弊端。1825 年，英国发生了世界历史上第一次生产过剩的经济危机，以后平均每十年都发生一次，1836 和 1847 年的两次经济危机都波及整个资本主义世界。危机期间，工厂倒闭，产品滞销、商业停顿、银行关门、失业剧增，整个社会好像感染了一场大瘟疫。经济危机给资本主义社会造成了巨大打击和心理恐慌，表明资本主义的生产关系开始由促进生产力的发展转向阻碍生产力的发展。这是资本主义当事人完全预料不到的事情。资本主义的一切发明创造和科技手段，这些曾给资本主义社会创造出巨大财富的神奇魔杖，现在却开始跟它的主人——资本主义的生产关系和资产阶级的所有制关系过不去了，"社会化生产和资本主义占有的不相容性，也必然越加鲜明地表现出来。"①生产资料的私人占有同生产的社会化已经发生尖锐的冲突，生产力的巨大发展已经同资本主义生产关系的外壳不能相容了。资本主义生产方式所固有的这种内在矛盾，决定了它永远不能根治自己的致命绝症。因为这种冲突是资本主义生产方式自身内在的、固有的、客观存在的，是不以任何人的观念或意志为转移的，"生产力和生产方式之间的这种冲突，并不是像人的原罪和神的正义的冲突那样产生于人的头脑中，客观地、在我们之外、甚至不依赖于引起这种冲突的那些人的意志或行动而存在着。"②这一事实不仅暴露出资本主义生产方式本身所固有的历史局限性，而且还表明，私有制发展到资本主义阶段已经到了尽头。

这种矛盾在马克思和恩格斯的祖国——德国尤为明显，蒙在社会关系上

---

① 恩格斯：《社会主义从空想到科学的发展》，《马克思恩格斯文集》第 3 卷，人民出版社 2009 年版，第 551 页。

② 恩格斯：《社会主义从空想到科学的发展》，《马克思恩格斯选集》第 3 卷，人民出版社 1995 年版，第 742 页。

的面纱已被揭去，一切社会关系最终都由经济关系决定的事实暴露在人们面前。再加上资本主义国内市场和海外贸易的拓展，开阔了人们的眼界。这样，社会发展的唯物辩证性质比以前更加清晰可见。马克思研究政治经济学得到的"总的结果"最恰当地说明了这一点，"人们在自己生活的社会生产中发生一定的、必然的、不以他们的意志为转移的关系，即同他们的物质生产力的一定发展阶段相适合的生产关系。这些生产关系的总和构成社会的经济结构，即有法律的和政治的上层建筑竖立其上并有一定的社会意识形式与之相适应的现实基础。物质生活的生产方式制约着整个社会生活、政治生活和精神生活的过程。不是人们的意识决定人们的存在，相反，是人们的社会存在决定人们的意识。社会的物质生产力发展到一定阶段，便同它们一直在其中运动的现存生产关系或财产关系（这只是生产关系的法律用语）发生矛盾。于是这些关系便由生产力的发展形式变成生产力的桎梏。那时社会革命的时代就到来了。"①因此可以说，19世纪资本主义大工业的发展，既是积聚无产阶级社会革命的物质基础，同时也是催生马克思恩格斯法正义观的必不可少的社会经济条件。

第二节 无产阶级日益成熟壮大的阶级基础

英国的工业化如果从圈地运动开始算起的话，在16世纪已经开始启动，但那时的圈地运动毕竟是在政府体制外运行，是没有被官方所认可的，波及的范围有限。而自18世纪中叶开始一直持续到19世纪后期的第二次圈地运动有所不同，它是在政府的公开支持下进行甚至是政府主导的，是披着合法的外衣进行的一次公开的剥夺，其力度、规模及影响与前者皆不可同日而语，所以人们通常把第二次圈地运动看作英国工业革命的起点。工业革命给英国乃至整个欧洲社会带来了深刻的变革：一个必然结果是大大推动了工业化和城市化进程，使欧洲人的生产、生活方式发生了巨大的变化，欧洲主要国家基本完成了社会转型；另一个重大社会后果是社会日益分裂为两大（对抗）阶级——以雇佣、剥削工人劳动为生的资产阶级和靠出卖自己劳动力为生的无产阶级。正如恩格斯在其早期作品中已经发现的那样，"新生的工业之所以能够这样成长起来，只是因为它用机器代替了手工工具，用工厂代替了作坊，从而把中等阶级

---

① 马克思：《政治经济学批判》序言，《马克思恩格斯选集》第2卷，人民出版社1995年版，第32—33页。

中的劳动分子变成工人无产者，把从前的大商人变成了工厂主；它排挤了小资产阶级，并把居民间的一切差别都化为工人和资本家之间的对立。"① 马克思在写作《资本论》的过程中，引用了英国官方提供的大量资料，也对资本主义社会两大阶级之间日益尖锐的矛盾与对立进行了实证的描述和考察。恩格斯在后来的《社会主义从空想到科学的发展》中更清晰的阐明："集中在资本家手中的生产资料和除了自己的劳动力以外一无所有的生产者彻底分裂了。社会化生产和资本主义占有之间的矛盾表现为无产阶级和资产阶级的对立。"② 随着资本主义由自由竞争向垄断阶段的过渡，这种矛盾和对立进一步加深。

　　欧洲社会转型的成果并没有惠及每一个阶级，最大的受益者是大土地所有者和大租地农场主，而自耕农和小农场主则在竞争中渐渐失去优势最终被淘汰出局，日益沦落为无产者，除了出卖自己的劳动力外不再有其他的谋生手段。社会贫富分化日益加剧，工人没有享受到工业革命创造的巨大财富，等待他们的是饥饿、失业和死亡，工人阶级生活异常悲惨。资本主义文明的进展带来了两种极不平衡的社会现象：一方面，资本家追求更多物质财富、更多剩余价值的欲望促使科学技术迅速发展，并更快地转化为直接生产力，生产规模日益扩大，整个社会生产呈加速度发展；另一方面，随着社会生产的迅速发展、物质财富的大量增加，贫富差距日益扩大，社会财富越来越集中到极少部分人手中，这些人成为人格化的资本，而一无所有的劳动者则被饥饿的链条拴在机器旁，不得不受资本的奴役。资本统治社会，金钱操控社会生活，使得大部分人不能获得应有的教育，不能行使法定的权利，更失去了发展的机会。资产阶级在革命时期曾经大声疾呼要建立的"永恒正义"的"理性王国"和宣扬的"自由"、"平等"、"博爱"以及"法律面前人人平等"的口号与现实之间出现了奇怪的背离。由于社会的贫富分化，大部分人仅为生计奔波劳碌而实际上丧失了参与社会政治生活和国家事务的资格、机会和条件，与资产阶级法律中耀眼的权利规定形成强烈反差。对照大资产阶级优越的生活条件，被生活所迫只能成为雇佣工人的无产者萌发出日益强烈的阶级意识。当然这种阶级意识在很大程度上得益于法国大革命的影响，法国大革命创造了拿破仑·波拿

---

① 恩格斯：《英国工人阶级状况》，《马克思恩格斯全集》第 2 卷，人民出版社 1972 年版，第 296 页。

② 恩格斯：《社会主义从空想到科学的发展》，《马克思恩格斯选集》第 3 卷，人民出版社 1995 年版，第 622 页。

巴（1769—1821），他从 1799 年起统治法国达 15 年之久，拿破仑的统治不仅巩固了法国大革命的许多成果，而且还把这些成果推广到了欧洲其他国家。例如，他赞同法律面前人人平等、宗教自由等原则，坚持任职机会向一切有才华的人开放，废除农奴制等，这都是法国大革命最核心的原则。

工人阶级一旦与进步的政治民主意识相结合，显示出更加强大的力量，开始时还只是个别的工人通过消极怠工、破坏机器、烧毁工厂等方式对个别资本家的反抗，后来终于演化为一个阶级对另一个阶级的斗争，表现出反资本主义的倾向，提出了"反对私有制社会"的战斗口号和"建立人民宪章"等政治要求，并主张对整个社会制度进行重构。这很自然地引起了当时正领导革命的欧陆工业资产阶级的恐惧，使他们犹豫退缩，终于选择与残余的封建保守势力合谋，成为工人阶级的敌人。资本主义社会的两大主导阶级之间的斗争开始激化，工人运动和社会主义运动此起彼伏。19 世纪三四十年代，发生了三次大规模的工人运动（英国宪章运动、法国里昂工人起义、德国西里西亚纺织工人起义），标志着无产阶级作为一支独立的政治力量开始登上政治舞台。

如果 1825 年英国发生的世界第一次经济危机可以说是欧洲经济的一个转折点，那么，1831 年法国发生的里昂工人起义则可以说是欧洲政治的一个转折点。此后，无产阶级开始提出自己独立的政治诉求，这表明无产阶级和资产阶级的矛盾已经上升为资本主义社会的主要矛盾。资本主义将走向何方？工人运动又该如何发展？在这些重大的时代课题面前，已有的理论学说皆捉襟见肘，无法给出明确有力的回答。封建地主阶级的复古主义极力美化中世纪的农奴制，妄图开历史倒车；资产阶级、小资产阶级的改良主义总是在资产者和无产者之间摇摆不定，于事无补；空想社会主义的理想方案则如画饼不能充饥。时代的剧变呼唤人类思想的革命性变革，社会主义运动的蓬勃发展迫切需要一个能够正确反映社会发展规律和无产阶级根本利益的科学理论来指导。同时，无产阶级反对资产阶级的阶级斗争积累的丰富经验，也为这个科学理论的产生准备了现实条件，马克思恩格斯的法正义观正是适应此社会需要而生。

在马克思和恩格斯看来，无产阶级和资产阶级之间的斗争是不可调和的。因为破产的小手工业者源源不断地流入无产者的行列，形成了庞大的失业大军，使得工人的工资越来越少、生活越来越贫困，陷入了绝对贫困化的可怜处境，不起来革命就没有生路。他们认为，工业社会的显著特征就是工人阶级和资产阶级之间日益尖锐的阶级对立，这种阶级对立最终将导致无产阶级革命。

只有在无产阶级革命取得胜利、夺取国家政权之后，才能扬弃私有制和异化，彻底消灭阶级差别和阶级剥削，最终结束上述社会冲突，实现人的自由全面发展。历史发展到 19 世纪中叶，不仅提出了适应时代要求创立新的法正义观的任务，而且也从各个方面为创立新的法正义观提供了必要的条件。马克思和恩格斯的伟大历史功绩，就在于顺应了时代的紧迫需要，将这种可能转变成了现实，为无产阶级提供了发展的正义观、唯物的法律观和辩证的正义与法关系观。马克思恩格斯将正义评价的主要对象确定为社会基本制度，将正义评价的标准确定为现实物质生活条件基础上的社会公意，为正义这一被自由主义和空想社会主义虚幻化的概念找到了扎实的根基。

第三节　马克思恩格斯法正义观形成的理论资源

正义与法问题是人类社会生活的重要方面之一，它与社会各阶级的利益有着最密切的联系，因而就成为历来各阶级、各学派的思想家和法学家共同关注的问题之一。但是，没有科学的观点、立场和方法，没有渊博的知识和刻苦钻研、勇于探索的攀登精神是不可能达到科学的高峰的。唯有马克思恩格斯的法正义观借助辩证唯物主义和历史唯物主义的一套科学方法，实现了法正义观的巨大变革。这一巨大变革，不是离开世界文明发展的大道独立产生的，而是他们吸收前人的一切优秀文化成果，站在前人的肩膀上创新性思考的结果，是 19 世纪及此前时代人类全部优秀文化遗产的结晶。正如恩格斯所说，同任何新的学说一样，虽然它的根子深深扎在经济事实中，但它的表达形式必须首先从已有的思想材料出发。[①] 马克思和恩格斯好学敏求，博古通今，对上自古希腊罗马，下至法国大革命，人类文明所创造的一切优秀法律文化成果，都做了审慎地研究分析和批判继承，他们研究了古希腊的法正义理论，批判地继承了自 16 世纪以来的空想社会主义的法正义理想，深刻审查批判了 17、18 世纪以来的资产阶级启蒙思想家的自由主义法正义观，并结合实际，研究了德国和英、法等主要资本主义国家的立法和司法实践以及各国工人运动中所表现出来的工人阶级的法正义诉求，实现了人类法正义观的伟大革命。

---

① 恩格斯:《社会主义从空想到科学的发展》,《马克思恩格斯全集》第 19 卷, 人民出版社 1963 年版, 第 205 页。

一、理论源头

西方社会的文明史是从古希腊开始的。马克思自早年的中学岁月开始，直到完成大学学业为止，一直沉浸在西方古典文学和哲学的熏陶中。因此，本书在考察马克思恩格斯法正义观的理论源头时，基于历史与逻辑总是基本一致的认识，追溯到了西方文明的源头——古希腊。正如恩格斯所言："历史从哪里开始，思想进程也应当从哪里开始，而思想进程的进一步发展不过是历史过程在抽象的、理论上前后一贯的形式的反映；这种反映是经过修正的，然而是按照现实的历史过程本身的规律修正的。"① 在世界文明史上，东方文明与西方文明犹如两颗璀璨的明珠，相映成趣，至今仍散发着熠熠光辉。与东方文明的演进路径有所不同，西方文明是由古希腊、古罗马发端经由中世纪的农耕文明再到近代大工业基础上的商工文明独立发展演变而形成的一套文明体系。地中海是西方文明的源头，地中海沿岸的古希腊思想文化孕育了西方社会的主流思想，其影响一直流传至今。辉煌的古希腊文明呈现出两个突出的亮点：一是（奴隶制）民主政治，二是人文与科学文化。希腊人一度称霸地中海，虽然霸权后来转到了罗马人手里，但希腊文化的渗透力却远远超越了罗马的军事影响力。由于罗马人几乎完全继承了希腊文化，故希腊罗马文明被欧洲人统称为古典文明。甚至常常有人把西方工业革命后的欧洲政治、经济、法律、文化、教育制度等的发展直接归结为古希腊、古罗马文明"固有本质"的衍化。美国综合法理学派的代表人物之一博登海默不无崇敬地指出："我们之所以从阐述希腊人而非某个其他民族的法律理论入手来考察法律哲学的演化过程，完全是因为古希腊的先哲对自然现象和社会现象有着非凡的哲学洞察力。"② 马克思恩格斯本人也从不否认这一点。

马克思和恩格斯都诞生于西方世界的文化氛围中，他们一生的活动区域主要以欧洲为限。因此，西方源远流长的思想文化既给他们提供了丰厚的思想养料，也给他们提供了批判的靶子。马克思恩格斯对古希腊文化可以说是情有独钟，马克思曾满怀深情地赞叹："希腊和罗马就是古代世界各民族中具

---

① 恩格斯：《卡尔·马克思〈政治经济学批判〉第一分册》，《马克思恩格斯选集》第2卷，人民出版社1995年版，第43页。
② ［美］E·博登海默：《法理学、法律哲学与法律方法》，邓正来译，中国政法大学出版社1999年版，第3页。

有极高'历史文明'的国家。"① 恩格斯在分析古希腊在整个西方文化史上占据特殊地位的原因时高度评价道:"如果说,在细节上形而上学比希腊人要正确些,那么,总的说来希腊人就比形而上学要正确些。这就是我们在哲学中以及在其他许多领域中常常不得不回到这个小民族的成就方面来的原因之一,他们的无所不包的才能与活动,给他们保证了在人类发展史上为其他任何民族所不能企求的地位。另外一个原因则是:在希腊哲学的多种多样的形式中,差不多可以找到以后各种观点的胚胎、萌芽。"② 我们今天认真探寻古希腊人的思想观念,深入研究和挖掘他们在法正义方面的有益探索,不仅是为了充分展现马克思恩格斯法正义观形成的最早"前见"或"背景",也是为了更好地分析现代社会纷繁迭起的法正义学说,甄别其优劣,以便更加科学合理地设计未来社会的法治发展模式,促进正义理念与法治模式的有机结合,从而"努力在一个更高的阶梯上把儿童的真实再现出来"③。西方古代(包括前希腊、古希腊和希腊化时期)流行的各种正义与法观念,特别是前希腊时期荷马和赫西俄德的法正义观,古希腊时期苏格拉底和柏拉图的法正义理论、理想社会理论和公有制理论,亚里士多德的正义分类思想以及希腊化时期伊壁鸠鲁的契约正义思想对马克思恩格斯法正义观的形成都产生了深远的影响。日本东京大学教授城塚登认为,"如果共产主义意味着财产公有",这种思想和制度早在古代斯巴达、雅典和原始基督教教会中就已经出现,在柏拉图的《理想国》中可以找到类似的主张。"柏拉图的理想国是托马斯·莫尔《乌托邦》和罗伯特·欧文的社会主义协作村构想的源泉。柏拉图认为,唯有财产、教育、妇女和儿童公有,才是建设理想国家的唯一道路。在这一点上,可以说这种理想国家是共产主义的。"④ 恩格斯在谈到社会主义学说的起源时,也曾经谈到古希腊斯巴达的公有制实践是社会主义学说的最早萌芽,他说:"伴随着一个还没有成熟的阶级的这些革命发动,产生了相应的理论表现;在16世纪和17世纪有理想社会制

---

① 马克思:《〈科隆日报〉第179号的社论》,《马克思恩格斯全集》第1卷上册,人民出版社1995年版,第212页。

② 恩格斯:《自然辩证法》,《马克思恩格斯全集》第20卷,人民出版社1974版,第385—386页。

③ 马克思:《〈政治经济学批判〉导言》,《马克思恩格斯选集》第2卷,人民出版社1995年版,第29页。

④ 〔日〕城塚登:《青年马克思的思想:社会主义思想的创立》,尚晶晶、李成鼎等译校,求实出版社1988年版,第5—6页。

度的空想的描写，而在 18 世纪已经有了直接共产主义的理论（摩莱里和马布利）。……禁欲主义的、禁绝一切生活享受的、斯巴达式的共产主义，是这种新学说的第一个表现形式。"①

古代希腊有独特的地理历史条件。它东临爱琴海，西南濒地中海，面积 13.2 万平方公里，包括巴尔干半岛南部（本土）、爱琴海上诸岛及小亚细亚西岸地区。地理环境优越，气候温和，多山多水，水域、平原、山丘交错，自然资源丰富，适合于人的生存发展，尤有海上航行之便。当时，希腊人与自然和谐相处，对大自然充满无限景仰，因此他们崇尚与自然相符合的生活。虽然他们关于世界和人类社会形成方面的知识还近乎阙如，但却为宇宙间一切事物的精致纤巧、井然有序所折服。这是古代自然法思想产生的一个重要原因。

关于古希腊的历史分期，史学界一直存有争议。本书参考前苏联学者涅尔谢相茨在考察古希腊政治法律学说时采用的分期方法，将古希腊思想史特别是与法正义观相关的思想史分为前希腊、古希腊和希腊化三个时期，不过为了研究的便利，在具体的时间界限上与之略有不同。

（一）前希腊时期的法正义观（公元前 12——公元前 8 世纪）

古代希腊特殊的地理历史环境及发展中的商品经济不但造就了原始的奴隶制民主；也是促成正义和自然法观念产生的重要原因之一。当然那时的民主是狭隘的，仅限于希腊自由公民之间，不包括奴隶和外来人。

公元前 12 世纪至公元前 8 世纪，正是古希腊世界从氏族公社向奴隶制社会过渡的时期，也是古代西方社会从自然经济向商品经济过渡的时期，主要是指荷马作品中反映的时代以及荷马从事创作的年代，即希腊历史上的"黑暗时代"。② 其实，前希腊时期商品经济已有所发展，除农业和简单的手工业外，商业贸易和航海运输也很发达。这种独特的地理环境为其经济发展提供了良好条件，使希腊先民在公元前 2000 多年便已开始了频繁的海上贸易与海外掠夺，大大开阔了希腊人的视野。正如黑格尔所说："平凡的土地，平凡的平原流域，把人类束缚在土地上，把他们卷入无穷的依赖性里边，但是大海却挟着人类超

---

① 恩格斯:《社会主义从空想到科学的发展》,《马克思恩格斯选集》第 3 卷, 人民出版社 1995 年版, 第 721 页。

② 早在古希腊文明兴起之前约 800 年, 爱琴海地区就孕育了灿烂的克里特文明和迈锡尼文明。大约在公元前 1200 年, 另一支希腊人（多利亚人）的入侵毁灭了迈锡尼文明, 此后 300 年, 希腊完全陷入沉寂状态, 封闭又贫穷, 希腊历史进入所谓"黑暗时代"。因为后世人们对这一时期的了解主要来自《荷马史诗》, 所以又称"荷马时代"。

越了那些思想和行动的有限的圈子。"① 这种超越土地限制、征服大海的举动在当时的亚洲各国还是闻所未闻的。前希腊人经常性的海上迁徙生活意味着他们不断地离开原居住地，不断地抛弃旧庙宇和家族坟墓，越来越淡化了与旧神的联系，摆脱了旧的宗法血缘关系的控制。又如韦伯所说："尽管有对神的敬畏，同诸神的关系根本没有约束力，英雄社会这种对神的不敬，只能产生于流浪迁徙、特别是海上流浪迁徙的结果，产生于他们不必与旧庙宇生活在一起，不必生活在坟墓旁。"② 摆脱这种控制的流动生活孕育出了希腊人自由的意识和大海般宽阔的胸怀，拥有自由意识的人们之间更容易结成理性而平等的关系。氏族内部的血缘关系解体之后，随着商品经济的发展，人们开始以财产划分社会关系。财产关系的调整天然需要一套成形的符合公平合理、等价有偿理念的商品经济运行规则，于是，正义观念和早期习惯法应运而生。这一切的发生都不是人为的，而几乎是在没有任何强力和外力干预下自然而然发生的结果。

经济的发展推动着思想的变化，思想的变化则引领着制度的变迁。对于经济条件变化与氏族制度解体之间的关系，恩格斯有鞭辟入里的分析，他说："由于地产的买卖，由于农业和手工业、商业和航海业之间的分工的进一步发展，氏族、胞族和部落的成员，很快就都杂居起来"，在不同氏族混居的情况下，氏族原有的功能不再发挥作用，人们对氏族的需求发生了改变，继之就对不合时宜的氏族制度进行大刀阔斧的改革。"日益发达的货币经济，就象腐蚀的酸类一样，渗入农村公社的以自然经济为基础的传统生活方式。氏族制度同货币经济绝对不能相容"，于是，"氏族制度已经走到了尽头"。③ 此后，希腊社会的基本构成单位由氏族转化为城邦，城邦与氏族的根本不同是以疆域而不是以血缘关系作为社会共同体划分的基础。

虽然前希腊时期商品经济已有所发展，但从总体上看，无论就生产方式还是就思想观念而言，此时的希腊先民还都处于人类的"童年时期"。他们的生产力水平非常低下，生产工具也极其简陋，以石器和青铜器为主。前希腊人在与自然的相处中，逐渐产生出一种看似矛盾的情感。一方面是敬畏，因为他们对自然界的规律所知不多，于是产生了命运观念。另一方面，希腊人又对自

---

① ［德］黑格尔：《历史哲学》，王造时译，上海书店出版社 1999 年版，第 93 页。

② ［德］马克斯·韦伯：《经济与社会》下卷，林荣远译，商务印书馆 1998 年版，第 636 页。

③ 恩格斯：《家庭、私有制和国家的起源》，《马克思恩格斯选集》第 4 卷，人民出版社 1995 年版，第 108、109、112 页。

身充满自信，认为凭借人的优秀品质或主观能动性能战胜一切，因而，又否定了命运主义。所以他们既生活在一种"人受命运主宰"的观念下，又有一种"天助自助者"的大无畏英雄气概。《荷马史诗》通过神与人的传说反映了早期希腊人思想中的这种二元对立，赫西俄德则从平民视角反映了希腊先民的正义情感。

1. 探寻法正义观念的源头——《荷马史诗》

相传在公元前 8 世纪前后，一位名叫荷马的盲诗人收集了爱琴海两岸民间流传的许多诗歌，整理成了两部流传至今的姊妹篇史诗——《伊利亚特》和《奥德赛》，史称荷马史诗。由于荷马在文学和史学方面的卓越贡献，人们经常称史诗描绘的这一时期为"荷马时代"。马克思青年时代深受路德维希·冯·威斯特华伦男爵的影响，喜爱荷马的作品，荷马是其一生都很喜爱的作家。①

荷马史诗是一部神话题材的英雄史诗，既描绘了古希腊的神话传说，也记载了当时的英雄传奇，真实而生动地再现了古希腊从原始氏族公社到奴隶制过渡时期英雄们的生活、斗争及思想感情，阐明了古希腊人对神的信仰和对英雄的崇拜，亦称"英雄时代"。希腊神话反映了希腊先民在当时有限的认知条件下对宇宙的感性直觉，马克思对希腊神话在希腊艺术中的地位和作用给予了很高的评价，他说："希腊神话不只是希腊艺术的武库，而且是它的土壤。"②荷马史诗的内容非常丰富，它广泛地反映了古希腊时代的经济、政治、军事、文化等各方面的社会风貌，堪称人类社会童年的"百科全书"，在西方文化史中一直占据最高地位。2000 多年来，西方人一直认为它是古代最伟大的史诗。马克思也对它给了了极高的评价，说它时至今日不但"依然能够给我们以艺术享受"，而且"就某方面说还是一种规范和高不可及的范本"。③19 世纪法国哲学家、历史学家和宗教学家、《耶稣传》的作者欧内斯特·勒南作了一个预言性的断言："一千年以后，只有两种书可以再次出版，一种是《圣经》，一种

---

① ［英］戴维·麦克莱伦：《卡尔·马克思传》第 3 版，王珍译，中国人民大学出版社 2005 年版，第 12 页。

② 马克思：《〈政治经济学批判〉导言》，《马克思恩格斯选集》第 2 卷，人民出版社 1995 年版，第 28 页。

③ 马克思：《〈政治经济学批判〉导言》，《马克思恩格斯选集》第 2 卷，人民出版社 1995 年版，第 29 页。

是《荷马史诗》。"①

荷马在史诗中描绘了文明社会伊始人类对正义情感的体验，展现了正义最早的分类形式，即神性正义与人性正义之分。正义是人类永恒的价值追求，正义感则是伴随人类而生的一种原始情感。正如罗素所说："在哲学开始以前，希腊人早就对于宇宙有了一种理论，或者说感情，这种理论或感情可以称之为宗教的或伦理的。按照这种理论，每个人或每件事物都有着他的或它的规定地位与规定职务。……它特别被人强调地运用于天体。但是凡有生气的地方，便有一种趋势要突破正义的界限；因此就产生了斗争。有一种非人世的、超奥林匹克的法则在惩罚着放肆，并且不断地在恢复着侵犯者所想要破坏的那种永恒秩序。"②荷马史诗以战争为载体反映了神、人与城邦之间的复杂关系和希腊先民的正义观，为我们探寻人类最原始的社会秩序和正义情感提供了宝贵资料。此时正义的最早分类已有所显现，即神性正义和人性正义之分。神性正义是人性正义的绝对基础和依据，而人性正义则是永恒正义在人类社会关系中的具体体现。古希腊人从混沌中萌发的正义情感对后世产生了较大影响，后来贯穿整个西方思想史的法律二分论（自然法与人定法之分）在这里已初露端倪。

神性正义的核心是秩序。古希腊人认为，宇宙是一种秩序化的实体，其最大特点是有序性和层级性。为了保证宇宙秩序的永久稳定，避免混乱和无序，宙斯制定了无形的正义法则，以维系或及时恢复宇宙秩序。人生存于城邦之中，城邦的政治秩序是整个宇宙秩序的一部分，是在神的支配和参与下形成的一种井然有序的状态。正义法则在荷马史诗中是一个具有普遍性的问题，由正义女神具体执掌，它同时规定着神界的秩序和人间的秩序，宙斯则是正义的最高裁决者，这是一种体现为秩序的正义。正义的秩序性特征首先表现在诸神之间有严格的分工，每一位神灵都有自己特定的职责范围，比如宙斯、波塞冬和哈得斯就据拈阄而进行权力分工。波塞冬说："一切分成三份，各得自己的一份，我从阄子拈得灰色的大海作为永久的居所，哈得斯统治昏冥世界，宙斯拈得太空和云气里的广阔天宇，大地和高耸的奥林波斯归大家共有。"每位神灵都应恪守自己的职责范围，不能越界干预其他神灵的权限分工。波塞冬还说："我决不会按照他的意愿生活，他虽然强大，也应该安守自己的疆界，不

---

① ［法］欧内斯特·勒南:《耶稣传》，梁工译，商务印书馆 2010 年版，序言。
② ［英］罗素:《西方哲学史》上卷，何兆武译，商务印书馆 1997 年版，第 154 页。

要这样把我当作懦夫来恫吓。"①其次表现在诸神之间有明确的等级。在希腊神话中，宙斯是最高的神，是普遍正义的化身，是人间正义的制定者和监护人。世间有许多不公平，不公道，但强有力的宙斯一定会替弱者主持公道，制服不公道，从而恢复正义的秩序。古希腊人创建了包罗万象而等级分明的神的谱系，在《伊利亚特》和《奥德赛》中，众神无处不在，各种自然力量都被置于神的统治之下。因此，在古希腊人的想象中，山川林木，日月星辰，以至雨后的彩虹，海洋的潮汐，都是神的化影；另一方面，神人同源同宗，宙斯既是众神也是人类的祖先。由此，人类也将自身交于神统治。人的生老病死，祸福成败，都取决于神的意志。诸神在统治自然和人类的过程中，总是依据一定的法则，这种法则就是正义。它是一种超验的法则，是自然和人类共同的也是最高的法律。谁违背了正义准则，就会受到人间统治者及宇宙统治者的双重裁决与惩罚。如《伊里亚特》第十六卷记载，宙斯之所以投下暴风雨，是"因为人们在集会上恣意不公正的裁断，排斥公义，毫不顾忌神明的惩罚。"②这里已出现了正义与法律密不可分的观念。

人性正义的核心是美德。神，从本质上讲属于人造物，是人按照自己的样子创造出来的一种既源于人性又高于人性的观念存在。从荷马史诗中可以看到，人类在神的启示下获得了正义，根据正义推演出人间的法律。神的正义和法律是产生人间正义和法律的源泉。由于神人同形同性，神性源于人性，所以荷马时代的神性并不完美，在品质上并不高于人性。神存在人性中的一切缺点：自私、嫉妒、贪婪、任性、虚荣、纵欲等，所以众神之间也总是勾心斗角、争吵不断。神与人的唯一区别在于神有超人的能力，是不死的"凡人"。在后来的东方宗教和西方基督教中，神总是以至善至美、至高无上、万能的形象出现，神支配一切，而人却罪孽深重、渺小和软弱无力。可见，在古希腊先民那里，人们对神的信仰并没有将人挤压到微不足道的地步。在这一点上，希腊文明远比世界上其他一些自以为是的文明进步得多。又因为神性高于人性，人性不完全等同于神性，所以人性也不完全是神性的附庸。且由于在多神论的背景下，神界的意见并不统一。神意的不一致给人发挥自己的能力和智慧留下

---

① ［古希腊］荷马·伊利亚特：《罗念生全集》第 5 卷，罗念生、王焕生译，上海人民出版社 2005 年版，第 373 页。

② ［古希腊］荷马·伊利亚特：《罗念生全集》第 5 卷，罗念生、王焕生译，上海人民出版社 2005 年版，第 410—411 页。

了空间。英雄作为荷马时代人类的代表，对待神意和命运往往不是消极懦弱的服从，而是敢于表达不满和积极抗争。在荷马史诗中，人性正义赖以附着的主要价值是美德。荷马史诗中的英雄都是神和人所生的后代，是半神半人的角色，具有过人的智慧或非凡的勇猛。那是一个神人合一的神话时代，也是一个崇尚英勇和智慧的巨人时代。英雄是神与人对话沟通的桥梁，英雄的美德——英勇和智慧——普遍受世人景仰，是建立功绩和获取荣誉的基本素质。

荷马史诗表达了远古人类对正义的永恒向往和追求，也表达了希腊初民最原始的正义情感和观念。他们对约定俗成的习惯规则的维护和尊重，对荣誉的追求和捍卫，对勇敢、智慧等个人美德的推崇，对背信、专横等不正义行为的排斥与惩罚等，这些情感和观念对后来的自由主义和空想社会主义法正义观的形成都有很大启发。

2. 赫西俄德的平民视角的法正义观

如果说荷马史诗反映了希腊先民在神与人之间关系问题上的正义与法观念，赫西俄德的《工作与时日》则体现着世俗社会的人与人之间，特别是不同于英雄的平常人之间的正义情感与观念。他从反进化论的角度看待人类历史，认为人类先后经历了黄金、白银、青铜、英雄和黑铁五个种族的更替，更替的过程即是人类逐步衰退最终走向堕落的历史，衰退的原因便是人类的行为破坏了宇宙的正义法则，离神越来越远。但这种堕落不是没有任何救赎的可能，唯一的救赎途径是人类自己拯救自己，重新进行正确的道德选择，切实践行正义。后来的进化论者则是反其道而行之，通过完全不同的思想路径却得出了许多与赫西俄德相同的结论，这是思想史上一件很有意思的事情。

赫西俄德认为，正义是人类特有的法则。人类和动物界的法则是有所区别的，"鱼、兽和有翅膀的鸟类之间没有正义，因此他们互相吞食。"由此可以推知他的潜在意思是说"人间存在正义，因此人们不相互为食"，再引申推理应该是"人间存在正义，因此人们不应该相互欺压"。在赫西俄德的意识中，正义是人区别于禽兽的标志。人所以不同于禽兽，或者说人得以区别于禽兽的特质便是人间有正义，而禽兽间没有。禽兽的生存法则是弱肉强食，优胜劣汰，因此力量是通行于低等动物界的普遍法则。既然人作为高等动物，不同于禽兽，也就意味着人间的正义与力量强弱、强权暴力无关。赫西俄德主张财富不应当用暴力和欺诈手段攫取，他认为智欺愚、强凌弱、众敌寡的行为不符合人间的正义法则。既然智欺愚、强凌弱、众敌寡是不正义的，那么当一个社会处于智不欺愚、强不凌弱、众不敌寡状态，则该社会处于一种正义状态。因此，赫西俄德劝说自己的兄弟要"倾听正义，完全忘记暴力"；他还告诫那些不公正的裁决者："而你们，爱受贿赂的王爷们，要从心底里完全抛弃错误审判的思想，要使你的裁决公正。"相反，如果"存心不善、歪曲正义作出了愚蠢错误的判决"，将会遭到神灵的报应。[①] 在他看来，不公正的裁决就是智欺愚、强凌弱、众敌寡，就是不正义。正义作为一种规范人类行为的力量，是与暴力和强权相对的，也与狡诈和欺骗无缘。

关于正义的来源，赫西俄德认为人间的正义来自于神灵的赐予，是克洛诺斯之子——宙斯"将此法则交给了人类"，"把正义这个最好的礼品送给了人类"。宙斯不但将正义交给了人类，而且还时刻监督着人间的不正义现象，"任何人只要知道正义并且讲正义，无所不见的宙斯会给他幸福。但是，任何人如果考虑在作证时说假话、设伪誓伤害正义，或犯下不可饶恕的罪行，他这一代人此后会渐趋微贱。如果他设誓说真话，他这一代人此后便兴旺昌盛。"个人如果要使自己的行为符合正义，就应当"努力工作"，赫西俄德教导自己兄弟的至理名言是，"人类只有通过劳动才能增加羊群和财富，而且也只有从事劳动才能倍受永生神灵的眷爱。劳动不是耻辱，耻辱是懒惰。"[②] 在他看来，正义是所有人的行为准则，是任何人在处理与他人的关系时都应当遵循的。

关于正义的分类，赫西俄德还没有明晰的认识，但从他的文字中已经隐隐现出适用于不同范围和对象的不同的正义类型。譬如，从荷马史诗中的神性正义演化而来的普遍正义。既然宙斯把正义法则交给了人类，正义就成为维系人类共同体秩序，并须为共同体中的全体成员共同遵守的统一规范。普遍正义又有分配正义和裁决正义两种表现形式。分配正义涉及社会成员间的权利和义务、财富和负担等等的分配以及职责分工，如遗产应当在兄弟之间公平分配，和平时期巴西琉斯的社会职能主要是司法审判等；裁决正义是指巴西琉斯应当依据习惯法，对买卖纠纷和遗产争执等各类民事纠纷作出公正裁决，但由于习惯法的任意性，事实上很多案件都由于巴西琉斯的贪赃受贿存在不公正裁决。从赫西俄德对人间裁决者的无知和不公的控诉中，已经能看到在裁决正义中出现了形式正义和实质正义的分野，"须知，我们已经分割了遗产，并且你已获

---

① ［古希腊］赫西俄德:《工作与时日　神谱》，张竹明、蒋平译，商务印书馆1991年版，第9—10页。

② ［古希腊］赫西俄德:《工作与时日　神谱》，张竹明、蒋平译，商务印书馆1991年版，第9—10页。

得并拿走了较大的一份，这极大地抬高了乐意审理此类案件热衷于受贿的王爷们的声誉。这些傻瓜！他们不知道一半比全部多多少，也不知道以草芙蓉和常春花为生有什么幸福。"①个人正义是指个人的德性和行为准则，对个人而言，正义既是社会规范的外在约束，也是个人内心的道德自律；既是个人的道德品质，也是处理人际关系的伦理准则。在赫西俄德所处的时代，作为个人德性的正义，与荷马时代人性正义的内涵已有所不同。荷马时代张扬智慧和勇敢的美德，而赫西俄德更看重勤劳和诚实的品质。这与前希腊正处于从野蛮向文明时期过渡的社会背景紧密相关，是由人们从游牧为主转向定居和农业为主的生产生活方式决定的。

赫西俄德的思想对古希腊法正义理论的发展产生了深远的影响。首先，他延续了荷马史诗中对个人品质和行为正义的思考；其次，他开启了后世对制度正义性问题的追问和反思。这一思想启发了苏格拉底、柏拉图和亚里士多德等人，尤其是在亚里士多德关于正义与法问题的理论思考中我们可以看到赫西俄德的影子。赫西俄德的作品中包含了一些重要的观念，如普遍正义和个人正义、分配正义和裁决正义、形式正义和实质正义的区分等，当这些思想被运用于现实城邦政治法律生活的研究时，对西方古典政治法律哲学的确立起了直接的推动作用。

（二）古希腊时期的法正义观（公元前 7——公元前 4 世纪上半叶）

古希腊文明制度的形成是建立在较高生产力发展水平基础上的，例如：与世界同期各民族相比，雅典城邦的生产工具就达到了当时的最高水平。由于农业成为主要谋生方式，希腊人开始广泛犁耕，农业成为主要经济部门，农业技术在古希腊倍受重视。铁器得到广泛使用和推广，逐渐取代了青铜器在社会生产中的地位。畜牧业和手工业开始从农业中分离出来，海上贸易更加发达。随着生产工具的改进和社会分工的发展，社会生产力极大提高，新的城邦国家纷纷建立，斯巴达和雅典是诸城邦中势力最大的政治共同体。在城邦经济中，奴隶劳动的使用日渐广泛。虽然在广大的乡村地区自然经济仍占支配地位，但在近海的许多城市中，经济生活已然发生了深刻的变化。从前奴隶的使用仅限于家庭内部和有限的经济部门，现在则被广泛应用于各行各业；从前以生产直接生活资料为主要目的，现在则以从事商品生产为主要目的。这样，奴隶制经济

---

① ［古希腊］赫西俄德：《工作与时日 神谱》，张竹明、蒋平译，商务印书馆 1991 年版，第 2 页。

进入繁荣发达时期，成为希腊社会的经济基础。这一时期手工业的发展也特别突出，虽然与农业相结合的家庭手工业仍然存在，但城市中独立的手工作坊（工场）却起着越来越重要的作用。手工业是商业发展的条件，商业又促进手工业的发展。随着人类改造自然能力的增强，自然也赐给人类更多的财富。另外，海外商业贸易的拓展进一步开阔了古希腊人的视野，为了扩大生存空间，有的城邦以重金建造商船并组建保障其海上利益的舰队，有的城邦广泛开展对外移民，疆域远及黑海沿岸、小亚细亚、北非、西西里东部和意大利南部，甚至远达今天的法国和西班牙。母邦和它的移民兴建的子邦存在着密切的经济联系，并在子邦推行奴隶制生产方式，从而有力地推动了整个希腊世界的经济发展。这样，希腊人终于取代了善于经商的腓尼基人，确立了他们在地中海东部的经济和军事优势。希腊的精神文化发展也成绩斐然，"雅典卫城"在现代人看来仍堪称艺术杰作。生产力的发达，促进了人的主体意识的发展。古希腊人确信"人天然是城邦的动物"，唯有在城邦共同体之中人类才能实现幸福美好的生活；承认法是自然的东西，人们必须服从，应当过"和自然相一致的生活"。城邦既是一种政治制度，又是一种社会结构，维护共同体的利益是城邦的主要职能。对于城邦来说，正义是城邦制度的首要美德；对于个人来说，正义就是严格遵守城邦的法律。法是城邦共同利益的最高体现，是人们公认的最高权威。那时，古希腊人的规则意识呈现出惊人地"现代化"，鸦片战争后由欧洲人带到中国乃至全世界的一套国际关系惯例——如条约、使节、宣战、媾和、战争赔款等中国人之前从未接触的国际法规则，据历史学家修昔底德的介绍，已盛行于当时的希腊世界。①

1. 前苏格拉底哲学家的法正义观

前苏格拉底哲学家，亦称前苏格拉底学派，是指苏格拉底之前的古希腊哲学家。实际上他们的观点并不统一，前苏格拉底哲学家是对由若干分支学派如米力都学派、毕达哥拉斯学派、智者学派等组成的这一时代思想家的总称。其中最著名的有七位，史称"希腊七贤"。② 由于他们的著作没有一部完整地

① ［古希腊］修昔底德：《伯罗奔尼撒战争史》，谢德风译，商务印书馆1960年版，第29页。

② 对于希腊七贤，史学界的说法不一，有22个名字都曾被提到。有两个代表性的版本，其中一个包括普林纳的毕阿斯，斯巴达的奇伦，罗得岛的克利奥布拉斯，科林斯的佩里安德，密提利那的庇达卡斯，雅典的梭伦和米利都的泰勒斯。另一个版本包括泰勒斯、毕达格拉斯、苏格拉底、柏拉图、亚里士多德、欧几里得、阿基米德。

流传下来，我们只能通过后世哲学家和史学家对其作品的引用和偶尔发现的原文片段去追踪他们的思想。不过，从他们的片言只语中，我们可以看出他们当时关于正义与法的理解已经有很多科学的成分。他们的哲学倾向，已经展现出唯物论的萌芽。

前苏格拉底时期，哲学和科学是完全融合在一起的，在思辨研究和经验研究之间不作任何区别。哲学家提出一种以宇宙起源及构成为思考对象的正义观，认为"宇宙有一种单一的基本秩序……要成为正义的，就是要按照这一秩序来规导自己的行动和事务。"[①] 他们提出了初步的自然法即正义思想，不过有的认为自然法源于自然，有的认为自然法来自人们的约定。例如，希庇阿认为自然即事物的本性，自然规律是真正的自然法，与错误的、人造的世俗法（人定法）是对立的，自然法就是正义，是根据自然的要求设定的法则。他的主要兴趣在于习俗的观念，把习俗理解为一种约定俗成意义上的法律和习惯法，并把它与不成文的自然法对立起来，因为根据自然法，同胞之间是相互亲近的，而习俗却往往违反自然的要求。在他看来，习俗更像是一个暴君而不是一个合法的君主。习惯法要用自然法去衡量和纠正。安提丰进一步发展了自然法观念，认为根据自然法，人们在各方面都是平等的，并且无论是蛮族人，还是希腊人，都是如此。他也认为自然法高于城邦法，自然的指示带给人自由，违背自然法必然造成灾难。阿尔西德穆对自然法作了更清晰的系统表述，他认为自然法是"对付法律和习俗以及国家的世袭君主的一种攻城器"。他以自然法的名义要求解放奴隶，"神让一切人自由，自然并没有使任何人成为奴隶。"[②] 奴隶和自由民生来应当是平等的，奴隶之所以成为奴隶，不是因为他们天生愚笨，而是由社会制度和城邦法律造成的。

也有人认为正义是具体的，主张从现实的人的角度去理解正义，不承认抽象和绝对的正义原则。他们承认物质世界的存在，以个人的感觉作为判断失误的标准。智者学派的早期代表人物普罗泰戈拉就说过："人是万物的尺度，是存在事物存在的尺度，也是不存在事物不存在的尺度。"[③] 他由此断定，正义、城邦及法律，都属于以人为尺度的事物，是人为形成的。没有一种道德

---

① ［美］麦金太尔:《谁之正义？何种合理性？》，万俊人等译，当代中国出版社1996年版，第20页。

② ［苏］涅尔谢相茨:《古希腊政治学说》，蔡拓译，商务印书馆1991年版，第104—105页。

③ ［古希腊］柏拉图:《泰阿泰德篇》152a，转引自谷春德主编，《西方法律思想史》，中国人民大学出版社2004年版，第32页。

和法律的情感，人类社会是不能形成的。一切道德和法律的有效性都是相对的，这种有效性与产生这些道德和法律情感的人类社会紧密联系，只有在那个社会被认为是良好的道德和法律，才是有效的。①普罗塔格拉赞扬中庸与适度，强调对于人们不重视公益、胡作非为的不正义行为必须实行强制，而国家和法律在这方面具有重要作用。他说："国家制定了法律之后，就要依照法律强制命令人们和迫使人们服从。违反法律国家就要惩治。对于这些惩治，无论在你们那里，还是在其他很多地方，都叫纠正，因为惩罚就是纠正。"梭伦作为一名真正的立法者，他的观点更具权威性，他将正义与法律相联，认为正义的现实功能就是调和不同利益集团的矛盾，在双方之间寻求平衡点。正如他在诗中写到，"我持大盾，保护两方，不能使任何一方不公正地占据优势。"梭伦还提出，法律对城邦至关重要，没有法律和内乱是城邦最大的灾难，而法律和秩序则是城邦的最大幸福。②莱古弗隆认为自然法乃是人们"互相保证正义的一种约定"，他宣称，所有的人，不论其出身是否高贵，都是平等的。德国著名的哲学史家策勒尔认为"正是在他（指莱古弗隆，笔者注）这里，我们第一次发现了社会契约说。'法律是一种契约，依据它，权利得到相互的保证；但它不可能培养自己的公民成为既有道德又讲公道。'"③因此这种保证只能是简单初步的，不能确保公民实际上行善和主持正义，于是人们缔结契约，建立国家。

既然前苏格拉底哲学家看到了国家和法律的重要性，并且将正义等同于法律，所以他们普遍强调"守法是美德"。守法作为个人的一种良好品质，不能靠外在的强制力量去养成，主要是靠教育手段去实现，因此对待犯罪，预防优于惩罚。可以说，"前苏格拉底哲学本身包含了所有后来才实现的发展的种子。"④

2. 苏格拉底与柏拉图的法正义观

现实生存状况的不尽如人意引发了人们对未来社会的规划与设计，对人类理想社会制度的理论探索最早可以追溯到古希腊时期的苏格拉底和柏拉图。苏格拉底的哲学思想，主要反映在柏拉图的对话集中。至于柏拉图的对话集中

---

① ［德］E·策勒尔：《古希腊哲学史纲》，翁绍军译，山东人民出版社1992年版，第88页。
② ［苏］涅尔谢相茨：《古希腊政治学说》，蔡拓译，商务印书馆1991年版，第22页。
③ ［德］E·策勒尔：《古希腊哲学史纲》，翁绍军译，山东人民出版社1992年版，第96页。
④ ［德］E·策勒尔：《古希腊哲学史纲》，翁绍军译，山东人民出版社1992年版，第27页。

哪些是苏格拉底的思想，哪些是柏拉图的思想，学界历来存在争议。本书不是一项史学研究，所以对此问题不做深究，只关注对话集中的法正义论述，例如"不行不义就是正义"、"守法就是正义"等。笔者认为二人的法正义思想没有本质区别，因而笼统地称之为苏格拉底与柏拉图的法正义观。

柏拉图借苏格拉底之口，以对话体形式描绘的《理想国》就是一个最早的理念世界的乌托邦。柏拉图的理想城邦可以说是历史上大大小小"乌托邦"的开山鼻祖。在一定意义上讲，人类早期的正义感就蕴涵在这种乌托邦精神之中。《理想国》的宗旨是缔造一个秩序井然、和谐幸福的正义国家，其副标题便是"关于正义的学说"。正义是贯穿理想国始终的主题，因此《理想国》亦可称为正义论。

"什么是正义？"《理想国》开篇就提出了这一至今仍困扰着现代人的问题。苏格拉底的同时代人也和我们今天一样，渴望认识正义，实现正义。但他们对正义的理解却五花八门，不能达成共识。苏格拉底对当时流行的三种正义的定义——"正义就是有话实说、有债照还"，"正义就是把善给予友人，把恶给予敌人"，"正义就是强者的利益"——进行了驳斥。紧接着辩论转向"正义和不正义哪个更有利？"的问题，苏格拉底同样利用其反问法步步为营，驳斥了不正义比正义更有利的观点。① 他认为，正义的含义包括自身善和结果善两个方面。就个人正义而言，自身善表现为个体人性的完善，结果善则是指人自身的幸福。

紧接着，柏拉图由个人正义引申出了国家正义。在当时的希腊社会，智慧、勇敢、节制、正义是为人们普遍重视的四主德，都是针对个人的精神意向或行为举止而言的。而柏拉图认为个人的德行属于微观世界，比较抽象，需要借助于一种宏观显明的事物来类比，才能更好地说明。所以柏拉图采取了以国家来类比个人的论证方法，借助国家正义来阐明个人正义，进而通过争论设计出有关国家哲学、道德、政治、经济、文化、艺术等方面的一系列制度性措施，并在辩论中不断完善，一步步勾画出他心目中的"理想国"蓝图，向世人展现了自己的政治理想。柏拉图强调，正义是建立和保持理想国家的最高原则，他发展了希腊早期以和谐秩序为核心的正义思想，认为正义的内涵即是社会成员各司其职，各负其责，各尽其能。柏拉图的理想国按照人的天赋才能进

---

① ［古希腊］柏拉图：《国家篇》第1卷，《柏拉图全集》第2卷，王晓朝译，人民出版社2003年版，第277页。

行社会分工，将城邦公民大致分为三种人：护国者、辅助者和生意人，分别对应着智慧、勇敢、节制和正义四种美德。每个人都在国家里执行一种最适合他天性的职务。"我们在建立我们这个国家的时候，曾经规定下一条总的原则。我想这条原则或者这一类的某条原则就是正义。……这条原则就是：每个人必须在国家里执行一种最合适他天性的职务"。他还强调，只有当组成国家的三种人"在国家里各做各的事而不互相干扰时，便有了正义，从而也就使国家成为正义的国家了。"①

柏拉图认为国家权力应掌握在哲学家的手中，这是国家正义实现的关键。因为正义国家的治理是以知识为基础，而知识只有哲学家才具有，其他人拥有的只能是意见。国家正义实现后，还有如何维持的问题。维持国家正义仍然离不开哲学家的统治。哲学家应当是有治理城邦的智慧和能力的人，同时也是真正关心城邦共同利益的人，这便是其著名的"哲学王"思想。而辅助者应具有勇敢的美德，尽力维护城邦的安全，并维护护国者的任何决定。生意人则应该掌握好各自行业的技能，精益求精。归根到底，各个行业的人都应当为城邦作贡献，目的是使生活在这个国度的人感到幸福。城邦高于个人，为了城邦的最大利益，个人特别是统治者应当牺牲一己之私，服从于城邦的需要。同时，他认为城邦各阶层间应团结合作，保持和谐的关系，统治者要全心全意为被统治者服务，切实维护被统治者的利益，被统治者则要认真服从统治者制定的所有法律。这样，每个人各称其职、各安其分、各得其所，国家正义就能世代永续。柏拉图满怀憧憬的这一理想蓝图，被后来的空想社会主义者继承并加以发挥。传统的政治法律理论大都以柏拉图的理想城邦存在等级划分为由，将其归为奴隶主贵族阶级的代表之列，其实曲解了柏拉图的良苦用心。等级社会的一个最大特点即是男尊女卑，男性特权。傅立叶在历史上第一个明确表述了为后人普遍认可的性别解放思想，他说：在任何社会中，妇女解放的程度是衡量普遍解放的天然尺度。但这一思想并不是傅立叶的首创，很可能是受柏拉图的启发。柏拉图当时几乎是冒天下之大不韪地提出男女平等，主张把占人口半数的妇女解放出来，男女同等接受教育，同等参政，同等任职。可见，柏拉图反对特权。另外，认为公民的三等级划分反映的是一种贵族等级制度下的开明君主专制，理由也欠充分，因为理想国中的社会分工是基于个人先天的天赋特长，而

---

① ［古希腊］柏拉图：《理想国》，郭斌和、张竹明译，商务印书馆 1986 年版，第 154—156 页。

不是基于贵族等级制度下的家庭出身。

为了使城邦正义得以维持，柏拉图建构了两大支柱：一是教育制度；二是公有制度。

柏拉图非常重视教育问题，他为理想国设定的很多规矩、礼仪、道德，都寄希望于通过儿童教育来实现，展现了作者超凡的教育理念。他说："凡事开头最重要。特别是生物，在柔嫩幼小的阶段，最容易接受陶冶，你要把他塑成什么形式，便能塑成什么形式。"柏拉图主张理想国的教育必须从儿童抓起，因为："一个人从小所受的教育把他往哪里引导，能决定他后来往哪里走。"教育内容必须包括朴质的音乐教育和体育锻炼两大方面，朴质的音乐教育有利于陶冶心灵，朴质的体育教育则有助于强健体魄。因为"复杂的音乐产生放纵，复杂的食品产生疾病。至于朴质的音乐文艺教育则能产生内心方面的节制，朴质的体育锻炼就产生身体的健康。"①他认为应当监督各种文艺作品，让文字传承善良美好的东西，禁止邪恶卑鄙的内容侵入稚嫩的心灵，从而让城邦的统治者从小就远离罪恶，始终与智慧美好的事物相伴，如此潜移默化、耳濡目染的结果，才能造就最称职的统治者。从一个人的童年开始施加影响，将服务城邦的信念根植于心中；注重教育内容，正确引导，让先进的思想占据青年人的思想阵地，使之健康发展，树立良好的人生观和价值观。这些教育理念，无疑是有远见的，并抓到了问题的关键之处，对后世的教育理念发展影响深远。

对柏拉图的正义理论和教育制度，学界花费笔墨颇多，而对其公有制度却常常是一笔带过，鲜有评价。即使偶尔提及，也因为其妇女儿童公有的荒谬主张而予以简单否定者居多。针对现实社会的种种弊端，柏拉图在自己的理想国中选择了公有制。他谴责私有财产，认为私产之下不会产生好的执政者。理想国家的目的是为了全体公民的最大幸福，而不是为了单独某一个阶级或阶层的幸福。为此，他提出了消灭私有制的具体办法，即在护国者和辅助者之中实行绝对公有制。一是财产公有，他们不得拥有任何私产包括金银，因为人间的金银会使统治者的灵魂受到玷污，它是人间一切罪恶的根源。二是妻子和儿女全部公有，以消除统治者的任何私情私欲。如此，就能节制统治者的欲望，保持内部团结，统治者就能处处以城邦和人民利益至上。柏拉图对于公有制的理论设计，尽管不无缺陷，但作为人类思想史上首次系统提出的公有制理论，对

---

① ［古希腊］柏拉图:《理想国》，郭斌和、张竹明译，商务印书馆1986年版，第72、112页。

后来的空想社会主义以及科学社会主义都起到了思想先导的作用，其意义不容低估。后来的空想社会主义和科学社会主义理论都在一定程度上吸取了柏拉图公有制理论中的合理之处，主张建立一个实行生产资料公有的新社会。剔除掉其中唯心的和空想的成分，理想国中对真善美的歌颂和不懈探求，对城邦治理者人格培养和权力约束经验的探讨，现在是将来也仍是人类知识积累的共同财富。

人类有很多的梦想，对于那些已经实现或者有实现的可能的，我们称之为理想；而对于那些明显脱离实际没有实现可能的，我们斥之为乌托邦或曰空想。可是，又有谁能在理想和乌托邦之间划出一条不可逾越的鸿沟呢？有多少科学发明最初都是源于子虚乌有的科幻，又有多少现代的制度文明都能追溯到远古思想家的天才空想。乌托邦是美妙的，它越是完美就离现实越是遥远，但是小至一个人、大至一个国家都需要有一个心中的乌托邦，否则就会失去奋进的方向。德国社会学家马克思·韦伯说："人们必须一再为不可能的东西而奋斗，否则他就不可能达到可能的东西了。"[1] 凡事往往是取乎其上，方能得乎其中。柏拉图对自己的乌托邦理想也有比较客观的认识，"既称理想的，非谓凡真能实现者。皆不若此理想的之完备。幸能大致相似已足欤。"[2] 只有怀揣着美好的梦想上路，公民和国家才有义无反顾地不断追求卓越的动力，个人正义和国家正义才有真实的未来。正如柏拉图在《国家篇》的文末所说"让我们永远坚持走上升之路，追求正义和智慧，只有这样我们才能得到我们自己和神的珍爱。只要按我说的去做，那么无论是今生今世，还是去赴我已经描述过的千年之旅，我们都能诸事顺遂。"[3] 可以说，人类社会到目前为止的一切思想活动都是以人为出发点的，也就是建立在现实的、活生生的人存在的基础上的。人将一切非人的存在都视为物，人性便是与物性相对而言的人所独有的东西。通常人与其他动物共有的东西，比如渴、饿、性、繁衍后代等感觉和现象是不被归入人性之列的。而爱、恨、同情、悲伤、思考、创作等情感和意识则是公认的人性内容。在人际交往中，人们又发现，虽然同为人类，人与人之间的差别

---

① 转引自莫里斯·迈斯纳：《马克思主义、毛泽东主义与乌托邦主义》，张宁、陈铭康等译，中国人民大学出版社 2005 年版，第 2 页。

② 西方法律思想史编写组：《西方法律思想史资料选编》，北京大学出版社 1983 年版，第 11 页。

③ ［古希腊］柏拉图：《国家篇》，《柏拉图全集》第 2 卷，王晓朝译，人民出版社 2002 年版，第 648 页。

也是无处不在的。正如世界上没有两片完全相同的树叶一样，人世间也很难找到一模一样的两个人。人生而不同，从性别看，有男女之分；从肤色看，有黑、黄、白、棕之别；从体质看，有强弱之差；从智力看，有高低之异；从身份看，有国别、民族之界；从性格气质、兴趣爱好、技艺能力、价值观念等看，差异更是不一而足。在一个既定的社会共同体中，成员的年龄构成不同，有老年、中年、青年、少年、幼年；成员的相貌各异，有高、矮、胖、瘦；成员的天赋特长也有天壤之别。总之，人是共性和个性的统一。柏拉图的正义观就是建立在人之差异性的基础上，无论国家正义，还是个人正义，存在的基础都是差异性。国家正义是建立在人们天赋才能差异的基础上，个人正义是建立在人灵魂中的三种成分高低差异的基础上。差异性是人际之间自发分工，实现知识、能力互补，建立合作，形成社会的前提。可以说，离开了差异性，就无法理解柏拉图的正义理论。

3. 亚里士多德的法正义观

亚里士多德是古希腊思想文化的集大成者，是历史上第一位"百科全书式"的人物。18 世纪末德国浪漫主义运动的先驱施莱格尔曾说："一个人，天生不是一个柏拉图主义者，就是一个亚里士多德主义者。"[①]在哲学上，柏拉图被列为理想主义始祖，而亚里士多德则可谓经验主义先驱。亚里士多德所处的年代，希腊城邦社会正在由鼎盛转向衰落，社会矛盾异常尖锐，奴隶制民主面临深层危机。同其师柏拉图一样，亚里士多德试图挽救濒于衰落的奴隶制城邦，为城邦政治寻找一条摆脱危机的道路，继续维持社会秩序的和谐与稳定，亚里士多德的法正义观即是建立在这一目的之上。[②]不过，他选择了一条不同的路径去实现这一目的。他对古希腊 100 多个城邦的政治体制进行了比较分析，在实证的基础上深化了其师柏拉图的法正义理论。亚里士多德的法正义观主要体现在的他的伦理学和政治学之中。

在亚里士多德的伦理学中，公正是作为一种圆满自足的个人德性和优良

---

① ［古希腊］亚里士多德：《尼各马可伦理学》，廖申白译注，商务印书馆 2003 年版，序言。

② 亚里士多德对其伦理学研究的目的是这样定位的：我们当前所进行的工作，不像其他分支那样，以静观、以理论为目的（我们探讨德性是什么，不是为了知，而是为了成为善良的人，若不然这种辛劳就全无益处了）。所以，我们所探讨的必然是行动或应该怎样去行动。［古希腊］亚里士多德：《尼各马可伦理学》，《亚里士多德全集》第 8 卷，中国人民大学出版社 1994 年版，第 29 页。

品质而出现的。"所谓公正，一切人都认为是一种由之而做出公正的事情来的品质，由于这种品质，人们行为公正和想要做公正的事情。"他赞同当时的人们所说的，"在各种德性中"，"公正是最主要的，它比星辰更加令人惊奇"，"公正是一切德性的总汇"，认为公正不仅仅是德性的一个部分，而是整个德性。① 公正的德性不是先天形成的，而是人之实践的结果，他说："德性分两类：一类是理智的，一类是伦理的。理智的德性大多由教导而生成、培养起来的，所以需要经验和时间。伦理德性则是由风俗习惯沿袭而来"，其中的伦理一词就是从习惯演化而来。"由此可见，没有一种伦理德性是自然生成的。"正是在人们待人接物的行为中，才有了公正与不公正之分，有的人成为公正的，有的人成为不公正的。公正和节制都是由于行为多次重复才保持下来。② 公正的适用范围不是孤立的个人，不是灵魂的内部构成，而是人际之间的社会关系。"公正自身是一种完全的德性，它不是未加划分的，而是对待他人的。"公正总是与不公正相对而言的，作为一种衡量和评价人际关系的尺度，公正和不公正的含义都是多重的，但总体说来，"不公正分为两类，一是违法，一是不均，而公正则是守法和均等。"③ 公正用于公民与城邦之间的关系，就是遵守优良法制，良法的标准是以合乎德性的方式体现全体的共同利益，而不只是代表统治者的利益；公正用于人与人的关系就是合乎比例，符合中间性原则，不公正就是破坏比例的过度或不及。后者又可分为分配的正义、交换的正义和矫正的正义。④

在政治学中，亚里士多德多次强调人天生是一种政治动物，人和其他动物相比，最本质的区别在于人有善与恶、公正与不公正及诸如此类的观念，语

---

① ［古希腊］亚里士多德：《尼可马科伦理学》，《亚里士多德全集》第 8 卷，苗力田译，中国人民大学出版社 1994 年版，第 94、96—97 页。

② ［古希腊］亚里士多德：《尼可马科伦理学》，《亚里士多德全集》第 8 卷，苗力田译，中国人民大学出版社 1994 年版，第 27—28、32 页。

③ ［古希腊］亚里士多德：《尼可马科伦理学》，《亚里士多德全集》（第 8 卷），苗力田译，中国人民大学出版社 1994 年版，第 96、98 页。

④ 亚里士多德的正义分类思想，从不同的层次、不同的适用范围去理解正义，可以称为"复合公正观"。这种分析方法影响了许多当代学者的正义理论，如沃尔泽和米勒的"多元主义"的分配正义论。参见［美］迈克尔·沃尔泽：《正义诸领域——为多元主义与平等一辩》，褚松燕译，译林出版社 2002 年版；［英］戴维·米勒：《社会正义原则》，应奇译，江苏人民出版社 2001 年版，第二章。

言工具则提供了表达这种公正与不公正的最佳手段。城邦的出现显然是自然而然的结果，是在家庭和村落的基础上自发产生的。"所有城邦都是某种共同体，所有共同体都是为着某种善而建立的（因为人的一切行为都是为着他们所认为的善）"，而作为所有共同体中最崇高、最有权威、并且包含了其他一切共同体的政治共同体，城邦追求的目标是至善。[①] 至善不是别的，就是公正。"公正即是共同生活中的德性，凡具备这种德性，其他的所有德性就会随之而来。"[②] 在善与公正的关系上，英国当代著名学者桑托斯将二者截然分开，认为在当代的柏拉图研究中公正理论极受重视，善理论被相对忽略；而关于亚里士多德伦理学的研究则强化了善理论，忽略了其公正理论。[③] 笔者认为这一评价有待商榷，因为在古希腊思想中，善与正义从来不是各自独立的两套理论体系，亚里士多德指出："一切科学和技术都以善为目的，所有之中最主要的科学尤是如此，政治学即是最主要的科学，政治上的善即是公正，也就是全体公民的共同利益。"亚里士多德和柏拉图一样，常常将正义与法律并用，"人一旦趋于完善就是最优良的动物，而一旦脱离了法律和公正就会堕落成最恶劣的动物。"法律的实际意义就是促使城邦人民都能进于正义的制度，亚里士多德强调了正义在城邦政治生活中的重要意义，"公正是为政的准绳，因为实施公正可以确定是非曲直，而这就是一个政治共同体秩序的基础。"[④] 城邦的性质是由政体决定的，米勒准确地抓住了亚里士多德政治学的要领，他说："政体是城邦的正式原因和最终原因"。[⑤] 亚里士多德认为任何政体都应当以实现公共利益为目的，然而现实政体经常会偏离公共利益的正常航道，发生蜕变。而法律总是适应政体的需要产生，以政体为依据，因而法律也有好坏之分。"种种政体都应以公民的共同利益为着眼点，正确的政体会以单纯的正义原则为依据，而仅仅着眼

---

① ［古希腊］亚里士多德：《政治学》，《亚里士多德全集》第9卷，颜一、秦典华译，中国人民大学出版社1997年版，第3页。

② ［古希腊］亚里士多德：《政治学》，《亚里士多德全集》第9卷，颜一、秦典华译，中国人民大学出版社1997年版，第100页。

③ Gerasimos Santas, Goodness and Justice——Plato, Aristotle, and the Moderns, Oxsford: Blackwell Publishers Ltd., 2001, p.66.

④ ［古希腊］亚里士多德：《政治学》，《亚里士多德全集》第9卷，颜一、秦典华译，中国人民大学出版社1997年版，第98、7页。

⑤ Fred D. Miller, JR., Nature, Justice, and Rights in Aristotle's Politics, Oxsford: Clarendon Press, 1995, pp.79—80.

于统治者的利益的政体全部都是错误的或是正确政体的蜕变","法律的好与坏，公正与不公正，必然要与各种政体的情况相对应。"① 因此，法律的制定必须符合相应政体的需要，正确的政体产生公正的法律，蜕变的政体则必然伴随不公正的法律。

亚里士多德的伦理学和政治学虽然彼此独立，但不能相互割裂。法正义观是贯通两者的一条主线，在亚里士多德那里，伦理正义和政治正义是统一的。正如麦金泰尔指出的那样，"《伦理学》告诉我们，什么样的生活方式是幸福所必需的。《政治学》则告诉我们，必须要由什么样的政体形式和怎样的一套制度，才能产生并且保护这种生活方式。"② 如果说柏拉图的正义观是建立在一人社会的基础上，他的正义城邦就是一个"大写的个人"，亚里士多德的正义观则是建立在两人社会模式下，他看到了人与人之间关系的复杂性，认为指向他人的行为远比灵魂的自我完善对城邦产生更具实质性的影响。为了增强正义的实际影响力，亚里士多德将法与正义联系起来。在他看来，正义是人们行为的最高准则，而法是由正义衍化而来，且以法治的形式表现出来。因而，法治必然是"良法之治"。对绝大多数民众来说，法治是实现正义的必然途径。因为人难免有偏私，而法代表和维护的是城邦全体成员的共同利益，所以通过法去规范人们的行为，定能实现城邦的最高目的——至善，保障全体公民在城邦中过上自足良善的生活，获得最大限度的幸福。

（三）希腊化时期的法正义观（公元前 4 世纪下半叶——公元前 2 世纪）

"希腊化"一般是指从马其顿国王亚历山大东征，到征服北非、西亚、中亚和希腊世界，再持续到他去世后建立的三个王朝，即公元前 334 年至公元前 1 世纪的整个过程。希腊化可以说是古代地中海世界的"全球化"时代。在这段时期，战争推动了民族、国家之间的文化交往，并且从以往的单向性交往发展为双向性交往。在这场文化的沟通与对话中，处于边缘地位的周边落后民族迅速崛起，文明中心迁移至欧亚大陆交界处和两河流域的新兴大城市。

马克思大学时代受青年黑格尔派的影响，对希腊化时期的政治哲学思想产生了浓厚兴趣，他的博士论主题文就是《伊壁鸠鲁的自然哲学与德谟克利特的自然哲学之区别》。马克思后来在致拉萨尔的信中对这一点做过详细说明，他

---

① ［古希腊］亚里士多德:《政治学》,《亚里士多德全集》第 9 卷，颜一、秦典华译，中国人民大学出版社 1997 年版，第 86、97 页。

② Alasdair Macintyre, A Short History of Ethics, London, 1980, p.57.

说："在古代的哲学家中……伊壁鸠鲁（尤其是他）、斯多葛派和怀疑论者，我曾专门研究过，但与其说出于哲学的兴趣，不如说出于政治的兴趣。"① 马克思充分肯定了这三个学派在希腊哲学史上的重要地位，还进一步强调说："只是现在，伊壁鸠鲁、斯多葛派和怀疑论派体系为人理解的时代才算到来了。"② 他曾计划对希腊化时期的三个学派进行系统的研究，但后来由于种种原因没有展开。

马克思发现伊壁鸠鲁学说中的原子可以类比为现实的个人，他对伊壁鸠鲁原子偏斜运动学说中体现出来的自我意识尤为赞扬，在《德意志意识形态》中，马克思称赞伊壁鸠鲁是"古代真正的启蒙思想家"，并且在以后的著述中经常用类似的语句提到他。可以说，弘扬人的自我意识是马克思博士论文的灵魂和主旨。在他看来，德谟克利特的哲学窒息了人的自我意识，处处表现出对人的不信任，而伊壁鸠鲁哲学却高扬人的自我意识，捍卫人的价值与尊严。所以，马克思认为伊壁鸠鲁哲学不是德谟克利特哲学的简单抄袭和继承，而是比德谟克利特哲学更加高明。伊壁鸠鲁通过原子的偏斜运动肯定人对感觉、现象的把握能力，肯定任何事物发展过程中都存在一定的偶然性，以及人的主观能动性对促进事物发展所起的作用，他"宁可听信关于神灵的神话，也比当物理学家所说的命运的奴隶要好些，因为神话还留下了一点希望，即由于敬神将会得到神的保佑。"③ 伊壁鸠鲁的这一思想深得青年马克思的赏识。

马克思还发掘出了伊壁鸠鲁哲学中所包含的自由思想，认为原子的偏斜运动打破了传统的"命运的束缚"，实现了个体"自我意识的绝对性和自由"。④ 自我意识中蕴涵着平等的因素，因为任何一个原子要实现偏斜运动，必须借助于"他物"的存在。而这个"他物"不是别的，正是与原子有着相同规定性的其他原子。马克思说，"这个意思可以这样来表达：原子从与它相对立的定在中抽象出来，并且偏离了它。但是这种偏斜中所包含的东西——即原子对于它物的一切关系的否定——必须予以实现，必须以肯定的形式表现出

---

① 马克思：《致拉萨尔》，《马克思恩格斯全集》第29卷，人民出版社1972年版，第527页。

② 马克思：《〈德谟克利特的自然哲学和伊壁鸠鲁的自然哲学的差别〉一文新序言草稿》，《马克思恩格斯全集》第40卷，人民出版社1972年版，第286页。

③ 马克思：《德谟克利特的自然哲学和伊壁鸠鲁的自然哲学的差别》，《马克思恩格斯全集》第1卷，人民出版社1995年版，第25—26页。

④ 马克思：《德谟克利特的自然哲学和伊壁鸠鲁的自然哲学的差别》，《马克思恩格斯全集》第40卷，人民出版社1972年，第241页。

来。这一点只有在下述的情况下才有可能发生，即与原子有关系的定在不是什么别的东西，而是它本身，因而也同样是一个原子，并且由于原子本身是直接地被规定的，所以就是众多的原子。"① 由此，类的思维和平等观念跃然纸上，因为"平等是人在实践领域中对自身的意识，也就是人意识到别人是和自己平等的人，人把别人当做和自己平等的人来对待"。② 青年马克思从宗教批判出发开始了对政治的批判，他用哲学去批判宗教，努力使人摆脱宗教束缚，进而提出人性高于神性的论断以反对封建专制统治。他通过高扬伊壁鸠鲁的自我意识公开向宗教神学挑战，对普鲁士的封建专制制度发起猛烈抨击，在博士论文的序言中，他充满激情地呼吁："哲学，只要它还有一滴血在它那个要征服世界的、绝对自由的心脏里跳动着，它就将永远用伊壁鸠鲁的话向它的反对者宣称：'渎神的并不是那抛弃众人所崇拜的众神的人，而是同意众人关于众神的意见的人。'哲学并不隐瞒这一点。……不应该有任何神同人的自我意识相并列。"③

在国家与法的起源问题上，马克思认为是伊壁鸠鲁首创了社会契约论，"国家起源于人们相互间的契约，起源于社会契约，这一观点就是伊壁鸠鲁最先提出来的。"④ 伊壁鸠鲁认为，正义是自由的个人基于不损他也不被他人损害的目的而在彼此间达成的契约，"正义不是一种独立存在的东西，而是在互相交往中，在任何地方为了不伤害和不受害而订立的契约"，"对于那些不能互相约定互不伤害和都不受害的人，是不存在正义和非正义的东西的。那些不能够，或不愿意订立不伤害和不受害的契约的民族的情况也是如此"。国家与法都应当建立在正义契约的基础上，作为正义契约的自然结果，"自然法是一种求得互不伤害和都不受害的（对双方）有利的契约"。伊壁鸠鲁的正义观，首先是与利益相关，正义的目的是要保护缔约人的利益，强调正义的利益性；其次是与人际交往相伴，社会关系是正义产生的前提，强调正义的普遍性；最后

---

① 马克思:《德谟克利特的自然哲学和伊壁鸠鲁的自然哲学的差别》《马克思恩格斯全集》第 40 卷，人民出版社 1972 年版，第 215—216 页。

② 马克思恩格斯:《神圣家族》，《马克思恩格斯全集》第 2 卷，人民出版社 1972 年版，第 48 页。

③ 马克思:《德谟克利特的自然哲学和伊壁鸠鲁的自然哲学的差别》，《马克思恩格斯全集》第 40 卷，人民出版社 1972 年版，第 189 页。

④ 马克思恩格斯:《德意志意识形态》，《马克思恩格斯全集》第 3 卷，人民出版社 1960 年版，第 147 页。

是与义务相联，正义是一种"互不伤害"和"都不受害"的义务性约定，强调正义的伦理性。伊壁鸠鲁的个体自我意识及国家与法形成的社会契约论蕴涵着自由与平等的精神，奠定了西方近代古典自然法学正义观的基础。

马克思思想的可贵之处在于，他并不是消极被动地接受前人的思想，而是批判地吸收其合理内核。他在其毕业论文中接受了伊壁鸠鲁关于契约和平等的理念，但不同意伊壁鸠鲁的消极自由观，"抽象的个别性是脱离定在的自由，而不是在定在中的自由。它不能在定在之光中发亮。"他认为自由应该寓于定在之中，不仅仅是个体内心的宁静，而是指人在社会交往中通过行动去争取的积极自由。做偏斜运动的原子是因为同其他原子发生了排斥与碰撞，以致打破了原来的直线运动的规定性，才发生偏斜。人同原子一样，只有在与他人的社会交往中才能实现自身的规定性，从而获得真正的自由，因为"一个人，只有当同他发生关系的另一个人不是一个不同于他的存在，而他自身，即使还不是精神，也是一个个别的人时，这个人才不再是自然的产物。但是要使作为人的人成为他自己的唯一真实的客体，他就必须在他自身中打破他的相对的定在、欲望的力量和纯粹自然的力量。"因此，他主张打破哲学本身（即抽象的自我意识，笔者注）的自足和闭锁状态，让它内在的光亮"变成为转向外部的吞噬性的火焰"，进而做到，"世界的哲学化同时也就是哲学的世界化，哲学的实现同时也就是它的丧失，哲学在其外部所反对的东西就是它自己内在的缺陷"。①

二、思想先导

空想社会主义，亦称乌托邦社会主义，是社会主义学说中的一个分支，是在科学社会主义理论诞生前出现的、反映无产阶级先驱者诉求的一种不成熟的社会主义、共产主义理论或运动。空想社会主义是马克思主义的一个主要的和直接的理论来源，特别是为马克思恩格斯的法正义思考提供了重要的思想理论资源。马克思恩格斯青年时期就深受空想社会主义思潮的影响，他们曾经同空想社会主义者的思想有过共鸣，并从空想社会主义者那里吸取了不少的远见卓识和独到精神。马克思恩格斯继承了空想社会主义的理想社会观，对资本主义社会的不公正现象进行了激烈揭露和批判，但与空想社会主义者不同，马克

---

① 马克思：《德谟克利特的自然哲学和伊壁鸠鲁的自然哲学的差别》，《马克思恩格斯全集》第 40 卷，人民出版社 1972 年，第 216 页。

思恩格斯没有停留于道德的、价值的立场批判资本主义，而是清醒地意识到再激烈的道德批判也不能代替科学的分析。所以，他们非常谨慎地使用正义、公平、公正之类的词语，一方面是因为，在当时使用正义之类的词语常常会"造成一种不可救药的混乱，就好像在现代化学中试图保留燃素说的术语会引起混乱一样"①；另一方面，也因为"空想主义者的见解曾经长期支配着 19 世纪的社会主义观点，而且现在还部分地支配着这种观点。法国和英国的一切社会主义者不久前都还信奉这种见解"，空想社会主义者宣扬"社会主义是绝对真理、理性和正义的表现，只要把它发现出来，它就能用自己的力量征服世界"，他们的绝对真理不依赖于时间、空间和人类所处的历史阶段，在何时何地能被发现纯粹是一件意外和偶然的事情，②这种观点对工人运动是极具误导性的。如果不对这种背景和语境加以具体分析，就无法弄清马克思恩格斯在法正义问题上的真实态度，完整准确地把握其法正义观的实质内涵。如果看到马克思恩格斯对资本主义法律与公平、正义之类概念的讥讽就认为他们否定一切有关正义与法的认识，就像设想马克思恩格斯由于批判空想社会主义和其他反动的社会主义流派所以他们也反对社会主义一样，逻辑上是极其荒谬的。如果说，像近代启蒙思想家的反封建呐喊一样，空想社会主义者也是立足于抽象的"正义"、"公平"等"道德真理"去批判资本主义，那么马克思恩格斯并不反对他们对资本主义的道德批判，更不反对他们对资本主义不公正现象的无情揭露及对社会主义合理性的论证向往，而是不满于他们仅仅停留于道德批判的层次，找不到实现社会主义的现实途径。正是在这个意义上，笔者认为，空想社会主义的法正义观是马克思恩格斯法正义观最直接的思想先导。为了更全面地了解空想社会主义的法正义观，我们有必要对社会主义学说的形成及发展脉络做一些简单梳理。

（一）社会主义概述

社会主义，是与资本主义相对而言的一个范畴。既可以指一种学说或运动，也可以指一种具体的社会制度。就其本质而言，社会主义是试图用社会调节和社会控制的办法克服资本主义的制度性弊病以实现社会公正从而达到社会

---

① 恩格斯:《论住宅问题》，《马克思恩格斯选集》第 3 卷，人民出版社 1995 年版，第 212 页。

② 恩格斯:《社会主义从空想到科学的发展》《马克思恩格斯选集》第 3 卷，人民出版社 1995 年版，第 732 页。

进步和人类解放的一种思想、运动或社会制度。从词源学的角度考察，"社会主义（socialism）"一词的词义源于拉丁文，有两种说法：一说是由 socialis（同伴的、同伙的）一词引申而来的，另一说是由 socius（喜欢社交的）一词演化产生的，原意是指一种共同的、集体的生活方式。关于"社会主义"概念的最早使用，史学界众说纷纭。其中，有三种代表性的说法：一说是在 1753 年，德国的一位神学家、天主教本笃派教士安塞尔姆·德辛（1669—1772）在与人论战时，把遵循自然规律生活的人称为社会主义者；第二种说法是，1803 年，意大利传教士贾可莫·朱利安尼在他的《驳斥反社会主义》一文中，用"社会主义"一词表示一种上帝安排的传说中的理想社会制度，与个人主义、个人所有制相对立；第三种说法认为"社会主义"一词与 19 世纪 20 年代至 30 年代的空想社会主义者有关，① 具体说法又各有不同。② 不管这一概念的缘起如何，我们可以肯定的一个事实是：自 19 世纪中期以后，"社会主义"思想在欧洲广泛传播，社会主义一词成了 19 世纪后期直至 20 世纪欧洲大陆最时髦的字眼。持自由主义见解的胡适对这一现象的判断是比较客观的：如果说 19 世纪中叶是自由主义的黄金年代，那么从 19 世纪晚期到 20 世纪初期则可以说是社会主义的黄金年代。

作为一种制度的社会主义，尽管恩格斯曾把古代斯巴达的平均共产主义视为社会主义实践的最早萌芽，把禁欲主义的、斯巴达式的共产主义看作这种新学说的第一个表现形式。③ 但现代意义上的社会主义制度主要是指 20 世纪以来在共产党或其他无产阶级政党通过领导社会主义革命取得政权的国家建立的社会制度。经济上以生产资料公有制和按劳分配为主；政治上共产党是领导

---

① 　王亚筑：《社会主义本质及其优越性》，《人民论坛》学术前沿总第 290 期。

② 　"社会主义"一词的起源与空想社会主义者有关的说法主要有以下几种：1.1822 年，罗伯特·欧文的一位通信者爱德华·科珀第一次使用英文的"社会主义"一词。2.1827 年 11 月，罗伯特·欧文的信徒主办的《合作》杂志第一次使用"社会主义"一词，用来指称那些主张财产公有的人。3.1832 年，法国的乔西叶尔在圣西门派主办的《地球》期刊上，把"社会主义"解释为人与人之间的有组织的联系。4.1834 年，圣西门派活动家比埃尔·勒鲁发表了《论个人主义与社会主义》一文，他自认为是"社会主义"一词的创始人。5.1840 年，勒鲁的合作者雷波出版了《论改革派和现代社会主义》一书，由于该书流传甚广，雷波也一度被认为是社会主义一词的首创者。

③ 　恩格斯：《社会主义从空想到科学的发展》，《马克思恩格斯全集》第 19 卷，人民出版社 1963 年版，第 207 页。

党和执政党身份合一；思想上以马克思主义为指导。20世纪，社会主义制度的发展如火如荼，一度改变了地球上三分之一的国家和地区。20世纪末，由于东欧剧变和苏联解体，社会主义制度在全球暂呈式微之势。

而作为一种学说或思潮的"社会主义"，却是源远流长，生生不息。社会主义学说的产生远比"社会主义"概念的出现要早得多。理论界的通说认为，托马斯·莫尔发表于1516年的《乌托邦》一书，是社会主义思潮发源的标志。以《乌托邦》为代表的一系列空想社会主义作品尽管在内容上各有千秋，但其价值追求是共同的，即为人类立命，寻求一种实现人类最大幸福的理想社会制度。可以说，社会主义学说是从空想社会主义开始的，但是19世纪以后，社会主义学说开始分化，出现了各种冒牌的甚至反动的社会主义，如封建的社会主义、资产阶级的社会主义、小资产阶级的社会主义，等等。马克思和恩格斯高瞻远瞩，拨开笼罩在社会主义学说面前的重重迷雾，提取了其中的合理内核，创立了科学社会主义。20世纪以来，社会主义流派更是变幻多端，如民主社会主义、生态社会主义、民族社会主义、西方马克思主义、市场社会主义、托洛茨基社会主义等。社会主义作为一种学说体系自诞生以来，产生过许许多多的不同流派，即使在每一个社会主义流派内部，对社会主义的理解也各不相同。但是，几乎所有的社会主义者都不否认正义是社会主义的核心价值。甚至连一些当代的西方马克思主义者都说，资本主义并不缺乏效率，它缺乏的恰恰是正义。迄今为止，有些社会主义流派已经消亡，有些还在蓬勃发展。由此可以看出，与社会主义制度的收敛之势相反，社会主义学说并没有就此沉寂下去，而是在某种程度上出现了复兴，它的魅力正在全球范围内引起越来越多人的关注。众多的社会主义流派中，空想社会主义对马克思恩格斯法正义观的形成影响最大，所以下面专门考察一下空想社会主义的历史发展及他们关于正义与法认识的思想精华。

（二）空想社会主义的发展脉络

空想社会主义，作为一种理论思潮，始于16世纪，到19世纪三、四十年代退出历史舞台，前后存续近300年。这种思潮极大地改写了人类思想的历史，它是资本主义生产方式确立初期有产者与无产者之间尖锐对立的反映，代表了现代无产阶级先驱者的利益和诉求。其发展经历了三个阶段：

1. 早期空想社会主义（16世纪到17世纪中期）。公元14—15世纪，在英国和意大利等国的一些沿海城市，资本主义生产方式初露端倪。到16世纪，进入手工工场阶段。随着资本主义经济的发展，资本原始积累的进程加速，新兴资产者不惜动用暴力手段迫使生产者和生产资料分离，并使社会的生活资料及生产资料大量转化为资本，这种原始积累是通过野蛮地掠夺海外殖民地和残酷地剥夺本国农民土地来实现的。资本原始积累所造成的社会罪恶暴露了资本主义制度的弊端和矛盾。早期无产者由于不堪忍受封建制度和资本的双重压迫，不断进行反抗和斗争。早期的空想社会主义正是在资本主义进入手工工场阶段、资本主义矛盾已初步暴露但尚未充分展开的历史条件下应运而生的，反映了早期无产者要求摆脱剥削和压迫的心声。① 这一时期的空想社会主义者以莫尔、康帕内拉、安德里亚、培根、温斯坦莱及闵采尔为代表。他们的共同特点是：用游记、小说等文学形式描述未来的理想社会制度；以工场手工业为基础，初步提出了未来社会的基本原则，如公有制、人人劳动、按需分配等，但还是一个粗糙的轮廓，刚刚展现出新时代的"共产主义思想的微光"②。

2. 中期空想社会主义（17 世纪中期到 18 世纪末）。这一时期的空想社会主义者以摩莱里、马布利、巴贝夫、邦纳罗蒂、梅叶等为代表。他们不再比试各自的文学想象力，初步形成了阶级意识，开始对社会主义进行理论上的探讨和分析，批判的锋芒直接指向阶级社会的私有制特别是资本主义私有制，认为正是私有制引起人们经济上的不平等，进而导致政治上的不平等，共产主义思想的微光终于发展成为"直接共产主义的理论"。不足之处在于，他们的理想蓝图是建立在农村公社和手工业工场的基础上，因而他们的视野也就超不出绝对平均主义的、苦修苦炼的、禁欲的、斯巴达式的共产主义。同他们的一切先驱者一样，受到他们的不发达的时代的限制。

3. 晚期空想社会主义（18 世纪末到 19 世纪上半叶）。主要代表人物是法国的圣西门、傅立叶和英国的欧文，他们代表了空想社会主义发展的顶峰，是空想社会主义学说的集大成者。19 世纪，工业化进程在资本主义世界全面推进，生产效率大大提高，物质财富迅速增加，但增加的物质财富越来越多地积聚到有产者手中，社会的两极分化加剧。晚期空想社会主义者抛弃了带有平均主义倾向的斯巴达式共产主义，开始将社会主义定位为一种具有高度物质文明和精神文明的社会；提出经济状况制约政治制度，私有制必然产生阶级和阶级剥削，质疑了资本主义制度的道德合理性；最早提出人类社会的发展过程是有

---

① 《社会主义思想史》，福建人民出版社 1985 年版，第 29 页。

② 恩格斯：《德国农民战争》，《马克思恩格斯全集》第 7 卷，人民出版社 1974 年版，第 405 页。

规律可循的，是从低级向高级阶段不断进步的历史过程，社会发展到理想社会制度是合理的，是符合客观规律的。他们认为，资本主义必将被更理想的社会制度所代替，这个理想社会可能是"实业制度"、"和谐制度"，或者是"劳动公社联合体"。圣西门曾经天才地预见到，历史不是偶然事件的联系和堆积，而是必然性在社会层面的展开。新制度的产生既是以往历史的延续，也是未来历史的开启。他看到奴隶制在历史上的进步作用，因为减少了对战俘的杀害，促进了体力与脑力劳动的分工，从而对社会经济和文化的发展产生过积极影响。欧文甚至进行了大量的社会实验，但由于客观条件不成熟，实验最终以失败告终。社会主义学说中的一个重要流派此后退出历史舞台。

事物总有一个发生、发展和灭亡的过程，衰朽的旧制度总是在为新制度的产生准备条件，因而人类的黄金时代不可能是在过去的"自然状态"，而肯定是在充满理性的未来。这代表了空想社会主义者在正义与法问题上的主要观点，也是马克思恩格斯的科学社会主义从空想社会主义者那里吸取的主要营养。"马克思、恩格斯高度评价圣西门、傅里叶和欧文的学说——他们的信奉者及弟子又另当别论——称之为'本来意义上的社会主义和共产主义的体系'，并把他们看作是自己学说的先驱者。因而，从内容上说，可以说马克思、恩格斯继承和发展了圣西门、傅里叶和欧文的'社会主义'一词。"[1]

（三）空想社会主义法正义观的思想精华

空想社会主义法学是西方法律思想史上被忽视的一个流派。长期以来，人们受一些表面的肤浅的说法蒙蔽，把无政府主义与社会主义学说等同，把国家与法律等同，认为国家消亡必然意味着法律的虚无。仔细阅读空想社会主义作家的文本，发现他们对正义与法问题的认识其实不然。空想社会主义者的思想明显有两个部分组成：一是对现实社会的批判；二是对理想社会的憧憬。两部分中都包括了对法律（社会基本制度）正义性的拷问和设计。从温斯坦莱、到摩莱里、马布利等人，他们从法理上或从制度设计上论证和规划未来的理想社会，如英国温斯坦莱的《自由法》（1652 年）、法国摩莱里的《自然法典》（1775 年）、马布利的《论法制和法律的原则》（1776 年）等，初步表达了区别于资本主义的社会主义法制、劳动人民依法治国等思想，透出了社会主义法制思想的微光。其中闪烁着真理光芒的思想精华已成为马克思恩格斯法正义观的

---

[1]　[日] 城塚登：《青年马克思的思想：社会主义思想的创立》，尚晶晶、李成鼎等译校，求实出版社 1988 年版，第 7 页。

有机组成部分。

1. 对现实社会及其法律制度的批判

虽然批判的角度、手法各异，但对资本主义制度进行道德批判却几乎是所有空想社会主义者的共同特点。莫尔用生动形象的文学语言揭露资本原始积累的残酷，痛斥资产阶级侵吞农民土地的圈地运动，将之比喻为"羊吃人"的怪现象，"你们的羊，一向是那么驯服，那么容易喂饱，据说现在变得很贪婪、很凶蛮，以至于吃人，并把你们的田地，家园和城市蹂躏成废墟。"① 圣西门把生产的无政府状态称作"一切灾难中最严重的灾难"，认为资产阶级倡导的经济自由必然导致这一灾难。傅立叶批判雇佣劳动制度是"奴隶制度"的恢复和变形，无产者大都沦为"工资制度的奴隶"，资本主义工厂就是一座"温和的监狱"。欧文抨击私有制是万恶之源，揭露了资本主义的阶级剥削关系。空想社会主义者确信，资本主义就是不正义的代名词，应当为符合永恒理性和正义的社会主义所代替。

在法的本质问题上，空想社会主义者们认为现实社会中资本主义国家的法律完全是统治阶级用来奴役人民的工具，是统治阶级利益和意志的表达，根本不可能代表全体人民的利益，对劳动人民只能意味着奴役和欺骗。莫尔认为，资本主义法律不过是富人为了给自己谋利而盗用国家名义制定的，资本家阶级"假借公众名义"，"冒充正义"，"制定法令"，把自己的花招规定为无产者必须遵守的东西。因此资本主义法律不代表真正的正义。② 温斯坦莱在英国资产阶级共和国建立之初，就率先站出来指责资产阶级社会的各种法律。他说，对贫苦劳动人民来说，资本主义法律"不过是绳索和脚镣手铐而已"，如果不是凭着刀剑、城堡和监狱这些强横手段做它的靠山，法律的各种伎俩都不能得逞，整个"英国是一座监狱"，资产阶级法学家是它的狱卒，而囚犯只能是一贫如洗的穷人和流浪汉。摩莱里对启蒙学者提出的权力分立学说提出质疑，他说"这种分权，在私有制和利益造成的惊人不平等的状况下，丝毫也没有改变这些国家的不幸居民所受到的最大痛苦。这不过是使人高声呐喊的可悲慰藉而已。"③ 摩莱里已经发现，社会的一切不正义现象都与各种腐败法制有关，因为"立法者总是惩罚不幸的人，宽恕真正犯罪的人，他们的严厉法律只

---

① ［英］托马斯·莫尔:《乌托邦》，戴镏龄译，商务印书馆 1982 年版，第 21 页。

② ［英］托马斯·莫尔:《乌托邦》，戴镏龄译，商务印书馆 1982 年版，第 116—117 页。

③ ［法］摩莱里:《自然法典》，黄建华、姜亚洲译，商务印书馆 1982 年版，第 51 页。

是用来掩饰罪恶的"。与摩莱里同时代的另一位空想社会主义者马布利考察了历史上存在过的各种共和国，得出的结论是：所有共和国制订的法律都是为了满足富人的贪婪，对劳动人民只意味着奴役。在巴贝夫看来，法兰西共和国的法律是把"香饵和圈套紧挨着放在一起的"，无非是一堆用来掩盖少数新掠夺者罪行的权利证书。圣西门指出，在资本主义社会里，"没有道德的人支配着善良的公民，大罪犯惩罚犯了小过错的人"，这完全是一个黑白颠倒的世界。[①]卡贝也认为"贵族阶层的意志就是法律，而且他们行使着绝对的权力，或者说实行专制；而人民实际上是一大群奴隶，轻重不等的受着自己主人的虐待。"[②]此等国家立法，事实上不过是披着法之外衣的恶行。

更加难能可贵的是，空想社会主义者还认识到，资产阶级立法的目的就是为了维护资产阶级的统治，资本主义法律之所以成为阶级统治的工具，背离了正义，就是因为建立在生产资料私有制基础上，而私有制是一切社会罪恶的根源。在社会主义思想史上，莫尔首次提出，"任何地方私有制存在，所有的人凭现金价值衡量所有的事物，那么，一个国家就难以有正义和繁荣。"因此，"如不彻底废除私有制，产品不可能公平分配，人类不可能获得幸福。私有制存在一天，人类中绝大的一部分也是最优秀的一部分将始终背上沉重而甩不掉的贫穷灾难担子。"[③]要实现社会平等，必须消灭私有制。"只有完全废止私有制度，财富才可以得到平均公正的分配，人类才能有福利。"[④]摩莱里更是认为，凡是在私有制占统治地位的地方，人们要想建立一种充分保障人人自由的政体形式和法律制度，从根本上就是徒劳的。欧文也明确指出："私有财产过去和现在都是人们所犯的无数罪行和所遭的无数灾祸的根源。"[⑤]总之，他们已经认识到，经济领域的私有制是剥削和压迫关系法律化的根本原因，而不是相反。这种认识在当时是相当超前的。

2. 对理想社会及其法律制度的建构

空想社会主义者提出了理想社会和完备的法律体系相辅相成的思想，即认为只有建立起完备的法律体系才能实现理想社会，也只有在理想的社会中才能建立良法的统治，实现法律正义。未来社会需要制订和实施以宪法等基本法

① ［法］圣西门：《圣西门选集》，王燕生等译，商务印书馆1979年版，第275页。

② ［法］卡贝：《伊加利亚旅行记》第3卷，李雄飞译，商务印书馆1978年版，第383页。

③ ［英］托马斯·莫尔：《乌托邦》，戴镏龄译，商务印书馆1982年版，第43—44页。

④ 周辅成：《西方伦理学名著选辑》（上卷），商务印书馆1964年版，第506—507页。

⑤ ［英］欧文：《欧文选集》第2卷，柯象峰等译，商务印书馆1979年版，第11页。

为核心、包括各种单行法在内的比较完备的法律体系，例如，温斯坦莱在他的《自由法》中，就为"真正的自由共和国"制定了"行政法"、"诉讼法"等基本法和"婚姻法"、"耕种法"、"买卖惩治法"等专门性法律。他认为，法律变革既是实现社会变革的重要途径，也是维持和巩固新社会的必要手段。在谈到法律的作用时，他说"法是人和其他创造物在自己的行动中为了保持普遍和平而遵循的规则。"他强调健全的法制对于维护社会稳定、实现社会和谐的重要性，可以说，温斯坦莱是空想社会主义者中以法律形式规划未来理想社会具体方案的第一人。他的后继者摩莱里在《自然法典》中确立了三条基本法，作为未来理想社会的基本原则。在三条基本原则的基础上，他又设计了十一项部门法：如土地法、经济法或分配法、公共秩序法、城市规划法、取缔奢华法、婚姻法、行政管理法、政府法、教育法等，几乎涵盖了社会生活的各个领域。马布利也把立法看作国家政治生活的基础，主张法律是人间至高无上的权威，认为只有让法律统治一切，人民的精神才能变得坚强，国家的力量也才能由以产生。由此可以看出，空想社会主义者们梦想的未来理想社会是一个依法而治的社会，应当有比较完备的法律体系。

理想社会最基本的制度是公有制，公有制必须作为立法的首要原则和法律的基本规定，这是未来社会与现实资本主义社会的最本质区别。温斯坦莱宣布，真正的共和国的自由就是使用土地的自由，全部土地和土地上的财富都应当是公有的财产。摩莱里为未来社会制订了三条基本法（实行公有制、保障公民劳动权和各尽所能），其中第一条就规定："社会上的任何东西都不得单独地或作为私有财产属于任何人，但每个人因生活需要、因娱乐或因进行日常劳动而于当前使用的物品除外。"马布利也主张，未来共和国的第一条法律就是禁止财产私有，一切的劳动产品"都是国家的珍宝和每个公民的财产"。而在巴贝夫的"平等共和国"里，必须首先制订为人民谋福利的宪法，明确规定"所有一切东西，一直到各种各样的手工艺品都是公有的财产"。

公有制作为社会基本经济制度，一旦在经济领域确立下来之后，生产的目的自然随之改变，圣西门第一次明确提出把"满足人们的需要"作为新社会的唯一和不变的目的。欧文对比了公社和资本主义的生产目的，指出与资本主义追逐利润的动机和为了交换而生产的目的不同，公社生产的直接目的是消费，是为了满足公社全体成员的物质和文化生活的需要。对于未来社会消费品的分配，空想社会主义者提出了按劳分配、按需分配等各种天才的预见。这些思想对马克思恩格斯科学社会主义的理论构建都有不同程度的启发。

在空想社会主义者那里，正义的内涵主要体现为平等。18 世纪之后的空想社会主义者明确提出了"平等"的要求，并指出造成人类不平等的根源是私有制。他们认为，理想法律的核心价值就是平等，平等观念符合自然界和人类社会的双重发展规律。巴贝夫认为平等不仅指经济上的平等，而是包括社会生活的各个方面，尤其是其中的政治平等，才是平等的更深刻内涵。巴贝夫还揭露了资产阶级宣扬的平等是彻头彻尾的"虚伪的平等"，是实质的不平等。马布利说，"自然界把平等规定为我们祖先的法律"，在他设想的共和国中，"人人平等，人人自由，人人是兄弟"。[①] 他揭示了私有制、财产不平等及社会不平等之间的内在联系，认为政治不平等和社会不平等都根源于经济上的不平等。摩莱里和马布利还思考了法律在促进平等方面的作用，认为只有严格实施法律，才能保证平等价值的实现。

理想社会的法律如何产生？良法的标准又是什么？空想社会主义者提出了民主立法的思想，强调立法的目的是维护劳动人民的利益，因此只有人民自己才能为自己立法。例如，温斯坦莱认为最高立法机关应当是由人民广泛选举出来的议会，他还指出了良法的实质性标准，即"法律应当体现人民的意志，在真正自由的共和国里，制定法律应当先调查研究，提出法律草案，然后向全国公布，征求意见，最后根据人民的意志修订，由民选的议会批准。"[②] 总之，在未来社会中，人民应当掌权，人民通过制定法律管理国家和社会，执行法律的官员全部由人民选举产生，官员履行职责的情况接受人民监督。例如，康帕内拉设想了一个实施共和制的太阳城，太阳城的公民"每月举行大议会，每位 20 岁以上的公民都可以出席大议会，每个人都有权对共和国的缺点和政府负责人执行职务的好坏，提出自己的意见。"[③] 卡贝认为"人民是主权者，一切都民治民享"应当成为未来社会政治结构的总原则，社会主义政治制度是"一种民主共和政体，甚至可以说是一种近乎纯粹的民主制度。"[④] 良法不光有实质性标准，还应当符合一些形式方面的要求。例如法律条文应简洁明白，通俗易懂，具有可操作性。早期的空想社会主义者莫尔、安德里亚、康帕内拉都主张法律应当简洁。莫尔说："用浩繁到无人能卒读以及晦涩到无人能理解的法令

---

① ［法］马布利：《马布利选集》，何清新译，商务印书馆 1960 年版，第 170 页。
② ［英］温斯坦莱：《温斯坦莱文选》，任国栋译，商务印书馆 1982 年版，第 120、92、74 页。
③ 李凤鸣编：《空想社会主义思想史》，上海人民出版社 1980 年版，第 24 页。
④ ［法］卡贝：《伊加利亚旅行记》，李雄飞译，商务印书馆 1982 年版，第 383、55—56 页。

去约束人民，这是极不公正的。"他还指出，对法律最一目了然的解释即是最公正的解释。① 温斯坦莱也说过 "简短有力的法律是管理共和国最好的法律"②，因为简短有力的法律便于人民理解和依从。另外，法律应当公开，不要秘而不宣。莫尔主张在他所设想的乌托邦里必须 "公布所有法律"。因为法律只有公开才能为人民所知晓。这些积极的思想后来都为马克思主义经典作家吸收和采纳。

像中国古人一样，空想社会主义者也认识到，徒法不足以自行。因而他们又提出，对于理想社会的良法，人人都必须遵守，即法律面前人人平等的原则，尤其强调政府及其工作人员要正确执行法律。莫尔主张严格遵守公共法令，因为这种法令是贤明国王公正地颁布的，或是人民一致通过的。除了遵守法律，私人间的合同也必须信守。摩莱里主张任何公民不论地位高低，只要触犯了法律，一律要受到法律的审判和制裁。在其设计的惩罚法中，他明确提出了法律面前人人平等的原则。遵守法律不只是普通公民的事情，甚至主要不是普通公民的事情，而是防止公权力的滥用，对公权力进行约束。空想社会主义者强调依靠法律对行政权力加以约束，防止权力滥用。例如，在温斯坦莱的自由共和国中，国家管理制度由三个部分组成：适当的法律、胜任的工作人员以及对法律的认真执行。他认为政府的生命力就在于认真执行法律。为了防止公职人员滥用职权，使私人的意志凌驾于法律之上，政府的所有公职人员都要经过民主选举产生，而且每年都要改选一次，以防止特权和社会不平等现象出现。同时，他还主张把上级的监督与人民群众的监督结合起来。③ 马布利也指出，在一个国家里，如果公职人员的权力大于法律，这样的国家是治理不好的。因此，行政机关要经过立法机关即人民代表机关的选举产生，使行政权力的行使接受立法机关的监督和制约。

（四）空想社会主义与古典自由主义法正义观之比较

除了形形色色的社会主义流派之外，19 世纪欧洲最引人注目的政治思潮还有自由主义和民族主义两种。自由主义势力在英国和法国最为强大，信奉者为中产阶级，主要是其中的工业家集团，其基本信条是个人自由（即各种天赋

---

① ［英］托马斯·莫尔：《乌托邦》，戴镏龄译，商务印书馆 1982 年版，第 91—92 页。

② ［英］温斯坦莱：《温斯坦莱文选》，任国栋译，商务印书馆 1982 年版，第 193 页。

③ ［英］温斯坦莱：《温斯坦莱文选》，任国栋译，商务印书馆 1982 年版，第 120、194、150、195 页。

人权）至上，政府（议会）中应当有足够的工商业资产阶级的代表，法律应当保护工商业者的利益，奉行自由贸易与和平的对外政策。这种政治思潮基本上是顺应工业社会发展潮流的。民族主义思潮其实是和自由主义思潮一脉相承的，主要盛行于中东欧地区，包括德国、意大利、波兰、奥地利等，信奉者主要也是中产阶级中的工业家集团，他们向往英法的工业繁荣，深知这完全是自由主义的产物，希望在自己国家也能出现这一局面；同时由于痛感本国封建割据状态是阻碍这一前途的根本弊端，他们认识到第一步必须是先抑制封建割据势力，组成统一的民族国家，然后才有指望实现西欧的自由主义。所以民族主义实际上是自由主义在 19 世纪中东欧的一种特殊形态。

　　法律思想史上，空想社会主义法正义观是作为资产阶级自由主义法正义观的对立物出现的，他们中很多人都专门研习过法律或从事法律职业。例如空想社会主义的创始人莫尔就出生于一个法律世家，父亲约翰·莫尔是英国皇家高等法院的法官。"古希腊哲学家柏拉图的《理想国》的影响，使他年轻时就具有财产公有的思想。"[1] 莫尔从小受过良好的教育，先是在牛津大学攻读文学，后根据父亲的意愿转读法律，毕业后从事律师和法官职业多年。他一生都憧憬一种没有私有制、没有剥削和压迫、人人平等的美好社会。另外，弗兰西斯·培根、德萨米等也专修过法律专业。空想社会主义法学几乎与自由主义法学同时产生。早期空想社会主义者是自由主义法正义观的最早批判者，中期和晚期的空想社会主义法正义观也是和同时代的古典自由主义法正义观相对立的，例如摩莱里的《自然法典》就是洛克、孟德斯鸠自由及分权思想的对立面。

　　古典自由主义的核心价值是个人的自由权利，即一种体现为消极自由的权利，并视这种凌驾于整体性之上的个人自由权利为永恒正义的体现。这种权利并非来自法律的规定或授予，相反法律的唯一目的便是用以保护个人的天赋权利，"如果说，自由主义的理论和实践是现代性的一个重要组成部分的话，那么，现代性的标志之一，就是内在于自由主义的自然本性的世俗泛滥，就是各种私欲和意志被赋予了正当权利，就是将权利凌驾于善和正义之上，就是将个人价值凌驾于整体价值至上。"[2] 然而抛弃了整体性考虑的自由追求常常是互相冲突的，正如以赛亚·伯林所说，狼群的自由就意味着羊群的死亡。与近代

---

① 《社会主义思想史》，福建人民出版社 1985 年版，第 31 页。

② 汪民安等编：《现代性基本读本》，河南大学出版社 2005 年版，第 32 页。

启蒙学者的永恒正义论不同，空想社会主义者看到了现实资本主义世界中存在着严重的不正义。所以，他们将目光投向了想象中的盛世乐土。

当然，他们的王国和启蒙学者的王国是有天壤之别的。从莫尔的"乌托邦"、康帕内拉的"太阳城"、安德里亚的"基督城"、闵采尔的"千年太平王国"到圣西门的"实业制度"、傅立叶的"和谐制度"以及欧文的"公社制度"等，在我们面前展现了一幅多姿多彩的未来蓝图。在空想社会主义看来，这幅蓝图将取代现实中那个黑白颠倒的、极不公正的世界。在现实社会里，唯一以自己的劳动对社会作出有益贡献的阶级，得不到维持自己生存的基本条件，在这个所谓的文明时代，一面是生产和财富的过剩；另一面是劳动者的极端贫困。① 在资本主义法律中看不到公正的影子，因为日益繁多的立法只是在增加人民的贫困。"公正的第一个标志应该是保障人民随着社会进步而得到最低限度的生活。……在工业的进步甚至不能保障贫民找到工作的情况下，难道看得到什么公正吗？"② 空想社会主义者看到了资本主义不正义的根源在于资本主义私有制，认识到私有制是造成无产阶级贫困以及其他社会犯罪和灾难的根本原因，提出了为无产阶级先驱者所拥护的社会变革诉求，这是他们的远见卓识，在当时的情况下这种认识是难能可贵的。但是，他们发现了社会的病根，却没有找到解决这种社会弊病的手段和途径，因为"一切社会变迁和政治变革的终极原因，不应当到人们的头脑中，到人们对永恒的真理和正义的日益增进的认识中去寻找，而应当到生产方式和交换方式的变更中去寻找；不应当到有关的时代的哲学中去寻找，而应当到有关时代的经济学中去寻找。……用来消除已经发现的弊病的手段，也必然以或多或少发展了的形式存在于已经发生变化的生产关系本身中。这些手段不应当从头脑中发明出来，而应当通过头脑从生产的现成物质事实中发现出来。"③

但是，空想社会主义者和自由主义者之间也有许多共同点，他们都是从头脑而不是从生产的现成物质事实出发的，"都不是作为当时已经历史地产生的无产阶级的利益的代表出现的。他们和启蒙学者一样，并不是想首先解放某

---

① ［法］傅立叶：《傅立叶选集》第 1 卷，赵俊欣等译，商务印书馆 1979 年版，第 124 页。
② ［法］傅立叶：《傅立叶选集》第 2 卷，赵俊欣等译，商务印书馆 1981 年版，第 232 页。
③ 恩格斯：《社会主义从空想到科学的发展》，《马克思恩格斯选集》第 3 卷，人民出版社 1995 年版，第 741 页。

一个阶级，而是想立即解放全人类。"①这注定了他们理论的先天不足，也预示了他们不可能在社会主义道路上走得太久。

（五）空想社会主义的法正义观评析

空想社会主义者洞悉了资本主义社会的内在矛盾并对此进行了无情地揭露和批判，他们指责资本主义是一个是非颠倒的世界，是一个把自己的幸福建立在别人痛苦基础上的社会，是一个利己主义和投机欺诈的社会。在批判现实社会的同时，他们也对未来社会作了不少天才的预见。正如恩格斯所说："虽然三位思想家（即圣西门、傅立叶和欧文，笔者注）的学说含有十分虚幻和空想的性质，但他们终究是属于一切时代最伟大的智士之列，他们天才地预示了我们现在已经科学地证明了其正确性的无数真理。"②空想社会主义学说启发了工人阶级的政治觉悟，为工人运动提供了宝贵的思想材料，是科学社会主义直接的思想先导。理论不应脱离现实，成为子虚乌有的乌托邦；但是理论应当适度地超越现实，具备一种乌托邦的精神，否则也就失去了理论应有的前瞻性和对实践的先导功能。英国作家王尔德说：一张没有乌托邦的世界地图是丝毫不值得一顾的。同样，没有丝毫乌托邦精神的理论也总觉得少了些魅力。这也许是空想社会主义在当今社会仍然引人关注的重要原因之一。

当然由于时代的局限，他们的思想也存在着根本的缺陷。首先，空想社会主义者虽然看到了资本主义社会的弊病，揭露和批判了这个"黑白颠倒的世界"，但是，他们不能认识资本主义的本质及其发展规律。他们对资产阶级社会的揭露和批判，不是基于对这个社会的基础和内在矛盾的科学分析，而是诉诸理性和永恒正义的纯粹道德说教。其次，他们虽然看到资本主义社会的阶级对立，同情无产阶级的疾苦，但是，却没有认识到无产阶级的历史作用，找不到实现社会主义的基本力量。最后，他们虽然要求改变旧的社会制度，提出理想社会的构想。但是，又否定阶级斗争和无产阶级革命，企图通过说服教育、道德示范等方法来建立新的社会制度。社会存在决定社会意识。空想社会主义的理论缺陷，有其历史必然性。早、中、晚期空想社会主义都是在资本主义生产还没有充分发展、无产阶级还不成熟的历史时期出现的。这种不成熟的经济

---

① 恩格斯：《社会主义从空想到科学的发展》《马克思恩格斯全集》第 19 卷，人民出版社 1963 年版，第 207 页。

② 恩格斯：《"德国农民战争" 1870 年版序言的补充》，《马克思恩格斯全集》第 18 卷，人民出版社 1964 年版，第 566 页。

状况和阶级状况决定了他们的理论必然是不成熟的，仅仅反映了无产阶级先驱者初始的、模糊的愿望。马克思恩格斯说："既然阶级对抗是随着工业的发展而发展的，所以这些发明家同样也还不可能发现无产阶级解放的物质条件，于是他们就去探求那应该能够造成这种条件的社会科学、社会规律。"[①] 客观的物质条件决定了他们的社会主义只能是一种不切实际的空想。"这种新的社会制度是一开始就注定要成为空想的，它愈是制定得详尽周密，就愈是要陷入纯粹的幻想。"随着机器大工业的进一步发展，无产阶级渐渐成长为世界历史舞台上一支独立的政治力量，资本主义生产关系所能容纳的生产力渐渐发挥到了它的极限，空想社会主义的历史使命终于完结，彻底为马克思主义——一个建立在科学基础上的革命理论所取代。科学社会主义的任务"不再是想出一个尽可能完善的社会制度，而是研究必然产生这两个阶级及其斗争的那种历史的经济的过程；并在由此造成的经济状况中找出解决冲突的手段。"[②]

马克思主义赋予社会主义学说以科学性后，并未抛弃空想社会主义原有的价值追求，而是注入了时代的内容，使之成为对无产阶级而言更具指导性和可行性的科学理论。但是，马克思以后，社会主义理论在有些社会主义者那里被严重片面化了。理论上的科学性被片面夸大，甚至成为唯一的性质，价值追求则被淡化甚至抹掉了，好像只有让马克思主义超越道德伦理、做到价值中立或价值无涉才更加具有科学性。于是，在实践领域，被悬空的价值开始盲目地起作用。尽管理论上强调一切从实际出发，但社会主义的实践却往往过多地从人的主观愿望出发。历史和现实告诉我们，主体的价值追求是社会主义理论及实践无法回避的问题，只有承认它的应有地位，研究价值性和真理性在不同时代的具体表现，找到二者具体的历史的统一途径，才能不断解决社会主义理论及实践中不断出现的新问题。

笔者认为，通过回溯社会主义理论特别是空想社会主义理论中的法正义观，分析马克思主义与空想社会主义基于价值追求的内在联系，有助于更好地把握马克思恩格斯法正义观的精神实质。对于马克思主义与空想社会主义之间的渊源相继关系，马克思本人的认识是辩证的、客观的，也是最有说服力的。

---

① 马克思恩格斯：《共产党宣言》，《马克思恩格斯全集》第 4 卷，人民出版社 1958 年版，第 500 页。

② 恩格斯：《社会主义从空想到科学的发展》，《马克思恩格斯全集》第 19 卷，人民出版社 1963 年版，第 210、226 页。

他说："各乌托邦宗派的创始人虽然在批判现存社会时明确地描述了社会运动的目的——废除雇佣劳动制度及其一切实行阶级统治的经济条件，但是他们既不能在社会本身中找到改造它的物质条件，也不能在工人阶级身上找到运动的有组织的力量和对运动的认识。他们企图用新社会的幻想图景和方案来弥补运动所缺乏的历史条件，并且认为宣传这些空想的图景和方案是真正的救世之道。从工人阶级运动成为现实运动的时刻起，各种幻想的乌托邦消逝了，——这不是因为工人阶级放弃了这些乌托邦主义者所追求的目的，而是因为他们找到了实现这一目的的现实手段，——但是起来代替乌托邦的，是对运动的历史条件的真正洞见以及从工人阶级的战斗组织中日益积聚力量。但是，乌托邦主义者宣布的运动的两个最后目的，也是巴黎革命和国际所宣布的最后目的。只是手段不同了，运动的现实条件也不再淹没在乌托邦寓言的云雾之中了。"①

---

① 马克思:《公社》,《马克思恩格斯全集》第 17 卷，人民出版社 1963 年版，第 604 页。

第二章　马克思恩格斯的正义观

正义是道义伦理的基石，人类围绕正义诉求而进行的斗争一刻也没有停止过，正义力量的每一次胜利都将历史的车轮推进一步；而正义力量的每一次失败必然导致历史的车轮退后一步。正义力量与非正义力量之间的斗争由于马克思主义的诞生而进入了一个崭新的历史阶段。马克思恩格斯作为科学社会主义的创始人和历史唯物主义法律观的缔造者，无比珍视正义这一人类基本美德和崇高价值，并且对正义是什么和为什么的问题有很多创造性的发挥。他们的一切批判，无不是对阶级对立社会不正义现象的鞭挞；他们的毕生追求，无不充满对正义的共产主义社会的向往。同古代的自然正义观、中世纪的神学正义观、近现代的理性正义观以及当代西方盛行的程序正义观不同，马克思恩格斯创立了一种以发展为核心的正义观，即在经典作家看来，正义的实质只能是人的全面自由发展，其基本内涵则是自由和平等。

第一节　正义概说

正义，是一个亘古至今的永恒话题。自有文字记载的人类社会历史以来，人们就从未停止过对正义的追问和探求。几乎从来没有人公然反对或抛弃正义，至多是打着正义的幌子行不正义之举，因为"正义可以做幌子，一个漂亮的幌子，所以谁都愿意念着它的名字。"①纯粹法学派的代表人物凯尔森在《何谓正义?》一文中，讲了圣经中的一段故事：当耶稣被带到彼拉多（Pilate，罗马总督，笔者注）面前时，他承认自己是王，并说："我为此而生，我为此来到这世界，我来为真理作见证"，然而当彼拉多问及"何谓真理?"时，耶稣

---

① 朱自清：《朱自清散文》，人民文学出版社 2005 年版，第 49 页。

却并未回答。① 可能在耶稣看来，真理是不言而喻的，无需问亦无需答，他作为救世主的神圣使命只在于给真理作见证。正义自古以来就是与真理相伴随的，耶稣生来也是要为正义作见证，他也正是为了正义才被钉死在十字架上。耶稣认为正义最终会在上帝之国中得到完全实现。也许在耶稣看来，正义如同真理一样，同样是不言而喻的，然而作为世俗之国的公民，我们却忍不住像彼拉多一样，追问一句：何谓正义？法国经济学家蒲鲁东的回答是："正义、公道、自由，关于这些原理的每一项，我们的观念一向是模糊的。"② 德国法哲学家拉德布鲁赫也如是说："正义是一个相当模糊和不确定的概念。"③ 比利时法哲学家、新修辞学法学的创始人佩雷尔曼同样承认："正义是一个最为崇高但也最为混乱的概念之一。"④ 在我国，学界经常将"正义"与"公正"、"公道"互换使用。但是，不管使用何种概念，与西方一样，"在我们的生活中，正义概念的含义是不确定的。"⑤ 可以说，自古以来，"没有别的什么问题被如此激烈地争论过；没有别的什么问题令人类为之流过那么多珍贵的鲜血和痛苦的泪水；没有别的什么问题令从柏拉图到康德的那么多卓越的思想家对之苦苦考索；而时至今日，这个问题仍然像当初那样没有得到回答。"⑥ 追逐正义之路何其漫漫且修远兮，然正因其难和险，吾辈更需上下求索之。

一、何谓正义？

正义不是客观存在的事物本身，世间没有一件具体的事物本身就是正义、代表正义或被叫做正义。所以，国学散文大师朱自清先生在作《正义》一文时，不无忧伤地说："我不曾见过正义的面，只见过它的弯曲的影儿……在

---

① ［奥］凯尔森：《何谓正义？》，张书友译，中国私法网 http://www.privatelaw.com.cn/Web_P/N_Show/?PID=944。

② ［法］蒲鲁东：《什么是所有权》，孙署冰译，商务印书馆 1982 版，第 40—41 页。

③ Gustv Radbruch, "*Legal Philosophy*", in The Legal Philosophies of Lask, Radbruch, and Dabin, trans. By KurtW ilk, Massachusetts Cambridge: HarvardUniversity Press, 1950.p.90.

④ C.Perelman, Justice, Law, and Argument, D.Reidel Publishing Company,1980 p.1. 转引自肖建国：《程序公正的理念及其实现》，《法学研究》1999 年第 3 期。

⑤ 张文显：《法理学》第 5 版，法律出版社 2007 年版，第 364 页。

⑥ ［奥］凯尔森：《何谓正义？》，张书友译，中国私法 http://www.privatelaw.com.cn/Web_P/N_Show/?PID=944。

'自我'的唇边，在'权威'的面前，在'他人'的背后。"[1] 但是，朱自清先生最后失望地发现这些"影儿"根本不是真正的正义。正因为正义没有固定的载体和统一的外形，所以成为了一个高度抽象的范畴，与很多相近的范畴错综复杂地交织在一起。因为正义范畴的高度抽象性，个别学者甚至对这一术语本身发起攻击，建议彻底抛弃正义一词，避免使用正义之类的词汇。例如，美国学者哈耶克就说："正义根本就是一个空洞无物、毫无意义的术语，那些经常使用这个说法的人，就连他们自己都不知道这个说法的意思是什么，他们实际上是把这个说法当做一个无需证明的判断，因为人们永远不可能就"社会正义"所要求的东西达成共识，社会正义简直就是'皇帝的新衣。'"[2] 但是，对正义的这种污蔑和攻击丝毫不能动摇世人对正义的呼唤和追求。要说清楚正义，笔者认为需要从相近概念的辨析开始。

（一）正义与正义观

正义一词带有极强的主观色彩，因此人们常常将正义与正义观混为一谈。"人间的正义究竟是在哪里呢？满藏在我们心里！"[3] 很多时候或场合，人们谈论正义与不正义，其实不过是在表达一种具体的正义观。正义观是人们关于正义的理论及事物或现象正义与否的评价标准等问题的主观认识。正义观不同于正义，只是正义的"影儿"，还不是正义本身。但不能因此就认为，只存在各种主观的正义观，根本不存在客观的正义，这样就会陷入相对主义和虚无主义。

自古以来，人们关于正义的认识丰富多彩，出现过形形色色的正义观。不同时代之间，人们的正义观差别很大；不同种族、不同宗教、不同国家甚至不同地域之间的正义观各有特色且常常发生冲突；另外，气候条件、地理结构、经济状况、政治制度、风俗习惯和宗教信仰等因素的差异也影响到人们对正义的理解。我们甚至可以不算夸张地说，有多少作为个体的人，就会有多少种正义观。柏拉图将正义理解为和谐，亚里士多德将正义理解为善德，霍布斯将正义理解为安全，洛克将正义理解为自由，卢梭将正义理解为平等，休谟将正义理解为效用，庞德看到了正义在伦理、经济、政治及法律领域的不同意

---

① 朱自清：《朱自清散文》，人民文学出版社 2005 年版，第 49 页。

② ［美］哈耶克：《法律、立法与自由》第 2、3 卷，邓正来译，中国大百科全书出版社 2000 年版，序言。

③ 朱自清：《朱自清散文》，人民文学出版社 2005 年版，第 51 页。

义，"正义一词不止有一种含义。在伦理上，我们可以把它看成是一种个人美德或是对人类的需要或者要求的一种合理公平的满足。在经济和政治上，我们可以把社会正义说成是一种与社会理想相符合，足以保障人们的利益与愿望的制度。在法学上，我们所讲的执行正义（执行法律）是指在政治上有组织的社会中，通过这一社会的法院来调整人与人之间的关系及安排人们的行为；现代法哲学的著作家们也一直把它解释为人与人之间的理想关系。"[①]罗尔斯将正义视为自由与平等的某种调和。按照我国哲学家冯友兰先生的解释，正义就是义务和应当，"义是事之'宜'，即'应该'。它是绝对的命令。社会中的每个人都有一定的应该做的事，必须为做而做，因为做这些事在道德上是对的。"[②]可见，正义确实有着一张普洛透斯似的脸。

（二）正义与价值

价值评价和价值选择是人类社会特有的一种精神现象，在人的社会生活中占有非常重要的地位。它伴随人的一生，并贯穿于人类社会的始终，可以说只要有人生存的地方就有价值问题存在，有无价值思考是人与动物区别的重要标志之一。能归之于价值名下的具体名目很多，如：公平、公正、自由、平等、安全、秩序、幸福、友爱等都是为人类所珍视的价值。正义也是人类珍视的价值，它源出于人类，在人与人、人与社会的互动关系中产生，是社会关系作用于人的内心引起的一种情感冲动和意志倾向，并外化为人类一种公共的价值理想或目的性追求。

正义是人类一种最基本的价值理想和价值评价。价值是属概念，正义是从属于价值的一个种概念。价值问题的错综复杂也导致了正义问题上的扑朔迷离。尽管有些人文社科领域的研究者试图把自然科学的实证方法引入自己的研究领域，提出"价值中立"或"价值无涉"的原则要求，但人文社会科学的研究对象离不开人和人组成的社会，而人的问题又与价值密不可分，所以他们的努力并没见多少成效。根据马克思恩格斯经济基础和上层建筑辩证关系的基本原理，正义作为一种价值观念和意识形式，无非是"现实的、从事活动的人们"的物质生产发展到一定阶段的产物，其表述的内容也无非是对物质生产的

---

① ［美］庞德：《通过法律的社会控制——法律的任务》，沈宗灵译，商务印书馆1984年版，第73页。

② 冯友兰：《中国哲学简史》第2版，北京大学出版社1996年版，第37页。

反映。[①] 可见，在正义与经济的关系中，正义不是一种自足的价值，它和法律、宗教一样，没有自己独立的历史，而是由特定的物质生活条件所决定；但在上层建筑领域，在正义与其他相近价值的关系中，正义是一种近乎完满的价值，它是至上的美德，是至善，它有很强的包容性，能涵盖其他相近价值，却完全不为其他相近价值所规定，它自己就能规定自身。正义是真善美的交汇，是主客观的统一，是应然和实然的结合。

（三）正义与其他相近价值

正义在中西方语言中都是一个高度含混的概念，根据《牛津高阶英汉双解词典》的解释，英文中的"justice"有两层意思：一层意思比较抽象，表示正义、公正、公道、公平、合理、公理等含义；另一层意思比较具体，表示法律制裁、司法或审判等。[②] 德语中的"recht"一词，意指公平，又有"权利"（right）和"法律"（law）之意。其反义词"Unrecht"包含着错误（wrong）、伤害（harm）、损害和不公平（injury）之意；而由这一词根推出的"Gerechtig-keit"，有正义（justice）之意。在现代汉语中，正义与公平、公正、公道、公理、正当、合理等相近价值含义非常接近。这些近义词之间混杂着重合、交叉或包含的关系，经常相互解释，在不同的场合使用，侧重点偶有不同，但很难严格区分。例如，《辞海》对正义的解释是：1. 公正的；公正的道理。如正义感；正义战争；主持正义。2. 对政治、法律、道德等领域中的是非、善恶作出的肯定判断。3. 作为道德范畴，与"公正"同义，主要指符合一定社会道德规范的行为。[③] 在发行范围较广的《应用汉语词典》中，这些相近词语的解释分别是：正义，名词，公正的，符合人民利益的道理；名词，合乎正义的。公平，形容词，公正而合情理。公正，形容词，公平正直，无有偏私。公道，名词，公正的道理；形容词，公平。公理，名词，社会所公认的正确道理。正当，是指符合法律要求或情理的。平等，形容词，指人们在社会上的权利和义务同等，在政治和经济上的地位同等；泛指地位相等。[④] 本书不准备耗费过多笔墨去区分

---

① 马克思恩格斯：《德意志意识形态》，《马克思恩格斯全集》第 3 卷，人民出版社 1960 年版，第 29 页。

② ［英］霍恩比：《牛津高阶英汉双解词典》，王玉章等译，商务印书馆 2009 年版，第 1103 页。

③ 《辞海》，上海辞书出版社 1979 年版，第 3120 页。

④ 《应用汉语词典》，商务印书馆 2000 年版，第 1616—1617、425、426、423—424、1615、968—969 页。

这些已有各自约定俗成含义但时有交叉的词语，只把正义界定为统摄其他相近价值的高层次价值，而把其他相近价值视为正义在不同场合下的不同"面相"。

（四）正义与不正义

从字面意思看，此两者已经完全超越了相近概念之间的关系，是一组明显的反义词，不正义是正义的反面，正义是对不正义的否定。但表明看来分庭抗礼、非此即彼的价值关系一旦与实践对接，立即呈现出难以想象的复杂性和模糊性，二者在实践中常常难解难分。两者的对立和区分不是绝对的，也许正义正是从不正义处发端和起源。正如恩格斯认为"运动要通过它的反面即静止来得到理解和度量"一样，正义也需要通过不正义来理解和度量，它总是要通过对不正义的否定来实现自身，而一度认为实现了的正义从来不会是一劳永逸的，很快又会孕育和演化出新的不正义。它们之间的界限总是相对的、历史的、变化着的。在模糊法学[①]看来，正义和不正义之间的关系在社会生活中往往是模糊不清的。如，杀人偿命在中国历来被看作普世正义，但在现代世界废除死刑却成为法治潮流，动摇了中国曾经根深蒂固的死刑正义观。再如堕胎、安乐死、器官移植、同性恋、代孕母、克隆人、见危不救、立法限制啃老行为等层出不穷的社会热点、焦点问题争议，更使得当代社会里正义与非正义的界限难以辨识。由此角度观之，马克思恩格斯研究法律现象的重要方法之一——辩证法也可以归属于模糊学。恩格斯曾明确指出："辩证法不知道什么绝对分明的和固定不变的界限，不知道什么无条件的普遍有效的'非此即彼！'，它使固定的形而上学的差异互相过渡，除了'非此即彼！'，又在适当的地方承认'亦此亦彼'，并且使对立互为中介。"[②] 美国当代现实主义法学家

---

① 1965 年，美国加利福尼亚大学数学家札德教授发表了著名论文《模糊集合》，标志着模糊学的诞生。札德在对精确与模糊的传统偏见进行系统分析批判的基础上，阐明了模糊性的含义，科学奠定了模糊学的研究对象，并从理论上论证了模糊学作为一门学科独立发展的必要性。建立了刻划模糊性的数学模型，提出了模糊集合、隶属函数、隶属度等模糊理论的基本范畴。参见：L.D.Zadeh, Fuzzy Sets, *Information and Control*, 1965.8. 模糊法学即是借用这一新型研究方法发展起来的。有学者认为，模糊理论不仅弥补了经典逻辑（二值逻辑）用［好或坏］、［是或非］、［对或错］的二分法难以或无法描述模糊事物的缺点，而且启发人们用多值逻辑思维观察世界，使世界由单调的两色回复到绚丽多彩。运用模糊理论观察法的世界将呈现复杂而生动的图景。参见陈云良：《法律的模糊问题研究》，《法学家》2006 年第 6 期。

② 恩格斯：《自然辩证法》，《马克思恩格斯选集》第 3 卷，人民出版社 1995 年版，第535 页。

杰罗姆·弗兰克（Jerome Frank，1889—1957 年）也谈到了法律的模糊性及其价值，"法律是不确定的、模糊的、多样的，这种不确定性并非不幸的偶然事件，相反，不确定性本身具有重大价值。"[①]正义是与不正义相对而言的，舍弃正义的对立面——不正义，也就没有什么正义可言，从某种意义上说，正义问题的研究同时也是不正义问题的识别和应对。

（五）本书对正义的界定

至此，通过对正义与相近概念的辨析，我们已经得出一个基本的结论：正义应当是主观和客观的统一。正义，是与不正义相对而言的，是为人及人类社会所珍视的一种价值目标或评价标准，是在价值主体（社会全体成员）和价值客体（人的行为或社会制度）之间的评价和被评价关系中形成的一种价值共识。从表现形式看，这种价值共识以应当和正当的形式反映在人们的观念中，人们对于自己表示强烈支持或反对的行为，会作出应当的评价；对于自己表示一般认同的行为，会作出正当的评价。从起源看，正义产生于人与人之间的社会交往之中，可以说没有人与人之间的社会交往关系存在，就不会有正义问题的产生。不过，这种关系是在一个至少有三人以上的社会成员构成的共同体之中才能发生。换言之，所谓"不正义"绝对不会存在于孤立的个人心中，也不会产生在行为人和被行为人双方之间，正义与不正义只能是由与行为无直接利害关系的中立的第三方依据自己的良知协同理性作出的一种评价，在这种第三方评价的基础上对诸多涉及他人的个人行为或社会现象形成一套社会基本共识，这便是正义的真实面相。尽管人们对正义的探索和追求是永恒的，但正义本身从来不具有永恒性和绝对性。正义的内容是由特定时代、特定社会的现实生活着的人们的生产方式和交往方式所决定的。正义评价的主体是特定物质生活条件下的现实的人，正义评价的客体则是多种多样的，正如美国当代政治哲学家和伦理学家约翰·罗尔斯所说："许多不同的事物被说成是正义或非正义的：不仅法律、制度、社会体系是如此，许多种特殊行为，包括决定、判断、责难也是这样。我们也如此称人们的态度、气质以致人们本身。"[②]但在罗尔斯看来，正义评价的主要客体是社会的基本结构，即分配基本权利和义务的社会主要制度，因为它对人们的影响更加深远。人们对正义的理解不同，就会对社

---

① Jerome Frank, Law and the Modern Mind, New York, Coward-McCann Publishers, 1930. p.252.

② ［美］约翰·罗尔斯：《正义论》，何怀宏等译，中国社会科学出版社1988年版，第7页。

会基本结构和制度选择做出不同的安排。本书也认同这一点，把正义评价的主要客体界定为社会基本制度特别是法律制度，即本书的正义是作为法的价值而言的。

二、为何需要正义？

在正义是什么的问题上，学界的论说历来众说纷纭。与这种现象形成鲜明对照的是，在人类是否需要正义的问题上，很多人却异口同声地作出了肯定的回答。罗尔斯曾断言："假如正义荡然无存，人类在这世界生存，又有什么价值？"[①] 因此，人们进行社会制度选择的首要标准非正义莫属，"正义是社会制度的首要价值，正像真理是思想体系的首要价值一样。"[②] 德国伟大思想家康德在 18 世纪就开始呼吁："如果公正和正义沉沦，那么人类就再也不值得在这个世界上生活了。"[③] 与人们公认法律是在人类社会发展的特定阶段上产生的不同，人们始终认为正义是自古以来就与人类社会相伴的一种基本美德和崇高价值。在这里，以往的思想家只是作出了一个结论性的判断：人类需要正义。但对于人类为何需要正义，却从来没有充分的论证。

在这个问题上，笔者认为最值得一提的是休谟，他对正义产生条件的论述是开拓性的。休谟认为正义的产生是因为具备了两个必要条件：主观方面的条件是人类本性的自利和对他人的有限同情，客观方面的条件是大自然为人类提供的稀缺的资源供应。即"假若人类能够得到自然界提供的一切丰富的东西，或者，假若人们对其他人都抱有对自己一样的同情和怜悯，那么，正义和非正义，对于人类来说，也就没有任何意义了；相反，人类本性的自私和有限的宽容，以及自然资源的贫乏，才产生了关于正义与非正义的法则。"[④] 然而，这两个条件只能说明正义的产生具有了可能性，仍不能说明人类为何会在事实上实际选择正义。

笔者认为，正义之所以成为一种可欲的价值，是因为它满足了或反映了个人和社会在精神层面的诉求或需要。正义既是衡量个人行为是否符合社会规范的价值标准，也是检验一个社会的基本制度是否正当的评价尺度。人与社会

---

① 许纪霖：《世间已无罗尔斯》，《文汇报》2002 年 11 月 28 日。
② ［美］约翰·罗尔斯：《正义论》，何怀宏等译，中国社会科学出版社 1988 年版，第 3 页。
③ ［德］康德：《法的形而上学原理》，沈叔平译，商务印书馆 1991 年版，第 165 页。
④ ［英］休谟：《人性论》，关文运译，商务印书馆 1980 年版，第 536 页。

对法律的需要就源于他们实现正义的需要。对个人来说，正义是任何时代的任何人都不能回避的问题，它直接影响到个人的生存状况和生活质量。人在满足了基本的动物机能的需求后，一股特殊的精神体验——正义情感就会随人的良知意识的觉醒而萌发。虽然人与人之间千差万别，但人人都有要求维护人之为人的起码尊严的自由和权利，正义情感要求认可这些自由和权利，并通过法律形式予以保护。就社会而言，只要一个社会需要正常的运转，就需要制定一系列的规则，让社会成员和社会群体有章可循。而这种规则如果要得到多数人的认同，就必须具有某种正义性。正义是社会制度设计的基本依据，也是衡量社会制度尤其是法律制度正当性程度的重要标尺。正义的法律制度不但承认人人生而相同，主张每一位社会成员的基本尊严和基本权利应当得到保证；而且还承认人人生而不同，尊重人与人之间的差别，提供个人自由发展的空间，认同人与人之间在实现个人的人生价值方面的不同追求，使个人同社会整体之间的关系得到合理、有效的协调，维持社会正常秩序，促进社会和谐进步。总之，没有正义，人不成其为人，社会亦不能存续。

三、需要何种正义？

西方的正义理论历史悠久，按照历史发展的基本脉络，我们可以看到四种各具特色的正义观：古代的自然正义观、中世纪的神学正义观、近代的理性（也有人称伪理性）正义观、当代的程序正义观。虽然正义不同于人们的正义观，但不同时代、不同地域、不同人们的正义观却实实在在地影响着社会的性质和人们对基本社会制度的选择，决定着正义能否实现及如何实现。例如，古代的自然正义观主张天人和谐，服从自然。中世纪的神学正义观主张神意主宰一切。近代以来的理性正义观更是异彩纷呈，多姿多彩，功利主义正义观主张效率和效益至上，认为社会制度设计应当致力于满足最大多数人的最大利益，实现最大多数人的最大幸福；空想社会主义正义观主张对社会财富进行更加公平的分配，强调平等是正义的同义语；自由至上主义者坚持个人自由是最大的正义，管得最少的政府才是最好的政府；新自由主义则更加关注制度的正义性，主张政府履行适当经济干预和适度照顾弱势群体利益的职责才是正义的题中之义。众说纷纭之下，人们不管是进行制度设计，还是做出行为选择，都需要在思想观念上先进行一番取舍，确立一种科学的正义观。通过把马克思恩格斯的正义观放到人类思想史的长河中重新审视，我们更加坚信，马克思主义经典作家为我们提供了一套有史以来最为科学的思考正义问题的视角和方法。

（一）古代的自然正义观

古代的正义观是以整个自然或宇宙为背景的，人与人之间的社会关系不是古人思考的主要对象。在古人眼里，自然是一个井然有序、等级森严的整体，人是自然之子，在茫茫宇宙间只是一个不太起眼的存在物，因而人只能顺应自然而生活，不得违背自然为人类设定的秩序，因而每个人都遵循着先天的命运和劫数。阿那克西曼德认为："万物由之产生的东西，万物又消灭而复归于它，这是命运规定了的。因为万物在时间的秩序中不公正，所以受到惩罚，并且彼此互相补足。"[1] 毕达哥拉斯学派则把正义确定为"数"的某一特性，而"数"被认为是派生万物之基元，世界的万事万物都是由"数"构成的，衡量正义与否的标准不取决于个人的欲望或好恶，而只能是客观的"数的关系"、"数的原理"，即数的"定分"或"均等"。赫拉克利特在关于正义思想的讨论中，首次把朴素辩证法导入了正义范畴，指出正义是一个相对的范畴，是在与不正义的斗争中产生和存在的，并且认为斗争的必然结果是正义将战胜不正义，根据某种先验的秩序，"正义一定会击倒那些说假话和作假证的人。"[2] 苏格拉底认为正义是一种美德，是知识或智慧的一部分，"公正[3] 和所有的其他美德即是智慧。公正的行为和一切以美德为基础的行为都是美的和好的。……公正和所有的美德即是智慧。"这种美德主要表现为虔敬，过顺应自然的生活。柏拉图和亚里士多德作为古代正义观的集大成者，虽然他们分别采取了先验论和经验论的不同研究方法，但是殊途同归，都重视正义的秩序内涵。柏拉图将个人正义理解为灵魂内三个构成部分的和谐共存，将城邦正义理解为城邦内三种成员之间的和平相处，亚里士多德将正义理解为过与不及之间的中庸状态，无不表现出对秩序的重视。古罗马法学家乌尔比安和西塞罗都将正义描绘为某种意义上的"应得"，虽然"应得"的具体标准在当时尚不明确，但其主要含义是就自然规律或宇宙秩序的约束而言的。

正义自古希腊时期纳入到人们的研究视野中，是作为一种来自于超自然的宇宙力量而出现的，然而正是这一与人类社会相分离的抽象理性或宇宙精神

---

[1]　北京大学出版社编译：《古希腊罗马哲学》，商务印书馆1961年版，第7页。

[2]　北京大学出版社编译：《古希腊罗马哲学》，商务印书馆1961年版，第21页。

[3]　在古希腊古罗马思想家即柏拉图、亚里士多德、西塞罗等人的作品中，正义和公正经常是互换使用的，这可能与译者的思维习惯有关。本书对此也未做严格区分，但笔者认为正义的涵义更为丰富，公正不过是正义的一个面相。需要说明的是，本书认为此处及之后的多处引用文字中提到的"公正"其实都是正义的涵义。

成为了人们行为和社会交往的普遍准则。古希腊人将正义归结为一种源于自然的宇宙秩序，是不依赖于人的普遍抽象物。由此可见，在希腊人看来，作为宇宙秩序的"正义"，不是来源于社会本身，而是从外部的宇宙或抽象精神领域输入到社会之中的。基于当时的社会历史条件，古代的自然正义观不可避免地具有时代局限性。由于自然界中优胜劣汰、弱肉强食现象的普遍性，人生而不平等也被古人认为是人类社会里天经地义的秩序。在古人的价值视野中，正义的主体只是狭隘的同类人，不包括奴隶，他们只是"会说话的工具"；也不包括外邦人，他们只是可能侵略本邦的敌人或本邦攻掠的对象。虽然个别思想家也提出了一些在当时看来很前沿的思想，如苏格拉底将正义视为个人的美德，柏拉图的男女平等思想、个人正义和城邦正义的分类思想，亚里士多德的法治思想、正义的平等内涵解释、分配正义与矫正正义的分类思想等，但总体看来，古代的自然正义观是一种狭隘的正义观，是以刚刚脱离动物界还不太久的"动物人"为基础的。

（二）中世纪的神学正义观

在漫长的中世纪，由于基督教渐渐取得了国教的地位，宗教神学一统天下。与柏拉图的正义哲学相似，基督的训诫也以正义为核心，他抛弃了旧约中"以牙还牙、以眼还眼"的原始报复主义的应得正义观，开始宣扬一种以仁爱和宽恕为核心精神的正义观念。基督劝导教徒不要以恶制恶，不要报复伤害，不可审判他人，爱有罪的人，甚至爱自己的仇敌。古代原始的正义观念开始发生颠覆性的变革，多元的自然神论逐渐为神学的一元神论所代替。

中世纪的神学正义观以奥古斯丁和阿奎那为代表，他们认为基督宣扬的博爱正义只能在上帝之城中才能实现，正义的价值标准只能是来自神国的上帝指示。全能上帝成为人类的最高主宰，上帝指示的"神法"代替了自然法的至上地位，上帝以及天国既是正义理念的出发点，也是正义问题的最终归宿。在神法的层面上，法、正义、权利几乎是同义语。在西方社会，人定法之所以具有至上权威，在很大程度上与法的这种神圣来源紧密相关。正如美国第二任总统亚当斯在独立战争前夕所说，"权利先于所有世俗政府——这就是人法所不能废止或不得限制的权利——这就是源于宇宙最伟大的立法者上帝的权利。"[1] 关于法来源的神圣性解释，不但表现在作为宗教经典的《圣经》中，而且也表

---

[1] ［美］爱德华·S·考文：《美国宪法的"高级法"背景》，强世功译，三联书店 1997 年版，第 81—82 页。

现在西方中世纪及近代以来的很多法律文献中。中世纪的教会法直接影响了近代资本主义法的整体框架体系，如美国的《独立宣言》中写道，"人人生而平等，造物主赋予他们一些不可转让的权利，诸如生命权、自由权和追求幸福的权利。为了保障这些权利，人们在他们中间建立政府。"对于美国宪法的这种"高级法"背景与人民意志之间的关系，考文进行过雄辩地说明："仅仅因为宪法植根于人民的意志就赋予其至上性，这只是美国宪法理论相对新近的一种产物。在此之前，赋予宪法以至上性并不是由于其推定的渊源，而是由于其假定的内容，即它所体现的一种实质性的、永恒不变的正义。由此产生的法律理论与我们刚刚考察过的理论恰好形成对比。这种理论宣称：有某些关于权利和正义的特定原则，它们凭着自身内在的优越性而值得普遍遵行，全然不用顾及那些支配共同体物质资源的人们的态度。这些原则并不是由人制定的；实际上，如果说它们不是先于神而存在的话，那么它们仍然表达了神的本性并以此来约束和控制神。它们存在于所有意志之外，但与理性本身却互相浸透融通。它们是永恒不变的。"① 另一位美国宪法学者弗里德里希在对宪法的功能进行了思想史的考察后，也得出了类似的结论，"宪法旨在维护具有尊严和价值的自我，因为自我被视为首要的价值，这种自我的优先，植根于上面讨论过的基督教信仰，最终引发了被认为是自然权利的观念。因此宪法的功能也可以被阐释为规定和维护人权的。"②

宗教神学正义观作为思想史上一个承上启下的阶段，一方面保存了古代希腊罗马文明的种子，使得古代的思想文明得以在神学的外衣下得以保存并延续。例如阿奎那在《神学大全》中转述了古代主要体现为比例平等的应得正义观，"因为正义或者我们根据正义而使用的东西都与其他通过正义使我们与之相连的人成比例。而每个人自己都是按照比例相等应归于他的。"③ 另一方面也为近代世俗文明的开启做了思想上的准备。古代的自然正义观重秩序价值，宣扬集体主义，个人权利在政治秩序中没有引起重视；而到了中世纪的宗教神学正义观中，个人开始作为独立的个体，成为神法关注的中心。神的正义直接体

① ［美］爱德华·S·考文：《美国宪法的"高级法"背景》，强世功译，三联书店1997年版，第4—5页。
② ［美］卡尔·J·弗里德里希：《超验正义——宪政的宗教之维》，周勇等译，三联书店1997年版，第14—15页。
③ 转引自［美］莫蒂默·艾德勒、查尔斯·范多伦编：《西方思想宝库》，吉林人民出版社1988年版，第945页。

现为对个人的救赎，个人的主体地位首次在基督教中得到确认。神学正义观中的这一思想，对于近代理性正义观的形成并发展有着直接的决定性的影响。近代理性正义观的核心是维护个体的基本权利不受侵犯，它与神学正义观的出发点不同，在社会效果上却是异曲同工。

中世纪的神学正义本质上仍是一种秩序正义。它的进步之处在于使朴素的平等观念深入人心，一切人，不管是本民族人，还是其他民族的人，都被纳入了上帝子民的系列，在上帝面前人人平等。它的弊端在于这种宗教霸权一旦为统治阶级所掌握，往往演化为专制统治者误导和愚弄人民的工具。统治者要想贬抑人性，只需给自己包上一层神性的外衣，神权就会演化为驯服的驭民之具。

（三）近现代的理性正义观

随着工业革命的兴起和资本主义生产方式在西欧社会的确立，资产阶级启蒙思想家对于正义的思考再次发生了重大改变。在早期资产阶级思想家看来，正义不是神的启示，而是社会的产物，其本质是对人与人之间关系的评价，是划分社会利益的一种方法。他们基于资产阶级的利益需求，提出以自由、平等、博爱等为基础的理性正义观。资产阶级直接将批判的矛头指向封建社会的等级制度，认为等级制度窒息了人们在自然状态下的一切权利，而且没有得到任何有利于个人自我保存的社会承诺。因此，他们斥责封建社会为不正义的社会，应当由资本主义社会所取代，因为资本主义社会是能更好地保障个人的生命、自由和财产的正义社会。因此，正义便成为资本主义社会所追求的重要价值，成为资产阶级革命的开路先锋和鲜明旗帜。

在正义的来源上，启蒙思想家指出正义不是来自上帝的训诫，而是来自人类理性的命令和自然的教诲，他们把正义从虚无缥缈的天国引向了实实在在的人间。在此背景下，社会契约论就得到了长足发展。例如，霍布斯将正义总结为信守契约，认为人们只有依据契约才能实现和平，保全自己，正是在履行契约这一条自然法中，产生了正义的观念。因为事先没有信约出现的地方就没有权利的转让，每一个人也就没有任何行为是不义的。在订立信约之后，失约就成为不义，而非正义的定义就是不履行信约。[①] 在霍布斯看来，正义与不正义都是随着社会契约的产生而产生的，社会契约一旦达成，就成为衡量人们行为正义与否的标准。在休谟看来，使正义成为必要的客观条件是人的利己本性和自然界的有限资源供给，因此，有待于正义克服的最大恶习就是人对物的贪

---

① ［英］霍布斯：《利维坦》，黎思复、黎廷弼译，商务印书馆 1985 年版，第 69 页。

欲，"人为自己和亲友获取财物的贪欲是永无止境的、恒久的、普遍的，它对社会有直接的破坏力……因此，总体来说，缔结社会的难度取决于调节和约束这种欲望的难度。"①正义的内容，就是人们凭着达成的协议对各自合理财物的稳定占有。黑格尔认为正义仅仅意味着一种抽象的财产权和政治意义上的平等，而不包括经济和社会的平等，"人们当然是平等的，但他们仅仅作为人，即在他们的占有来源上是平等的。从这个意义上说，每个人必须拥有财产。所以我们如果要谈平等，所谈的也就是这种平等。但是特殊性的规定，即我占有多少的问题，却不属于这个范围。由此可见，正义要求各人的财产一律平等这种主张是错误的，因为正义所要求的仅仅是各人都应该有财产。其实特殊性就是不平等所在之处，在这里，平等倒反是不法了。"②

　　近代资产阶级思想家通过自然状态说、社会契约论等概念阐述并确立了各种以自由、平等、权利为主要线索的正义主题，其进步性在于他们不是从人类社会外部来理解正义，而是把正义放在人类社会的视野中进行分析与阐释，开始以人的眼光看待世界，从人的立场思考正义问题，并且将正义与自由、平等、博爱、理性、民主等社会因素结合起来，从而呈现出自己的正义思想。正如德国学者科殷所说，正义"原则是从在社会生活的某些特定的、反复出现的基本境况和基本事实方面法的理念和事物本质的社会道德内涵引申出来的。只要它们与某些特定的境况有关，并且从人类本性或者事物本质的某些特定的状况出发，它们就在它们的伦理的基础里，即先验地包含着经验的要素。它们属于人的世界；它们的适用局限在人的这个世界上。"③启蒙思想家们认为一个自由、平等的社会、甚至一个只要在理论上是自由平等的社会，就是一个正义的社会。这样的正义论主题虽然比古代的自然正义观和中世纪的神学正义观前进了一大步，但仍然是抽象的，不是从社会的本质构成出发，而是从抽象的意识层面出发，将正义理解为一种具有永恒性和普遍性的抽象理论原则。这种仅仅停留在理论层面上的正义观，不可避免地流于形式，不太可能付诸于现实而得到真正实现。资产阶级停留在意识形态层面去理解正义，只能接近正义的某些形式规定，而非实质内容。近代资产阶级启蒙思想家的理性正义观在反封建的斗争中起过进步作用，它批判和否弃了宗教神学正义观，将人与社会的关系

① ［英］大卫·休谟:《人性论》下册，关文运译，商务印书馆 1980 年版，第 532 页。
② ［德］黑格尔:《法哲学原理》，范扬、张企泰译，商务印书馆 1961 年版，第 58 页。
③ ［德］H·科殷:《法哲学》，林荣远译，华夏出版社 2003 年版，第 165 页。

确立为正义思考的基本问题。在这种进步思想的推动下，资产阶级确实获得了解放并上升为国家的主人，但对广大劳动人民而言，却只不过是以资产阶级的剥削制度代替了封建的剥削制度，铁锁链换成了金锁链而已，广大人民依然处于被剥削、被压迫的悲惨境地。

当然，私有制的弊端和资产阶级的虚伪性在当时已经被空想社会主义者发现并揭露了出来。但是，空想社会主义理论本身也存在着很大的缺陷。他们同资产阶级启蒙思想家一样，也坚信一个符合永恒正义的完美社会存在于天才人物的头脑中，只要把这个完美的理想社会从头脑中发现出来，就能说服有理性的人类毫不犹豫地去接受并实现它。由于他们忽视对理想社会实现的道路和条件的考察，所以，空想社会主义者最终还是陷入了唯心主义的圈套，只能停留于他们幻想的"完美"乌托邦之中不能自拔。而马克思恩格斯审时度势、高瞻远瞩创立的历史唯物主义正义观告诉我们，正义作为一种社会价值观念和意识形式，不能与现实社会相脱节，不能脱离现实社会中活生生的人而存在。正义最终是由现实社会的物质生活条件所决定的，是与特定社会的经济基础和阶级斗争状况相适应的观念性存在，不存在永恒不变正义，正义总是具体的、历史的、发展变化的。

（四）当代的程序正义观

所谓程序，一般意义上是指"事情进行的先后顺序"①，或"按时间先后或依次安排的步骤"②。在法学理论中，"程序"是与"实体"相对而言的一个范畴，指按照一定的方式、步骤、时间和顺序作出法律决定的过程。由于自古以来对于正义问题的辨识，总是因人而异、因群体而异的，不管是正义的起源、正义的基本内涵，还是正义的标准、分类、形式及实现途径，几乎在事关正义的一切问题上，思想家们都难以达成共识。以致有学者开始质疑正义本身也许就是一个伪命题，认为评价某个规范或某种社会制度是正义还是不正义，根本不具有任何说明意义，因为不管做出肯定的判断还是否定的判断，最终都是一个不可验证的结论，阿尔夫·罗斯就说："祈求正义无异于砰砰敲桌子：一种将个人要求变成绝对要求的感情表现。"③因此，正义问题不是一个

---

① 《现代汉语词典》，商务印书馆 1983 年版，第 138 页。

② 《辞海》，上海辞书出版社 1990 年版，第 194 页。

③ 转引自〔美〕博登海默：《法理学：法律哲学与法律方法》，邓正来译，中国政法大学出版社 2004 年版，第 246 页。

能够进行理性论证的问题。在这种质疑声中，当代的正义理论研究越来越多地倾向于对程序正义的关注。程序正义观的主要代表人物是戈尔丁、佩雷尔曼和罗尔斯。

程序正义不仅是保障实体正义实现的工具，也有着独立的价值。美国法哲学家戈尔丁（M.P.Golding）认为："历史上最早的正义要求看来就是一种程序上的正义，象《圣经》中告诫法官'既听取隆著者也听取卑微者'（《旧约全书》，16：19）等等"。① 程序正义可以脱离实体法律规定独立发挥作用，"一个争端可以无需适用任何实体法而得到解决；它可以用既非违反某一法律也非符合某一法律的方式得到解决，但程序正义在这种情况下仍有作用。"② 程序正义起源于古希腊罗马时期的自然正义，最初包括两项原则：一是任何人不得作自己案件的法官；二是法官应当听取双方当事人的意见和陈述。近现代以来这一理念在英美法中得以推广，逐渐演化为一系列关于正当程序的法律原则。根据《布莱克法律辞典》的解释，"任何权益受判决结果影响的当事人都有权获得法庭审判的机会，并且应被告知控诉的性质和理由，……合理的告知、获得庭审的机会以及提出主张和辩护等都体现在'程序性正当程序'之中"。③ 美国联邦宪法第五条和第十四条修正案均规定：未经正当法律程序，不得剥夺任何人的生命、自由和财产。以此为标志，程序正义成为美国的一项宪法性原则，其实，美国联邦宪法的第一条至第十条修正案都是程序性条款，被人们视为美国程序正义的具体标准。④ 美国联邦最高法院历史上任职时间最长的大法官道格拉斯（William Douglas1898—1980 年）在总结多年的司法实践经

① ［美］马丁·P·戈尔丁：《法律哲学》，齐海滨译，生活·读书·新知三联书店1987 年版，第 235 页。

② ［美］马丁·P·戈尔丁：《法律哲学》，齐海滨译，生活·读书·新知三联书店1987 年版，第 211 页。

③ 《布莱克法律辞典》第 5 版 "正当法律程序条"条，转引自陈瑞华：《程序正义论》，《中外法学》1997 年第 2 期。

④ 根据《权利法案》的规定，美国司法实践中程序正义的具体标准包括：1.人身、住宅、文件和财产不受无理搜查和扣押；2.由犯罪发生地的公正陪审团予以迅速和公开审理；3.不得因同一犯罪行为而受两次生命或身体危险；4.不得在任何刑事案件中被迫自证其罪；5.获得律师帮助为其辩护；6.被告知控告的性质和理由；7.以强制手段取得于被告有利的证据；8.与对方证人对质的权利；9.不得科以过多保释金和过重罚金；10.不得科以残酷和非常刑罚；11.不经 "正当法律程序"，不得剥夺任何人的生命、自由或财产；12.获得法律平等保护等。

验时说："权利法案的绝大多数条款都是程序性规定，这一点并不是没有意义的。正是程序决定了法治与恣意人治之间的根本区别。"[①] 戈尔丁根据"自然正义"原则的两项基本要求，结合时代的变化和形势的发展，对程序正义的具体标准作了学理归纳，分为三大类九小项：一、中立性：1. 与自身有关的人不应该是法官；2. 结果中不应包含纠纷解决者个人的利益；3. 纠纷解决者不应有支持或者反对某一方的偏见；二、劝导性争端：4. 对各方当事人的意见均应给予公平的关注；5. 纠纷解决者应听取双方的论据和证据；6. 纠纷解决者应只在另一方在场的情况下听取一方意见；7. 各方当事人都应得到公平的机会来对另一方提出的论据和证据作出反应；三、解决：8. 解决的诸项条件应以理性推演为依据；9. 推理应论及所提出的所有论据和证据。[②] 戈尔丁还提出：坚持程序正义标准的意义主要在于两点：一是能够促进争端的真正解决，而不是简单的了结；二是程序正义标准在某种程度上有其背景依据——也就是说，取决于所发生的纠纷的种类。[③] 实践证明，坚持程序正义，能在很大程度上增进法律和法治的权威，而不是相反。上述准则中体现的程序正义精神现已融入世界多数国家公认的基本人权保障标准，并已确立在联合国的许多法律文件中。从联合国大会 1948 年通过的《世界人权宣言》，到 1966 年颁布的《公民权利和政治权利国际公约》，再到 1984 年通过的《禁止酷刑和其他残忍、不人道或有辱人格的待遇或处罚公约》等一系列法律文件，确立了一整套国际性程序正义准则，已经成为人类法律文化的共同财富。

佩雷尔曼法律理论的核心内容是其正义观，他将新修辞学的基本理论运用于法律现象分析，认为新修辞学可以填补传统形式逻辑的许多不足。他认为，正义是人类最宝贵的一种价值；在一个日益多元化的世界中，必然会有无数不同的正义概念并存；新修辞学作为对话和辩论的技术，目的在于澄清人们在正义问题上的争论，找出各方必然存在的分歧，理出其中的共同思想，以获得最低限度的共识。佩雷尔曼梳理了自古以来最流行的六种正义原则：

① Justice William O.Douglas's Comment in Joint Anti- Fascist Refugee Comm. v. Mcgrath , see United States Supreme Court Reports（95Law.Ed.Oct.1950 Term）, The Lawyers Coopera-tive Publishing Company, 1951, p.858.

② ［美］马丁·P·戈尔丁:《法律哲学》，齐海滨译，生活·读书·新知三联书店 1987 年版，第 240—241 页。

③ ［美］马丁·P·戈尔丁:《法律哲学》，齐海滨译，生活·读书·新知三联书店 1987 年版，第 210 页。

1. 对每个人同样对待（To each the same thing），这是一种形式上的普遍的平等，缺点在于忽视了人类个体之间的差异，除宗教领域宣扬的博爱外，人类史上体现这种原则的实例尚不多见；2. 根据优点或长处对待（To each according to his merits），此原则的问题在于什么是优点？评定不同人优缺点的共同标准是什么？是否还要考虑人们行为的动机、后果及为此作出的牺牲？同时，优点也有程度大小的差别。另外，优劣作为人的天赋内在品质，除非上帝现身，人间难有真正客观的评鉴者；3. 根据劳动贡献对待（To each according to his works），这是资本主义社会和社会主义初级阶段实行的生存法则，惟工作成果是问、重视考核及竞争，但不能保障竞争条件实质相等，后果是强者愈强、弱者愈弱；4. 根据需要对待（To each according to his needs），是慈善机构的行为法则；5. 根据身份对待（To each according to his ranks），是封建等级社会里贵族阶级分配权利与义务的准则；6. 根据法律权利对待（To each according to his legal entitlement），这是实证法学派的正义主张。按照这一原则，法官只能是法律的喉舌，必须严格遵守成文法的规定，否定法官的自由裁量权和依据良心断案。这种正义原则的优点是有助于在公民中培养法律至上的意识，缺点在于不同的法官对事实的认定及法条的解释亦有所不同，往往会得出不同的结论。[①] 佩雷尔曼在对上述六种正义原则进行了分析后，得出的结论是：正义理念是多样而复杂的，但是可以从中抽象出它们的共同思想，设定一个能适用于不同正义原则的共同公式，即形式正义或抽象正义[②]。他所谓的形式正义其实就是同等情况同等对待，类似情况类似处理，"形式正义或抽象正义可解释为一种行为原则，根据该原则，凡属于同一主要范畴的人或事应予一样对待。"[③] 这与亚里士多德算数平等和比例平等的思想其实是一

---

① C. Perelman, Concerning Justice, In his "The Idea of Justice and the Problem of argument", J.Petrie（trans.），London and New York: The Humanities Press,1963. pp.1-60.

② 很多学者都将形式正义和程序正义作为不同的概念使用，但对两者的区别却语焉不详，只简单地说形式正义与实质（或具体）正义相对，程序正义与实体正义相对。笔者认为，两个概念确实不完全等同，程序强调不同事物之间或同一事物的不同发展阶段之间的先后顺序，与事物发展的结果相对；而形式侧重于某一具体事物的外部形象，与该事物的本质或内容相对。但两者的区别也没有明显到使两者成为并列的正义种类，形式正义的内容完全可以为程序正义所涵盖。

③ ［比利时］佩雷尔曼：《正义、法律和辩论》（1980 年版），第 11 页。转引自沈宗灵：《佩雷尔曼的"新修辞学"法律思想》，《法学研究》1983 年第 5 期。

脉相承的。

提到罗尔斯，广受世人关注的是其著名的正义两原则：平等自由原则；差别原则和机会平等原则。罗尔斯将他的两个原则按词典式顺序排列，位列在先的原则优先考虑。很多学者只关注罗尔斯正义两原则的具体含义和内容，却不太重视罗尔斯获取正义两原则的前提条件：对原初状态的理论假设。罗尔斯的原初状态不同于古典自然法学家的自然状态，其实质是一种程序正义，罗尔斯在构筑他的正义理论体系时，是以程序倾向为特色的。在他看来，正义的基本要求是公正的法律程序，程序正义具有独立的价值和意义。罗尔斯根据程序正义与实体正义关系的不同表现，将程序正义分为纯粹的、完善的、不完善的三种形式。所谓纯粹的程序正义（pure procedural justice），就是指结果正当与否不存在任何绝对的和客观的标准，一切都取决于程序要件是否得到满足。赌博是纯粹程序正义的典型例证。只要游戏规则不显然偏向于某一赌客且被所涉各方严格遵守，不管谁赢谁输，最终结果都是正义的。完善的程序正义（perfect procedural justice），是指在程序之外，存在评价结果是否正义的某种客观标准，同时也存在符合这个标准的结果得以实现的完善程序。罗尔斯指出，完善的程序正义有两个特征："首先，对什么是公平的分配有一个独立的标准，一个脱离随后要进行的程序来确定并先于它的标准。其次，设计一种保证达到预期结果的程序是有可能的。"即虽然存在关于结果是否正当的独立评价标准，但是完善的程序正义总是能导致正当的结果。罗尔斯举了一个均分蛋糕的例子说明这一问题，只要在程序上设定切蛋糕的人最后领取自己应得的一份，就能够保证均分结果的实现。所谓不完善的程序正义（imperfect procedural justice），是指虽然在程序之外存在着衡量什么是正义的客观标准，但是百分之百地确保符合这个标准的结果得以实现的程序却不存在。罗尔斯说："不完善的程序正义的基本标志是：当有一种判断正确结果的独立标准时，却没有可以保证达到它的程序。"[①] 在不完善的程序正义的场合，无论程序如何安排，都不能保证正当结果的必然产生，其典型例证为刑事审判。罗尔斯程序正义理论的深刻启示在于，他发现了对社会制度所作的任何安排，都只能使其中一部分人受益，另一部分人的利益受损。这在很多情况下是不可避免的结果，也是一个基本的社会事实。

---

① ［美］约翰·罗尔斯：《正义论》，何怀宏等译，中国社会科学出版社 1988 年版，第 85—86 页。

因此，现实社会的人们在进行制度设计或选择时，不能仅仅或过度关注制度运行的结果，而是要更多地关注制度的产生及运行过程即程序本身所具有的正当性。

按照法的运行环节，法律程序通常可以分为立法、执法和司法程序。程序正义能够促生良法，保证执法者公正执法，防止司法者审判不公和司法擅断。程序正义既是良法产生的基础，也是法律得到准确执行和适用的根本保证。可以说，只有程序正义真正受到尊重的时候，法治才能落到实处。正如鲁卡斯所说，"面对人的不完善性，我们在一定程度上是从程序的角度来阐释法治的，这些程序的目的并不是为了确保绝对的正义得到实现，而是为了防止最糟糕的不正义。在政治哲学中，'披着外衣'的是不正义而不是正义，这是因为，作为会犯错误的人，我们无力事先说出什么样的判决将始终是正义的，再者，由于我们生活在自私的人当中，所以我们也无力始终如一地保证正义将得到实现；据此，从明确性这个角度来考虑，我们采取一种否定的认识进路，并确定一些程序以避免某些可能产生的不正义现象，而不是去追求各种形式的正义。"[①] 上述的程序正义或形式正义，与现代法治的含义不谋而合，几乎是现代法治的同义语。程序正义观从程序的视角思考正义问题，强调程序的重要性，有一定程度的合理性。但是与近代的理性正义观相似，由于缺乏历史唯物主义的科学方法的指导，它没有也不可能对价值、正义、自由、平等这些概念进行科学的分析，而只是作了一些片面的、形式上的阐述。因为程序并不是一个逻辑自足的体系，程序最终是用来解决实体问题的，马克思曾经指出："如果认为在立法者偏私的情况下可以有公正的法官，那简直是愚蠢而不切实际的幻想！既然法律是自私自利的，那么大公无私的判决还有什么用处呢？法官只能一丝不苟地表达法律的自私自利，只能无所顾忌地运用它。在这种情况下，公正是判决的形式，但不是判决的内容。内容已被法律预先规定了。如果诉讼无非是一种毫无内容的形式，那么这种形式上的琐事就没有任何独立的价值了。"对于诉讼程序与实体法之间的关系，马克思也做过辩证的剖析，他说："诉讼和法二者之间的联系如此密切，就象植物的外形和植物本身的联系，动物外形和动物血肉的联系一样。使诉讼和法律获得生命的应该是同一种精神，因为诉讼只不过是法律的生命形式，因

---

① 转引自［美］哈耶克：《法律、立法与自由》第二、三卷，邓正来等译，中国大百科全书出版社 2000 年版，第 101 页。

而也是法律的内部生命的表现。"法律的形式与内容如形影相随，须臾不可分离，"如果形式不是内容的形式，那么它就没有任何价值了。"[①] 程序不可能脱离实体而独立存在，如果没有实体的考量标准，单纯依靠程序所能解决的问题是极其有限的。而且，纯粹的和完善的程序正义在法治运行的大多数情况下只是一种理想状态，正如罗尔斯已经看到的，"显然，在具有重大实践利害关系的情形中，完善的程序正义如果不是不可能，也是很罕见的。"[②] 理论上的完美程序设计一旦落实到现实的制度层面，往往演化为不完善的程序正义。因而，当代西方的程序正义观有着重大的缺陷，在理论上是不完善的，禁不住推敲的。

第二节 马克思恩格斯有无正义观

马克思恩格斯的正义观多年以来一直为国内外学界所忽视。直到 20 世纪70 年代，在西方马克思主义学者内部发生了一场规模宏大的"马克思与正义"关系的理论论争，自此马克思的正义理论在国外学者中开始引起关注。国内传统的马克思主义研究由于长期以来受前苏联理论界影响，往往将马克思主义理解为一种单纯的经济理论和阶级斗争学说，所以也忽略了从法哲学的角度去挖掘马克思恩格斯的正义思想。马克思恩格斯到底有无正义观，理清西方分析马克思主义学者在"马克思与正义"关系问题上的论争焦点，有助于澄清我们在对这一问题的认识上存在的诸多模糊和困惑，进而作出客观公正的判断。

一、分析马克思主义的"马克思与正义"之争

20 世纪 70 年代，美国学者罗尔斯的《正义论》一书发表后，带来了西方政治哲学的复兴，标志着新自由主义的兴起，也在世界范围内引发了一股正义研究的热潮。在英美的分析马克思主义学者之间，围绕马克思究竟是赞成正义还是反对正义的主题，展开了一场持续三十多年的理论争论，这场争论至今仍余波未平。其间涉及的学者之众、产生的论著之丰在国内外学界皆广受瞩

---

① 马克思：《关于林木盗窃法的辩论》，《马克思恩格斯全集》第 1 卷，人民出版社 1995 年版，第 287—288 页。

② ［美］约翰·罗尔斯：《正义论》，何怀宏等译，中国社会科学出版社 1988 年版，第 86 页。

目。① 本书试图建构马克思恩格斯的正义理论，对西方这场理论争论的述评无疑是一个不可缺少的环节。

（一）论争的缘起

20世纪六、七十年代，美国学者罗伯特·塔克（Robert Tucker，约翰·霍普金斯大学教授）接连发表了几篇诠释马克思正义思想的作品，②"马克思是否认为资本主义剥削是不正义的？"开始作为一个问题在西方理论界出现，但当时并未引起更多关注。1972年春，加拿大学者艾伦·伍德（Allen W. Wood，美国斯坦福大学教授）发表了《马克思对正义的批判》一文。在该文中，伍德就"马克思是否批判资本主义剥削为不正义？"的问题阐述了下列观点：1. 马克思并没有从正义的视角审视或批判资本主义社会，因此，不存在马克思批判资本主义为不正义的说法；依据马克思的正义标准，资本主义剥削尽管是罪恶的，却不能说是不正义的，反而可以说是正义的；2. 在马克思的视野中，共产主义社会是一个超越了正义论域的社会。由于塔克在马克思是否批判资本主义剥削为不正义的观点上与伍德较为接近，因此，西方学界的一些学者，如布坎南（Allen E.Buchanan）和麦卡锡（G. McCarthy）等人，一般将马克思反对正义的观点并称为塔克——伍德观点。③1978年，美国宾州大学的胡萨米（Ziyad I. Husami）教授发表了《马克思论分配正义》一文，对塔克、伍德的观点提出了质疑，阐述了针锋相对的主张。随后，伍德于1979年发表《马克思论权利和正义——对胡萨米的回应》，重申了自己的观点。由此，在分析马克思主义内部，引发了一场声势浩大的持久论战——"马克思与正义"之争。鉴于争论的各方都同意下列论断：马克思恩格斯的理论主旨是对资本主义的谴责和批判，我们把双方争论的焦点确定为一个更为具体的问题：马克思恩格斯是否基于某种正义原则批判资本主义？

---

① 英国学者诺曼·杰拉斯（Norman Geras）在《关于马克思和正义的争论》一文中对这场理论争论的"全景图式"作了最具权威性的综述。杰拉斯提到了参与争论的24位学者和他们的30多份文献，其中21位学者具有北美背景。参见［英］诺曼·杰拉斯：《关于马克思和正义的争论》，姜海波译，《马克思主义与现实》2009年第6期。

② 这些作品主要收录在塔克的以下两部著作中：Robert Tucker, Philophy and Myth in Karl Marx, Cambridge University Press, 1961; The Marxian Revolutionary Idea, Norton and Co., 1969。

③ Allen E.Buchanan, Marx and justice,the radical critique of liberalism, Publication info: London:Methuen, 1982. p.52.; G.McCarthy, Marx's Social Ethics and the Critique of Traditional Morality, From Karl Marx's social and political thought: critical assessments, Jessop, Bob［eds］. London; New York: Routledge, vol 1,1993, pp.477-478.

（二）马克思恩格斯是否基于某种正义观批判资本主义？

马克思恩格斯终其一生研究的主要对象，也是其生活的主要场景——资本主义社会。资本主义社会的形成需要具备两个前提：劳动力转化为商品，货币转化为资本。这两个前提分别在交换领域和生产领域成为了现实。商品生产是这一社会的最大特色，并且产生了一类特殊的商品——劳动力，所以马克思倾毕生精力创作的《资本论》就是从对商品的研究入手的。围绕着商品生产和商品流通的进行，社会日益形成两大相互对立的阶级：一个是劳动力的所有者——无产阶级，一个是资本的所有者——资产阶级。表面看来，两大阶级之间就是雇佣与被雇佣、提供工资和付出劳动的关系。资产阶级宣称这是一种"公平交易"。但是，马克思发现，劳动力这种商品具有不同于其他商品的特殊性，它不仅能创造出本身被出售即相当于工资的价值，还能创造出更大的剩余价值，因而马克思用另一个词"剥削"来表示资本家与工人之间的提供工资与付出劳动的交易关系背后的关系，认为正是"公平交易"背后的剩余价值生产即剥削才是资本主义生产的实质。所以我们的第一个问题也可以转化为：在马克思恩格斯看来，剥削是否等于不正义？正是在这一问题上，分析马克思主义内部出现了两种截然相反的论断。由于伍德与胡萨米两人是这场论战的主要发起者，他们的观点也能代表各自阵营的中心论点，所以本书主要选择此二人的论说为分析对象。

伍德认为马克思没有正义观，也不是基于某种正义观批判资本主义社会。正义是传统哲学的思维方式，在传统哲学中，正义是构建人类社会良好秩序的基础，是作为社会的终极理想存在的，具有先验性和先在性。但在马克思的理论体系中，正义并不享有此等殊荣。在马克思看来，道德和正义是属于意识形态的东西，是由经济基础决定的，不能独立存在。只有物质生产方式才是人类社会的根本，离开社会物质生产方式谈论"正义"是荒谬的，不管是以正义去批判资本主义社会还是借正义为资本主义辩护都没有任何实际意义，都脱离了问题的根本。伍德认为胡萨米等人坚持马克思是从正义的角度批判资本主义的观点其实是把马克思降低到了当时的庸俗社会主义者思考问题的水平，而这正是马克思一直强烈批判的，当然也是马克思自己要尽力避免的。[①] 伍德由此作出的结论是：马克思从来没有批判过资本主义剥削是不正义的。对这一判断

---

① Allen W. Wood ,"The Marxian Critique of Justice", From Karl Marx's social and political thought:critical asessments, Jessop, Bob[eds]. London; New York: Routledge, vol 1, 1993. p.406.

我们可以有两种理解：一是马克思不是以价值评判的方式去认识资本主义，因而马克思既没有评价资本主义是正义的，也没有断言资本主义是不正义的；二是马克思不仅没有评价资本主义是不正义的，反而为资本主义的正义性做了辩护。我们发现，在伍德那里，这两种意思是兼而有之的。当伍德强调马克思对资本主义的批判没有停留于意识形态层面，而是一种综合批判时，伍德明确无误地表达了我们的第一种理解，即马克思根本不是从正义思辨的角度分析资本主义社会，"我们深入阅读马克思和恩格斯的著作中有关资本主义非正义的详细描述，就会即刻发现在他们的著作中，不仅根本没有提供资本主义是非正义的论证，甚至没有明确地指出它是非正义的或不平等的，或它侵犯任何人的权利。"① 在第一种理解的基础上，伍德更进一步，强加给了马克思一个资本主义辩护者的立场，他的论证逻辑是，马克思之所以认为资本主义剥削是符合正义的，因为工人与资本家在劳动力交易方面遵循着等价交换的原则。伍德用《资本论》中的下列论述作为自己这一论断的依据：劳动力买卖"这种情形"，"对于买者（即资本家，笔者注）是一种幸运，但对于卖者（即工人，笔者注）来说，一点也不是不公平。"② 另外，纵然资本主义制度下存在剥削现象，资本主义剥削纵然是对人的奴役，使人及人的劳动出现异化，但仍然是符合正义的，因为资本主义剥削是资本主义生产的实质，是资本主义存在的必要条件，并且是与资本主义生产方式完全相适应的。因此，根据"马克思的正义标准"，资本主义剥削就是正义的。③ 伍德认为《资本论》中的下列论述体现了马克思的正义标准，"生产当事人之间进行的交易的正义性在于，这些交易是从生产关系中作为自然结果产生出来的。这种经济交易作为当事人的意志行为，作为他

---

① Allen W. Wood ,"The Marxian Critique of Justice", From Karl Marx's social and political thought:critical asessments, Jessop, Bob[eds]. London; New York: Routledge, vol 1, 1993. p.390.

② 这段引文在马克思《资本论》中的完整表述是："货币所有者支付了劳动力的日价值，因此，劳动力一天的使用即一天的劳动就归他所有。劳动力维持一天只费半个工作日，而劳动力却能劳动一整天，因此，劳动力使用一天所创造的价值比劳动力自身一天的价值大一倍。这种情况对买者是一种特别的幸运，对卖者也绝不是不公平。我们的资本家早就预见到了这种情况，这正是他发笑的原因。"参见马克思：《资本论》，《马克思恩格斯全集》第 23 卷，人民出版社 1972 年版，第 219 页。

③ Allen W. Wood ,"The Marxian Critique of Justice", From Karl Marx's social and political thought: critical asessments , Jessop, Bob[eds]. London; New York: Routledge, vol 1, 1993. p.405.

们的共同意志的表示，作为可以由国家强加给立约双方的契约，表现在法的形式上，这些法的形式作为单纯的形式，是不能决定这个内容本身的。这些形式只是表示这个内容。这个内容，只要与生产方式相适应，相一致，就是正义的。只要与生产方式相矛盾，就是非正义的。在资本主义生产方式的基础上，奴隶制是非正义的；在商品质量上，弄虚作假也是非正义的。"①伍德认为，这段文字虽不足以构成马克思的完整正义论，但基本表明了马克思对正义标准的理解，即是否与当时的生产方式相适应。资本主义的生产和交易制度，包括渗透在其中的剥削都与其所从属的生产方式相适应，因而是正义的。②当然，伍德不是毫无原则地将马克思从一个众所周知的资本主义的批判者硬拉入资本主义的辩护者之列。其实，伍德隐含的意思无非是说，剥削与资本主义共存亡，没有剥削就没有资本主义；没有资本主义，就不会有在资本主义基础上发展起来的社会主义、共产主义，社会就无法实现进步和发展。正因为资本主义是社会发展必经的和必不可少的阶段，所以马克思认为资本主义及其剥削具有历史必然性。至于马克思批判资本主义的理由和价值追求，伍德求助于两类善的区分，他认为马克思是一个道德批判主义者，之所以批判资本主义是为了追求自由、共同体、自我实现等非道德意义的善，而不是诸如美德、权利、正义等道德意义上的善。

对于伍德的观点，胡萨米提出了反驳。在胡萨米看来，马克思对资本主义社会的批判，毫无疑问是基于某种正义观。胡萨米的基本思路是：马克思坚定地站在无产阶级的立场上，批判了资本主义社会人剥削人、人压迫人的制度，是一种正义的控诉，是以无产阶级的共产主义正义观批判资本家阶级的自由主义正义观。他认为伍德对两类善的区分是一种自相矛盾的说法，没有任何意义。伍德赖以立论的上述两点依据完全是对马克思理论的误读。就伍德的第一点论据，胡萨米认为伍德忽视了马克思原文的上下文语境，所谓的"也绝不是不公平"是马克思用他一贯的反讽语气说的，在接下来的一大段文字中，马克思多次把资本家对剩余劳动的占有称为"诡计"，对资本主义剥削的前提给予了冷峻有力的分析，"我们的资本家早就预见到这种情形（占有工人的剩余价值），而那是他大笑的

---

①　Allen W. Wood , "The Marxian Critique of Justice", From Karl Marx's social and political thought: critical asessments, Jessop, Bob[eds]. London; New York: Routledge, vol 1, 1993. p.379.

②　Allen W. Wood , "The Marxian Critique of Justice", From Karl Marx's social and political thought: critical asessments, Jessop, Bob[eds]. London; New York: Routledge, vol 1, 1993. pp.402; 455.

原因……诡计至少成功了；货币已经转化为资本。"① 伍德在没有弄清楚"诡计"的内涵和意义的情形下，把资产阶级庸俗经济学家评价资本主义的标准变成了马克思的标准，得出了自相矛盾且有悖常理的结论：工人虽被资本家利用了，却没有被欺诈、被剥夺或受到不公正地对待。对伍德归纳出的"马克思的正义标准"，胡萨米认为更是一大误解。因为，权利、正义等观念不仅与特定历史阶段的生产方式相关，而且因不同的阶级立场而有所不同。在每一特定的生产方式之下，都存在双重的道德标准：统治阶级的道德标准与被统治阶级的道德标准，往往只有统治阶级的道德标准才是社会中占据支配地位的思想，因为，"统治阶级仅仅认同那些能维护自身利益的分配方式，而这常常是以牺牲被统治阶级的利益为代价的。他们采纳一种能够代表他们阶级利益的分配正义规范，并宣称它高于其他正义规范。通常来说，任何统治阶级都会把自己本阶级的利益装扮成全体社会成员的普遍利益，然后据此声称社会规范为他们带来的仅仅是'天然'的利益，或者仅仅是出于纯粹的感官需要。"② 因此，伍德是把马克思理解为资产阶级的代言人，只讲一套主流的、公认的道德标准，而不是无产阶级的代言人。③ 资本主义生产不是以劳动为主导的，而是以资本为主导的，资本就像一支魔幻的指挥棒，统治着交易的进行和生产的方向及内容，资本主义社会是资本统治劳动的社会。资产阶级所谓的正义事实上是建立在把人作为商品的最大的不正义的基础上，在这样的社会里，明明是罪恶的，却往往被说成是正义的。

对于胡萨米的批驳，伍德迅速作出了回应。伍德指出，胡萨米认为马克思站在无产阶级的立场上，以共产主义正义观批判自由主义正义观的主张缺乏文本支持。伍德说："当然，马克思确实在很多地方说过资本家剥削工人，而胡萨米据此宣称马克思认为所有的剥削都是不正义的。然而，他没有引用任何语段，——而我知道没有一段他能够引用——因没有一个地方马克思说出了这样的话。"④ 对于马克思批判资本主义的理由，伍德曾经求助于道德善和非道德

---

① 马克思：《资本论》，《马克思恩格斯全集》第 23 卷，人民出版社 1972 年版，第 219 页。

② Ziyad I. Husami ,"Marx on Distributive Justice", From Karl Marx's social and political thought: critical asessments, Jessop, Bob〔eds 〕. London; New York: Routledge, vol 1, 1993. p.426.

③ Ziyad I. Husami ,"Marx on Distributive Justice", From Karl Marx's social and political thought: critical asessments, Jessop, Bob〔eds 〕. London; New York: Routledge, vol 1, 1993. pp.426.445.

④ Allen.Wood, "Marx on Right and Justice: a Reply to Husami", From Karl Marx's social and political thought: critical assessments, Jessop, Bob〔eds 〕. London; New York: Routledge, vol 1, 1993. p.461.

善的区分，在对胡萨米的回应中，他进一步解释自己之所以区分非道德善和道德善，是因为在马克思的思想中，二者存在着根本性的差别。他还指出，在这一点上，马克思与尼采相似，两人都是道德批判主义者，都立基于非道德的基础之上，试图对道德价值和道德准则在人类社会中的实际功能作出批判。[①] 但是，如果追问一句"道德善与非道德善的根本区别是什么？"，伍德自己也不明就里，只得顾左右而言他。

比较双方在这一问题上的分歧，我们可以看到，双方都从马克思的部分文本中为自己的论断寻找依据，他们都看到了马克思正义观的某一方面，就他们各自所关注的那方面来说，他们的认识都有深刻独到之处。但是，就像中国古代盲人摸象的故事中所揭示的，如果对事物的认识采取了片面主义的方法，只及一点，不及其余，得出的结论也只能是片面的。伍德的深刻之处是他抓住了马克思唯物辩证法的基本内核，意识到在马克思的视野中，"正义"是一个有局限性的意识形态概念，正义观念受到生产方式制约，不存在永恒的正义。而这一点却为胡萨米所忽略。胡萨米的独到之处在于不忘马克思的阶级立场，看到了阶级对立因素对正义观的影响。在他看来，马克思着力批判的仅仅是资产阶级的正义观，而不是批判一般意义的正义本身。胡萨米坚持认为，马克思是以一种更高层次的正义观——共产主义正义观批判资本主义正义观的。而这正是伍德理论的迷失之处。伍德和胡萨米所代表的两种理论主张，存在一个共同的失误：他们都是仅仅局限于对文本特别是对部分文本进行断章取义的解释，没有采用历史主义和整体主义的方法研究马克思与正义的关系问题，因而最终都不同程度地陷入了唯心主义的泥沼，不能洞悉马克思恩格斯正义观的真谛。他们所解读的马克思，只能是"被肢解的马克思"[②]。伍德等人认为资本主义剥削无所谓正义或不正义甚至资本主义剥削是正义的观点，进而将马克思归入资产阶级及其代言人的立场，无疑是对马克思恩格斯思想的重大歪曲，也是对正义概念的严重误解，是极端荒谬的。与伍德相比，胡萨米在这一论题上的

---

① Allen.Wood, Marx on Right and Justice: a Reply to Husami, From Karl Marx's social and political thought: critical assessments, Jessop, Bob［eds］. London; New York: Routledge, vol 1, 1993. p.467.

② 在《被肢解的马克思》一书中，作者的原意是批判西方学者对马克思一生的理论转向所作的人为的纵向肢解，分化出几个不同的甚至完全对立的马克思：青年马克思、老年马克思和晚年马克思。本书借用这一表述，喻指分析马克思主义者对马克思的理论在横切面上作的任意分割。参见陈先达等：《被肢解的马克思》，上海人民出版社1990年版。

论辩，看到了正义理论在马克思思想中的重要地位，似乎较为合理，但是由于胡萨米同样不是把马克思的文本作为一个整体从历史的角度去考察，也得出了一些片面的结论。例如胡萨米忽视了马克思的辩证思维方式，没有注意到马克思正义观的实质是发展，因而他看不到资本主义的合理性与腐朽性之间的辩证关系，也看不到共产主义并不是一个一成不变的目标，而是一个发展的过程和从低级到高级的运动。

二、正义原则在马克思恩格斯思想体系中的地位

在国内外关于正义问题的讨论中，当代西方一些学者的正义论广受学界关注，如罗尔斯的"作为公平的正义"、诺齐克的"资格"或"持有"正义、哈耶克的自由正义、桑德尔的社群正义、麦金泰尔的德性正义等论述被反复转述和解读再解读，而马克思主义正义观却长期处于一种被忽视甚至被遗忘的状态。有些学者认为，马克思恩格斯在正义问题的探讨中没有提供什么有效资源，因为马克思恩格斯拒绝从正义这个从属于道德伦理的范畴理解社会现实问题。有些学者甚至干脆否认马克思主义理论中包含正义观，例如有些西方的分析马克思主义学者就认为，马克思恩格斯从来没有专门对正义问题展开论述，他们的经典著作中零星地提及正义的地方都是为了批判的需要，对正义基本是持批判的态度，因而马克思恩格斯没有正义观。笔者认为，脱离特定历史背景，回避对文本上下文语境的具体分析，就不可能全面把握马克思恩格斯对于正义问题的真实态度，甚至会像一些分析马克思主义学者那样得出他们根本没有正义观的结论。其实这里有一个偷换概念的逻辑错误，首先，上述学者把正义观与正义混为一谈，把马克思恩格斯对资产阶级学者正义观的批判当成了经典作家对一般正义的否定；其次，退一步讲，即使是马克思恩格斯批判了一般正义，那也是对正义的一种态度或认识，是一种正义观。马克思恩格斯共同创立的马克思主义理论作为无产阶级认识世界和改造世界、求得自身解放和人类解放的科学世界观和方法论，是真理与价值相统一的理论。真理与价值虽然从属于不同的话语系统，但是两者并不是不可融合的，价值需要真理的根基，真理也需要价值的引领，我们必须从科学与价值辩证统一的角度，才可能对他们的正义观作出正确的解释。

我们认为，在马克思恩格斯的法哲学思想中，蕴涵着丰富的正义思想。对于马克思的理论，恩格斯曾这样概括："在马克思的理论研究中，对法权（它始终只是某一特定社会的经济条件的反映）的探讨是完全次要的；相反地，

对特定时代的一定制度，占有方式、社会阶级产生的历史正当性的探讨占着首要地位。"① 这说明，马克思主义理论中不但存在正义思想，而且正义思想在马克思主义理论中具有重要的地位。可以肯定地说，正义是马克思主义法哲学的一个重要范畴。马克思恩格斯不仅肯定正义诉求，而且强调正义诉求在他们的理论体系中的核心位置。马克思承认正义是人类普遍追求的崇高价值，是人类社会希望达到的理想状态。因此，正义也应当成为工人阶级最为重要的价值观念。在《国际工人协会共同章程》和《国际工人协会成立宣言》中，他指出，工人阶级首先应当"承认真理、正义和道德是他们彼此和对一切人的关系的基础，而不分肤色、信仰或民族"②，其次要"努力做到使私人关系间应该遵循的那种简单的道德和正义准则，成为各民族之间的关系中至高无上的准则。"③ 历史上确实曾经产生过各种各样的正义观念，但这非但不能作为否定正义存在的论据，相反它恰恰证明了马克思主义的一个基本观点：正义是历史的产物。恩格斯在《反杜林论》中也清楚地表达了这一思想："他们企图从永恒真理的存在得出结论：在人类历史的领域内也存在着永恒真理、永恒正义等，他们都要求同数学的认识和运用相似的适用性和有效范围。……这一切已经出现过一百次，一千次，奇怪的只是怎么还会有人如此轻信，竟在不是涉及别人而是涉及自己的时候还相信这一点。"恩格斯的论证是非常清楚的，具体正义的确是一个相对的、有条件的、发展变化着的概念。但不能由此就得出人类社会根本不存在正义，也不存在判断是否正义的客观标准的结论。人们的行为和社会的制度（特别是法律制度），只要它代表了新事物的发展趋势，符合最大多数人的最大利益和人类社会发展的客观规律，能够促进社会进步，那么，它就是正义的。马克思主义是关于人类彻底解放的伟大学说，马克思恩格斯认为，社会的一切发展都是以人为本位的发展，"任何一种解放都是把人的世界和人的关系还给人自己。"④ 他们对资本主义阶级剥削和阶级压迫等不正义现象的批判，无疑表明了他

---

① 恩格斯：《法学家的社会主义》，《马克思恩格斯全集》第 21 卷，人民出版社 1965 年版，第 557 页。

② 马克思：《国际工人协会共同章程》，《马克思恩格斯选集》第 2 卷，人民出版社 1995 年版，第 610 页。

③ 马克思：《国际工人协会成立宣言》，《马克思恩格斯选集》第 2 卷，人民出版社 1995 年版，第 607 页。

④ 马克思：《论犹太人问题》，《马克思恩格斯全集》第 1 卷，人民出版社 1956 年版，第 443 页。

们的正义内涵是以维护人的尊严、最终实现人的自由和平等的发展为基础的。

马克思恩格斯在论及资本主义剥削制度时，多次使用"掠夺"、"盗窃"、"诈取"、"吸血鬼"等充满道德意味的词语，字里行间都洋溢着道德的控诉，散发出伦理的关怀，折射出正义的光辉。在科学研究特别是社会科学研究领域，纯粹的价值中立或价值无涉是不可能的，价值立场和价值选择决定着研究的出发点和落足点，也贯穿于整个研究过程的始终。马克思恩格斯从青年时代起，就选择了站在劳苦大众和无产阶级的立场上思考并提出问题，分析问题，并致力于从根本上解决问题。这一立场终其一生不曾改变，他们从来没有站在资产阶级的立场上为资本主义辩护，从来没有向资产阶级的永恒正义、虚伪正义妥协。虽然他们没有从正面专门论述自己心目中理想的正义观，但是从他们对社会中形形色色的正义观的批判中，通过他们对资产阶级、小资产阶级以及空想社会主义正义观的揭露和讽刺，我们能大致勾勒出马克思恩格斯正义观的概貌和轮廓。正如马克思在论述宗教批判时所说："这种批判撕碎锁链上那些虚构的花朵，不是要人依旧戴上没有幻想没有慰藉的锁链，而是要人扔掉它，采摘新鲜的花朵。"[①] 马克思恩格斯批判的形形色色的正义观正是"锁链上那些虚构的花朵"，而以真正的自由和真正的平等以及无产阶级彻底解放全人类为内容的正义就是经典作家奉献给人们的"新鲜的花朵"。尽管他们对正义的论述是比较零散的，但由于采取了一套科学的研究方法，却超越了历史上种种不成熟的抽象正义观，实现了正义观的重大革命。正如国内有学者在论及马克思主义正义观的当代价值时所指出的："马克思主义的社会正义观虽产生于 19 世纪，但它在当代仍然是不可超越的。它为分析与解决人类正义问题提供了迄今为止唯一科学的方法与理论，也为我们分析当代自由主义正义理论和批判不公正的社会制度提供了'批判的武器'。"[②] 因此，我们的结论是：马克思恩格斯不仅有正义观，而且他们的正义观是其整个理论体系的一条精神红线。

三、马克思恩格斯正义观的方法论原则

无论做任何事情，一旦目标确立以后，方法便成为决定胜负的关键因素。

---

① 马克思：《〈黑格尔法哲学批判〉导言》，《马克思恩格斯选集》第 1 卷，人民出版社 1995 年版，第 2 页。

② 袁久红：《正义与历史实践：当代西方自由主义正义理论批判》，东南大学出版社 2002 年版，第 310 页。

科学的方法会取得事半功倍的效果,而方法不当则往往是南辕北辙,导致事与愿违。因此有学者说:"从某种意义上讲,研究方法的正确与否,往往决定着研究结果的成败得失。"①马克思恩格斯正义观之所以优越于历史上形形色色的正义观,除了其目标——实现人作为类存在物的本质——的正当性以外,也得力于其研究方法的科学有效。

(一)历史性原则

马克思恩格斯的正义观是迄今为止最具科学性的理论认识,它的科学性首先体现在它对人类正义追求与正义问题的分析是以科学的历史观——唯物史观为基础的。他们在两人合著的《德意志意识形态》一文中明确指出,"这种历史观和唯心主义历史观不同,它不是在每个时代中寻找某种范畴,而是始终站在现实历史的基础上,不是从观念出发来解释实践,而是从物质实践出发来解释观念的东西,由此还可得出下述结论:意识的一切形式和产物不是可以用精神的批判来消灭的,也不是可以通过把它们消融在'自我意识'中或化为'幽灵'、'怪影'、'怪想'等来消灭的,而只有通过实际地推翻这一切唯心主义谬论所由产生的现实的社会关系,才能把它们消灭;历史的动力以及宗教、哲学和任何其他理论的动力是革命,而不是批判。"②唯物史观的横空出世是人类思想史上的一次伟大革命,它科学地揭示了人类历史发展的根本原因和普遍规律,揭开了蒙在历史现象上的神秘面纱,使千变万化的世界历史再现出它的本来面目,从而使历史学成为一门真正的科学。因为他们的一切研究都是围绕着人进行的,他们将自己的历史学研究对象主要确定为人类史,"我们仅仅知道一门唯一的科学,即历史科学。历史可以从两方面来考察,可以把它划分为自然史和人类史,但这两方面是不可分割的,只要有人存在,自然史和人类史就彼此相互制约。自然史,即所谓自然科学,我们在这里不谈;我们需要深入研究的是人类史,因为几乎整个意识形态不是曲解人类史,就是完全撇开人类史。意识形态本身不过是这一历史的一个方面。"③并且指出,这门历史科学

---

① 王广:《正义问题研究的方法论反思——以恩格斯对杜林正义研究方法的批判为例》,《思想理论教育导刊》2010年第6期。

② 马克思恩格斯:《德意志意识形态》,《马克思恩格斯全集》第3卷,人民出版社1960年版,第43页。

③ 马克思恩格斯:《德意志意识形态》,《马克思恩格斯全集》第3卷,人民出版社1960年版,第20页。

"绝不提供可以适用于各个历史时代的药方或公式"①，因而它"不是教义，而是方法。它提供的不是现成的教条，而是进一步研究的出发点和供这种研究使用的方法。"②

　　马克思恩格斯分析正义问题的基本方法论是历史性原则，他们总是把正义问题放在特定的历史时空背景、特定的历史条件、具体的历史进程中进行现实的分析，从不脱离现实的物质生活条件和社会发展的客观历史进程空谈正义。在马克思恩格斯看来，正义是具体的、历史的，不存在永恒不变的正义。新事物不断产生，旧事物不断灭亡的发展规律反映着正义的不断演进过程。正义总是由特定社会的物质生活条件所决定的，并与特定时代的人们的诉求相适应的一种价值共识。根据唯物史观，马克思恩格斯没有像小资产阶级社会主义者和空想社会主义者那样把逝去的社会或未来的理想社会视为正义的同义语，而把资本主义看作是不正义的代名词，他们对资本主义社会作出了客观公正的评价。在他们看来，资本主义是适应生产力发展的客观要求而在特定历史阶段必然会出现的一种社会经济形态，与它取而代之的封建社会相比，是社会进步的表现。他们指出："资本的文明面之一是，它榨取剩余劳动的方式和条件，同以前的奴隶制、农奴制等形式相比，都更有利于生产力的发展，有利于社会关系的发展，有利于更高级的新形态的各种要素的创造。"③与旧时代相比，资本主义的进步性不仅表现在生产力和生产关系方面，而且还表现在思想、文化、政治法律制度等上层建筑领域。所以，马克思写道："无论古老世界崩溃的情景对我们个人的感情是怎样难受，但是从历史观点来看，我们有权同歌德一起唱：'既然痛苦是快乐的源泉，那又何必因痛苦而伤心'？"④凤凰经历涅槃而得到新生，为了获得新生的喜悦，必得先承受炼狱的折磨。社会要获得新生，也必然要经受分娩的痛苦。过去的时代当然不是一无是处的，偶尔也有田园诗般的浪漫和美好，但是与推动人类历史进程的伟大使命相比，这些是微不

---

① 　马克思恩格斯：《德意志意识形态》，《马克思恩格斯全集》第3卷，人民出版社1960年版，第31页。

② 　恩格斯：《致威桑巴特（1894年3月11日）》，《马克思恩格斯选集》第4卷，人民出版社1995年版，第742—743页。

③ 　马克思：《资本论》第3卷，《马克思恩格斯全集》第25卷下册，人民出版社19740年版，第925—926页。

④ 　马克思：《不列颠在印度的统治》，《马克思恩格斯全集》第9卷，人民出版社1961年版，第149—150页。

足道的，因而"浪漫主义者为此留下的感伤的眼泪"①是我们所不取的。马克思充满着革命乐观主义者的豪迈气概，呼吁人们积极乐观地迎接光明的未来，而不是像小资产阶级那样抱残守缺，沉浸在过去的美好回忆中，逆历史潮流而动，妄图开历史的倒车。

马克思恩格斯认为，不同的时代、不同的社会经济形态甚至同一社会经济形态的不同发展阶段，人们往往有不同的正义观。可见，正义观是随着历史的发展而变化的。恩格斯就曾指出："希腊人和罗马人的公平观认为奴隶制度是公平的；1789 年资产者的公平观要求废除封建制度，因为据说它不公平。在普鲁士的容克看来，甚至可怜的行政区域条例也是对永恒公平的破坏。所以，关于永恒公平的观念不仅因时因地而变，甚至也因人而异，这种东西正如米尔柏格正确说过的那样，'一个人有一个人的理解'。"②平等是正义的基本内涵之一，而"平等的观念，无论以资产阶级的形式出现，还是以无产阶级的形式出现，本身都是一种历史的产物，这一观念的形成，需要一定的历史条件，而这种历史条件本身又以长期以往的历史为前提。所以，这样的平等观念说它是什么都行，就不能说是永恒的真理。"③资产阶级启蒙思想家和空想社会主义者总是力图发现关于正义的普适性真理，但事实上，在不同时代、不同地区，不同的思想家对正义的理解和认识都是各不相同的。即使是在同一时代同一地区，由于各自利益和社会地位的不同，虽然同属于一个共同社会的成员，其正义观也会有所不同甚至截然对立。在存在阶级对立的社会，各种等级和阶级特权在统治阶级看来往往是天经地义的；而在被统治者眼里则是极端的不正义。启蒙学者认为按照他们所谓的自由平等原则建立起来的资产阶级共和国是符合永恒正义的，而在空想社会主义者看来，"资产阶级世界也是不合理性的和非正义的，所以也应该像封建制度和一切更早的社会制度一样被抛到垃圾堆里去。"④历史经验证明，正义作为一种价值评价标准，最终是由不同时代、不同群体的物质生活条件所决定的，正如没有超历史的权利和权利观一样，也没有超历史的正义和正义观。

正义的历史性和正义观的因人而异性使得正义呈现出很多的主观成分，

① 马克思：《1844 年经济学哲学手稿》，人民出版社 2000 年版，第 44 页。
② 恩格斯：《论住宅问题》，《马克思恩格斯选集》第 3 卷，人民出版社 1995 年版，第 212 页。
③ 恩格斯：《反杜林论》，《马克思恩格斯选集》第 3 卷，人民出版社 1995 年版，第 448 页。
④ 恩格斯：《社会主义从空想到科学的发展》，《马克思恩格斯选集》第 3 卷，人民出版社 1995 年版，第 721—722 页。

但这并不就等于否认衡量正义与不正义存在一个相对客观的标准。马克思从社会发展基本规律和历史进步的视角出发，提出了衡量正义与不正义的历史标准，即"只要与生产方式相适应，相一致，就是正义的；只要与生产方式相矛盾，就是非正义的。"[①] 由于生产力是社会历史发展的最终决定力量，所以衡量正义与否的一个基本尺度就是促进生产力的进步与发展。但是，对于"生产力标准"不能作片面的理解，不能仅从增大物质财富的角度理解生产力，人永远是生产力中最活跃的因素，发展生产力仅仅是手段，这种手段一定要同以人为本、实现人的全面自由发展的目标结合起来。马克思说："发展人类的生产力，也就是发展人类天性的财富这种目的本身。"[②] 以此正义标准为指导，马克思恩格斯提出了取代资本主义社会的方案是共产主义社会，共产主义社会之所以是可欲的，就因为它是"在保证社会劳动生产力极高度发展的同时又保证人类最全面的发展的这样一种经济形态。"[③] 当资本主义生产关系与生产力之间由基本调适到不太调适再到出现严重冲突，资本主义制度将失去其存在的历史正当性，终将为更高类型的经济形态——共产主义所代替。

回答何谓正义的问题，马克思主义提供给我们的方法是：不能仅仅停留在形而上的观念或理论层面，而是要透过各种不同的正义观发掘其真实的经济基础，然后再进一步分析这种经济关系的形成发展过程及其在整个历史进程中的正当性依据。按照这一方法，马克思恩格斯得出了正义判断的科学标准，即主要看人们的生产关系包括权利义务关系是否与当时的生产力发展水平相一致，是否有利于促进生产力的进一步发展，而这种一致本身也是暂时的，是历史地变化着的。

（二）实践性原则

实践性原则是马克思主义首要的、基本的观点，也是马克思恩格斯正义观的一个方法论原则。马克思指出："全部社会生活在本质上是实践的。凡是把理论引向神秘主义的神秘东西，都能在人的实践中以及对这个实践的理解

---

① 马克思：《资本论》第 3 卷，《马克思恩格斯全集》第 25 卷上册，人民出版社 1972 年版，第 379 页。

② 马克思：《剩余价值理论》，《马克思恩格斯全集》第 26 卷中册，人民出版社 1963 年版，第 124 页。

③ 马克思：《给"祖国纪事"杂志编辑部的信》，《马克思恩格斯全集》第 19 卷，人民出版社 1972 年版，第 130 页。

中得到合理的解决。"① 恩格斯也认为，正义与不正义"始终只是现存经济关系的或者反映其保守方面、或者反映其革命方面的观念化的神圣化的表现。"②

实践作为人的生命存在方式，是一种主观见之于客观的活动。唯物史观与机械唯物主义的根本区别即在于是从现实的人出发，强调人在实践活动中的主观能动性，"从前的一切唯物主义（包括费尔巴哈的唯物主义）的主要缺点是：对事物，现实，感性，只是从客体或者直观的形式去理解，而不是把他们当作感性的人的活动，当作实践去理解，不是从主体方面去理解。"③ 马克思多次强调他的研究方法是从现实的人出发，而现实的人就是从事着各种物质生产生活即实践的人，是既受自然和具体社会关系制约又通过自己的活动改变自然和社会环境的人，是通过自己的选择活动满足自己生存和发展需要的人，是通过社会分工和人际交往分为不同阶层、阶级或其他利益共同体的人，是由社会存在所决定形成了一定的思想意识又在这些思想意识的指导下进行选择活动的人。而这种人是具有丰富个性的多元主体，有着不同的利益诉求，实践性原则就是承认这些多元主体的现实存在，他们以各自的利益为出发点从事实践活动，在此基础上形成各种关于正义的观念。不管这类观念多么抽象和远离社会现实，最终都可以从社会物质生活中找到其根源。从实践的角度看，不同正义观是不同主体（阶级、阶层、党派、民族或其他集团）的利益诉求的抽象表现，不同的正义观之间的分歧和对立，表面上看是不同理论观点的对立，实际是不同的利益主体的不同利益诉求之间的对立，这种矛盾和对立的解决，不是理论的事情，而只能是实践的事情。

正义有一般正义与具体正义之分，按照辩证唯物主义的观点，一般正义与具体正义是对立统一的关系。一般正义既不同于具体正义，又不能脱离具体正义，一般寓于具体之中，具体正义影响和规定着一般正义的表现形式。任何对一般正义的讨论，都不能离开对特定社会具体正义实现程度的考察和论证。从历史上的和当前的一些研究路径看，不少学者对这二者的辩证关系是缺乏自觉意识的，这是导致理论失误的一个重要方法论原因。比如，一些研究者抛开各种具体正义及其历史背景抽象地讨论正义的一般原则，对于各种具体制度的

---

① 马克思：《关于费尔巴哈的提纲》，《马克思恩格斯选集》第1卷，人民出版社1995年版，第56页。
② 恩格斯：《论住宅问题》，《马克思恩格斯选集》第3卷，人民出版社1995年版，第212页。
③ 马克思：《关于费尔巴哈的提纲》，《马克思恩格斯选集》第1卷，人民出版社1995年版，第54页。

发展历史、对于历史上和现实中各种不正义现象的表现及其成因缺乏应有的了解，把视野仅仅局限于以往思想家们关于正义理念的设想和论证以及相互辩驳之中，即局限于关于正义的观念史的研究中，似乎从中就可以发现关于正义问题的"真理"。这种研究方法实质上正是马克思批判的把观念当成了现实的唯心主义方法，依此路径，是难以有效推进对正义问题的研究和对现实不正义问题的解决的，因为"只有在现实的世界中并使用现实的手段才能实现真正的解放；没有蒸汽机和珍妮走锭精纺机就不能消灭奴隶制；没有改良的农业就不能消灭农奴制；当人们还不能使自己的吃喝住穿在质和量方面得到充分保障的时候，人们就根本不能获得解放。"[①]马克思恩格斯的正义观是从对资本主义社会不正义现实的解剖开始的，他们紧扣时代脉搏，与时代同呼吸共命运，为资产阶级的掘墓人——无产阶级提供了精神武器，也为我们今天研讨正义问题提供了科学的实践性原则。

（三）阶级性原则

阶级性原则是马克思恩格斯的正义观提供给我们的又一个方法论启示。在现实的社会实践生活中，无数的个人之间要通过合作互助，结成社会，并在一定的社会关系中进行交往。这些个人从来都不是作为孤立的单子式的个人存在于社会之中，而总是会结成不同的集团，以氏族、阶级、阶层或党派的形式来参与社会行动。他们站在不同的立场上，有选择地继承不同的文化传统或文化传统的不同方面，然后形成自己的正义观和价值观，进而对现实的社会秩序、利益分配制度进行一定的评价，作出一定的价值判断，形成自己的主张。正如马克思所说，不仅"统治阶级的思想在每一个时代都是占统治地位的思想，而且统治阶级内部的斗争也直接影响着'思想的生产和分配'。例如，在某一国家的某个时期，王权、贵族和资产阶级为夺取统治而争斗，因而，在那里统治是分享的，那里占统治地位的思想就会是关于分权的学说，于是分权就被宣布为（永恒的规律）。"换句话说，"阶级之间的财产关系构建成了社会的下层建筑，……个人只有通过他所属的阶级才能生存和生活，正是阶级在发挥作用。"[②]拨开意识形态宣传和理论争论的迷雾，我们往往能够看到，思想家们

---

① 马克思恩格斯：《德意志意识形态》，《马克思恩格斯选集》第 1 卷，人民出版社 1995 年版，第 74 页。

② ［法］雅克·阿塔利：《卡尔·马克思》，刘成富等译，上海人民出版社 2010 年版，第 62 页。

关于自由、平等与正义关系的争论，无论看上去多么抽象和远离社会现实，实际上折射着不同派别的经济政治利益，代表着不同利益集团的价值诉求。

只要社会还存在着不同的利益集团，存在着不同集团间的利益冲突，就不可能有普适性的正义观。这是自古以来的一个基本历史事实。那种忽略这个事实，或者把这个事实解释为人们还没有发现关于正义的永恒真理，只是根据自己的偏见而相互辩难的暂时现象，力图依据原子式的个人主义方法构建一种绝对真理性的正义观的做法，不过是唯心主义思辨哲学在正义问题上的具体表现，是乌托邦空想社会主义的具体表现。马克思和恩格斯从不否认他们的正义观具有鲜明的阶级性，他们在《共产党宣言》中明确指出："过去的一切运动都是少数人的或者为少数人谋利益的运动，无产阶级的运动是绝大多数人的、为绝大多数人谋利益的独立的运动。"[①] 他们还指出，"共产党人同其他无产阶级政党不同的地方只是：一方面，在无产阶级共同的不分民族的斗争中，共产党人强调和坚持整个无产阶级共同的不分民族的利益，另一方面，在无产阶级和资产阶级的斗争所经历的各个发展阶段上，共产党人始终代表着整个运动的利益。"[②] 另外，还需要说明的一点是，承认正义的阶级性并不等于否认正义的客观性，因为在一个具体的社会共同体中，小至家庭、单位，大至阶层、阶级、党派、民族、国家，不同正义观之间的沟通对话总是可能的，共识总会在一定程度上存在，因而具体正义总能在一定范围内发挥作用。

总之，马克思恩格斯的正义观为我们研究正义问题提供了一套科学的方法论原则：历史性原则、实践性原则、阶级性原则，只有坚持这些方法论原则，才能避免在正义问题上陷入相对主义、唯心主义和空想主义，真正把握马克思恩格斯正义观的实质。

第三节　马克思恩格斯有什么样的正义观

对于众说纷纭、人言人殊的正义，马克思恩格斯在科学的方法论指导下，创造性地解决了关于正义的基本定位、社会主义社会是否需要正义以及需要何

[①]　马克思恩格斯：《共产党宣言》，《马克思恩格斯选集》第 1 卷，人民出版社 1995 年版，第 283 页。

[②]　马克思恩格斯：《共产党宣言》，《马克思恩格斯选集》第 1 卷，人民出版社 1995 年版，第 285 页。

种正义等问题。

一、正义的基本定位

什么是正义？如何理解正义？对于这一源头性问题，马克思恩格斯的解释是："正义本身，按照这个词的最合乎人性、最广泛的意义来说，无非是所谓否定的和过渡性的思想；它提出各种社会问题，但是并不去周密地考虑它们，而只是指出一条解放人的唯一可行的途径，就是通过自由和平等使社会人道化；只有在日益合理的社会组织中才可能提供积极的解决办法。这是非常合乎期望的解决办法，是我们的共同理想……这是通过普遍团结所达到的每一个人的自由、道德、理性和福利——人类的博爱。"[1] 根据马克思恩格斯的这一表述，正义应当是对不正义的克服和解决，其目的是为了"解放人"，"使社会人道化"，实现"人类的博爱"；途径是通过能够体现自由和平等的"合理的社会组织"。在他们看来，正义并不是人类的终极理想，而是一个不断发展变化着的过程和运动，是实现理想的途径和办法，它受到经济基础的制约，并最终决定于当时当地生产力的发展水平。因而，马克思恩格斯所说的正义本身不是目的，而是实现目的的手段。

马克思恩格斯的正义观不同于资产阶级启蒙学者主张的理性正义观，因为"我们已经看到，为革命作了准备的18世纪的法国哲学家们，如何求助于理性，把理性当做一切现存事物的唯一的裁判者。他们认为，应当建立理性的国家、理性的社会，应当无情地铲除一切同永恒理性相矛盾的东西。我们也已经看到，这个永恒的理性实际上不过是恰好那时正在发展成为资产者的中等市民的理想化的知性而已。因此，当法国革命把这个理性的社会和这个理性的国家实现了的时候，新制度就表明，不论它较之旧制度如何合理，却绝不是绝对合乎理性的。理性的国家完全破产了。"[2] 具有讽刺意味的是，"同启蒙学者的华美诺言比起来"，历史的发展似乎跟他们开了一个不大不小的玩笑。"早先许诺的永久和平变成了一场无休止的掠夺战争"，"犯罪的次数一年比一年增加。如果说以前在光天化日之下肆无忌惮地干出来的封建罪恶虽然没有消

① 马克思恩格斯:《社会主义民主同盟和国际工人协会　根据国际海牙代表大会决定公布的报告和文件》,《马克思恩格斯全集》第18卷，人民出版社1964年版，第508页。
② 恩格斯:《社会主义从空想到科学的发展》,《马克思恩格斯选集》第3卷，人民出版社1995年版，第722页。

灭，但终究已经暂时被迫收敛了，那么，以前只是暗中偷着干的资产阶级罪恶却更加猖獗了。商业日益变成欺诈。革命的箴言'博爱'化为竞争中的蓄意刁难和忌妒。贿赂代替了暴力压迫，金钱代替刀剑成了社会权力的第一杠杆。初夜权从封建领主手中转到了资产阶级工厂主的手中。卖淫增加到了前所未闻的程度。婚姻本身和以前一样仍然是法律承认的卖淫的形式，是卖淫的官方的外衣，并且还以大量的通奸作为补充。"一句话，资产阶级启蒙思想家所鼓吹的"由'理性的胜利'建立起来的社会制度和政治制度竟是一幅令人极度失望的讽刺画。"① 当然，启蒙学者的理性产生的不可能是真正的正义，而只能是正义的歪曲的影子。

马克思恩格斯的正义观也不同于空想社会主义者的正义观。他们对 19 世纪初期资本主义世界的生产方式及阶级状况进行了分析后指出："这种历史情况也决定了社会主义创始人的观点。不成熟的理论，是同不成熟的资本主义生产状况、不成熟的阶级状况相适应的。解决社会问题的办法还隐藏在不发达的经济关系中，所以只有从头脑中产生出来。社会所表现出来的只是弊病；消除这些弊病是思维着的理性的任务。于是，就需要发明一套新的更完善的社会制度，并且通过宣传，可能时通过典型示范，从外面强加于社会。这种新的社会制度是一开始就注定要成为空想的，它越是制定得详尽周密，就越是要陷入纯粹的幻想。"② 空想社会主义者看到了资本主义不正义现象的弊端，也洞察到了产生这种极端不正义现象的原因——资本主义私有制，但是他们没有在此基础上再前进一步，而是退回到了小资产阶级的立场上，试图通过宣传说服和典型示范与资产阶级达成妥协，共建一个田园牧歌般的封闭社会。制约他们思想的是当时"不成熟的资本主义生产状况、不成熟的阶级状况"，这决定了他们的理想只能成为虚幻的海市蜃楼。

马克思恩格斯心目中的正义是另有所指的。回顾一下"正义者同盟"更名的原因，有助于帮助我们探寻两位伟人对正义问题的真实看法。众所周知，"正义者同盟"改组为"共产主义者同盟"是在马克思恩格斯的指导下进行的，更名的理由体现着他们对正义问题的理论认识。1847 年 6 月 9 日，马克思恩

---

① 恩格斯：《社会主义从空想到科学的发展》，《马克思恩格斯选集》第 3 卷，人民出版社 1995 年版，第 722—723 页。

② 恩格斯：《社会主义从空想到科学的发展》，《马克思恩格斯选集》第 3 卷，人民出版社 1995 年版，第 724 页。

格斯在《共产主义者同盟第一次代表大会致同盟盟员的通告信》中，解释了同盟更名的两点原因："第一，由于前面提到的那个门特尔的无耻叛变，旧的名称已被政府知道，因此改变名称是适宜的。第二，而且也是主要的一点，因为旧的名称是在特殊的情况下，并考虑到一些特殊的事件才采用的，这些事件与同盟的当前目的不再有任何关系。因此这个名称已不合时宜，丝毫不能表达我们的意愿。许多人要正义，即要他们称为正义的东西，但他们并不因此就是共产主义者。而我们的特点不在于我们一般地要正义——每个人都能宣称自己要正义——，而在于我们向现存的社会制度和私有制进攻，在于我们要财产公有，在于我们是共产主义者。因此，对我们同盟来说，要有一个合适的名称，一个能表明我们实际是什么人的名称，于是我们选用了这个名称。"[1]这里的意思是很清楚的，马克思恩格斯作为坚定的共产主义者，不是不要正义，不是"一般地要正义"，而是要实实在在的正义，要推翻"现存的社会制度和私有制"的"财产公有"的正义。

二、未来社会要不要正义？

马克思恩格斯在很多场合对正义的批判实质上是对旧的唯心主义正义观的否认，并不是对正义本身的放弃。相反，在马克思恩格斯看来，未来社会仍然需要正义，"加入协会的一切团体和个人，承认真理、正义和道德是他们彼此联系和对一切人的关系的基础，而不分肤色、信仰或民族。"[2]正义既是指导工人阶级的个人之间、个人与群体之间以及群体与群体之间关系的行为准则，也是指导不同民族之间关系的行为准则。在处理民族关系时，工人阶级也应"努力做到使私人关系间应该遵循的那种简单的道德和正义的准则成为各民族之间的关系中的至高无上的准则。"[3]

无产阶级和人民大众的正义观是社会主义正义的观念形态。对于无产阶级和人民大众来说，正义的首要问题是掌握生产的物质条件，即生产的物质条件要掌握在人民手里，从而使任何人都不能够再利用生产的物质条件来剥

---

[1]　《附录：共产主义者同盟第一次代表大会致同盟盟员的通告信》，《马克思恩格斯全集》第42卷，人民出版社1979年版，第430—431页。

[2]　马克思：《国际工人协会共同章程》，《马克思恩格斯选集》第2卷，人民出版社1995年版，第610页。

[3]　马克思：《国际工人协会成立宣言》，《马克思恩格斯选集》第2卷，人民出版社1995年版，第607页。

削、控制别人。即社会主义社会的正义首先是生产方式的正义。正如马克思所说，人民群众的社会状况要得到根本的和实质性的改善，自身要获得真正解放，"这两者不仅仅决定于生产力的发展，而且还决定于生产力是否归人民所有。"① 他们代表广大的无产阶级和劳动人民群众，追求的正义就是共产主义的社会制度。

然而，社会主义国家在追求正义的现实过程中，也出现了理论与实践的巨大反差。认真考察和反思马克思恩格斯的正义观在世界共产主义运动和社会主义国家革命及建设中的遭遇，对于我们正确认识我国社会主义实践中的正义问题，继承并发展马克思恩格斯的正义观具有重要的理论意义和实践意义。

三、马克思恩格斯正义观的实质是"发展"

在《共产党宣言》中，马克思恩格斯向全世界无产阶级庄严宣告："代替那存在着阶级和阶级对立的资产阶级旧社会的，将是这样一个联合体，在那里，每个人的自由发展是一切人的自由发展的条件。"② 他们明白无误地向世人表达了"每个人的自由发展"是无产阶级理论和无产阶级革命运动的最高目的，也是他们正义观的实质所在。很多学者在引述这段话时，大多把其中心意思定位在"自由"一词上，认为经典作家把自由视为共产主义社会的最高目标和核心价值。笔者认为这种理解是不恰当的，在这段经典的引文中，中心概念是"发展"，"自由"其实只是作为"发展"的定语而存在的。

马克思恩格斯所说的发展是一个过程，并且是一个永无止境的过程。在这个过程中产生的任何社会制度，都有其存在的历史意义和价值。例如，奴隶制和封建制作为人类历史发展进程中曾经的阶段，在历史上也有其存在的合理性和正当性，即曾经是正义的。恩格斯说："任何一个人，只要把历史看做一个有联系的，尽管常常有矛盾的发展过程，而不是看做仅仅是愚蠢和残暴的杂乱堆积，像十八世纪人们所做的那样，首先会对这些问题的研究感到兴趣。马克思了解古代奴隶主，中世纪封建主等等的历史必然性，因而了解他们的历史正当性，承认他们在一定限度的历史时期内是人类发展的杠杆；因而马克思也

---

① 马克思：《不列颠在印度统治的未来结果》，《马克思恩格斯选集》第 1 卷，人民出版社 1995 年版，第 771 页。

② 马克思恩格斯：《共产党宣言》，《马克思恩格斯选集》第 1 卷，人民出版社 1995 年版，第 294 页。

承认剥削，即占有他人劳动产品的暂时的历史正当性；但他同时证明，这种历史的正当性现在不仅消失了，而且剥削不论以什么形式继续保存下去，已经日益愈来愈妨碍而不是促进社会的发展，并使之卷入愈来愈激烈的冲突中。"[1] 从马克思和恩格斯所处的时代来看，发展的出发点是现实社会和现实的个人（即马克思恩格斯眼中的资本主义世界），发展的目标是实现共产主义，但共产主义并不是一个有着固定模式的终点，而是一个发展的过程，一种运动，即"共产主义对我们来说不是应当确立的状况，不是现实与之应当相适应的理想。我们所称谓共产主义的是那种消灭现存状况的现实的运动。这个运动的条件是由现有的前提产生的。"[2] 共产主义社会不是历史发展的终点，也不是完美无缺的理想状态，而只是一个发展的阶段和动力。恩格斯在《路德维希·费尔巴哈和德国古典哲学的总结》一文中对他们的发展正义观的表述是非常清楚的，"历史同认识一样，永远不会在人类的一种完美的理想状态中最终结束；完美的社会，完美的'国家'是只有在幻想中才能存在的东西；相反，一切依次更替的历史状态都只是人类社会由低级到高级的无穷发展进程中的暂时阶段。每一个阶段都是必然的，因此，对它发生的那个时代和那些条件来说，都有它存在的理由；但是，对于它自己内部逐渐发展起来的新的、更高的条件来说，它就变成过时的和没有存在的理由了；它不得不让位于更高的阶段，而这个更高的阶段也要走向衰落和灭亡。"[3]

马克思恩格斯的正义思考既不是从自然状态的历史假定出发，也不是从未来世纪的新新人类出发，而是以现实的人为出发点，也是以现实的人为归宿的，因而马克思恩格斯所说的"发展"从终极意义上讲只能是现实存在的人的发展。马克思恩格斯在《德意志意识形态》中指出，"我们开始要谈的前提不是任意提出的，不是教条，而是一些只有在想象中才能撇开的现实前提。这是一些现实的个人，是他们的活动和他们的物质生活条件，包括他们已有的和由他们自己的活动创造出来的物质生活条件。"进而认为，"全部人类历史的第一个前提无疑是有生命的个人的存在。因此，第一个需要确认的事实就是这些

① 恩格斯:《法学家的社会主义》,《马克思恩格斯全集》21 卷, 人民出版社 1965 年版, 第 557—558 页。
② 马克思恩格斯:《德意志意识形态》,《马克思恩格斯选集》第 1 卷, 人民出版社 1995 年版, 第 87 页。
③ 恩格斯:《路德维希·费尔巴哈和德国古典哲学的总结》,《马克思恩格斯选集》第 4 卷, 人民出版社 1995 年版, 第 216—217 页。

个人的肉体组织以及由此产生的个人对其他自然的关系。"① 而现实人存在的首要条件便是获得物质生活资料的足够供给，这也是人类历史发展的一条普遍规律，即："人们首先必须吃、喝、住、穿，然后才能从事政治、科学、艺术、宗教等；所以，直接的物质的生活资料的生产，从而一个民族或一个时代的一定的经济发展阶段，便构成基础，人们的国家设施、法的观点、艺术以至宗教观念，就是从这个基础上发展起来的，因而，也必须由这个基础来解释，而不是像过去那样做得相反。"②

马克思恩格斯理想的未来社会是"保证社会劳动生产力极高度发展的同时又保证每个生产者个人最全面的发展的这样一种经济形态。"③ 有一种观点认为马克思恩格斯既然反对资产阶级宣扬的原子式个人和抽象人性论，因而经典作家不讲人性，只讲物质基础和经济条件，讲经济决定论。这种观点是对马克思主义的重大误解，马克思恩格斯一切理论思考包括其正义观的归宿都是尊重人性，实现对人的本质的真正占有，"共产主义是私有财产即人的自我异化的积极的扬弃，因而是通过人并且为了人而对人的本质的真正占有；因此，它是人向自身、向社会的即合乎人性的人的复归，这种复归是完全的、自觉的和在以往发展的全部财富的范围内生成的。这种共产主义，作为完成了的自然主义＝人道主义，而作为完成了的人道主义＝自然主义。"④ 他们批判资本主义制度，正是因为它使大部分人处于少数人的压迫和奴役之下，从而失去了个人自由和全面发展的社会条件，因而不具有正义性；他们追求共产主义，正是为了改变这种阶级对立的社会状况，为个人的自由和全面发展提供充分的社会条件。恩格斯指出："一个新的社会制度是可能实现的，在这个制度之下，当代的阶级差别将消失；而且在这个制度之下——也许在经过一个短暂的，有些艰苦的，但无论如何在道义上很有益的过渡时期以后，——通过有计划地利用和进一步发展一切社会成员的现有的巨大生产力，在人人都必须劳动的条件下，人人也都将同等地、愈益丰富地得到生活资料、享受资料、发展和表现一切体力和智

---

① 马克思恩格斯：《德意志意识形态》，《马克思恩格斯选集》第 1 卷，人民出版社 1995 年版，第 66—67 页。

② 恩格斯：《在马克思墓前的讲话》，《马克思恩格斯选集》第 3 卷，人民出版社 1995 年版，第 776 页。

③ 马克思：《给〈祖国纪事〉杂志编辑部的信》，《马克思恩格斯选集》第 3 卷），人民出版社 1995 年版，第 342 页。

④ 马克思：《1844 年经济学哲学手稿》，人民出版社 2000 年版，第 81 页。

力所需的资料。"①

马克思恩格斯创立科学社会主义理论的根本出发点就是实现社会基本制度的正义。在实际的社会生活中，正义广泛涉及了对一个社会的主要制度、规范、政策以及人的行为、品质等的价值评价。与以往的社会主义者相同，他们也认为现实社会出现了极端的不正义，造成社会不正义的根源就在于经济领域的私有制和政治领域的阶级对立。但与以往的社会主义者不同，他们认为实现正义的途径不在天才人物的头脑中，也不在永恒正义的理念中，因为，"对现存社会制度的不合理性和不公平、对'理性化为无稽，幸福变成苦痛'的日益觉醒的认识，只是一种征兆，表示在生产方法和交换形式中已经不知不觉地发生了变化，适合于早先的经济条件的社会制度已经不再同这些变化相适应了。"② 他们第一次把实现社会正义的途径建立在科学的社会基本矛盾运动规律的基础上，他们认为，社会主义社会需要的正义是具体的、历史的、发展着的正义。正义的意思不是别的，只是表明旧的经济事实已经过时，能够取而代之的新的经济事实已经在社会生活中孕育并产生出来。恩格斯指出，"如果群众的道德意识宣布某一经济事实，如当年的奴隶制或徭役制，是不公正的，这就证明这一经济事实本身已经过时，其他经济事实已经出现，因而原来的事实已经变得不能容忍和不能维持了。"③ 他们还果断地提出解决问题的方案在于无产阶级通过阶级斗争的形式获得国家政权从而建立共产主义制度。马克思说的异常清楚，"在阶级斗争被当做一件不快意的'粗野的'事情放到一边去的地方，当做社会主义的基础留下来的就只是'真正的博爱'和关于'正义'的空话'。"④ 在阶级斗争的具体形式上，马克思虽然称赞过革命是推动历史前进的火车头，但是他从未将阶级斗争等同于暴力革命，把暴力革命作为阶级斗争的唯一形式。1871 年 7 月 3 日，马克思在接受《纽约世界报》记者的采访时，当记者问及夺取政权应当采取民主还是暴力的形式时，他的回答是：在民主的

① 恩格斯：《1891 年马克思〈雇佣劳动与资本〉单行本导言》，《马克思恩格斯选集》第 1 卷，人民出版社 1995 年版，第 330 页。

② 恩格斯：《社会主义从空想到科学的发展》，《马克思恩格斯选集》第 3 卷，人民出版社 1995 年版，第 741 页。

③ 恩格斯：《马克思和洛贝尔图斯（〈哲学的贫困〉德文版序言）》，《马克思恩格斯全集》第 21 卷，人民出版社 1965 年版，第 209 页。

④ 马克思恩格斯：《致奥倍倍尔等人（1879 年 9 月 17—18 日）》，《马克思恩格斯全集》第 34 卷，人民出版社 1972 年版，第 382 页。

形势下，革命是无意义的，但这取决于并且仅取决于该国工人阶级所做的决定，"例如，在英国，显示自己政治力量的途径对英国工人阶级是敞开的。在和平的宣传鼓动能更快更可靠地达成这一目的的地方，举行起义就是发疯。在法国，迫害性的法律成百上千，阶级对立你死我活，这使得社会战争这种暴力解决方法成为不可避免。选择这种解决办法是这个国家工人阶级自己的事。"① 所以，无产阶级是采取议会斗争还是通过革命和专政取得政权，以及取得政权后采取何种方式保持政权，完全是由不同国家的现实社会基础和阶级状况所决定的。

四、马克思恩格斯正义观的基本内涵是自由和平等

纵观人类正义思想的发展史，把自由、平等与正义联系起来并作为主要内容进行讨论，主要是近代启蒙运动以来的事情，是人类社会发展到文明阶段以后的主导思想。近代启蒙思想家们适应市场经济和民主政治的时代要求，竭力论证自由、平等是不可剥夺的天赋人权，认为只有符合自由和平等原则的社会制度才是正义的。在现实的政治斗争中，资产阶级以自由、平等、博爱为旗帜，联合广大的社会底层群众，推翻了封建君主专制和等级制度，实现了人的政治解放，促进了生产力的极大发展，这是它的历史功绩，也使得自由、平等这些价值原则产生了世界历史性的普遍影响，对此马克思给予了高度评价。马克思主义是关于人类彻底解放的学说，其正义观的核心精神同样是人的自由与平等，将自由与平等视为正义不可或缺的价值内涵。恩格斯指出，"真正的自由和真正的平等只有在公社制度下才可能实现；……这样的制度是正义所要求的。"② 马克思在 1866 年起草的第一国际第二次代表大会的一项决议中，也表达了同样的思想，"我们认为，合作运动是改造以阶级对抗为基础的现代社会的各种力量之一。这个运动的巨大价值在于它能实际证明：现在这种使劳动附属于资本的制造贫困的残暴制度，可以被自由平等的生产者联合的造福人民的共和制度所代替。"③ 可见，马克思恩格斯的正义理念中内含了自由、平等的内

---

① 转引自［法］雅克·阿塔利：《卡尔·马克思》，刘成富等译，上海人民出版社 2010 年版，第 231 页。

② 恩格斯：《大陆上社会改革的进展》，《马克思恩格斯全集》第 3 卷，人民出版社 2002 年版，第 482 页。

③ 转引自［法］雅克·阿塔利：《卡尔·马克思》，刘成富等译，上海人民出版社 2010 年版，第 206 页。

容。从这个意义上讲，正义是一种体系化的集合。相比之下，自由、平等只是这种"体系化集合"中的一项属性或一个层面，尽管这项属性或层面是非常重要和不可缺少的。而自由和平等的主体都是人，最终目的都是维护人的尊严和实现人的发展。马克思指出，社会的发展是以人为本位的发展，"任何一种解放都是把人的世界和人的关系还给人自己。"① 可以说，人的自由和平等是马克思恩格斯正义观的基本价值内涵，因此，有学者指出，马克思恩格斯"对资本主义剥削和阶级压迫等非正义的批判，表明他们的正义内涵是以人的尊严、自由和平等为基础的。"② 在马克思恩格斯那里，自由和平等都是正义的题中之义，两者之间是一体两面的关系，不应当有先后顺序和高低位阶之分。

（一）马克思恩格斯的自由观

马克思恩格斯认为，自由是人之为人的一项本质属性，人的自由发展是社会发展的终极目标。在社会中，"人把自身当作现有的、有生命的类来对待，当做普遍的因而也是自由的存在物来对待。"③ 因此，"自由确实是人所固有的东西"④，"不实现理性自由的国家就是坏的国家。"⑤ 在马克思主义诞生的标志性文献《共产党宣言》中，两位经典作家更是明确指出："代替那存在着阶级和阶级对立的资产阶级旧社会的，将是这样一个联合体，在那里，每个人的自由发展是一切人的自由发展的条件。"⑥ 他们将自由视为人的发展的前提条件，在这一点上，经典作家与启蒙运动以来的思想家是没有分歧的。

使用自由概念解释正义的启蒙思想家大有人在，例如英国思想家洛克认为："法律的目的并不是废除或限制自由，而是扩大和保护自由。"⑦ 德国哲学家康德宣称："自由乃是每个人基于人性所拥有的一项唯一的和原始的权利。"正

---

① 马克思：《论犹太人问题》，《马克思恩格斯全集》第1卷，人民出版社1956年版，第460页。

② 魏小萍：《马克思主义与自由、平等和正义的话题》，《哲学研究》2003年第9期。

③ 马克思：《1844年经济学哲学手稿》，《马克思恩格斯全集》第42卷，人民出版社1979年版，第95页。

④ 马克思：《关于出版自由和公布等级会议记录的辩论》，《马克思恩格斯全集》第1卷，人民出版社1956年版，第63页。

⑤ 马克思：《第179号"科伦日报"社论》，《马克思恩格斯全集第1卷，人民出版社1956年版，第127页。

⑥ 马克思恩格斯：《共产党宣言》，《马克思恩格斯选集》第1卷，人民出版社1995年版，第294页。

⑦ ［英］约翰·洛克：《政府论》下册，叶启芬、瞿菊农译，商务印书馆2004版，第36页。

义则是这样一些条件的总和，在这些条件下，"一个人的意志能够按照普遍的自由法则同另一个人的意志结合起来。"① 美国政治家托马斯·杰斐逊也确信，自由乃是人与生俱来和不可剥夺的一项权利。② 德国哲学家黑格尔用自由解释正义，他说："正义的真正概念就是我们所谓主观意义的自由"，"任何定在的，只要是自由意志的定在，就叫做法。所以一般说来，法就是作为理念的自由。"因此，"能给予个人最大限度的自由的法律即合乎正义。"③ 英国社会学家斯宾塞也用自由解释正义。他认为，自由，而不是平等，才是同正义观念相联系的最高价值。他用一个经典公式来表达自己的正义观："每个人都可以自由地干他所想干的事，但这是以他没有侵犯任何其他人所享有的相同的自由为条件的。"④ 又如法国哲学家加缪所言，"没有自由，公正将失去意义。"⑤ 另外，当代英国法哲学家哈耶克和美国哲学家诺齐克也都是典型的自由正义论者。以上种种论述无不昭示出人们对于自由价值的渴望，以致美国综合法学派的著名法理学家博登海默得出了如下的结论，他断言自从古典时代以来的"整个法律和正义的哲学就是以自由观念为核心而建构起来的。"⑥ 自由是每个人本应具有的基本权利，无论人们的出身、地位、财产、声望、权力、阶级、等级、民族、文化等先天或后天的背景因素如何不同，每个人都应当充分享有作为一个人所应当享有的自由。只有当人们充分享有自由时，人的独立、尊严和幸福才能实现。在一个自由的社会当中，每一个人都可以按照自己的意志生存和发展。个人的自由要求个人对自己的幸福和家庭的福祉承担责任，同时也发挥人类天然的扶危助困的美好情感。

马克思恩格斯自由观的独到之处不在于对自由价值的肯认，而在于对自由价值的辩证解释。他们认为，自由不仅仅是消极意义上的不损他，更是基于对必然的认识而全面摆脱来自自然和他人的奴役。启蒙思想家"所说的人的自由，是作为孤立的、封闭在自身的单子里的那种人的自由。……自由这项人权

① ［德］康德：《纯粹理性批判》，韦卓民译，华中师范大学出版社1991年版，第47页。
② 转引自［美］博登海默：《法理学：法律哲学与法律方法》，邓正来译，中国政法大学出版社2004年版，第279页。
③ ［德］黑格尔：《哲学史演讲录》，商务印书馆1983年版，第243—244页。
④ ［苏］涅尔谢相茨：《古希腊政治学说》，蔡拓译，商务印书馆1991年版，第116—117页。
⑤ 转引自刘军宁：《自由主义与公正：对若干诘难的回答》，《当代中国研究》2000年第4期。
⑥ ［美］博登海默：《法理学：法律哲学与法律方法》，邓正来译，中国政法大学出版社2004年版，第279页。

并不是建立在人与人结合起来的基础上，而是建立在人与人分离的基础上。这项权利就是这种分离的权利，是狭隘的、封闭在自身的个人的权利。"①在他们看来，"人们每次都不是在他们关于人的理想所决定和所容许的范围之内，而是在现有的生产力所决定和所容许的范围之内取得自由的。"②自由是绝对和相对的统一，对于每个人来说，自由不是一种绝对权，而是具有极大的相对性，即任何人的自由都不能妨碍或排除他人的同等自由。如果一个人所拥有的自由已经形成对他人同等自由的限制，即使这种限制是客观形成的，也必须予以矫正。因此，对于作为个体的社会成员来说，自由从来是相对的，不存在不受任何限制的为所欲为的自由。而对于全体社会成员而言，自由相对于奴役，是绝对的和普遍的。个人与社会相互依赖，互为本质，个人只有在社会中才能生存并发展。"只有在共同体中，个人才能获得全面发展其才能的手段，也就是说，只有在共同体中才可能有个人自由。"③现实社会中，自由与限制的二重变奏曲永远伴随着人类的历史进程，而法律始终是保护肯定性自由的力量与限制否定性自由的工具。④正如卢梭所说，"人是生而自由的，但却无往不在枷锁之中。"⑤但是，自由只能被其他主体的同等自由所限制，而不能受制于纯粹经济利益的权衡和交易。于是，反映主体相互之间关系的另一个价值——平等总是与自由交织在一起，自由不能脱离平等而独立存在。

（二）马克思恩格斯的平等观

平等作为正义的重要内涵之一，作为正义的题中之义，这种观念在西方思想史上同样由来已久。英国历史学家梅因认为，"所有进步社会的运动，到此处为止，是一个'从身份到契约'的运动"。⑥我们也可以说，人类社会的历史同时也是一个从不平等到平等的运动。在人类追求历史进步和社会正义的

---

① 马克思：《论犹太人问题》，《马克思恩格斯全集》第1卷，人民出版社1956年版，第438页。

② 马克思恩格斯：《德意志意识形态》，《马克思恩格斯全集》第3卷，人民出版社1960年版，第507页。

③ 马克思恩格斯：《德意志意识形态》，《马克思恩格斯选集》第1卷，人民出版社1995年版，第119页。

④ 转引自［美］博登海默：《法理学：法律哲学与法律方法》，邓正来译，中国政法大学出版社2004年版，第285页。

⑤ ［法］卢梭：《社会契约论》，何兆武译，商务印书馆1980年版，第8页。

⑥ ［英］梅因：《古代法》，沈景一译，商务印书馆1959年版，第97页。

旗帜上，始终赫然显示着"平等"两个大字，平等很久以来就是人们追求的
一种美好理想。早在古希腊时期，亚里士多德即已指出："正义是某种事物的
'平等'（均等）观念。"① 也就是说，正义意味着平等，不正义意味着不平等。
近代以来，更是有无数思想家都将平等视为正义的基本内容，19 世纪英国哲
学家约翰·穆勒说："平等观念往往在公道概念及它的实施都算一个成分，并
且在许多人眼中，平等是公道的精义。"② 蒲鲁东认为正义内在地蕴涵着平等的
要求，正义就是"承认别人具有一种和我们平等的人格。"③ 法国著名思想家皮
埃尔·勒鲁甚至将平等视为正义的同义语，"正义，它的实质就是平等。""什
么都不能战胜你们（指人类，笔者注）对正义的感情，这种感情并非其他，而
是对人类平等的信仰。"他将平等视为"一种原则、一种信条、一种信念、一
种信仰、一种宗教。"④ 在当代，也有不少学者坚持作为平等的正义。例如，当
代的加拿大分析马克思主义者凯·尼尔森在对平等与自由两种价值的比较中，
特别强调平等的重要性。在 1984 年发表的《自由和平等：为激进的平等主义
辩护》一文中，他指出平等是自由的先决条件，没有平等就没有自由，更没
有正义。⑤ 美国发展经济学家托达罗对 43 个发展中国家 60% 的穷人所得收入
份额和一国总的经济成就之间关系的研究表明，经济发展与经济平等并不成
同比例增长，没有任何证据表明经济增长的'利益扩散'会自动地流向极端
贫困的人口，他进而指出："一个普遍不平等、也不希望平等的社会，其未来
是很危险的。"⑥ 我国著名伦理学家何怀宏也明确提出，"公正的含义也就是平
等"。⑦ 另外，美国政治学家塞缪尔·亨廷顿的《发展的目标》和美国经济学
家阿瑟·奥肯的代表作《平等与效率》等著作也反映了当代学者对平等价值的
关注。

在马克思恩格斯的正义观中，平等也是一个基本的内涵。国内有学者通
过对卢梭政治法律思想的研究，认为卢梭关于私有制和国家关系的认识非常接

---

① ［古希腊］亚里士多德：《政治学》，吴寿彭译，商务印书馆 1981 年版，第 204 页。

② ［英］约翰·穆勒：《功用主义》，唐钺译，商务印书馆 1957 年版，第 17 页。

③ ［法］蒲鲁东：《什么是所有权？》，孙署冰译，商务印书馆 1982 年版，第 245 页。

④ ［法］皮埃尔·勒鲁：《论平等》，王允道译，商务印书馆 2005 年版，第 5、21 页。

⑤ 章士嵘：《西方思想史》，东方出版中心 2002 年版，第 315 页。

⑥ ［美］托达罗：《经济发展与第三世界》，印金强、赵荣美等译，中国经济出版社 1992 年
版，第 137、112 页。

⑦ 何怀宏：《契约伦理与社会正义》，中国人民大学出版社 1993 年版，第 120 页。

近于后来马克思恩格斯的认识，由此判断马克思恩格斯的私有制和国家批判理论在很大程度上得益于卢梭思想的启示，而卢梭思想的一个基本判断就是："一种社会制度总是因其失去在人们心目中的正义性而被人们抛弃。而人们对一种社会制度的不正义性评价总是从令人不能容忍的社会不平等现象着眼。"①在《神圣家族》一文中，马克思恩格斯提出平等是人在实践领域中对自身的意识，也就是人意识到别人是和自己平等的人，人把别人当做和自己平等的人来对待。平等是法国的用语，它表明人的本质的统一、人的类意识和类行为、人和人的实际的同一，也就是说，它表明人对人的社会关系。恩格斯还指出，"平等是正义的表现，是完善的政治制度或社会制度的原则，这一观念完全是历史地产生的。"②随着资产阶级和无产阶级的对立日益明显，无产阶级必然从政治平等中引申出社会平等的结论。"无产阶级所提出的平等要求有双重意义。或者它是对明显的社会不平等，对富人和穷人之间、主人和奴隶之间、骄奢淫逸者和饥饿者之间的对立的自发反应……或者它是从对资产阶级平等要求的反应中产生的，它从这种平等要求中吸取了或多或少正当的、可以进一步发展的要求，成了用资本家本身的主张发动工人起来反对资本家的鼓动手段；在这种情况下，它是和资产阶级平等本身共存亡的。在上述两种情况下，无产阶级平等要求的实际内容都是消灭阶级的要求。任何超出这个范围的平等要求，都必然要流于荒谬。"③这就是说，正义不仅是人类的一种"理想"，同时还表现在这种理想时时寻求与现实社会条件相结合。无产阶级正义追求的基本目标是"社会上的一部分人靠牺牲另一部分人来强制和垄断社会发展（包括这种发展的物质方面和精神方面的利益）的现象将会消灭……社会化的人，联合起来的生产者，将合理地调节他们和自然界之间的物质变化，把它置于他们的共同控制之下，而不让它作为盲目的力量来统治自己；靠消耗最小的力量，在最无愧于和最适于他们的人类本性的条件下来进行这种物质交换。"④平等之所以能成为正义的主要内容之一，是因为平等与正义有着某种共通性。在一定意义上甚至可以说，没有平等就没有正义。不管人们出于何种目的，在何种场合使用正义概念，它毫无例外地总是意味着某种平等，包含着要求平等对待的意识。

---

①　张恒山主编：《西方法学名著精要》，人民出版社 2008 年版，第 416—417 页。

②　恩格斯：《反杜林论材料》，《马克思恩格斯全集》第 20 卷，人民出版社 1971 年版，第 668 页。

③　恩格斯：《反杜林论》，《马克思恩格斯选集》第 3 卷，人民出版社 1995 年版，第 448 页。

④　马克思：《资本论》第 3 卷，人民出版社 1975 年版，第 926—927 页。

马克思恩格斯反对资产阶级宣扬的抽象的形式的平等，但从没有反对平等本身，相反，他们指出："平等应当不仅是表面的，不仅在国家的领域中实行，它还应当是实际的，还应当在社会的、经济的领域中实行。"①共产主义社会的目标就是要实现每个人全面自由发展的实质平等。资产阶级的平等要求是消灭等级特权，而无产阶级的平等要求是消灭阶级特权进而消灭阶级存在的一切理由。马克思恩格斯在《德意志意识形态》中对共产主义理想的阐述是："共产主义的最重要的不同于一切反动的社会主义的原则之一就是下面这个以研究人的本性为基础的实际信念，即人们的头脑和智力差别，根本不应引起胃和肉体需要的差别；由此可见，'按能力计报酬'这个以我们目前的制度为基础的不正确的原理应当——因为这个原理是仅就狭义的消费而言——变为'按需分配'这样一个原理，换句话说：活动上，劳动上的差别不会引起在占有和消费方面的任何不平等，任何特权。"②在经典作家看来，社会发展的总体目标是人人共享、普遍受益，当然这也是衡量社会制度正义与否的根本标准所在。

众所周知，马克思恩格斯对资产阶级启蒙思想家宣扬的自由和平等进行过彻骨的、无情的批判，"平等和自由不仅在以交换价值为基础的交换中受到尊重，而且交换价值的交换是一切平等和自由的生产的、现实的基础。作为纯粹观念，平等和自由仅仅是交换价值的交换的一种理想化的表现；作为在法律的、政治的、社会的关系上发展了的东西，平等和自由不过是另一次方的这种基础而已。"③殊不知这里的批判不是因为启蒙思想家提出自由、平等的口号，也不是在批判自由、平等的价值本身，而是因为他们停留于自由、平等的口号，满足于形式正义，局限于思想的天国既不去观察更不去筑造现实的根基。马克思还精辟入理地分析了资产阶级在形式正义面前止步的客观原因，"每一个企图取代旧统治阶级的新阶级，为了达到自己的目的不得不把自己的利益说成是社会全体成员的共同利益，就是说，这在观念上的表达就是：赋予自己的思想以普遍性的形式，把它们描绘成唯一合乎理性的、有普遍意义的思想。进行革命的阶级，仅就它对抗另一个阶级而言，从一开始就不是作为一个阶级，

① 恩格斯：《反杜林论》，《马克思恩格斯选集》第 3 卷，人民出版社 1995 年版，第 448 页。

② 马克思恩格斯：《德意志意识形态》，《马克思恩格斯全集》第 3 卷，人民出版社 1960 年版，第 637—638 页。

③ 马克思：《政治经济学批判（1857—1858 年草稿）》，《马克思恩格斯全集》第 46 卷上册，人民出版社 1979 年版，第 197 页。

而是作为全社会的代表出现的；它俨然以社会全体群众的姿态反对唯一的统治阶级。它之所以能这样做，是因为它的利益在开始时的确同其余一切非统治阶级的共同利益还有更多的联系，在当时存在的那些关系的压力下还不能够发展为特殊阶级的特殊利益。"①的确，资产阶级在推翻封建地主阶级统治的革命过程中，还比较注意与其他社会底层阶级的联合，同时为他们代言。而一旦革命成功取得统治地位之后，就开始专注于自己的私利，资产阶级狭隘的阶级利益开始与社会共同利益分裂，与工人、农民阶级的利益冲突，这就决定了，资产阶级必然要从原来倡导的进步原则面前撤退，甚至可以说在一定程度上必然要背叛自由平等的原则。之后，资本的自由代替了人的自由，新的阶级剥削和压迫代替了革命时期关于自由和平等的承诺，并导致人的严重异化。尤其在资本原始积累时期，人的异化更是达到了惊世骇俗的程度，"资本来到世间，从头到脚，每个毛孔都滴着血和肮脏的东西。"②由于资本主义经济危机的周期性频发，不断造成社会秩序的混乱与动荡，这恰是社会主义思潮蓬勃兴起的最直接最深刻的原因。在生产力发展特别是借助于科技革命而引起的生产方式变革的推动下，再加上工人阶级斗争和社会主义运动的不断冲击，资产阶级国家也主动或被动地吸取了社会主义学说中的一些主张，在实质的自由、平等诉求面前有所退让，对资本主义制度进行了适度的改革和调整，比如建立社会保障和工资集体谈判制度，从经济上改善工人阶级的生活水平和工作条件；承认妇女、黑人等弱势群体的选举权，政治上扩大政治自由的主体范围等。这些措施在一定程度上缓和了社会阶级矛盾，稳定了社会秩序，换得了资本主义生产方式在更长一段时期内的繁荣。

第四节　马克思恩格斯正义观的启示

现代社会中，随着交通和通讯等科技手段的迅速发展，社会交往的范围更加广泛，平等日益成为现代社会的一个普适性的价值。正如美国著名学者艾德勒所说，"作为人，我们都是平等的。我们作为个人是平等的，在人性上也是平等的。一个人，在人性和个性上都不可能超过他人或低于他人。我们认

---

① 马克思恩格斯：《德意志意识形态》，《马克思恩格斯选集》第 1 卷，人民出版社 1995 年版，第 100 页。

② 马克思：《资本论》第 1 卷，人民出版社 1975 年版，第 829 页。

为，人，（而不是物）所据有的尊严是没有程度差别的。世间人人平等，是指他们作为人在尊严上的平等。"平等的依据仅仅与人的类属性相关，而与其他先天或后天的差别无关，"人生而平等的说法是真实的只限于能够实际证实人与人平等这个方面。也就是说，他们都是人，都具有人种的特性，尤其是他们都具有属于人种一切成员的特殊性质。"①虽然平等观念古已有之，但是，反对特权和一切等级阶级、尊重每一个体的独立人格意义上的平等理念却是近代之后才逐步产生的，它的形成是历史文化进步的表现。社会是由无数的个体组成的，离开了作为个体的人，社会就无从谈起。正是从缔结社会的意义上讲，每个个体人的贡献均是不可缺少的，相互之间是平等的。对于人类个体在类本质方面尊严的确认和保护，应具体体现对人的共性和个性的辩证分析。片面地强调其中一个方面，只会滑入平等的反面。

另外，随着世界化进程——马克思在 1848 年就预言即将来临，并称之为"普及化的进程"——的加快，社会交往范围的扩大，不同群体之间的文化交流和意识碰撞的增多，价值也呈现出日益多元化的趋势。平等的理念虽然至关重要，但很明显的是，任何一种理念都不能成为主导现代社会的惟一价值观念。因此，平等必须同自由结合起来，方能对社会发展起到积极的推动作用。马克思恩格斯的理想社会目标是"自由人的联合体"，而"自由人的联合体"中的自由不是个人随心所欲、任意而为的自由，而是人与人之间平等的自由。每个人的自由都要受他人同类或同等自由的约束，由此可见，平等和自由是互补的，共同构成正义价值的基本内涵。自由的滥用会损害平等，同样，平等的极端化也会危及自由。马克思恩格斯从自由与平等相结合的角度阐释正义的思路，对后世学者启发很大。苏格兰哲学家威廉·索利就主张，进行社会制度设计时，必须同时兼顾平等和自由两种价值，否则，就不可能提出一项令人满意的正义原则。②美国法哲学家和伦理学家罗尔斯在 1971 年出版的《正义论》及其后的《作为公平的正义》（2001 年）中，始终坚持了自己的公平正义观，也是当代学者中将自由、平等两种价值结合起来分析正义内涵的典范。罗尔斯正义观的要义是自由和平等，即平等地分配各种基本权利和义务，使社会的每位公民都享有平等的、不可侵犯的自由权利；不平等

---

① ［美］艾德勒:《六大观念》，郗庆华等译，生活·读书·新知三联书店 1991 年版，第 170—172 页。

② William S. Sorley, The Moral Life, Cambridge, Eng., 1911, pp. 95-113.

分配仅限于那种能给最少受惠者带来补偿利益的情况，同时还必须坚持机会平等的前提。①

自由和平等之间有一种张力，两者既可以取长补短、相得益彰，也可能会剑拔弩张、两败俱伤。正如另一位美国学者萨托利所说，"平等既可以成为自由的最佳补充，也可以成为它的最凶恶的敌人。平等与自由的关系是一种既爱又憎的关系，这取决于我们所要求的是与差异相适应的平等，还是在每一项差异中找出不平等来的平等。平等越是等于相同，被如此理解的平等就越能煽动起对多样化、自主精神、杰出人物，归根到底也是对自由的厌恶。"② 因此，自由、平等都需要某种限制，换言之，需要某种制衡尺度。而这种制衡尺度只能是正义。正是从这个意义上讲，自由、平等都是从属于正义的。"当正义对自由与平等的追求起着支配作用时，自由与平等就能在限定的范围内和谐地扩展到最大限度。自由主义者和平均主义者中那些错误的、极端主义的、无法解决的冲突就会消失，因为正义至上纠正了这些错误，解决了它们之间的矛盾。"③ 同自由的意义主要针对作为个体的人，平等的意义在于人与人之间不同，正义是一种更高层次的、更具包容性的价值，它可以对自由、平等进行有效的定位和纠偏，在多元价值之间进行有效平衡，从而形成价值合力，对社会产生更为积极的导向作用。总之，就正义、自由、平等三者的关系来说，正义是包含了自由、平等的精义在内的一种更高层级的基本价值和核心价值。从这个意义上可以说，正义是自由与平等的一种合题。

虽然自由和平等始终是正义的基本内涵，它们在相当程度上满足了人们的理性判断和道德直觉，并构成人们遵从法律规则的动机。但这两种价值终究不能穷尽正义体系的所有内容，因为正义的实质是发展。虽然在不同的社会和历史条件下，思想家们所倡导的价值目标侧重点不同，但正义秉性的基本特征并不会因此发生变化。正义是社会基本制度设计与安排的总体价值取向，是现代社会运行和发展的最核心的理念依据。马克思恩格斯正义观的方法论原则告诉我们，既不能脱离公民自由和平等的基本诉求及其现实条件抽

---

① ［美］罗尔斯：《正义论》，何怀宏等译，中国社会科学出版社1988年版，第60—61页。

② ［美］萨托利：《民主新论》，冯克利等译，东方出版社1998年版，第383页。

③ ［美］艾德勒：《六大观念》，郗庆华等译，生活·读书·新知三联书店1991年版，第145页。

象地讨论正义，更不能将自由和平等作为正义的封闭体系；既不能片面地用自由、平等或其他任何单一的子价值来规定正义，也不能机械地给自由、平等等价值内涵排出一个固定不变的位阶或顺序并以此作为正义的"永恒真理"。任何一种僵化的、模式化的认识都会违背马克思恩格斯正义观的基本精神。正义的实质是发展，正义的内涵、外延以及人们的正义观都是不断运动、变化和发展的，正义始终是特定时代人们的社会实践在历史和现实的十字路口交汇融合的产物。

第三章　马克思恩格斯正义视野下的法律观

马克思恩格斯的法律观是其正义观的重要组成部分，是为其正义观服务的。经济正义、政治正义、社会正义说到底最后都要通过社会基本制度即法的形式体现出来，在一定程度上可以说是法律观在社会不同领域的具体表现形式。因此可以说，马克思恩格斯的法律观，同时也是一部正义论。一般地说，法律观是人们关于法的起源、法的本质、法的价值、法的发展规律等法学基本理论问题的认识、看法或观点的总称。历史上产生过形形色色的法学流派，相应地也出现过形形色色的法律观，如自然法学派的法律观、实证法学派的法律观、历史法学派的法律观、功利主义法学的法律观、自由主义法学的法律观等等，他们的法律观尽管从某一方面看有些合理之处，但总体说都带有不同程度的唯心主义成分，而马克思恩格斯创立的历史唯物主义法律观则彻底克服了唯心主义的缺陷，作为一种真正科学的法学理论脱颖而出。完整准确地把握马克思恩格斯的法律观，是深入探讨其法正义观的前提和基础。

第一节　基本概念界定

理论界的许多争执和歧异都起因于对概念（侧重于某一科学或学科领域的概念，称为术语）的不同理解，因此，对基本概念进行科学严谨的界定是从事一切研究的起点。只有先澄清概念本身的内涵和外延，才能进行更高层次的逻辑思维活动，进而作出与该概念有关的判断和推理。马克思·韦伯对概念混淆的困境深有体会，他说："在社会科学中，人类自己创造了各种术语，在这个意义上，人类创造了自己。……但是，仔细琢磨其中一些术语，我们会发现，它们都是含混不清的。人们在使用这些术语时，各取所需，或互相重叠。而且，这些术语并没有完全覆盖全部的社会现象。"①法现象的复杂性决定了法学领域同样存在这一困境。因此，只有先对法、法律及法律观的基本涵义进行界定，我们才能展开对马克思恩格斯法律观基本内容的论述。

一、法与法律的概念辨析

法与法律两个概念既有联系，又有区别，这在国内法学界已成为共识。但对两者之间的具体区别，许多论者却往往语焉不详。②法和律在中国现代汉语中都是多义词，其中与法学相关的解释如下：

法，由国家权力机关制定或认可，并由国家强制力保证实施的一种特殊社会规范。

律，法则；规章。

法律，由立法机关制定，国家政权保证执行的行为规范。广义的法律与法同义。③

本书的主题是马克思恩格斯的法正义观，由于马克思和恩格斯的大部分作品首次是用德文写成，因此有必要考察一下与汉语中的法与法律对应的德文用法。德文中有两个词与法及法律相关，一个是 Recht，一个是 Gesetz。Recht 的意义宽泛，包括了中文广义上的法，还有权利、正义、正当等含义，黑格尔以及所有德国古典哲学家包括康德和费希特等人的法哲学，使用的都是 Recht 一词，因此英美译者往往将德文中的 "Recht"，全部替换成 "Right"。我国学者则倾向于翻译为 "法"，也有的将法和权二字结合起来，翻译成 "法权"。

---

① ［德］马克思·韦伯：《论经济与社会中的法律》，张乃根译，中国大百科全书出版社 1998 年版，第 12 页。

② 例如，当今比较普及的《法理学》和《法学概论》教材都对法与法律的关系问题做了简单化的处理。沈宗灵主编的《法理学》中，将法等同于现代汉语中作广义解的法律，即法律的整体。并说明根据约定俗成的原则，法与广义的法律经常混用。张文显主编的《法学概论》中也表达了类似的观点。朱景文主编的《法理学》中，与前述教材有所不同，认为汉语中的法包含着公正的含义，但又不是公正本身，而是通过某种程序所体现和保证的公正；而法律有广义和狭义之分，广义的法律指的就是法，狭义的法律则仅指法的一种表现形式。此种观点试图区分法与法律，但却语义含糊，让人不知所云，如坠五里云雾。参见沈宗灵主编：《法理学》第三版，北京大学出版社 2009 年版，第 23 页；张文显主编：《法学概论》第二版，高教出版社 2010 年版，第 4 页；朱景文主编：《法理学》，中国人民大学出版社 2008 年版，第 23—26 页。

③ 郭良夫主编：《应用汉语词典》，商务印书馆 2000 年版，第 332、821、333 页。

而 Gesetz 一般指国家制定的实在法律、规章制度等。

在马克思的大量著作中，Recht 和 Gesetz 两个术语是区分使用的，马克思曾指出"法是自由的肯定的存在"，而法律（或立法）只是"法的表现"，即"肯定的、普遍的、明确的规范"；还指出法律应当是"事物的法理本质的普遍和真正的表达者。因此，事物的法理本质不能按法律行事，而法律倒必须按事物的法理本质行事。"① 他们批判了当时普遍将法与法律相混淆的做法，由于"国家是属于统治阶级的各个个人借以实现其共同利益的形式"，在国家现象已成为世界范围内一个普遍现实的前提下，"可以得出一个结论：一切共同的规章都是以国家为中介的，都带有政治形式。由此便产生了一种错觉，好像法律是以意志为基础的，而且是以脱离现实的自由意志为基础的。同样，法随后也被归结为法律。"② 显然，在马克思、恩格斯那里，法是高于法律而存在的，我们可以把某些人或集团的以"国家意志"形式表现的那些东西称为法律，因为他们确实具有法的外表和形式，但不应当把它们上升为法。然而我们当代的许多学者仍然喜欢将二者等同起来，从而将对"法的问题"的研究悄然转化为"法律问题"的研究。

由前面所述可以看出，中文的"法"字含义很不明确，有时等同于广义的法律即国家实在法，有时也能包含更广泛的内容。"无数人曾尝试给'法'一词下定义，但没有任何一种定义令人满意，也没有任何一种获得普遍承认。"③ 德文中的 Gesetz 接近于我国广义的法律，而 Recht 的含义与我们汉语中的"法"并不完全对等，但勉强可以理解为含义模糊的法。既然中文和德文中都有两个词分别指称法和法律，所以本书认为对这两个概念有必要进行较为严格的区分，即法是内容和形式的统一体，而法律仅侧重于法的形式，具备法的形式的法律可能符合法本质，也可能与法本质相违背。其实对于这二者的区别，在古代的拉丁语中就作了区分，即"Jus"与"Lex"的区别。"Jus"是指抽象的原则、正义、权利；"Lex"则指具体的规则制度，即罗马王政时期国王制定的法律和共和国时期立法机构通过的法律。古罗马的西塞罗以其政治家兼法律思想家的敏锐洞察力和务实精神，猛烈地抨击了希腊30僭主执政时期所

---

① 马克思：《关于林木盗窃法的辩论》，《马克思恩格斯全集》第 1 卷，人民出版社 1995 年版，第 244 页。

② 马克思恩格斯：《德意志意识形态》，《马克思恩格斯全集》，人民出版社 1960 年版，第 70—71 页。

③ 《牛津法律大词典》，光明日报出版社 1988 年版，第 517 页。

颁布的法律，并明确指出，"正当的理性就是法"，"无论人们是否了解那个法，无论何地曾用书面形式记载与否，它都是正义的。"① 这即是说，历史上和现实中出现的暴君立法徒具法的形式，根本不是法。经院主义法学家阿奎那在《神学大全》中以"一般的法"和"各种类型的法"将法与法律相区分，指出"法是人们赖以导致某种行为和不作某些行为的行为准则或尺度，而法律不外乎是由那个统治一个完整社会的君主所体现的实践理性的某项命令。"② 孟德斯鸠则以自然规律和人为理性来区分法和法律，他说："从最广泛的意义来说，法是由事物的性质产生出来的必然关系。从这个意义上讲，一切存在物都有他们的法。"③ 而"一般地说，法律在它支配着地球上所有人民的场合，都是人类的理性。"④ 我国当代也有一些学者开始关注法与法律的区别问题，例如，赵震江教授认为，"一般而言，法、律、法律三者可以视为同义词。当然，也可以区分为广义和狭义。从广义上讲，法包括团体中所有的规矩。狭义上的法，即仅仅指国家的法。同样，法律一词也有广狭意义之别；广义的法律即狭义的法；狭义的法律则主要是指由全国人民代表大会及其常委会所制定的除宪法之外的基本法律和一般法律。"⑤ 赵震江教授认为法和法律都有广义和狭义之分，广义的法律正好相当于狭义的法，这是很有道理的，笔者非常认同。但是他把广义的法理解为"团体中所有的规矩"，却有待商榷，因为团体内的规矩多种多样，肯定不是所有的规矩都能称作法。总之，只有充分认识并把握法与法律的联系与区别，才能恢复法和法律在马克思恩格斯视野中的本来面目，进而得出正确的结论。

仔细研读马克思恩格斯关于法和法律的相关论述，不难发现两个概念之间的区别。从哲理的角度讲，法是寓于法律中的必然性，是法律之魂。法就是法律的本质，正如民主制是其他国家形式的本质一样；法律是法的具体表现形式，是一种与国家密切联系且以成文法为主的规范性存在。早在 16 世纪，英国伊丽莎白时期出色的律师卜劳顿就告诉世人："法律之所以成为法律，主要是由于它的内在含义，而不是文字本身。我们的法律（与其他法律一样）由两部分组成，这两部分就是肉体和灵魂，肉体是指法律的文字，而灵魂则是指法

---

① 转引自张宏生、谷春德：《西方法律思想史》，北京大学出版社 2000 年版，第 35—36 页。

② ［意］阿奎那：《阿奎那政治著作选》，马清槐译，商务印书馆 1997 年版，第 104—106 页。

③ ［法］孟德斯鸠：《论法的精神》，张雁深译，商务印书馆 1997 年版，第 1 页。

④ ［法］孟德斯鸠：《论法的精神》，张雁深译，商务印书馆 1997 年版，第 6 页。

⑤ 赵震江、付子堂：《现代法理学》，北京大学出版社 1999 年版，第 21 页。

律的道理和意义，法律之所以得以存在，就是因为它的灵魂。"卜劳顿对法律的肉体与灵魂之分也类似于我们的法律与法之区分。因为实践中人们常常过于追求作为肉体之法律，而忽略作为灵魂之法，所以卜劳顿在接下来的后半段话中借坚果的比喻谆谆告诫后人："法律的字面是其外壳，其意义是核心，就像你如果只欣赏外壳就不能真正享用坚果一样，如果你想只依靠那些文字，从法律中获益那是不可能的。既然坚果的果实和用途在核心而不在外壳，那么，法律的用途也在于意义，而不是文字。"[①] 法和法律的区别正如灵魂和肉体之别，是两个不同的法理学范畴，它们具有不同的特征。

首先，法与法律都是社会发展到一定阶段的产物，都具有历史性和相对性，不是永恒不变的，没有多少放之四海而皆准的绝对真理，但两者不是同时产生。法产生于社会组织成一定的共同体，共同体在生产生活中有了对共同的基本行为准则的需要；而法律则是与阶级、国家相伴而生的。

其次，法作为人类社会生活所必须遵守的基本行为准则，总是基于特定物质生活条件下的人的基本需求，因此必然反映一定时代的人们的共同利益和意志，对社会公众来说，法从来都不是也不能是完全异己的强制力量，否则法的实施和社会的治理是不可能实现的。例如氏族公社时期出现的习惯法能较好地反映氏族全体成员的共同利益和意志，国际公约和条约通常也能较好地反映成员国的共同利益和意志；与国家相伴而生的法律当然也应当反映社会全体成员的共同利益和需求，但由于阶级分化和利益对立的事实往往较多地反映了统治阶级的意志。由于统治阶级意志自身不可避免的偏私性等局限，决定了那些一味强调统治者的意志而违背人类社会其他成员利益的法律终究灭亡的命运，如希特勒的屠犹令、清王朝的蓄发令等，虽短期内能借助于公共权力的力量迫使民众屈从，但终会因违背事物的法理本质难逃为历史淘汰出局的命运。

最后，法是符合人类社会发展规律的普遍行为准则，比法律的含义更为广泛，但不能泛化为"客观规律"或规范人行为的一切规则。马克思恩格斯认为法起源于原始社会的习惯或习俗，但不赞同孟德斯鸠把法泛化的做法。孟德斯鸠认为广义的法适用于世间的一切事物，甚至先于人类社会而存在："上帝有他的法；物质世界有它的法；高于人类的'智灵们'有他们的法；兽类有它

---

① ［美］约翰·梅西·赞恩:《法律的故事》，孙运申译，中国盲文出版社 2002 年版，第287 页。

们的法；人类有他们的法。"[①] 孟德斯鸠所说的法其实已经上升到宇宙间"客观规律"的地位，而马克思恩格斯的一切研究都是以人为出发点的，当然也以人的全面发展为最终归宿。从历史和逻辑的角度看，法作为一种人类社会的社会意识和社会规范，必然是在人类社会出现和形成后才产生的，"理性的法学家绝不会作出人类活动的结果产生于人类之先的明显的反逻辑的判断。"[②] 法是内容与形式的高度统一体，具有适应物质生活条件变化而不断发展的正义性；而法律有时会屈尊于统治者的个人意志，降格为私人利益的代言人，有背离内容本质的可能，所以，法律有善恶之分。事实上，人类社会的大多数成员在历史上经常挣扎于恶法的高压之下。

法与法律两个概念是有区别的，但是又很难严格区分。即使在经典作家的文本中，也是有时区分，有时混用。再者由于我国一些约定俗成的语言习惯，法与法律经常被不加任何区分地混用，例如法的价值与法律价值、法的本质与法律本质之间并没有什么明显区别，我们很难将二者完全分开。仅仅在一篇文章的用词中生硬区分，反而有违我国的语言习惯或思维逻辑，出现许多牵强附会之处，例如说"马克思恩格斯的法律观"通常不会出现什么误解，因为几乎没有人会把上句中的"法律"仅仅狭义化为国家制定法、资本主义法律制度或社会主义法律制度，而是做广义的"法"解。但要说马克思恩格斯的"法观"在中文中则明显不伦不类。因此，为了遵循概念使用的严谨性且兼顾我国的语言习惯，本书作了如下处理：将法与法律作同义使用，但是统一用来指称法作为社会的一种制度性事实的含义；而在特指与国家密切联系的法律即表达法律的传统含义的场合，本书用现实法律、国家立法、实证法或实在法等词来代替。

二、马克思主义法学理论与马克思恩格斯的法律观

马克思青年时代在波恩大学和柏林大学学习期间，学的是法律专业，可谓法学的科班出身。大学毕业以后，在从《莱茵报》的出色撰稿人到出任《莱茵报》主编期间，马克思撰写过《评普鲁士最近的书报检查令》、《论离婚法草案》、《关于出版自由》、《关于林木盗窃法的辩论》和《黑格尔法哲学批判》等法学著述，恩格斯早期也写过《普鲁士新闻出版法批判》、《谷物法》等法

---

① ［法］孟德斯鸠：《论法的精神》上册，张雁深译，商务印书馆 1997 年版，第 1 页。
② 周永坤：《法理学——全球视野》，法律出版社 2000 年版，第 286、472、475 页。

律专论，但是后来，他们却很少再写专门阐述法的一般理论问题的系统论著。因此，学界有人认为，并不存在一种马克思主义的法学理论。比如美国伊利诺伊大学的 Dragran Milovanovic 就宣称："马克思没有提供一个系统的法律理论；有关法律的论述散见于他的著作中；有兴趣的研究者不得不努力地去破译他所说的究竟意味着什么。"① 英国牛津大学布雷齐诺斯学院的 Hugh Collins 也这样写道："人们常说不存在一个马克思主义的法学理论。……必须承认的是，马克思主义分析的着力点直接指向了经济结构和权力组织，……法律并非马克思主义者关注的中心。"② 与此相映成趣的是，无产阶级政党执政的国家多把马克思主义看做一个无所不包的理论体系，主张不但存在马克思主义法学理论，还有马克思主义哲学、经济学、政治学、伦理学、社会学、美学、人学等。是否成为一套独立的理论或学科，需要一个公认的标准，可能上述论者对学科标准的理解相异。通常来说，构成一门独立学科要具备三个要素：有相对独立的研究对象或研究领域；有一套特有的概念、原理、命题、规律等构成的严密的逻辑化的理论体系；有独立的方法论。基于此标准，我们认为马克思恩格斯创立了独具特色的马克思主义法学理论——历史唯物主义的法律观，并且实现了法学领域的重大革命，以致否认马克思主义法学理论存在的 Hugh Collins 后来也不得不承认："这个理论（即历史唯物主义理论，笔者注）为马克思主义关于社会的各个方面——包括法律制度——的分析提供了概念和方法。"③

马克思主义法学理论是由马克思恩格斯的经典文本中一系列关于法律的论述构成的，这些论述虽然是分散的，甚至是断断续续的，但由于有一套科学的方法——辩证唯物主义和历史唯物主义一以贯之，并凭借这套方法对法的基本理论问题作出了科学的回答，从而超越了各种各样的唯心主义法学和机械唯物主义法学，所以仍然构成了独立的理论体系。法学理论体系的基本问题主要包括法的起源、法的本质、法的价值、法的发展规律，本章的以下部分拟先就马克思恩格斯法律观的形成过程理清脉络，然后再分别从起源、本质、价值、发展四个方面展开分析马克思恩格斯眼中的现实法律和心中的法。

---

① Dragan Milovanovic, Weberian and Marxian Analysis of Law, Published by Avebury, 1989, p.1.

② Dragan Milovanovic, Weberian and Marxian Analysis of Law, Published by Avebury, 1989, p.1.

③ Hugh Collins, Marxism and Law, Clarendon Press Oxford, 1982, p.17.

第二节　马克思恩格斯法律观的形成过程

马克思恩格斯法律观的形成不是一蹴而就的，而是经历了一个逐步成熟完善的过程。列宁曾指出：对于任何一种科学研究来说，"最可靠、最必需、最重要的就是不要忘记基本的历史联系，考察每个问题都要看某种现象在历史上怎样产生，发展中经过了哪些阶段，并根据它的这种发展去考察这一事物现在是怎样的。"① 我们对马克思恩格斯法律观的研究也应遵循这一方法。马克思早期受康德、费希特主观唯心主义影响，把法看成是先验理性的范畴，从纯粹的"自我意识"中推演法的规律，马克思后来对这种"数学独断论"② 的探究方法作了自我否定。他转而到现实世界中去寻求法的真谛，并到黑格尔的"绝对精神"中寻找理论支撑。继而由于发现了黑格尔理性法的"头足倒置"的缺陷，又借助费尔巴哈的人本主义唯物论批判了黑格尔。最后批判了费尔巴哈唯物论的不彻底性，创立了历史唯物主义法律观。这一思想转变过程可以概括为：从"自我意识"到"绝对精神"；从唯心主义到唯物辩证；从机械唯物到历史唯物、从理论阐述到实践分析、从实践检验到理论发展的五次飞跃。从第二阶段开始，恩格斯的思想开始融入进来，此后马克思和恩格斯的思想发展基本是一致的。

一、从"自我意识"到"绝对精神"

从波恩和柏林的大学阶段到《莱茵报》时期，是马克思法律观从主观唯心主义到客观唯心主义的转变期，这一转变过程开始于他构建法哲学体系的尝试，完成于《莱茵报》时期的《评普鲁士最近的书报检查令》、《关于新闻出版自由和公布省等级会议辩论情况的辩论》、《关于林木盗窃法的辩论》、《论离婚法草案》等政论文的发表。

在父亲的言传身教下，青年时代的马克思是准备选择法学作为自己的专业和职业的。他最初的法学研究兴趣是建立一个大而全的法哲学体系，因为他认为法学和哲学这两门学科是紧密交织在一起的，而已有的法学体系缺乏

---

① 《列宁全集》第 4 卷，人民出版社 1987 年版，第 43 页。

② 马克思：《给父亲的信》，《马克思恩格斯全集》第 40 卷，人民出版社 1982 年版，第 10 页。

哲学基础，所以他"试图使某种法哲学体系贯穿整个法的领域"。①透过他已经拟就的《法哲学体系纲目》，我们对马克思曾经设想的宏大法哲学体系可见一斑。这时他在观念上深受康德、费希特的影响，他后来写给父亲的信可以证明这一点，"这一切都是按费希特的那一套"，"体系的纲目近似康德的纲目"。虽然马克思当时已经就该体系写成约有300印章的文字，但当他一旦发现了这个体系本身的矛盾和虚假以及内容的空洞后，就毫不犹豫地抛弃了这些无益的劳动。他曾经从康德和费希特的理想主义中吸取营养，但现在"最神圣的东西已经毁了"，在写完对话体的《克莱安泰斯，或论哲学的起点和必然的发展》一文后，他发现自己最后的命题竟然是黑格尔体系的开端，马克思一度视这部著作为"在月光下抚养大的我的可爱的孩子"，结果却失望地发现这个"可爱的孩子"却"象欺诈的海妖一样，把我诱入敌人的怀抱"。因此，必须斩断这些旧的联系，"把新的神安置进去"，于是他"转而向现实本身去寻求思想"，"想再钻到大海里一次"，"把真正的珍珠拿到阳光中来"。②

马克思意识到理想主义的不足后，果断地放下先前对黑格尔法哲学的"离奇古怪的调子"③的成见，开始潜心研究黑格尔的著作，并受到柏林的青年黑格尔派的影响，从博士论文的选题到大学毕业后从事的撰稿人和编辑工作，都能看到马克思身上青年黑格尔派的影子。从普鲁士的书报检查令和莱茵省议会等级会议的立法辩论中，他看到了私人利益尤其是特权者的利益对于立法的支配。当时的人们普遍认为习惯是国家法律尤其是私法的重要来源。但是，马克思发现国家立法并不是对一切习惯都予以平等接纳。特权者的习惯和穷人的习惯在国家立法者面前的地位往往是不平等的，"这些立法对于那些既有法而又有习惯的人是处理得当的，但是对于那些没有法而只有习惯的人却处理不当。这些立法只要认为任意的非分要求具有合理的法理内容，它们就把这些要求变成合法的要求；同样，它们也应该把偶然的让步变成必然的让步。"④马克思指出这样的立法必然是片面的、不公正的，他极力为穷人呼吁

---

① 马克思：《给父亲的信》，《马克思恩格斯全集》第40卷，人民出版社1982年版，第10页。
② 马克思：《给父亲的信》，《马克思恩格斯全集》第40卷，人民出版社1982年版，第13—15页。
③ 马克思：《给父亲的信》，《马克思恩格斯全集》第40卷，人民出版社1982年版，第15页。
④ 马克思：《关于林木盗窃法的辩论》，《马克思恩格斯全集》第1卷，人民出版社1995年版，第250—251页。

习惯法。

在《论离婚法草案》一文中，马克思提出了法律的发现说，即法律是事物的"精神关系的内在规律的表现"，具有先在性，等待立法者去发现。"立法者应该把自己看作一个自然科学家。他不是在创造法律，不是在发明法律，而仅仅是在表述法律，他用有意识的实在法把精神关系的内在规律表现出来。如果一个立法者用自己的臆想来代替事物的本质，那么人们就应该责备他的极端任性。同样，当私人想违反事物的本质恣意妄为时，立法者也有权利把这种情况看作是极端任性。"① 虽然马克思此时理解的法律还带有相当程度的唯心论成分，所谓法律的发现主要指的是到客观精神领域去发现，还没有认识到社会的物质生产、生活关系本身就是产生法律的母体。但是，马克思已多少触及到法的本质，认为立法应当反映事物的伦理本质，"如果任何立法都不能颁布法令让人们去做合乎伦理的事情，那么任何立法更不能承认不合伦理的事情是合法的。"② 要反映事物的伦理本质，法律就应当体现人民的意志，"只有当法律是人民意志的自觉表现，因而是同人民意志一起产生并由人民的意志所创立的时候，才会有确实的把握，正确而毫无成见地确定某种伦理关系的存在已不再符合其本质的那些条件，做到既符合科学所达到的水平，又符合社会上已形成的观点。"③

在这一阶段，马克思主要是在自由、正义和理性等抽象的精神内涵中探求事物的"内在本质"，反映了黑格尔的客观唯心主义对马克思早期法律观的影响。但他在运用黑格尔法学思想观察、分析当时的时代环境时，黑格尔思想中的一些悖论也已经引起他的质疑，开始思索"尽管他（黑格尔，笔者注）已成功地把神性带到尘世，但他的唯心主义理论是否真正回答了有关历史发展推动力的问题？法律真是社会的道德信仰借以得到表达、人的自由借以得到实现的工具吗？"④ 此时的马克思已经隐约地察觉到了社会经济关系对法的影响，

---

① 马克思:《论离婚法草案》,《马克思恩格斯全集》第 1 卷，人民出版社 1995 年版，第 347 页。

② 马克思:《论离婚法草案》,《马克思恩格斯全集》第 1 卷，人民出版社 1995 年版，第 347 页。

③ 马克思:《论离婚法草案》,《马克思恩格斯全集》第 1 卷，人民出版社 1995 年版，第 349 页。

④ ［英］韦恩·莫里森:《法理学——从古希腊到后现代》，李桂林等译，武汉大学出版社 2003 年版，第 268 页。

这决定了他随后转向费尔巴哈唯物论的理论进路。

二、从唯心主义到唯物辩证

从《莱茵报》被查封到《德法年鉴》时期，马克思开始清理自己思想中的唯心主义成分，转向费尔巴哈的唯物论，公开同青年黑格尔派决裂，反映这次思想转变的标志性成果是《黑格尔法哲学批判》、《论犹太人问题》、《黑格尔法哲学批判导言》、《1844 年经济学哲学手稿》等哲学、经济学论著。

黑格尔认为历史乃绝对精神的展现，在历史中没有理想与现实之分，"凡是合乎理性的东西都是现实的；凡是现实的东西都是合乎理性的"。一切问题都可以诉诸历史，因为"世界历史乃是世界法庭"。[①] 在黑格尔庞大的法哲学体系中，自由从抽象的概念变为现实乃是在客观精神的演进阶段，也即黑格尔在《法哲学原理》中所展现的进程，他给出的法哲学概念即是"以法的理念，即法的概念及其现实化为对象"[②]，因而他的法哲学原理———客观精神的演进———以抽象的自由概念始，以国家的具体实现终。国家是伦理的整体，是上帝在历史中的化身，"国家是伦理理念的实现"，"国家是绝对自在自为的理性东西，因为它是实体性意志的现实，它在被提升到普遍性的特殊自我意识中具有这种现实性。"[③]国家是自由的定在，是普遍利益的代表，是最高的自由，一切个人利益都从属于国家。国家赋予个人权利与义务，个人只有在国家之内，即私人利益与普遍利益一致时，才能实现具体的自由，真正的自由。但是，令马克思感到困惑的是，如果国家是普遍利益的代表，何以普鲁士的书报检查令和莱茵省议会的立法却不是反映平民和穷人的利益，而只是维护特权者和富人的利益呢？在 1843 年夏创作的《黑格尔法哲学批判》一文中，马克思认为，答案只能是黑格尔颠倒了法和国家与市民社会的关系。因为黑格尔"不是从对象中发展自己的思想，而是按照做完了自己的思维的样式来制造自己的对象。黑格尔要做的事情，不是发展政治制度的现成的理念，而是使政治制度和抽象理念发生关系，使政治制度成为理念发展链条上的一个环节，这是露骨

---

① ［德］黑格尔:《法哲学原理》，范扬、张企泰译，商务印书馆 1961 年版，第 351 页。

② ［德］黑格尔:《法哲学原理》，范扬、张企泰译，商务印书馆 1961 年版，第 1 页。

③ ［德］黑格尔:《法哲学原理》，范扬、张企泰译，商务印书馆 1961 年版，第 253 页。

的神秘主义。"① 马克思指出现实社会的真实情况恰恰相反,"家庭和市民社会是国家的真正的构成部分,是意志所具有的现实的精神实在性,它们是国家存在的方式。家庭和市民社会本身把自己变成国家。它们才是原动力。……这就是说,政治国家没有家庭的天然基础和市民社会的人为基础就不可能存在。它们是国家的 Conditio Sine qua non[必要条件]。但是在黑格尔那里条件变成了被制约的东西,规定其他东西的东西变成了被规定的东西,产生其他东西的东西变成了它的产品的产品。"② 在这里,黑格尔不仅颠倒了市民社会与国家之间的关系,而且在私有财产与法、人民主权与君主主权的关系上也都犯了"倒果为因"的错误。马克思用费尔巴哈的唯物论方法批判了黑格尔唯心主义的国家观和法律观,把被黑格尔头足倒置的关系重新颠倒过来。这段研究得出的唯物主义结论,是在 1859 年的《政治经济学批判序言》中得以准确归纳的:"法的关系正像国家的形式一样,既不能从它们本身来理解,也不能从所谓人类精神的一般发展来理解,相反,它们根源于物质生活关系。"③ 在该文中,马克思对政体选择和法与人的关系等问题都提出了独特的见解。马克思认为,民主制包含了一切国家的真理性成分,即国家制度、法律、国家本身都只是人民的自我规定和特定内容。在民主制中,不是人为法律而存在,而是法律为人而存在,人的存在本身就是法律,这正是民主制区别于其他政体形式的基本特点。

马克思的《黑格尔法哲学批判》完成后,在他生前并未公开发表。同年底,马克思曾准备对这篇文章重改一遍,但最后只完成了一篇公开发表在《德法年鉴》上的导言,即《〈黑格尔法哲学批判〉导言》一文,据英语世界最权威的马克思传记作者戴维·麦克莱伦称,该文是马克思原本打算"为重改'黑格尔法哲学批判'而写的"④。麦克莱伦对该文给予高度称赞,认为这是马克思生平所写的"最辉煌的著作之一"。在这里,马克思从对宗教批判

---

① 马克思:《黑格尔法哲学批判》,《马克思恩格斯全集》第 1 卷,人民出版社 1956 年版,第 259 页。

② 马克思:《黑格尔法哲学批判》,《马克思恩格斯全集》第 1 卷,人民出版社 1956 年版,第 251—252 页。

③ 马克思:《政治经济学批判》序言,《马克思恩格斯选集》第 2 卷,人民出版社 1995 年版,第 32 页。

④ [英]戴维·麦克莱伦:《马克思主义以前的马克思》,和飞等译,河北教育出版社 1990 年版,第 152 页。

的总结入手，转到对国家哲学和法哲学的批判，并对黑格尔法哲学批判的重要意义作了深刻阐述，他说："德国的国家哲学和法哲学在黑格尔的著作中得到了最系统、最丰富和最终的表述；对这种哲学的批判既是对现代国家和对同它相联系的现实所作的批判性分析，又是对迄今为止的德国政治意识和法意识的整个形式的坚决否定，而这种意识的最主要、最普遍、上升为科学的表现正是思辨的法哲学本身。"① 但从这篇导言的全部内容来看，对黑格尔法哲学的"批判"并不是其主要部分，毋宁说更像是一篇预言并指导德国革命的理论宣言。正如麦克莱伦所评价的，"这篇文章的效果好像是一篇宣言，它那犀利而教条式的言辞使人们回想起了1848年的《共产党宣言》。"② 或许这正是马克思和他的这位思想导师③的最大分歧——黑格尔只是用他自己的方式解释世界，而马克思一生都在思考的问题却是如何改变世界。对于实践的需要，马克思是这样来论述的，"批判的武器当然不能代替武器的批判，物质力量只能用物质力量来摧毁；但是理论一经掌握群众，也会变成物质力量。理论只要说服人，就能掌握群众；而理论只要彻底，就能说服人。所谓彻底，就是抓住事物的根本。但是，人的根本就是人本身。"④ 只有人是人的最高本质，为了实现"人的解放"这一根本目的，还需要另一个实实在在的物质力量——一个被彻底的锁链束缚着的阶级，而这个阶级——无产阶级现在已经产生。

在《1844经济学哲学手稿》中，马克思从对一般人及人类的关注开始转向具体的人——工人和资本家，并把目光聚焦在连接工人和资本家的一个关键的物——资本。资本的主要表现形式经历了由土地到货币的演化，对于资本的这一演进过程，马克思用历史上先后出现的两个生动形象的俗语予以说明，"从而，中世纪的俗语'没有无领主的土地'被现代俗语'金钱没有主人'所

---

① 马克思：《黑格尔法哲学批判》导言，《马克思恩格斯全集》第3卷，人民出版社2002年版，第206—207页。

② ［英］戴维·麦克莱伦：《马克思主义以前的马克思》，和飞等译，河北教育出版社1990年版，第15页。

③ 马克思在自己的著作中明确承认："我是这位大思想家的学生……有些地方我甚至卖弄起黑格尔特有的表达方式。"他继承并发展了黑格尔的合理内核辩证法，并将这颗"珍珠"与费尔巴哈的唯物论成功结合。

④ 马克思：《黑格尔法哲学批判》导言，《马克思恩格斯全集》第3卷，人民出版社2002年版，第207页。

代替。后一俗语清楚地表明了死的物质对人的完全统治。"① 就连工人也成了资本的一种具体表现形式，"工人不幸而成为一种活的、因而是贫困的资本，这种资本只要一瞬间不劳动便失去自己的利息，从而失去自己的生存条件。"② 马克思在手稿中最早提出了后来在《资本论》中大大发展了的异化理论，资本主义的雇佣劳动制度使得工人的劳动成为异化劳动，这种异化劳动使人丧失了人区别于动物的"有意识的生命活动"③，仅仅剩下"吃、喝、生殖等"这些无异于"动物的机能"④。资本家仅仅由于自己是"资本的所有者"的身份，便拥有了资本的支配权力。这种支配权力不仅针对工人，反过来也"支配资本家本身"⑤。对于资本与立法的关系，是资本为人类立法？还是人类通过资本为自我立法？他引用了萨伊的《论政治经济学》中的一段话：尽管资本本身不归结为盗窃或诈骗，可是为了使继承神圣化，仍然需要有立法的协助。人要成为生产基金的所有者，成为用这些生产基金生产出来的产品的所有者，根据什么？只能"根据实在法。（萨伊，第 2 卷第 4 页）"⑥。而法与宗教、国家、道德等现象一样，都是生产的特殊表现形式，都要受生产的普遍规律的制约和支配。

马克思对法律现象的分析从来不是局限在孤立的法学框架内进行的，他曾经在《〈政治经济学批判〉序言》中对自己的研究方法进行过总结："我学的专业本来是法律，但我只是把它排在哲学和历史之次当作辅助学科来研究。"⑦ 正因为多学科之间的融会贯通，马克思对法的论述越来越接近法律现象的根

---

① 马克思:《1844 年经济学哲学手稿》,《马克思恩格斯全集》第 3 卷, 人民出版社 2002 年版, 第 262 页。

② 马克思:《1844 年经济学哲学手稿》,《马克思恩格斯全集》第 3 卷, 人民出版社 2002 年版, 第 281 页。

③ 马克思:《1844 年经济学哲学手稿》,《马克思恩格斯全集》第 3 卷, 人民出版社 2002 年版, 第 273 页。

④ 马克思:《1844 年经济学哲学手稿》,《马克思恩格斯全集》第 3 卷, 人民出版社 2002 年版, 第 271 页。

⑤ 马克思:《1844 年经济学哲学手稿》,《马克思恩格斯全集》第 3 卷, 人民出版社 2002 年版, 第 239 页。

⑥ 马克思:《1844 年经济学哲学手稿》,《马克思恩格斯全集》第 3 卷, 人民出版社 2002 年版, 第 238 页。

⑦ 马克思:《政治经济学批判》序言,《马克思恩格斯选集》第 2 卷, 人民出版社 1995 年版, 第 31 页。

本。认真学习并借鉴他的研究方法，有助于我们更透彻地分析法的起源、本质等法学基本理论问题，有的放矢地推动实践的发展。

三、从机械唯物到历史唯物

定居布鲁塞尔的三年时间，无论对马克思个人还是家庭，都是一段极其重要的时期。对马克思的家庭来说，"在布鲁塞尔的几年很可能是马克思一家从未有过的快乐时光"。[①] 对马克思个人来说，正是在这里，实现了他思想上最重要的一次飞跃。马克思在批判以费尔巴哈为代表的机械唯物主义哲学的基础上，将唯物论应用于社会历史领域，创立了恩格斯称之为"两大发现"之一的历史唯物主义理论，也基本完成了历史唯物主义法律观的理论创建，并与恩格斯一起彻底实现了从唯心主义到唯物主义，从革命民主主义到共产主义的两大转变。反映这次思想飞跃的主要成果是《关于费尔巴哈的提纲》、《德意志意识形态》和《哲学的贫困》等。

1845 年 1 月，由于普鲁士政府的施压，马克思遭到法国政府驱逐，2 月移居至比利时的布鲁塞尔。当恩格斯于同年 4 月初到来时，马克思已经从经济基础决定上层建筑的基本原理出发"大致完成了发挥他的唯物主义历史理论的工作"，并且已经能用比较明晰的语言向恩格斯说明了。[②] 在《关于费尔巴哈的提纲》中，马克思批判了以费尔巴哈为代表的旧唯物主义的局限性，"从前的一切唯物主义——包括费尔巴哈的唯物主义——的主要缺点是：对事物、现实、感性，只是从客体的或者主观的形式去理解，而不是把他们当作人的感性活动，当做实践去理解，不是从主观方面去理解。"[③] 马克思着重阐明了实践在社会生活和人的认识中的作用，指出实践是检验人的思维真理性的标准。恩格斯称这个提纲是"包含着新世界观的天才萌芽的第一个文件"[④]。

随后，马克思和恩格斯合作撰写了《德意志意识形态》，在这部著作中，

---

① ［英］戴维·麦克莱伦:《卡尔·马克思传》第 3 版，王珍译，中国人民大学出版社 2005 年版，第 131 页。

② ［英］戴维·麦克莱伦:《卡尔·马克思传》第 3 版，王珍译，中国人民大学出版社 2005 年版，第 132 页。

③ 马克思:《关于费尔巴哈的提纲》，《马克思恩格斯全集》第 13 卷，人民出版社 1960 年版，第 3 页。

④ 转引自［英］戴维·麦克莱伦:《卡尔·马克思传》第 3 版，王珍译，中国人民大学出版社 2005 年版，第 133 页。

他们第一次系统地阐明了唯物主义历史观,科学地论证了物质资料的生产是社会存在和发展的基础,社会存在决定社会意识,生产关系必须适合生产力的发展等一系列基本原理,即"从直接生活的物质生产出发来考察现实的生产过程,并把与该生产方式相联系的、它所产生的交往形式,即各个不同阶段上的市民社会,理解为整个历史的基础;然后必须在国家生活的范围内描述市民社会的活动,同时从市民社会出发来阐明各种不同的理论产物和意识形式,如宗教、哲学、道德等,并在这个基础上追溯它们产生的过程。"① 在唯物史观这一科学方法的指导下,马克思恩格斯得出了"私法和私有制是从自然形成的共同体形式的解体过程中同时发展起来的"② 的结论,第一次明确表达了他们对于法律起源问题的研究成果。他们认为私法和私有制之所以没有在罗马人那里引起进一步的后果,主要是因为罗马人的生产方式没有在原来的基础上发生更大的变化。私法和私有制的出现,绝不是个人意志的结果,而是对已经成为现实的社会关系的承认,"每当工业和商业的发展创造出新的交换形式,例如保险公司等的时候,法便不得不承认它们是获得财产的新方式。"③ 根据这一基本原理,马克思恩格斯在批判施蒂纳的法律观时进一步指出,法不是从人们"头脑中挤出来"的观念斗争中产生的,而是从人们的物质关系以及人们由此而产生的互相斗争中产生的。④ 他们还批判了施蒂纳把法律与统治者意志等同的看法,认为法律绝对不是统治者一时的灵感就可以决定的,因为只有现实的人与人之间相互制约的生产方式和交往形式,才是国家的现实基础和创造国家政权的力量,处于现实关系中的统治者除了"必须以国家的形式组织自己的力量外,还必须给予他们自己的由这些特定关系所决定的意志以国家意志即法律的一般表现形式。"⑤ 除此之外,统治者往往还

---

① 马克思恩格斯:《德意志意识形态》,《马克思恩格斯全集》第 3 卷,人民出版社 1960 年版,第 42—43 页。

② 马克思恩格斯:《德意志意识形态》,《马克思恩格斯全集》第 3 卷,人民出版社 1960 年版,第 71 页。

③ 马克思恩格斯:《德意志意识形态》,《马克思恩格斯全集》第 3 卷,人民出版社 1960 年版,第 72 页。

④ 马克思恩格斯:《德意志意识形态》,《马克思恩格斯全集》第 3 卷,人民出版社年 1960 年版,第 363 页。

⑤ 马克思恩格斯:《德意志意识形态》,《马克思恩格斯全集》第 3 卷,人民出版社年 1960 年版,第 377—378 页。

要把这种意志伪装成统治者与其他与之对立的个人的共同利益的表现。其实，这一切都不取决于他们的个人意志，就如同他们的体重不可能取决于他们的意志或任性一样。

在《哲学的贫困》中，马克思重申了国家立法的唯物主义基础，"只有毫无历史知识的人才不知道：君主们在任何时候都不得不服从经济条件，并且从来不能向经济条件发号施令。无论是政治的立法或市民的立法，都只是表明和记载经济关系的要求而已。"① 法是经济关系的内在规律的必然反映，而不是立法者任意摆弄和打扮的装饰品，"金银之所以在法律上具有交换能力，只是由于它们具有事实上的交换能力，而它们之所以具有事实上的交换能力，那是因为当前的生产组织需要普遍的交换手段。法律只是事实的公认。"② 这个事实就是在特定的生产力发展水平下形成的特定的经济关系，对此，马克思运用了设问的修辞手法明确指出，"在宗法制度、种姓制度、封建制度和行会制度下，整个社会的分工确实是按照一定的规则进行的。这些规则是由哪个立法者确定的吗？不是。它们最初来自物质生产条件，过了很久以后才上升为法律。"③ 当竞争在资本主义社会已经成为一个普遍的事实，要消灭竞争，只能先去改变资本主义的一切生存条件和生产生活方式，而不是靠颁布几道法令就能解决问题，"如果我们以为只需颁布几道法令就可以摆脱竞争，那么我们就永远摆脱不了竞争。如果我们更进一步建议废除竞争而保留工资，那就等于建议用王室法令来做一些毫无意义的事。但是各民族并不是按照王室法令来发展的。各民族在求助于这些法令之前，至少必须彻底改变他们在工业上和政治上的一切生存条件，也就是要彻底改变他们的整个生活方式。"④

至此，马克思恩格斯的历史唯物主义法律观在理论阐述上已臻于成熟，此后便是如何运用这一科学的法律观去分析资本主义社会的法律现象了。

四、从理论阐述到实践运用

从《共产党宣言》的发表到《资本论》的创作完成，是马克思和恩格斯

---

① 马克思:《哲学的贫困》,《马克思恩格斯全集》第4卷，人民出版社1958年版，第121—122页。

② 马克思:《哲学的贫困》,《马克思恩格斯全集》第4卷，人民出版社1958年版，第124页。

③ 马克思:《哲学的贫困》,《马克思恩格斯全集》第4卷，人民出版社1958年版，第165页。

④ 马克思:《哲学的贫困》,《马克思恩格斯全集》第4卷，人民出版社1958年版，第174页。

将历史唯物主义法律观作为指导国际工人运动的有力武器之一，运用于资本主义社会的法律现象分析，为实现他们改变世界的理想而奋斗的阶段。反映这一阶段成就的主要成果是《共产党宣言》、《新莱茵报》发表的一系列文章、《资本论》、《论住宅问题》、《哥达纲领批判》及《反杜林论》等。

在《共产党宣言》等欧洲革命背景下撰写的著作中，马克思恩格斯坚持了上层建筑的两个构成部分——观念上层建筑和政治上层建筑都取决于经济基础的基本原理。首先，"人们的观念、观点和概念，一句话，人们的意识，随着人们的生活条件、人们的社会关系、人们的社会存在的改变而改变"[①]，他们认为这是一个不需要经过深思就能了解的事实；其次，他们在驳斥资产阶级法律时强化了阶级社会里法的阶级属性，"你们的观念本身是资产阶级的生产关系和所有制关系的产物，正像你们的法不过是被奉为法律的你们这个阶级的意志一样，而这种意志的内容是由你们这个阶级的物质生活条件来决定的。"[②]即资产阶级法体现的资产阶级意志最终是由资产阶级的物质生活条件，也就是由该阶级所代表的生产力发展水平决定的。特定的物质生活条件既然决定了某种意识的产生，当这种条件变化时也就注定了建基其上的意识的消亡，"在旧社会内部已经形成了新社会的因素，旧思想的瓦解是同旧生活条件的瓦解步调一致的。"[③]资产阶级的法律与资产阶级关于自由、教育、法等的观念一样，也是历史的产物，而不是简单的自然的产物，单纯的自然并不能为人类社会立法。因此，代表新思想和新生社会力量的无产阶级通过社会革命夺取政权、建立自己的政治统治和社会主义法律制度便是历史赋予的一项基本任务或神圣使命。

法来源于历史上的习俗，是随着物质生活条件的改变而产生的，但法不是习俗的简单摹写，而总是代表新生社会力量的意志和愿望。柏林革命发生后，马克思恩格斯在《新莱茵报》上发表的一篇文章中写道，"康普豪森的太阳落下去了"，"柏林革命已经永远结束了所有这一切封建关系。不言而喻，农民已经立即在实际上废除了这些关系。政府只应当把实际上已

---

① 马克思恩格斯：《共产党宣言》，《马克思恩格斯选集》第 1 卷，人民出版社 1995 年版，第 291 页。

② 马克思恩格斯：《共产党宣言》，《马克思恩格斯选集》第 1 卷，人民出版社 1995 年版，第 289 页。

③ 马克思恩格斯：《共产党宣言》，《马克思恩格斯选集》第 1 卷，人民出版社 1995 年版，第 292 页。

经由人民的意志实现的废除一切封建义务的事情用法律形式固定下来。"①
阶级对立社会里的法律具有阶级属性，这种阶级性不但体现在法律总是反
映某个阶级的意志，而且体现在新旧法律之间的阶级冲突和斗争。当旧的
法律与新生社会力量的要求和利益出现激烈对立，其合法性就会渐渐瓦解，
于是"革命是人民权利的法律根据；人民根据革命提出自己的强烈要求。"②
在针对封建制度的革命中，农民和资产阶级曾经结为联盟，但是后来他们
的利益出现了冲突并分化，资产阶级开始公开背弃人民并攫取自己的私利。
马克思恩格斯对此一针见血地指出："革命是人民转在资产阶级名下的一张
期票。资产阶级由于革命取得了政权。在它取得政权的那一天，这张期票
的支付期就满了。资产阶级必然要拒绝这张期票。"③ 社会革命中的阶级力
量对比关系，新旧法律的对立冲突，其最终依据都是社会的物质生活条件。
法律不可避免地要随着物质生活条件的变化而变化。在一次法庭辩护中，
马克思作为被告《新莱茵报》一方的代表发言，他向陪审员们提出这样一
个问题：应当怎样理解保存法制的基础？他慷慨陈词："保存那些属于前一
个社会时代的、由已经消失或正在消失的社会利益的代表人物所创立的法
律，——这只能意味着把这种与共同需要相矛盾的利益提升为法律。但社
会不是以法律为基础的。那是法学家们的幻想。相反地，法律应该以社会
为基础。法律应该是社会共同的、由一定物质生产方式所产生的利益和需
要的表现，而不是单个的个人恣意横行。"④ 他以拿破仑法典为例，进一步论
证了法与社会发展之间的关系。他认为不是拿破仑法典创立了现代的资产
阶级社会，相反地，是现代的资产阶级社会恰巧在拿破仑法典中找到了自
己的法律表现形式。一旦这一法典不再适应社会关系，它立刻就会变成不
值钱的废纸一堆。旧法律不会成为新社会发展的基础，它是从旧的社会关
系中产生的，最后也必然同旧的社会关系一起消亡。马克思指出，只有适

---

① 马克思恩格斯：《帕托夫赎买法案建议书》，《马克思恩格斯全集》第5卷，人民出版社
1958年版，第123—124页。

② 马克思恩格斯：《资产阶级革命和反革命》，《马克思恩格斯全集》第6卷，人民出版社
1961年版，第130页。

③ 马克思恩格斯：《资产阶级革命和反革命》，《马克思恩格斯全集》第6卷，人民出版社
1961年版，第130页。

④ 马克思：《对民主主义者莱茵区域委员会的审判》，《马克思恩格斯全集》第6卷，人民
出版社1961年版，第291—292页。

应社会发展的新需要，及时以成熟了的共同利益取代那些已经与时代不相适应的私人利益，才是真正地信奉和保存法制的基础。反之，只会阻碍生产和工业的发展，并酝酿着以政治革命的形式表现出来的社会危机，以致动摇甚至摧毁现存的社会秩序。

马克思的《资本论》既是一部政治经济学巨著，也包含着丰富的法律思想。正如列宁所说，马克思写作《资本论》并不是局限于通常意义上的经济理论，"他专门以生产关系说明该社会形态的结构和发展，但又随时随地探索适合于这种生产关系的上层建筑，使骨骼有血有肉。"① 法律作为上层建筑的重要构成部分，当然始终在马克思的关注范围之内。例如对法的基础，马克思一贯强调经济关系对法的决定作用，"商品占有者之间发生的具有契约形式的（不管这种契约是不是用法律固定下来的）法的关系，是一种反映着经济关系的意志关系。这种法的关系或意志关系的内容是由这种经济关系本身决定的。"② 马克思认为，法的关系只不过是由经济关系所决定的意志关系的固定化。在法律最终由经济关系决定这一前提下，法律对经济也产生一定的反作用，或者促进或者阻碍经济的发展。马克思在《资本论》中列举了许多法律推动生产发展和技术进步的例子。例如"1815 年的英国谷物法保证了爱尔兰向大不列颠自由输出谷物的独占权。这样一来，谷物法就人为地促进了谷物生产。"③ 又如 1864 年英国强制执行工厂法的结果，带来了因陶器工业技术上的进步，煤的消耗大大减少，土坯烧得更快等。与前述法律的积极的促进作用相反，法律如果背离法本质则会阻碍经济的发展，引起经济的停滞甚至倒退。例如马克思在分析 1844—1845 年英国银行法时指出：1844 年的银行法使得整个商业界在危机爆发时立即大量购买银行券，结果加速并加剧了危机。马克思通过对经济关系史的考察，发现了一个特别的现象：虽然法总是一定经济基础的反映，但是法与经济基础的发展并不完全同步，有时相同的经济基础之上，也会有各异其趣的法律形式。马克思论述到："相同的经济基础——按主要条件来说相同——可以由于无数不同的经验的事实，自然条件，种族关系，各种从外部发生作用的历史影响等，而在现象上显示出无穷无尽的变异和程度差别，这些

---

① 《列宁选集》第 1 卷，人民出版社 1995 年版，第 9 页。
② 马克思：《资本论》，《马克思恩格斯全集》第 23 卷，人民出版社 1972 年版，第 143 页。
③ 马克思：《资本论》第 1 卷，人民出版社 2004 年版，第 819 页。

变异和程度差别只有通过对这些经验所提供的事实进行分析才可以理解。"①
在这里，罗马法的现代应用是一个典型的例证。罗马法本是古代罗马共同
体时期盛行的私法，当时却被大量采用并改造为现代资本主义的法律。为
什么远古时代的法在资本主义社会重又焕发出生机和活力呢？马克思在
《1857—1858 年政治经济学批判手稿》中分析道："罗马法虽然是与交换还
很不发达的社会状态相适应的，但是，从交换在一定的范围内已有所发展
来说，它仍能阐明法人，进行交换的个人的各种规定，因而能成为工业社
会的法的先声（就基本规定来说），而首先为了和中世纪相对抗，它必然被
当作新兴资产阶级社会的法律来看。不过，罗马法的发展本身和罗马共同
体的解体也是完全一致的。"② 在致拉萨尔的信中，马克思再次阐明这一问
题，"毫无疑义，多少经过修改的罗马法为当代社会所接受，是因为建立在
自由竞争基础上的社会里的人关于自己的法的观念是同罗马法中的人的观
念相一致的。"③ 马克思随后还附带说明了一点，他当时虽然完全没有涉及但
将来可能要详细论述的极其重要的一个问题，即法的观念具有一定的独立
性。由此也可以看出，所有制关系（或生产关系、物质生活条件、经济基
础）只是法形成的母体，但并不是法本身。

　　在《论住宅问题》中，恩格斯论及了法学和法学家产生的条件问题，成
为后来的社会主义理论探究法学起源问题的最权威依据。在《哥达纲领批判》
中，马克思在批判拉萨尔派所谓"公平的"分配时，涉及了法的价值问题，从
根本上否定了资本主义制度的价值正当性，资本主义的"雇佣劳动制度是奴隶
制度，而且劳动的社会生产力越发展，这种奴隶制度就越残酷，不管工作得到
的报酬较好或是较坏。"④ 虽然它在推翻封建制度的历史上曾经起过一定的进步
作用，但是随着无产阶级登上政治舞台，它越来越没有任何真理性和正义性可
言。拉萨尔派的教条主义使其只能跟在资产阶级经济学家身后，把事物的外表

---

① 　马克思:《资本论》第 3 卷,《马克思恩格斯全集》第 25 卷, 人民出版社 1974 年版, 第
　　892 页。

② 　马克思:《1857—1858 年政治经济学批判手稿》,《马克思恩格斯全集》第 46 卷, 人民
　　出版社 1979 年版, 第 198 页。

③ 　马克思:《致斐·拉萨尔》,《马克思恩格斯全集》第 30 卷, 人民出版社 1974 年版, 第
　　608 页。

④ 　马克思:《哥达纲领批判》,《马克思恩格斯选集》第 3 卷, 人民出版社 1995 年版, 第
　　311 页。

当做事物的本质。

五、从实践检验到理论发展

从马克思的人类学笔记到整个"第二国际"期间，是历史唯物主义法律观经实践检验实现理论再发展再完善的阶段。马克思恩格斯创立了历史唯物主义法律观后，积极将其运用于资本主义世界的法律实践分析，当然主要是采取了批判的态度。他们偶尔也运用这一法律观探讨未来社会法的发展趋势，马克思晚年还将历史唯物主义法律观运用于史前社会的制度演进思考。经过将理论放诸于这些实践领域不断检验，他们（马克思晚年由于遭受病痛折磨，在完成《资本论》巨著后，没有再进行系统的理论创作，因此，这一时期的发展主要是由恩格斯实现的。）对自己的理论进行了重新归纳和总结，有许多创新和发展。这一时期的主要理论成果是马克思的人类学笔记和恩格斯的《家庭、私有制和国家的起源》、《法学家的社会主义》、《路德维希·费尔巴哈和德国古典哲学的终结》等。

马克思在其晚年（1879—1880 年期间）所做的一系列人类学笔记中，注意到了习惯在社会关系调整机制中的重要作用，认为习惯在历史上曾经起过和法律类似的调节功能。马克思在笔记中肯定了摩尔根的下述思想："希腊人、罗马人、希伯来人最初的法律——在文明时代开始以后——主要只是把他们前代体现在习惯和习俗中的经验的成果变为法律条文。"① 他基本上赞同摩尔根关于法从氏族习惯到习惯法再到成文法的发展规律的判断。马克思还对与财产关系发展相关的三种继承法——母系宗亲继承法、父系宗亲继承法和子女继承法——给予了关注，认为财产在人类法律起源的过程中发挥了重大推动作用。他完全赞同摩尔根的下述观点："无论怎样高度估计财产对人类文明的影响，都不为甚。财产曾经是把雅利安人和闪米特人从野蛮时代带进文明时代的力量。管理机关和法律建立起来，主要就是为了创造、保护和享有财产。"②

恩格斯充分利用了马克思人类学笔记中的许多资料，特别是关于摩尔根

---

① 马克思:《路易斯·亨·摩尔根〈古代社会〉一书摘要》,《马克思恩格斯全集》第45卷,人民出版社1985年版，第389—390页。

② 马克思:《路易斯·亨·摩尔根〈古代社会〉一书摘要》,《马克思恩格斯全集》第45卷,人民出版社1985年版，第377页。

《古代社会》一书的笔记摘要，写成了《家庭、私有制和国家的起源》一书。该书对法的起源作了历史实证性的考察，论证了法起源的时间和成因，使法的起源研究从 17、18 世纪的自然状态和社会契约理论假设进入了真正科学的领域。恩格斯对人类远古法的三种主要形式（古雅典法、古罗马法和日耳曼法）分别进行了考证，认为这三种古老的法律都是从习惯或习俗演变而来的。古雅典和古罗马"这两种立法都是作为习惯法而自发地产生的，都只有经济上的强制。"①同样，日耳曼法也是日耳曼各王国参照罗马法，在各自部落习惯的基础上改编而成的。对于恩格斯的这一文本，我们在后面的章节中还要进行详细分析，这里不再展开。在另一篇文章《法学家的社会主义》中，恩格斯阐明了不同历史时期不同阶级法律观的产生和演变历程，从中世纪封建主的神学法律观到现代资产阶级的理性法律观再到无产阶级的历史唯物主义法律观，论证了法的价值从公开维护等级不平等到宣扬形式平等再到追求实质平等的发展趋势。

在经济与法的关系上，晚年的恩格斯还意识到，由于历史和斗争任务的需要，他和马克思过去一直都把研究和论证的重点放在从作为基础的经济关系中探索国家和法的观念，而这样做的结果同时也给各种机会主义和唯心主义攻击马克思主义理论提供了可乘之机。在新的斗争形势下，必须进一步发展和完善马克思主义理论。因此，恩格斯在去世前夕致布洛赫等人的信中，对经济决定法的原理进行了许多新的阐发。例如：法以经济发展为基础，但并不是只有经济状况才是法的原因，只能从"归根到底"的意义上来理解经济对法的决定作用。恩格斯指出："政治、法、哲学、宗教、文学、艺术等的发展是以经济发展为基础的。但是，它们又都互相作用并对经济基础发生作用。并非只有经济状况才是原因，才是积极的，其余一切都不过是消极的结果。这是在归根到底总是得到实现的经济必然性的基础上的互相作用。"②法具有相对独立性，要正确发挥法的作用，不但必须适应总的经济状况，而且需要注意法的体系自身内部的和谐。还是在上述信件中，恩格斯进一步指出："在现代国家中，法不仅必须适应于总的经济状况，不仅必须是它的表现，而且还必须是不因内在矛盾而自

---

① 恩格斯：《家庭、私有制和国家的起源》，《马克思恩格斯选集》第 4 卷，人民出版社 1995 年版，第 166—167 页。

② 恩格斯：《致瓦·博尔吉乌斯》，《马克思恩格斯选集》第 4 卷，人民出版社 1995 年版，第 732 页。

相抵触的一种内部和谐一致的表现。……'法的发展'的进程大部分只在于首先设法消除那些由于将经济关系直接翻译成法律原则而产生的矛盾，建立和谐的法的体系，然后是经济的进一步发展的影响和强制力又一再突破这个体系，并使它陷入新的矛盾（这里我暂时只谈民法）。"[①] 由于法的相对独立性，经济基础与法的关系就不是单纯的决定与被决定的关系，法对经济具有反作用。恩格斯总结了国家权力影响经济的三种形式：促进经济发展；阻碍经济发展；改变经济发展的方向[②]。笔者认为，这一原理同样适用于法对经济的反作用。

第三节　法的起源论

法的起源是法学理论研究中的一个基础性问题，是研究法学中其他基本理论问题的出发点。法的起源决定着法的本质属性，是回答法律是什么这一法理学基本问题的前提。正如我国著名法学家沈宗灵先生所言："研究法的起源就在于要认识：在人类历史上在什么时候什么条件下，由于什么原因产生了法？目的是通过历史考察来看什么是法。"[③] 对法起源的正确探究不仅影响法的本体论认识，也决定着法的价值论认识所能达到的高度和对法的未来发展趋势的科学预测。虽然沈宗灵先生对法起源的研究目的比较明确，但在具体论证时却和坚持"国家造法说"的其他学者一样，在很大程度上误读了马克思恩格斯的法起源理论。由于国内学界在讨论法的起源问题时，总体上是以恩格斯在《家庭、私有制和国家的起源》一书中的论述作为权威依据，所以，要正确说明这一问题，我们也主要是对该文本进行剖析。

一、"国家造法说"是对马克思恩格斯法起源论的误解

在我国，法学界对于法律的定义大体上是一致的，与现代汉语词典中对法律的解释基本相同。法律有广义和狭义两种解释：广义的法律是指由拥有立法权的国家机关制定或认可，并由国家强制力保证实施的各种行为规范的总和；

---

① 恩格斯：《致康·施密特》，《马克思恩格斯选集》第 4 卷，人民出版社 1995 年版，第702 页。

② 其实，最后一种根据其与经济发展的关系可以归结为前两种情况中的任何一种。

③ 沈宗灵等编：《法理学与比较法学论集——沈宗灵学术思想暨当代中国法理学的改革与发展》上册，北京大学出版社、广东高等教育出版社 2000 年版，第 160 页。

而狭义的法律特指国家最高立法机关依据立法程序制定和颁布的规范性文件。显然，不管是广义的法律还是狭义的法律，都指向一个共同的来源——国家。在我国关于法的起源的各种论述中，"国家造法说"一直是占据主导地位的一种学说。其基本思路是这样的：原始社会有习惯或习俗，但没有法。因为恩格斯把原始社会的氏族制度称为习俗，没有称为法，主要依据即是恩格斯在《家庭、私有制和国家的起源》一书中描述性的一段话："这种十分单纯质朴的氏族制度是一种多么美妙的制度呵！没有军队、宪兵和警察，没有贵族、国王、总督、地方官和法官，没有监狱，没有诉讼，而一切都是有条理的。一切争端和纠纷，都由当事人的全体即氏族或部落来解决，或者由各个氏族相互解决；血族复仇仅仅当做一种极端的很少应用的手段；……一切问题，都由当事人自己解决，在大多数情况下，历来的习俗就把一切调整好了。"[1] 恩格斯衷心赞美的这种氏族制度是在特定的无阶级对立的社会背景下自发产生的，恩格斯指出："氏族制度是从那种没有任何内部对立的社会中生长出来的，而且只适合于这种社会。除了舆论之外，它没有任何强制手段。"[2] 列宁也赞同当时还"没有系统地采用暴力和强迫人们服从暴力的特殊机构"，氏族社会的一切事务如"公共联系、社会本身、纪律以及劳动规则全靠习惯和传统的力量来维持，全靠族长或妇女享有的威信或尊敬来维持，没有专门从事管理的人的特殊等级。"[3]

联系上下文来看，首先，恩格斯这段论述的意图并不是要探讨原始社会有没有法的问题；其次，仔细研究这段话我们还不难看出，恩格斯并没有对原始社会有没有法的问题作出一个明确的否定的判断，而仅仅是肯定了原始社会尚不存在我们今天所倚重的强制实施法律的手段和专门机关，这充其量只能说明原始社会的习惯法具有特殊性，它的保障手段"舆论"与阶级社会里法律的保障手段——国家强制力有着根本的区别。可见，据此断言原始社会没有法，法随着奴隶制国家的出现而出现是欠缺说服力的。相应地，基于"国家造法说"这一前提作出的其他有关法的各种论断也就值得重新推敲。

当然，坚持"国家造法说"的学者还可以强调说：虽然恩格斯在上述论述中没有明确否定原始社会有法，但他也没有提"法"字，他只把"这种十分单

---

[1]　恩格斯：《家庭、私有制和国家的起源》，《马克思恩格斯选集》第4卷，人民出版社1995年版，第95页。

[2]　恩格斯：《家庭、私有制和国家的起源》，《马克思恩格斯选集》第4卷，人民出版社1995年版，第165页。

[3]　《列宁选集》第4卷，人民出版社1996年版，第44—45页。

纯质朴的氏族制度"称为"习俗",岂不就证明原始社会的氏族制度仅仅是习俗而不是法吗? 这一质疑是有道理的,因为法不同于一般的氏族制度或习俗,并不是所有的氏族制度或习俗都是法。那么,我们紧接下来的一个问题便是:如果说氏族制度或习俗不是法,那马克思和恩格斯称为法的事物到底是什么时候出现的呢? 恩格斯在《家庭、私有制和国家的起源》一书中并未明确提及。为什么恩格斯在论及国家起源的时候不提与国家密切联系的法的起源,可能有两个原因:一是恩格斯以前已经对这个问题做过阐述,问题已经解决,没有必要再提及;二是恩格斯对这个问题还没有考虑清楚。很明显原因是前者,因为恩格斯在更早以前的《论住宅问题》一文中确实阐明了这一问题,多数学者也都引用恩格斯下面的这一段议论作为法起源的权威答案,"在社会发展的某个很早的阶段,产生了这样的一种需要:把每天重复着的生产、分配和交换产品的行为用一个共同规则概括起来……这个规则首先表现为习惯,后来便成了法律。随着法律的产生,就必然产生出以维护法律为职责的机关——公共权力,即国家。随着社会的进一步发展,法律进一步发展为或多或少广泛的立法。这种立法愈复杂,它的表现方式也就愈益不同于社会日常经济生活条件所借以表现的形式。立法就显得好像是一个独立的因素,这个因素并不是从经济关系中,而是从自己的内在基础中,例如从"意志概念"中获得存在的理由和继续发展的根据。人们往往忘记他们的法权起源于他们的经济生活条件,正如他们忘记了他们自己起源于动物界一样。"① 显然,恩格斯的这段话清清楚楚地表达了他的法律起源观:法律是先于国家产生的,国家以维护法律为职责(需要注意的是,根据上下文的语境看,恩格斯在这里对法律与立法作了区别,他所说的"法律"实际上相当于马克思说的"法",不同于我们现代汉语中法律的含义,既不是广义的法律,更不是狭义的法律;他所说的"立法"则相当于马克思用的"法律")。也可以说,恩格斯认为国家并不是法律产生的原因,相反法律是国家产生的原因,国家的宗旨和目的就是维护法律。在这里,恩格斯没有明言但隐含的一个必然推论是:国家是否事实上履行了自己的职责,不影响法律的存在。或者说,法律并不是等到公共权力机关产生出来才是法律,而是不管国家产生与否,也不管已经产生的国家是否履行职责,都已经是法律。不知为何很多学者却据此得出了法起源于国家的结论,继而在思维中形成了一套看似完整的体系:法与国家密不可分,伴随国家的产生而出现;法产生的根本

---

① 恩格斯:《论住宅问题》,《马克思恩格斯选集》第3卷,人民出版社1995年版,第211页。

原因是生产力的发展，直接原因是私有制、阶级和国家的出现，基本标志是诉讼和审判的出现。为什么会对马克思恩格斯的法起源论出现如此大的误解，笔者考虑原因有二：一是与国家这一事物现在已遍及全球，现实中的法几乎都以国家法的形式存在有关，以至于许多人把现实的当成了合理的，也当成了历史的；二是与国内法学界长期以来对法与法律不予区分的思维习惯有关，许多学者在进行研究和论证之前就设置了这样一个逻辑前提：因为他们所说的法律是由国家制定或认可的，所以法律起源于国家；又因为广义的法律等于法，所以法也起源于国家。

二、马克思恩格斯法起源论的理论要点

马克思恩格斯关于法起源的基本观点在恩格斯的《家庭、私有制和国家的起源》一书中已经比较明确，为了使这一问题的探讨脉络更加清晰，我们再结合经典作家的其他文本将他们法起源论的理论要点予以归纳。

（一）法与国家不同，不是阶级对立社会才有的现象

对于国家的起源，恩格斯的论述非常明确，"国家并不是从来就有的。曾经有过不需要国家，而且根本不知国家和国家权力为何物的社会。在经济发展到一定阶段而必然使社会分裂为阶级时，国家就由于这种分裂而成为必要了。"[①] 而法与国家起源的原因并不完全相同，根本原因是一致的，都是经济发展到一定阶段的需要，但直接原因明显不同。

马克思恩格斯研究原始社会理论的主要文献是美国古人类学家摩尔根的《古代社会》一书，摩尔根的深入研究为马克思恩格斯探究原始社会的习惯法提供了事实根据。摩尔根本人曾经长期深入美洲易洛魁人的氏族社会，运用人类学特有的田野调查方法，亲自对易洛魁人的氏族习惯进行过实地调研。摩尔根曾明确断言，法，"在政治社会建立以前便已出现"。[②] 他在书中大量使用了法律、立法、权利、义务、财产继承等词。例如，在谈到易洛魁人的部落联盟会议时，摩尔根说："该会议有立法、行政及司法之权"，"每一项公共法令都必须得到联盟会议的一致通过始为有效，这是易洛魁联盟

---

① 恩格斯:《家庭、私有制和国家的起源》,《马克思恩格斯选集》第 4 卷, 人民出版社 1995 年版, 第 174 页。

② ［美］路易斯·亨利·摩尔根:《古代社会》,杨东纯等译,商务印书馆 1995 年版,第 75 页。

的基本法。"① 如果马克思恩格斯认为原始社会没有法，依他们思维严谨和长于批判的特点，必然会对摩尔根的"词语滥用"予以反驳。可是我们现在看到的是，马克思恩格斯并未对此表示丝毫的质疑，相反，恩格斯还多次沿用与摩尔根类似的说法。与"国家造法说"的主张相反的是，恩格斯多次谈到易洛魁人、希腊人、罗马人等氏族组织中的法律关系。他说，易洛魁人的氏族"没有超出部落的范围；……凡是部落以外的便是不受法律保护的。在没有明确的和平条约的地方，部落与部落之间便存在着战争，而且这种战争进行得很残酷，使别的动物无法和人类相比，只是到后来，才因物质利益的影响而缓和一些。"② 在希腊人的氏族中，"巴赛勒斯除军事的权限以外，还有祭祀的和审判的权限；审判的权限没有详细的规定，但祭祀的权限是他作为部落或部落联盟的最高代表而被赋予的。……亚里士多德也说，英雄时代的pasileia是对自由人的统率，巴赛勒斯是军事首长、法官和最高祭司"③。雅典人则"比美洲任何土著民族都前进了一步，相邻的各部落的单纯的联盟，已经由这些部落融合为统一的民族所替代了。于是就产生了凌驾于各个部落和氏族的法的习惯之上的雅典普遍使用的民族法（Volksrecht）；只要是雅典的公民，即使在非自己部落的地区，也取得确定的权利和新的法律的保护。"在雅典人的400人议事会里，"一切官吏都是在这里选出的，一切官吏都要在这里报告自己的工作；一切法律都是在这里制定的。"④ 在罗马人的氏族里，由于财富的不断增加以及婚姻关系中一夫一妻制的推行，新的行为规范不断渗入旧有的氏族习俗之中，渐渐消解甚至取代了旧习俗的作用，由此也催生了一个新的机构——元老院（即最早的立法机构，笔者注）的产生，"元老院像雅典议事会一样，在许多事情上有决定权，在比较重要的事情，尤其是新法律方面有权预先讨论。这些新法律，最后由叫做comitia curiata（库里亚大会）的人民大会通过。……库里亚大会通过或否决一切法律，选举一切高

---

① 马克思：《路易斯·亨·摩尔根〈古代社会〉一书摘要》，《马克思恩格斯全集》第45卷，人民出版社1985年版，第449页。

② 恩格斯：《家庭、私有制和国家的起源》，《马克思恩格斯选集》第4卷，人民出版社1995年版，第96页。

③ 恩格斯：《家庭、私有制和国家的起源》，《马克思恩格斯选集》第4卷，人民出版社1995年版，第105—106页。

④ 恩格斯：《家庭、私有制和国家的起源》，《马克思恩格斯选集》第4卷，人民出版社1995年版，第108、114页。

级公职人员，……并以最高法院资格，在一切事关判处罗马公民死刑的场合，根据各方的上诉作最后决定。……还有勒克斯，他完全相当于希腊的巴赛勒斯，……他同样也是军事首长、最高祭司和某些法庭的审判长。他不掌握民政方面的权力，也绝没有处理公民的生命、自由和财产的权力，除非这些权力来自军事首长的惩戒权或法庭审判长的判决执行权。"[①] 与罗马人的库里亚大会的职能相似，在德意志人的氏族中，"人民大会同时也是审判法庭；各种控诉都向它提出，并由它作出判决，死刑也在这里宣判，但只有对卑怯、背叛和反自然的淫行才判处死刑。在氏族和其他分支中，也是由以氏族首长为主席的全体大会进行审判；像在德意志人的一切最早的法庭上一样，氏族首长可能只是诉讼的领导者和审问者；德意志人的判决，不拘何时何地，都是由全体作出的。"[②]

通过以上论述可以看出，恩格斯事实上已经间接地对原始社会是否有法的问题作出了肯定的回答。特别是在谈到罗马人的氏族时，他所作的论述还表明法律是随着物质生活条件的变化不断发展变化的，人类社会进入父系氏族阶段以后，伴随着财富的增加和一夫一妻制的确立，原始社会的法律构成发生了很大变化，母系氏族时期的很多旧的法律规范不再适应新的社会关系，于是适应新的物质生活条件的新法律规范不断涌现。另外，原始社会末期，法庭和诉讼作为维护现实经济基础的新型手段开始现身，并且，军事首长或法庭审判长还能通过授权的形式把惩戒权或判决执行权交与其他人强制执行。只是在此之后，强制性才渐渐成为法律的一项基本属性。

根据《资本论》中的相关论述，马克思应该是在1863—1865年间就已表达了关于法律起源的思想，在《资本论》的第三卷，他写道："如果一种方式持续了一个时期，那么它就会作为习惯和传统固定下来，最后被作为明文的法律加以神圣化。"[③] 这证明了马克思恩格斯在法律起源观点方面的一致性。晚年的马克思虽然由于身体原因没有从事更多的理论创作，但他在人类学笔记中谈到原始社会规范和原始习惯时也表明了法律起源于习惯和传统的思想，有人甚

---

① 恩格斯:《家庭、私有制和国家的起源》,《马克思恩格斯选集》第4卷，人民出版社1995年版，第125—126页。

② 恩格斯:《家庭、私有制和国家的起源》,《马克思恩格斯选集》第4卷，人民出版社1995年版，第144页。

③ 马克思:《资本论》第3卷,《马克思恩格斯全集》第25卷，人民出版社1974年版，第894页。

至据此认为《家庭、私有制和国家的起源》应当看作是两人的共同著作。

综上所述，在马克思恩格斯看来，法是先于国家而产生的。原始社会的习惯法作为规范氏族成员行为的普遍准则，是法的最初表现形式，后来的国家法只是法的其中一种表现形式，只是因其作用突出，越来越成为了法的最主要表现形式。"国家造法说"是对马克思恩格斯法律观的误解和歪曲，是禁不起推敲的。正如周永坤教授所说："我们最大的误解是将马克思、恩格斯的国家起源理论误用到法的起源上。"[1] 马克思恩格斯对法起源问题的理解应当是"法的出现早于国家，并且保证法的实施和所有的人对法律规定的遵守成为国家产生的原因之一。"[2] 法作为人类社会一种具有普遍约束力的行为规范，不是从来就有的，而是在社会进化到一定的历史阶段才出现的。尽管现在看来，那时的法不够系统和完善，非常粗陋，甚至还没有成文化，仍然是一种习惯或习俗[3]，但已经具备了法的雏形，已经不同于原先的习惯或习俗，具有了高于一般习惯或习俗的地位和效力。法是原始社会发展到一定阶段的产物，先于政治国家而产生，国家首先应当是维护法的实现的工具。虽然国家产生以后主要成了阶级统治的工具，特别是一些专制国家常常与权力勾结竟然凌驾于法律之上，这有违人类立法的初衷，更不是法律本身的罪过。既然法在国家之前已经出现和存在，就与国家的起源不同，它不是阶级斗争的产物，当然其功能也就不会主要是阶级斗争的工具。[4] 法不是人类社会的第一个剥削阶级——奴隶主的发明创造，它的起源同国家没有什么必然的联系。阶级性不是法的根本属性，只是阶级对立社会里法的一种属性或现象特征。随着阶级对立现象的消灭，法的阶级性就会失去其存在的基础。

（二）法产生的根本原因是生产力的发展和人类社会的共同需要

历史唯物主义世界观认为，社会存在决定社会意识，经济基础决定上层建筑。法作为一种建立于一定经济基础之上的上层建筑现象，不是从来就有的，而是随着社会生产力的发展和人类经济形态的进化而产生和发展起来的。它的出现不是历史的偶然，而是有其产生的社会基础，是在特定的历史条件下

---

① 周永坤：《法理学——全球视野》，法律出版社 2000 年版，第 475 页。

② ［俄］B.B. 拉扎列夫：《法与国家的一般理论》，王哲等译，法律出版社 1999 年版，第 63 页。

③ 就像武侠小说中的丐帮帮主——乞丐中的霸主，身份仍然是乞丐一样，习惯法是习惯之王，但内容仍然是习惯。

④ 周凤举：《法单纯是阶级斗争的工具吗？——兼论法的社会性》，《法学研究》1980 年第 1 期。

产生的。法的最深刻的基础根源于经济形态的发展和变迁。马克思认为："每种生产形式都产生它特有的法权关系、统治形式等等。"①原始社会里氏族习惯法的产生便是一个最好的例证。它最初表现为氏族内部的习惯或习俗，具有个别性和分散性的特点，其中一些被实践验证为有效的习惯或习俗逐渐获得了全体氏族成员明示或默示的认可，成为具有普遍约束力的行为规范，即上升为习惯法。从根本性和终极性上讲，生产力的发展和人类社会共同体的基本需要是法产生的根本原因。此二者之间应当不存在绝对的先后关系，因为一方面，人类社会日益增多和增强的共同需要推动着生产力的进步和发展；另一方面，生产力的发展反过来也能刺激人类社会共同需要的更加多样和多元。

　　考古学家的伟大发现和历史学家的严谨论证告诉我们，在相当长的一段历史时期内，即旧石器时代的早期和中期，人们是以血缘家庭的形式从事生产和生活。马克思也在其人类学笔记中写道："血缘家庭是第一个'有组织的社会形式'"②。在血缘家庭内部，亲属关系是按照辈份进行划分的。可以说，婚姻家庭关系是人类需要处理的最原始的社会关系。在这一时期，每个家族都是一个独立的生产单位。由于生产力水平极端低下，家族成员共同劳动，消费品实行平均分配；当居住地的食物供给短缺时，整个家族就得集体迁移到别处。由于生活状态极不稳定，此时的人们只是在劳动中形成了一些简单的习惯，尚不能称为法。但是，到旧石器时代晚期，弓箭的发明及广泛使用，极大地促进了生产力的发展。随着生产力的发展，人们已经相对定居下来，相互之间形成了比较持久的结合。相对稳定的生活状态要求家族成员之间、家族与家族之间的关系也相对固定，以更好地保证生产的连续性和各种族的繁衍昌盛，这就为法的产生准备了条件。进入新石器时代后，人类社会进入母系氏族公社的繁荣阶段，人们的生活状态更加稳定，生产工具有了更大改进，产生了原始的农业和畜牧业，出现了第一次社会大分工，社会关系更加复杂。稳定复杂的社会关系需要更加长期有效的普遍化的规范调整，至此，法产生的条件已经完全成熟。因此，法应当是在新石器时代末期氏族社会由母系氏族向父系氏族过渡的阶段逐渐形成的。

---

① 马克思：《1857——1858年经济学手稿导言》，《马克思恩格斯全集》第12卷，人民出版社1962年版，第738页。

② 马克思：《路易斯·亨·摩尔根〈古代社会〉一书摘要》，《马克思恩格斯全集》第45卷，人民出版社1985年版，第348页。

（三）习惯法是法的最初表现形式

随着生产力的发展和生产组织的变更，人们之间的社会关系也有所调整，这种调整最先反映在婚姻关系的变动中，血缘家庭中先是排除了兄弟姊妹之间，然后是与母方最远的旁系亲属之间的婚姻关系，从而结成一个稳固确定的女系血亲集团，由此人类社会从血缘家庭发展成为氏族公社（母系氏族公社）。马克思说："氏族起源于这样的家庭，这种家庭由一群实质上与氏族的人员组成相一致的人组成。"母系氏族是原始氏族社会最初的、也是最典型的形态，是以女性氏族成员间的血缘关系为纽带而形成的一种社会共同体，其突出特点是实行族外婚制和原始共产制。族外婚制是指氏族内部不得通婚，一个氏族的成员只能与其他氏族的成员通婚。进入新石器时代后，伴随着母系氏族公社的繁荣，婚姻制度过渡到了对偶婚制，"氏族组织在古代社会占了统治地位以后，对偶制家庭便逐渐在普那路亚家庭内部产生。"原始共产制是指，在母系氏族内部，除个人日常使用的劳动工具外，其余一切财产都归集体所有，生产和消费都建立在严格的共有制基础上。"家庭是一个能动的要素，它从来不是静止不动的，而是由较低级的形式进到较高级的形式。反之，亲属制度却是被动的；它把家庭经过一个长久时期所发生的进步记录下来，并且只有当家庭已经根本变化了的时候，它才发生根本的变化。同样，政治的、宗教的、法律的以至于一般哲学的体系，都是如此。"[①] 为了更好地管理氏族公共事务，氏族成员选出了自己的首领，组织了氏族的最高权力机关——氏族议事会，讨论并决定全氏族的一切重大事宜，如选举、撤换氏族酋长或军事首领，为被杀害的氏族成员接受赎金或实行血族复仇，收养外人加入氏族等。总之，人们的活动已经开始接受一种高于习惯或习俗的普遍规则调整，这类规则就是法的最初形式——原始社会的习惯法。

与摩尔根的人类社会发展三阶段理论——根据"生存技术"划分为蒙昧、野蛮和文明三个时期——大致对应，笔者认为，人类社会的经济类型至今也经历了三个阶段的变迁和转型：自然经济、农牧经济、商工经济。与不同的经济类型相适应，会形成不同的生产组织和社会关系。与以采集和狩猎为获取财富主要手段的自然经济相适应，人类社会最初形成的生产组织是血缘家庭，即氏族制度前期，此时的人类在生产和生活中逐渐形成了一些原始习惯或习俗，用

---

① 马克思：《路易斯·亨·摩尔根〈古代社会〉一书摘要》，《马克思恩格斯全集》第45卷，人民出版社1985年版，第354—355页。

以规范自身行为，这是法的前身。随着生产工具的改进和生产能力的提高，原始畜牧业和农业的分离，经济类型开始从自然经济向农牧经济转型，为了更好地团结氏族全体成员，维护社会共同体的存续和发展，原来行之有效的一些个别性的习惯便上升为更具普遍性的行为规则，成为对每个氏族成员都有约束力的习惯法。氏族习惯法的出现标志着法的产生。这种习惯法通常具有以下特点：从起源看，是人们在长期的生产和生活过程中所形成的；从本质看，体现着氏族全体成员的共同意志；从适用对象看，及于氏族内部全体成员，规范着人们在共同生产和生活过程中的各种行为；从适用范围看，限于本氏族或本部落内部；从保障措施看，主要是靠社会舆论、氏族首领的威望等强制力来付诸实施。随着人类活动内容的日益丰富与频繁，氏族或部落内部的习惯法，也日趋完善。到氏族社会末期，出现了保证习惯法实施的专门手段——法庭和诉讼。随着人类社会的进一步发展，习惯法逐渐为形式上更加完备的法——成文法律所取代，法学也由之而生。

第四节　法的本质论

法的本质，是法学理论研究的核心问题之一，也是国内法学界长期以来争论不休的一个论题，有学者在总结新中国法学学术史时讲到："关于法的本质的争论几乎贯穿于新中国 60 年的整个历史。"[①] 由于受前苏联法学[②]的影响，

---

① 江平总主编，张恒山主编：《共和国六十年法学论争实录：法理学卷》，厦门大学出版社 2009 年版，第 38 页。

② 我国社会主义法律体系和法学理论的创建几乎是和新中国的成立同步的，在当时百废待兴的局面下，要完成这一开拓性的任务，只有前苏联的经验可以借鉴，而当时前苏联法学界的主流理论就是以维辛斯基为代表的法律学说，贯穿维辛斯基法律学说的一个基本命题就是关于法本质的"统治阶级意志论"。维辛斯基的法定义是在 1938 年召开的全苏第一次法律科学工作者会议上提出来的，即"法是以立法形式规定的表现统治阶级意志的行为规则和为国家政权所认可的风俗习惯和公共生活规则的总和，国家为了保护、巩固和发展对于统治阶级有利的和惬意的社会关系和秩序，以强制力量保证它的施行。"有了这个一般意义上的法定义后，他将苏维埃社会主义法的本质作了如下概括，"我们的法是被奉为法律的我国人民的意志。苏联工人阶级的意志是和全体人民意志融成一片的。因此，我们可以有根据地说，苏维埃社会主义法是全体人民意志的体现。"参见［苏］维辛斯基：《国家和法的理论问题》，法律出版社 1955 年版，第 100、103 页。

"统治阶级意志论"是国内长期占主导地位的一种法本质学说。目前，全国高等院校普遍使用的《法学概论》和《法理学》教材基本仍持这种观点，并且都自称是根据马克思主义创始人的论述。[①] 笔者认为，与法起源问题上的"国家造法说"相似，这种观点同样曲解了马克思恩格斯的法本质理论。

一、法的本质——一元还是多元

要真正搞清楚马克思恩格斯的法本质理论，我们需要明白到底什么是本质？本质是事物应当具有的品质还是事实上已经具备的东西？什么是法的本质？法的本质只能是一元的还是可以是多元的？如果是一元的，那就是一种普适性的品质，就不能得出资本主义法是一种本质，而社会主义法是另一种本质的结论。如果是多元的，我们为什么要一直局限于阶级性（统治阶级意志）与社会性（物质生活条件制约）之争，不另辟其他路径，难道法的本质除了阶级性和社会性不能再有别的特性，马克思主义创始人不仅强调过资产阶级的法是资产阶级意志的体现，也同样强调过经济以外因素对法的影响。如此追究下去，也许法的本质就会成为一个开放的体系，我们就像创新发展马克思主义理论体系一样，不断把新发现的特性融入法的本质体系，像阶级性、社会性、规

① 例如张文显教授主编的教材《法学概论》第二版中总结道："马克思主义创始人对法学的主要贡献在于，依据唯物史观科学地揭示了法的本质及其发展规律。总结马克思主义创始人的有关论述，我们可以把法的本质归结为两方面：法是统治阶级意志的体现；法的内容是由统治阶级的物质生活条件决定的。"沈宗灵教授在《法理学》教材修订后的第三版中取消了"法的本质"、"当代中国法的本质"等绝对性较强的提法，而代之以"当代中国法的学说"统领："（一）法是国家意志的体现；（二）法的最终决定因素——物质生活条件；（三）经济以外的因素对法的影响"几个条目，并且特别说明"这里讲的法是现实生活中存在的法，而不是一些思想家、法学家学说中所假设的法。"这种说法表面看来比以前有说服力，但是如果把这种"当代中国法的学说"等同于马克思恩格斯关于法的学说，似乎还是有违马克思主义经典作家的本意。朱景文主编的《法理学》教材也持类似的观点，认为"马克思主义法律观的最主要的特征是从'国家——阶级关系——物质生活条件'的关系链来理解法的本质。首先，法是被奉为法律的国家意志。……其次，法是统治阶级意志的体现。……再次，法所反映的统治阶级意志是由一定的物质生活条件所决定的。"可以看出，这些观点都与前述维辛斯基的法本质理论一脉相承。参见张文显主编：《法学概论》，高等教育出版社 2010 年版，第 7 页；沈宗灵主编：《法理学》第三版，北京大学出版社 2009 年版，第 34—37 页；朱景文主编：《法理学》，中国人民大学出版社 2008 年版，第 33—36 页。

范性、历史性、民族性、时代性、规律性……等等，可以源远流长，无穷尽地发展下去。但这似乎并不是一个妥善解决此问题的思路，只会使问题越来越复杂，因此我们还是从逻辑的起点——概念分析开始。

"本质"一词源于亚里士多德，最先是作为哲学术语使用的。"科学就是对普遍者和那出于必然的事物的把握。"① 在亚里士多德那里，本质与"普遍性"和"必然"几乎是等义的，科学就是对事物本质的把握。罗素曾言："有一个名词在亚里士多德和他的经院派的后继者们中间是非常重要的，那就是'本质'这个名词"；"本质这个概念是从亚里士多德以后直迄近代的各家哲学里的一个核心部分。"② 甚至有人将亚里士多德的形而上学理论直接称为"实体论"或"本质论"。我们认为，本质当然是事物固有的、内在的、规律性的东西，但它不是孤立存在的，而总是在与其他事物的关系中才能体现出来。因此，本质，应当是一事物区别于他事物的根本标志。否则就不能称其为本质，就只能是一种现象。既然本质是区别于其他事物而言的，它本身就不是一个自在的范畴，只能在特定的关系背景下才能展开。正如人从来不是单子式的个人，"人的本质并不是单个人所固有的抽象物。在其现实性上，它是一切社会关系的总和。"③ 如果我们把所要论述的事物称为中心事物，那与之区别的所有其他事物都可以被称为外围事物。外围事物总是纷繁复杂、大量存在的，中心事物与不同的外围事物区别的根本标志也各不相同。例如将法作为中心事物，法之外的其他一切事物都是法的外围事物。法与外围事物中的牛马不同；与工厂、机器不同；与国家、教会不同；与习俗、教规也不同。我们不可能将法与所有外围事物的区别都作为法的本质，这既无必要也不可能。合理的选择是舍弃那些显而易见有明显不同的外围事物，把法与最相近最易混淆的外围事物相区别的根本标志称为法的本质。由此，我们可以将法的本质界定为法这种事物区别于其他事物特别是与法处于同一层次的其他类似事物的根本标志。接下来我们需要选择与法这一中心事物最相近易混的外围事物有哪些。法是人类调控自身行为的社会规范之一。人类调控自身行为的社会规范，除了法，还有道德、宗教和习俗等，这是人类实现社会控制和治理的几种主要手段。于是，法的本质可以

①　[古希腊] 亚里士多德：《尼各马可伦理学》，《亚里士多德全集》第 8 卷，中国人民大学出版社 1994 年版，第 126 页。

②　[英] 罗素：《西方哲学史》上卷，何兆武译，商务印书馆 1963 年版，第 215、259 页。

③　马克思：《关于费尔巴哈的提纲》，《马克思恩格斯全集》第 13 卷，人民出版社 1960 年版，第 5 页。

进一步界定为法与道德、宗教和习俗等其他社会规范区别开来的根本标志。在此定位下，我们认为法的本质是一元的，即只要某事物被指称为法，就有共同的本质，不能使用"白马非马"的诡辩论逻辑，在法本质问题上导致"两段论"的理论尴尬。

二、马克思以前历史上关于法本质的学说

在马克思主义诞生以前，历史上已经产生过许许多多关于法本质的解说，下面介绍几种代表性的说法并予以评析。通过这样一种历史对照和历史脉络的把握，我们能更好地证明为什么说马克思恩格斯的历史唯物主义法律观实现了法学领域的伟大变革。

（一）神意说

历史上最早出现的理论认识，在世界各国几乎都是有神论，即把人类不能理解、不能控制的一切事物和现象都用神的启示、神意来加以说明。对于法的本质，古人同样将之归于神意。在东方国家，现代完整保存下来的世界最早的一部成文法典《汉谟拉比法典》中反复表明它代表着太阳神、上帝、真主的意志。印度的《摩奴法典》传说是太阳神的儿子摩奴为人类制定的。在古罗马的西塞罗看来，作为最高理性的自然法来源于上帝的一贯的意志，体现的是神的理性；人定法源于自然法，是自然法在世俗社会中的体现。在西欧中世纪，教会神学一统天下，法学成了神学的婢女，法当然更是被归结为上帝的意志。神学政治的鼻祖奥古斯丁提出上帝之城和世俗之城两个世界的划分，世俗世界的秩序和安排来源于上帝的永恒正义和永恒法律，即神法；人法服从神法，是从神法派生出来的。中世纪神意论的主要代表人物是经院主义哲学家托马斯·阿奎那，他进一步发展了奥古斯丁的思想，提出永恒法、自然法、神法、人法的法律分类思想，认为自然法和人法都是对永恒法和神法的参与。近代以来神意论受到新兴资产阶级理性主义法律观的猛烈冲击，已经完全失去其主流地位，但在当代又有一定程度的复兴之势，出现了一个试图复活托马斯·阿奎那思想的法学派别——新托马斯主义法学。

（二）命令说或主权者意志说

西方社会从古希腊开始，就存在一种从主权者的命令或意志的角度理解法本质的理论倾向，并且成为后来流传颇广，对后世影响很大的一种学说。当普罗泰戈拉提出"人是万物的尺度"之名言时，世间一切事物包括法存在的必要性与正当性就开始完全交由人的意志予以判断。赫拉克利特公开宣称："法

律也就是服从一个唯一的人的意志"。从人类认识进化的角度看，将法的本质归结为人的意志，与初民社会的神意说相比，是一个巨大的进步，因为这标志着人的自我意识开始觉醒，渐渐意识到自我的力量和意义。而在此之前，"人们试图以神话来解释万物，法也在神话那里获得自己的根基"。关于法本质的认识从神意到人意的转变，为人们认识法律现象洞开了一扇新窗。"以这种人——尺度之思想，遂取得了从客观法律思维向主观法律思维，同时又迈入价值相对主义之进步。"① 在功利主义法学家边沁看来，"法律是国家行使权力处罚犯罪的威吓命令"，提出"法的命令说"。② 分析法学的创始人奥斯丁紧步边沁后尘，强调"任何法律或规则都是命令。或者说，所谓严格的法律都是某项命令。"③ 并且不是任何人的命令，而只能是主权者的命令才能成为法律。分析法学认为法的善恶可以不同，主张"恶法亦法"。有些极端观点曾被希特勒等法西斯分子所利用，走向极端专制的国家主义。我国当代盛行的"统治阶级意志论"或"国家意志论"不能说与其没有渊源关系。

（三）理性说或契约说

在哲学上，理性与意志并不是截然相反的两类现象，而是互有关联的。日常语言习惯中，人们也经常将两者并列。一般而言，意志与理性都代表着人类的心智活动，以区别于纯粹动物性的生理机能。但是意志有理性与非理性之分，意志中蕴涵的感情、信仰、偏见等心理现象明显带有非理性的成分，所以人们通常将意志理解为一种低层次的感性思维冲动；而理性则通常指一种深思熟虑的思维过程及思维成果，属于高层次思维活动。理性说或契约说的代表人物是古希腊的斯多葛学派和伊壁鸠鲁学派，17、18 世纪的古典自然法学者大部分也都持此说。他们主张人类在进入政治社会之前处于自然状态，后来为了安全和发展的需要，人们相互间缔结契约，约定放弃、让与部分自然权利，组成政府。法即是人们相互约定的产物，是理性的命令或体现，是人们在相互的交往中，为了避免彼此伤害和受害的一种社会契约。不过他们内部又有许多分歧，有的将自然法与契约论分开，有的将两者结合。另外，他们对于理性一词的具体所指也有所不同，其中主要是自然理性和人为理性之分。古代的自然法

---

① ［德］阿图尔·考夫曼、温弗里德·哈斯默尔主编：《当代法哲学和法律理论导论》，郑永流译，法律出版社 2002 年版，第 57 页。

② 王哲：《西方政治法律学说史》，北京大学出版社 1988 年版，第 373 页。

③ 张乃根：《西方法哲学史纲》，中国政法大学出版社 1993 年版，第 60、181。

学者多主张自然理性，例如斯多葛学派认为理性就是自然法，遵守自然法就是遵守理性。柏拉图也认为法律就是理性的命令。① 西塞罗更是明确指出，"自然法是正确的理性，它是所有命令和禁令的真正规则。"② 阿奎那所说的理性与上述学者的自然理性有所不同，他说："法律不外乎是由那统治一个完整社会的'君王'所体现的实践理性的某项命令"③，在他看来，法是统治者的实践理性的体现，只有符合实践理性的才能称为法。前述的神意说在一定意义上也可以归之于自然理性说。

资产阶级启蒙时期，科学技术的迅猛发展渐渐挤压了神灵的存在空间，人类追寻法本质的目光开始从天上移到人间，从客观的自然理性转向主观的人为理性，到人的本性或理性中探寻法的本质。例如格劳秀斯认为自然法的存在源于人之理性，理性是自然法的核心和基础。人性是自然法的本质，与人性相一致的即是符合自然法的。霍布斯也从人性的角度考察法的本质，他说"自然律是理性所发现的戒条或一般法则。"④ 孟德斯鸠则认为，"从最广泛的意义来说，法是由事物的性质产生出来的必然关系。从这个意义上讲，一切存在物都有他们的法。"孟德斯鸠区分了法律与法的不同，"一般地说，法律，在它支配着的地球上所有人民的场合，就是人类的理性；每个国家的政治法规和民事法规应该只是把这种人类理性适用于个别的情况。"⑤ 孟德斯鸠注重从法与其他事物关系的角度探寻法的本质，是他比其他自然法学家高明之处。但是，他仅仅注意了中心事物与外围事物之间的联系，却忽视了事物之间的根本区别；另外他又泛化了这种联系，从而使法的精神无所不在事实上却又无法存在。

（四）公意说

公益说的主要代表者是法国的卢梭，他认为主权者不应当是个人或少数人，必须是社会全体成员，法即是社会全体成员公共意志的体现。卢梭提出"法律乃是公意的行为"，"法律只不过是我们自己意志的记录"。⑥ 在卢梭看来，社会契约和国家的核心内容都是"公意"。所谓公意，也就是代表社会全体成员共同利益的公共意志。公意不同于众意，不是私人利益的简单相加，它包含

---

① 谷春德主编：《西方法律思想史》，中国人民大学出版社 2004 年版，第 39、50 页。

② 转引自张乃根：《西方法哲学史纲》，中国政法大学出版社 1993 年版，第 60、12 页。

③ ［意］阿奎那：《阿奎那政治著作选》，马清槐译，商务印书馆 1997 年版，第 106 页。

④ ［英］霍布斯：《利维坦》，黎思复译，商务印书馆 1985 年版，第 97 页。

⑤ ［法］孟德斯鸠：《论法的精神》上册，张雁深译，商务印书馆 1997 年版，第 6 页。

⑥ ［法］卢梭：《社会契约论》，何兆武译，商务印书馆 1980 年版，第 51 页。

了意志的普遍性和对象的普遍性。公意的主体只能是广大的人民，法律未经全体人民批准，不能成为有效的法律。卢梭认为，"法律不过是社会结合的条件。服从法律的人民就应当是法律的创作者；规定社会条件的，只能是那些组成社会的人们。"[①] 后来，美国的《独立宣言》中控诉大不列颠国王的罪状之一即是"他拒绝批准对公众利益最有益、最必要的法律"，法国的《人权宣言》中也写到："法律是公共意志的体现"，其中都能看到卢梭公意说的影响。

（五）社会控制说

社会控制说认为法是享有某种特殊权力的团体或组织控制社会的一种手段，是当代西方比较有代表性的一种主张。社会学法学派的创始人和集大成者庞德将社会学方法运用于法理学研究，是这种学说的最早倡导者。他说："我把法理解为发达的政治上组织起来的社会高度专门化的社会控制形式——一种通过有系统有秩序地适用社会强力的社会控制。"[②] 美国当代法社会学家塞尔茨尼克也认为，一个群体的法律秩序，是基于对社会进行合理性管理的需要而发展起来的。新自然法学的代表富勒主张"法是使人们的行为服从规则治理的事业。"[③] 美国著名的法人类学家霍贝尔也曾指出："这样的社会规范就是法律规范，即如果对它置之不理或违反时，照例就会受到拥有社会承认的，可以这样行为的特权人物或集团，以运用物质力量相威胁或事实上加以运用。"[④]

人类对事物本质的认识总是遵循着一个从现象入手，循序渐进，逐步深入的认识路径。马克思主义法学创立之前的上述学说大多洞悉了法在某一方面的属性，但有的不属于法的根本属性，有的只涉及了法的根本属性的一个层面，都没有能够历史地、全面地从更高远的角度审视法的本质，都没有跳出唯心主义的窠臼从更深层次上现实地、辩证地去把握法的本质。正如法国学者布律尔所说，马克思主义以前的法学均可以"统称为唯灵论法学，这些观点虽然五花八门，但最终都建立在同一主导思想基础上，即法律是神对人的一种启示（是理性的还是超自然的，这并不重要），这种启示向人指示应遵循的道路和

---

① ［法］卢梭:《社会契约论》，何兆武译，商务印书馆1980年版，第52页。

② ［美］庞德:《我的法哲学》，转引自［美］莫里斯编:《伟大的法哲学家》，美国宾州大学出版社1981年版，第532页。

③ Lon L. Fuller, The Morality of Law, New Haven and London: Yale University Press, 1969. p.106.

④ ［美］霍贝尔:《原始人的法》，严存生等译，贵州人民出版社1992年版，第25页。

应采取的行为。"① 只有马克思恩格斯的历史唯物主义法律观深刻地揭露与批判了各种唯心主义的"法本质幻想",真正揭开了笼罩在法本质问题上的种种神秘面纱,抓住了法这一事物的必然的规律性,超越了以往一切法学家对法本质的认识。

三、马克思恩格斯的法本质理论

(一) 马克思恩格斯关于法本质的论述

很多学者在论及法的本质时,都会引用马克思主义经典原著中的相关论述来佐证自己的观点。笔者在研究中发现一个令人费解的现象,即学者们有时候用马克思主义经典中不同的论述来佐证完全相反的论点,有时甚至基于经典著作中的同一段论述得出完全相反的观点。就法本质问题而论,马克思恩格斯从来没有明言法的本质是什么,也没有暗示过法的本质是一元的还是多元的。为了避免断章取义,笔者拟将马克思恩格斯涉及法本质的相关论述尽可能全部列出(当然由于注入了个人的主观判断和选择,难免有挂一漏万或牵强附会之处,导致事与愿违地再次误读经典),然后按原文写作的年代顺序并结合主题及上下文背景进行全景式分析,努力做到以客观中立的研究者立场揣摩原文原意。

在具体地表达活生生的思想世界,例如法律、国家、自然界和整个哲学的时候,……必须从对象的本身去细心观察它,在这里不容许任意的分割。事物本身的理性必须看作在自身矛盾中不断展开的东西,并在其自身中寻求自己的统一。

理性向来就存在,只不过它不是永远以理性的形式出现而已。而法处处意味着理性已经实现。但同时它又到处陷入理想的使命和各种现实的前提的矛盾中。

金银之所以在法律上具有交换能力,只是由于它们具有事实上的交换能力,而它们之所以具有事实上的交换能力,那是因为当前的生产组织需要普遍的交换手段。法律只是事实的公认。

追究思想倾向的法律,即没有规定客观标准的法律,是恐怖主义的法律;在罗伯斯比尔执政时期,国家在危急情况下所制定的就是这样的法律,在罗马皇帝们在位时期,国家在腐败不堪的情况下所制定的也是这样的法律。凡是不

---

① 参见亨利·莱维·步律尔:《法律社会学》,上海人民出版社 1987 年版,第 6、17 页。转引自文正邦:《当代法哲学研究与探索》,法律出版社 1999 年版,第 281 页。

以当事人的行为本身而以他的思想作为主要标准的法律，无非是对非法行为的实际认可。……只是由于我表现自己，只是由于我踏入现实的领域，我才进入立法者支配的范围。对于法律来说，除了我的行为以外，我是根本不存在的，我根本不是法律的对象。我的行为就是法律在处置我时所应依据的唯一的东西，因为我的行为就是我为之要求生存权利、要求现实权利的唯一东西，因此我才受到现行法的支配。可是，追究倾向的法律不仅要惩罚我所做的，而且要惩罚我在行动以外所想的。所以，这种法律是对公民名誉的一种侮辱，是一种危害我的生存的法律。……追究思想的法律……不是法律，而是特权。……在追究倾向的法律中，立法的形式是同内容相矛盾的，……政府所颁布的法律本身就是被这些法律奉为准则的那种东西的直接对立面。

  ——马克思：《评普鲁士最近的书报检查令》（1842.2），《马克思恩格斯全集》第1卷，人民出版社1995年版，第120—122页。

新闻出版法是真正的法律，因为它是自由的肯定存在。……法律上所承认的自由在一个国家中是以法律形式存在的。法律不是压制自由的措施，正如重力定律不是阻止运动的措施一样。因为作为引力定律，重力定律推动着天体的永恒运动；而作为落体定律，只要我违反它而想在空中飞舞，它就要我的命。恰恰相反，法律是肯定的、明确的、普遍的规范，在这些规范中自由获得了一种与个人无关的、理论的、不取决于个别人的任性的存在。法典就是人民自由的圣经。……新闻出版法就是对新闻出版自由在法律上的认可。它是法，因为它是自由的肯定存在。所以，甚至当它完全没有被采用的时候，例如在北美，它也必须存在，而书报检查制度正如农奴制一样，即使它千百次地作为法律而存在，也永远不能成为合法的。现实的预防性法律是不存在的。法律只是作为命令才起预防作用。法律只是在受到践踏时才成为实际有效的法律，因为法律只是在自由的无意识的自然规律变成有意识的国家法律时，才成为真正的法律。哪里法律成为实际的法律，即成为自由的存在，哪里法律就成为人的实际的自由存在。因此，法律是不能预防人的行为的，因为它是人的行为本身的内在的生命规律，是人的生活的自觉反映。所以，法律在人的生活即自由的生活面前是退让的，而且只是当人的实际行为表明人不再服从自由的自然规律时，自然规律作为国家法律才强迫人成为自由的人。

  ——马克思：《关于新闻出版自由和公布省等级会议辩论情况的辩论》
   （1842.3—4），《马克思恩格斯全集》第1卷，人民出版社1995年版，
   第175—176页。

法律不应该逃避说真话的普遍义务。法律负有双重的义务这样做，因为它是事物的法理本质的普遍和真正的表达者。因此，事物的法理本质不能按法律行事，而法律倒必须按事物的法理本质行事。……各种最自由的立法在私法方面，只限于把已有的法表述出来并把它们提升为普遍的东西。而在没有这些法的地方，它们也不去加以制定。……任何人，甚至是最优秀的立法者也不应该使他个人凌驾于他的法律之上。任何人都无权命令比尔对自己投信任票，因为这种投票对第三者带来后果。……我们认为，目前莱茵省全体居民，特别是莱茵省法学家的义务，是要把主要注意力放在法的内容上面，免得我们最终只剩下一副空洞的假面具。如果形式不是内容的形式，那么它也就没有任何价值了。……凡是在法为私人利益制订了法律的地方，它都让私人利益为法制定法律。……利益就其本性来说是盲目的、无节制的、片面的，一句话，它具有无视法律的天生本能；难道无视法律的东西能够立法吗？正如哑巴并不因为人们给了他一个极长的话筒就会说话一样，私人利益也并不因为人们把它抬上了立法者的宝座就能立法。……法的意识和法律意识是莱茵省人的最显著的地方特点。但是不言而喻，特殊利益既没有祖国意识，也没有省的观念，既没有一般精神，也没有乡土观念。

——马克思：《关于林木盗窃法的辩论》（1842.10），《马克思恩格斯全集》第1卷，人民出版社1995年版，第244、250、264、288、289页。

撇开一般理由不说，法律只能是现实在观念上的有意识的反映，只能是实际生命力在理论上的自我独立的表现。在莱茵省，城市和农村实际上并没有分开。因此，除非法律宣布它自己无效，否则，它便不能颁布这种分开的法令。

——马克思：《区乡制度改革和〈科隆日报〉》（1842.11），《马克思恩格斯全集》第1卷，人民出版社1995年版，第314页。

邦法是建立在理智的抽象上的，这种理智的抽象本身是无内容的，他把自然的、法的和合乎伦理的内容当作外在的、没有内在规律的质料加以吸收，它试图按照外部的目的来改造、安排、调节这种没有精神、没有规律的质料。邦法不是按照对象世界所固有的规律来对待对象世界，而是按照任意的主观臆想和与事物本身无关的意图来对待对象世界。

——马克思：《〈莱茵报〉编辑部为〈论新婚姻法草案〉一文所加的按语》（1842.11），《马克思恩格斯全集》第1卷，人民出版社1995年版，第316—317页。

立法者应该把自己看作一个自然科学家。他不是在创造法律，不是在发明法律，而仅仅是在表述法律，他用有意识的实在法把精神关系的内在规律表现出来。如果一个立法者用自己的臆想来代替事情的本质，那么人们就应该责备他极端任性。……任何一个有理性的人都不会有一种非分的要求，认为自己的行为是他一个人才可以做的享有特权的行为；相反，每个有理性的人都会认为自己的行为是合法的、一切人都可以做的行为。……不言而喻，既不是立法者的任性，也不是私人的任性，而是只有事物的本质才能决定，某一婚姻是否已经死亡；因为大家知道，宣告死亡取决于事实，而不取决于当事人的愿望。既然你们要求在确定肉体死亡时要有确凿的、无可辩驳的证据，那么，难道立法者不应该只是根据最无可怀疑的征象来确定伦理的死亡吗？因为维护伦理关系的生命不仅是立法者的权利，也是他的义务，是他的自我保存的义务！当然，只有当法律是人民意志的自觉表现，因而是同人民的意志一起产生并由人民的意志所创立的时候，才会有确实的把握，正确而毫无成见地确定某种伦理关系的存在已不再符合其本质的那些条件，做到既符合科学所达到的水平，又符合社会上已形成的观点。

　　——马克思：《论新婚姻法草案》（1842.12），《马克思恩格斯全集》第1卷，
　　　　人民出版社1995年版，第347—349页。

　　这种建议是企图使他们除了忍受物质上的贫困之外，还要忍受法律上的贫困，因为他们把法律平等受到的任何一种侵害都看作是法的困境。

　　——马克思：《摩泽尔记者的辩护》（1842.12），《马克思恩格斯全集》第
　　　　1卷，人民出版社1995年版，第376页。

　　合法的地位不应该由于个人的道德品质或者甚至由于他们的政治观点和宗教观点而有所变更。……直到目前为止，还没有一部思想法典和一所思想法庭。

　　——马克思：《答一家"中庸"报纸的攻击》（1843.1），《马克思恩格斯全
　　　　集》第1卷，人民出版社1995年版，第401页。

　　对于思想来说，既没有法庭，也没有法典。可见，我们是把恶劣思想的存在和恶劣行为的存在对立起来的；对于恶劣思想来说，并没有法庭，至于那些恶劣行为，如果它们是违法的，那就会有审理它们的法庭和惩治它们的法律。

　　——马克思：《〈科隆日报〉的告密和〈莱茵——摩泽尔日报〉的论争》
　　　　（1843.1），《马克思恩格斯全集》第1卷，人民出版社1995年版，
　　　　第418页。

　　民主制是君主制的真理，君主制却不是民主制的真理。……民主制是国

家制度的类。君主制则只是国家制度的种，并且是坏的种。民主制是内容和形式，君主制似乎只是形式，然而它伪造内容。……正如同不是宗教创造人，而是人创造宗教一样，不是国家制度创造人民，而是人民创造国家制度。……民主制……是一切国家制度的本质，作为特殊国家制度的社会化的人。……在民主制中，不是人为法律而存在，而是法律为人而存在；在这里法律是人的存在，而在其他国家形式中，人是法定的存在。……只有民主制才是普遍和特殊的真正统一。……立法权是组织普遍东西的权力。它是规定国家制度的权力。它高居于国家制度之上。……立法权并不创立法律，它只披露和表述法律。……我们已经看到，国家只是作为政治国家而存在。政治国家的整体是立法权。所以参与立法权就是参加政治国家，就是表明和实现自己作为政治国家的成员、作为国家成员的存在。

——马克思：《黑格尔法哲学批判》（1843.3），《马克思恩格斯全集》第3卷，人民出版社 2002 年版，第 39、40、70、74 页。

犹太人的毫无根基的法律只是一幅对毫无根基的道德和对整个法的宗教讽刺画，只是对自私自利的世界采用的那种徒具形式的礼拜的宗教讽刺画。在这个自私自利的世界，人的最高关系也是法定的关系，是人对法律的关系，这些法律之所以对人有效，并非因为它们是体现人本身的意志和本质的法律，而因为它们起统治作用，因为违反它们就会受到惩罚。

——马克思：《论犹太人问题》（1843.10），《马克思恩格斯全集》第3卷，人民出版社 2002 年版，第 195 页。

因为国家是属于统治阶级的各个个人借以实现其共同利益的形式，是该时代的整个市民社会获得集中表现的形式，因此可以得出一个结论：一切共同的规章都是以国家为中介的，都带有政治形式。由此便产生了一种错觉，好像法律是以意志为基础的，而且是以脱离现实基础的自由意志为基础的。同样，法随后也被归结为法律。……私法和私有制是从自然形成的共同体形式的解体过程中同时发展起来的。在罗马人那里，私有制和私法的发展没有在工业和贸易方面引起进一步的后果，因为他们的生产方式没有改变。……每当工业和商业的发展创造出新的交往形式，例如保险公司等等的时候，法便不得不承认它们是获得财产的新方式。……我们应该在这里向读者揭露我们这位圣者的一个巨大秘密：他关于法的全部论述是从对法的一般解释开始的，可是当他在讲到法的时候，法却从他那里"溜跑了"，而只有当他谈到完全另一件事，即谈到法律的时候，他才重新把法抓回来。……在现实的历史中，那些认为权力是法的基础的理论家和那些认为意志是法的基础的理论家是直接对立的，这种对立，圣桑乔也可以认为是现实主义（儿童、古代人、黑人）和理想主义（青年、近代人、蒙古人）的对立。如果像霍布斯等人那样，承认权力是法的基础，那么法、法律等等只不过是作为国家权力基础的其他关系的一种标志、一种表现。个人的完全不依他们的单纯'意志'为转移的物质生活，即他们的相互制约的生产方式和交往方式，是国家的现实基础，而且在分工和私有制还是必要的一切阶段上都是这样，这是完全不依个人的意志为转移的。这些现实的关系绝不是国家权力创造出来的，相反的，它们是创造国家权力的力量。在这种关系中占统治地位的个人，除了必须把自己的力量构建成国家外，还必须使他们的由这些特定关系所决定的意志具有国家意志即法律这种一般表现形式。这种表现形式的内容总是决定于这个阶级的关系，这是由例如私法和刑法非常清楚地证明了的。这些个人通过法律形式来实现自己的意志，同时使其不受他们之中任何一个单个人的任性所左右，这一点之不取决于他们的意志，如同他们的体重不取决于他们的唯心主义的意志或任性一样。他们的个人统治必须同时是一个一般的统治。他们个人的权力的基础就是他们的生活条件，这些条件是作为对许多个人共同的条件而发展起来的，为了维护这些条件，他们作为统治者，与其他的个人相对立，而同时却主张这些条件对所有的人都有效。由他们的共同利益所决定的这种意志的表现，就是法律。正是这些互不依赖的个人的自我肯定以及他们自己意志的确立（在这个基础上这种相互关系必然是利己的），才使自我舍弃在法律、法中成为必要，不过，自我舍弃是在个别场合，而利益的自我肯定是在一般场合（因此不是对于他们，而只是'对于自我一致的利己主义者'，自我伸张才算作是自我舍弃）。对被统治的阶级说来也是如此，法律和国家是否存在，这也不是他们的意志所能决定的。例如，只要生产力还没有发展到足以使竞争成为多余的东西，因而还这样或那样地不断产生竞争，那么，尽管被统治阶级有消灭竞争、消灭国家和法律的'意志'，然而它们所想的毕竟是一种不可能的事。……他（施蒂那，笔者注）的幻想是同弗里德里希——威廉四世的幻想差不多的，后者也把法律看作是统治者的意志的一时灵感，因而经常发现法律在世界的'硬绷绷的东西'上碰得头破血流。……在上述关于单个人的意志受到表现为法律的普遍意志的束缚这个说法中，他也尽情地发挥了唯心主义的国家观点，——这种观点把一切问题都归结为'意志'。

　　——马克思恩格斯：《德意志意识形态》（1845—1846），《马克思恩格斯全集》第 3 卷，人民出版社 1960 年版，第 70—72、376、379、384 页。

你们既然用你们资产阶级关于自由、教育、法等等的观念来衡量废除资产阶级所有制的主张，那就请你们不要同我们争论了。你们的观念本身是资产阶级的生产关系和所有制关系的产物，正像你们的法不过是被奉为法律的你们这个阶级的意志一样，而这种意志的内容是由你们这个阶级的物质生活条件来决定的。……你们偏私的观念使你们把自己的生产关系和所有制关系从历史的、在生产过程中是暂时的关系变成了永恒的自然规律和理性规律，这种偏私是你们和一切灭亡了的统治阶级所共有的。谈到古代所有制的时候你们所能被奉为法律理解的，谈到封建所有制的时候你们所能理解的，一谈到资产阶级所有制你们就再也不能理解了。

　　——马克思恩格斯：《共产党宣言》(1848)，《马克思恩格斯选集》第1卷，人民出版社1995年版，第289页。

诸位先生，你们怎样理解保存法制基础呢？保存那些属于前一个社会时代的、由已经消失或正在消失的社会利益的代表人物所创立的法律，——这只能意味着把这种与共同需要相矛盾的利益提升为法律。但社会不是以法律为基础的。那是法学家们的幻想。相反的，法律应该以社会为基础。法律应该是社会共同的、由一定物质生产方式所产生的利益和需要的表现，而不是单个的个人恣意横行。现在我手里拿着的这本 Code Napoléon（拿破仑法典）并没有创立现代的资产阶级社会。相反的，产生于18世纪并在19世纪继续发展的资产阶级社会，只是在这本法典中找到了它的法律的表现。这一法典一旦不再适应社会关系，它就会变成一叠不值钱的废纸。你们不能使旧法律成为新社会发展的基础，正像这些旧法律不能创立旧社会关系一样。旧法律是从这些旧社会关系中产生出来的，它们也必然同旧社会关系一起消亡。它们不可避免地要随着生活条件的变化而变化。不顾社会发展的新的需要而保存旧法律，实质上不是别的，只是用冠冕堂皇的词句作掩护，维护那些与时代不相适应的私人利益，反对成熟了的共同利益。这种保存法制基础的做法，其目的在于使那些现在已经不占统治地位的私人利益成为占统治地位的利益；其目的在于强迫社会接受那些已被这一社会的生活条件、获取生活资料的方式、交换以及物质生产本身宣判无效的法律；其目的在于使那些专门维护私人利益的立法者继续掌握政权；其结果会导致滥用国家权力去强迫大多数人的利益服从少数人的利益。因此，这种做法时刻与现存的需要发生矛盾，它阻碍交换和工业的发展，它准备着以政治革命方式表现出来的社会危机。这就是信奉法制基础和保存法制基础的真正含义。

　　——马克思:《对民主主义者莱茵区域委员会的审判》(1849.2),《马克思
　　　恩格斯全集》第6卷,人民出版社1960年版,第291—292页。

　　法的关系正像国家形式一样,既不能从它们本身来理解,也不能从所谓
人类一般精神来理解,相反,它们根源于物质的生活关系。……我所得到的、
并且一经得到就用于指导我的研究工作的总的结果,可以简要地表述如下:人
们在自己生活的社会生产中发生一定的、必然的、不以他们的意志为转移的关
系,即同他们的物质生产力的一定发展阶段相适合的生产关系。这些生产关系
的总和构成社会的经济结构,即有法律的和政治的上层建筑竖立其上并有一定
的社会意识形式与之相适应的现实基础。物质生活的生产方式制约着整个社会
生活、政治生活和精神生活的过程。不是人们的意识决定人们的存在,相反,
是人们的社会存在决定人们的意识。社会的物质生产力发展到一定阶段,便同
它们一直在其中活动的现存生产关系或财产关系(这只是生产关系的法律用
语)发生矛盾。于是这些关系便由生产力的发展形式变成生产力的桎梏。那时
社会革命的时代就到来了。随着经济基础的变更,全部庞大的上层建筑也或慢
或快地发生变革。

　　——马克思:《政治经济学批判》(1858),《马克思恩格斯全集》第13卷,
　　　人民出版社1962年版,第8—9页。

　　商品所有者之间的这种具有契约形式的(不管这种契约是不是用法律固
定下来的)法权关系,是一种反映着经济关系的意志关系。这种法权关系或意
志关系的内容是由这种经济关系本身决定的。

　　——马克思:《资本论》第1卷(1867),《马克思恩格斯全集》第23卷,
　　　人民出版社1972年版,第102页。

　　很清楚,在这种社会生产关系以及与之相适应的生产方式所借以建立的
自然形成的不发达的状态中,传统必然起着非常重要的作用。其次,很清楚,
在这里,并且到处都一样,社会上占统治地位的那部分人的利益,总是要把现
状作为法律加以神圣化,并且要把习惯和传统对现状造成的各种限制,用法律
固定下来。撇开其他一切情况不说,只要现状的基础即作为现状的基础的关系
的不断再生产,随着时间的推移,取得了有规则的和有秩序的形式,这种情
况就会自然产生;并且,这种规则和秩序本身,对任何要摆脱单纯的偶然性或
任意性而取得社会的固定性和独立性的生产方式来说,是一个必不可少的要
素。……如果一种生产方式持续一个时期,那么,它就会作为习惯和传统固定
下来,最后被作为明文的法律加以神圣化。

    ——马克思:《资本论》第3卷（1867），马克思恩格斯全集第25卷，人
    民出版社1974年版，第893—894页。

在社会发展的某个很早的阶段，产生了这样的一种需要：把每天重复着的
生产、分配和交换产品的行为用一个共同规则概括起来……这个规则首先表现
为习惯，后来便成了法律。随着法律的产生，就必然产生出以维护法律为职责
的机关——公共权力，即国家。随着社会的进一步发展，法律进一步发展为或
多或少广泛的立法。这种立法愈复杂，它的表现方式也就愈不同于社会日常经
济生活条件所借以表现的形式。立法就显得好像是一个独立的因素，这个因素
并不是从经济关系中，而是从自己的内在基础中，例如从"意志概念'中获得
存在的理由和继续发展的根据。人们往往忘记他们的法权起源于他们的经济生
活条件，正如他们忘记了他们自己起源于动物界一样。

    ——恩格斯:《论住宅问题》（1872），《马克思恩格斯选集》第3卷，人
    民出版社1995年版，第211页。

新的事实迫使人们对以往的全部历史作一番新的研究，结果发现：以往的
全部历史，都是阶级斗争的历史；这些互相斗争的社会阶级在任何时候都是生
产关系和交换关系的产物，一句话，都是自己时代的经济关系的产物；因而每
一时代的社会经济结构形成现实基础，每一个历史时期由法律设施和政治设施
以及宗教的、哲学的和其他的观点所构成的全部上层建筑，归根到底都是应由
这个基础来说明的。……如果不谈谈所谓自由意志、人的责任、必然和自由的
关系等问题，就不能很好地讨论道德和法的问题。……自由是在于：合理的认
识把人拉向右边，不合理的冲动把人拉向左边，而在这样的力的平行四边形
中，真正的运动就按对角线的方向进行。

    ——恩格斯:《反杜林论》（1876—1878），《马克思恩格斯全集》第20卷，
    人民出版社1971年版，第29、124—125页。

如果说国家和公法是由经济关系决定的，那么不言而喻，私法也是这样，
因为私法本质上只是确认单个人之间的现存的、在一定情况下是正常的经济关
系。但是，这种确认所采取的形式可以是很不相同的。人们可以把旧的封建法
权形式的很大一部分保存下来，并且赋予这种形式以资产阶级的内容，甚至直
接给封建的名称加上资产阶级的含意，就像在英国与民族的全部发展相一致而
发生的那样；但是人们也可以像在西欧大陆上那样，把商品生产者社会的第一
个世界性法律即罗马法以及它对简单商品所有者的一切本质的法律关系（如
买主和卖主、债权人和债务人、契约、债务等）所作的无比明确的规定作为基

础。这样做时，为了仍然是小资产阶级的和半封建的社会的利益，人们可以或专是简单地通过审判的实践贬低这个法律，使它适合于这个社会的状况（普通法），或者是依靠所谓开明的满口道德说教的法学家的帮助把它改造为一种适应于这种社会状况的特殊法典；这个法典，在这种情况下即使从法学观点看来也是不好的（普鲁士国家法）；但是这样做时，人们也可以在资产阶级大革命以后，以同一个罗马法为基础，创造像法兰西 Code civile（民法典）这样典型的资产阶级社会的法典。因此，如果说民法准则只是以法律形式表现社会的经济生活条件，那么这种准则就可以依情况的不同而把这些条件有时表现得好，有时表现得坏。

——恩格斯：《路德维希费尔巴哈和德国古典哲学的终结》（1886），马克思恩格斯全集第21卷，人民出版社1965年版，第346—347页。

根据唯物史观，历史过程中的决定性因素归根到底是现实生活的生产和再生产。无论马克思或我都从来没有肯定过比这更多的东西。如果有人在这里加以歪曲，说经济因素是唯一决定性的因素，那么他就是把这个命题变成毫无内容的、抽象的、荒诞无稽的空话。经济状况是基础，但是对历史斗争的进程发生影响并且在许多情况下主要是决定着这一斗争的形式的，还有上层建筑的各种因素：阶级斗争的政治形式及其成果——由胜利了的阶级在获胜以后确立的宪法等等，各种法的形式以及所有这些实际斗争在参加者头脑中的反映，政治的、法律的和哲学的理论，宗教的观点以及它们向教义体系的进一步发展。这里表现出这一切因素间的相互作用。而在这种相互作用中归根到底是经济运动作为必然的东西通过无穷无尽的偶然事件向前发展。否则把理论应用于任何历史时期，就会比解一个最简单的一次方程式更容易了。……历史是这样创造的：最终的结果总是从许多单个的意志的相互冲突中产生出来的，而其中每一个意志，又是由于许多特殊的生活条件，才成为它所成为的那样。这样就有无数互相交错的力量，有无数个力的平等四边形，由此就产生出一个合力，即历史结果，而这个结果又可以看作一个作为整体的、不自觉地和不自主地起着作用的力量的产物。因为任何一个人的愿望都会受到任何另一个人的妨碍，而最后出现的结果就是谁都没有希望过的事物。所以到目前为止的历史总是像一种自然过程一样地进行，而且实质上也是服从于同一运动规律的。但是，各个人的意志——其中的每一个都希望得到他的体质和外部的、归根到底是经济的情况（或是他个人的，或是一般社会性的）使他向往的东西——虽然都达不到自己的愿望，而是融合为一个总的平均数，一个总的合力，然而从这一事实中绝不应作出结论说，这些意志等于零。相反地，每个意志都对合力有所贡献，因而是包括在这个合力里面的。

——恩格斯：《致约·布洛赫的信》(1890)，《马克思恩格斯选集》第4卷，
人民出版社1995年版，第695—697页。

"虽然物质生活条件是原始的起因，但并不排斥思想领域也反过来对这些物质条件起作用，……政治、法律、哲学、宗教、文学、艺术等的发展是以经济发展为基础的，但是它们又都相互影响并对经济基础发生影响，并不是只有经济状况才是原因，才是积极的，而其余一切都不过是消极的结果，这是在归根到底不断为自己开辟道路的经济必然性的基础上的互相作用。"恩格斯还对法与经济、法与统治阶级意志之间的关系作了进一步分析，"在现代国家中，法不仅必须适应于总的经济状况，不仅必须是它的表现，而且还必须是不因内在矛盾而自己推翻自己的内部和谐一致的表现。而为了达到这一点，经济关系的忠实反映便日益遭到破坏，法典愈是很少把一个阶级的统治鲜明地、不加缓和地、不加歪曲地表现出来，这种现象就愈是常见：这或许已经违反了'法观念'。"

——恩格斯：《致瓦·博尔吉乌斯》(1894)，《马克思恩格斯选集》第4卷，
人民出版社1995年版，第732—733页。

（二）统治阶级意志或国家意志是否法的本质

长期以来，我国传统的法学研究一直将法的本质归结为统治阶级的物质生活条件所决定的统治阶级意志即国家意志。这一论断的权威依据是出自《共产党宣言》的一段名言："你们的观念本身是资产阶级的生产关系和所有制关系的产物，正像你们的法不过是被奉为法律的你们这个阶级的意志一样，而这种意志的内容是由你们这个阶级的物质生活条件来决定的。"本书在这里提出并试图回答两个问题：1.马克思恩格斯是否说过或可能赞同"统治阶级意志或国家意志是法的本质"？ 2.统治阶级意志或国家意志应否、能否成为法的本质？

对于第一个问题，我们对照这段引文的上下文，不难看出：马克思恩格斯根本不是在这里给法和法律下定义，而是对资产阶级观念进行批判时与资产阶级的法作了类比，认为资产阶级的法和资产阶级的观念在反映资产阶级意志、由资产阶级的物质生活条件所决定这一点上是没有任何区别的。资产阶级的偏私的观念根本不代表永恒规律，既不代表自然规律也不代表理性规律。与以前的统治阶级一样，资产阶级的偏私观念与资产阶级都是终究会灭亡的，当然资

产阶级的法也不例外。可是，很多人把这段话掐头去尾，改头换面成了"法是统治阶级意志的体现"，这明显是误读了马克思恩格斯的原意。"统治阶级意志论"的错误，正如郭道晖先生所说，它删去了原文中的"你们的"即"资产阶级的"这个特殊的法律主体和所有制关系主体，也忽略了或是故意回避了"被奉为法律的"这个关键词语，把法与法律混同，从而把一个特殊命题改装成了一个一般命题。① 这种从统治阶级意志即国家意志中寻找法本质的思路，是与传统的法起源理论——"国家造法说"分不开的。前面已经论述过，"国家造法说"认为法是随着国家的产生而产生的，就是以国家的产生作为法起源的前提条件。因此，他们所说的法只能是国家建立后掌握政权的阶级的意志。这种观点一直以正统马克思主义的法学观点自居。本书认为，"统治阶级意志论"被说成是什么主义都行，但不是真正的马克思主义。前文引述的马克思恩格斯其他文章中涉及法本质的论述完全可以证明这一点，马克思恩格斯既不赞同权力是法的基础的说法，也不赞同意志是法的基础的说法。他们非但没有将"法是统治阶级意志的表现"作为法的本质属性，相反，他们将仅仅体现统治阶级意志的法律看作是对法的本质属性的背离，是实质意义上的非法。

如果"统治阶级意志论"的论断不是出自马克思恩格斯，那我国这种学说的渊源到底出自何处呢？客观地说，应该是受苏俄时期列宁思想的影响。列宁对法本质的表达是非常明确的，他认为"法律就是取得胜利并掌握国家政权的阶级的意志的表现。"② 另外，列宁还指出，法律的意志论内容还必须辅之以国家政权机关制定的特定形式，"意志如果是国家的，就应该表现为政权机关所制定的法律，否则，'意志'这两个字只是毫无意义的空气震动而已。"③列宁的这些论述放在当时特定的时空背景下或许是有道理的，但不是出自马克思恩格斯的法律观，与马克思恩格斯对法本质的理解有着根本的不同。由于列宁的法本质理论与本书主题没有直接联系，我们对此不予展开论证。

对于第二个问题，我们同样也只能得出否定的结论：统治阶级意志或国家意志既不应当也不能够成为法的本质。首先，从价值层面讲，统治阶级意志或国家意志不具有天然合理性和永远正确性，只能代表少数人的利益和诉求，既无资格也无能力成为一种统率社会共同体全体成员行为的社会规范的核心要

---

① 郭道晖：《论法与法律的区别——对法的本质的再认识》，《法学研究》1994 年第 6 期。

② 《列宁全集》第 43 卷，人民出版社 1987 年版，第 145 页。

③ 《列宁全集》第 25 卷，人民出版社 1959 年版，第 75 页。

素。其次，从事实层面讲，统治阶级意志或国家意志无法解释原始社会习惯法存在的事实，也无法解释国际法这样一种超国家法的性质，更无法消除目前社会主义法和资本主义法两种本质论的理论尴尬。

（三）物质生活条件制约性是否法的本质

如果马克思恩格斯从未提出也不赞同统治阶级意志或国家意志作为法的本质，剩下的就是马克思恩格斯一直极力强调的经济关系和经济条件对法的制约了。经典作家的意思是不是认为物质生活条件制约性是法的唯一本质或主要本质呢？如果不是，马克思恩格斯强调经济条件对法的决定作用是为了说明什么？

根据我们前面对本质以及法的本质的界定，本质是一事物区别于他事物的根本标志；法的本质是法区别于道德、宗教、习惯等其他社会规范的根本标志。而物质生活条件却是决定一切上层建筑现象的基础，人们的生产和生活方式制约着整个社会生活、政治生活和精神生活的过程，一定时期的国家、政治、法、道德、宗教、习惯、文化等意识形态形式都建立在共同的经济基础之上。因此，物质生活条件制约性是法与其他许多事物的共同特征，而不是法与其他相近的社会规范区别开来的根本标志。也就是说，物质生活条件制约性不能使法与其他相近事物区别开来，既不是法的主要本质之一，更不可能是法的唯一本质。

马克思恩格斯强调经济条件对法的决定作用，只不过是想说明经济与法的关系问题。首先，经济与法是各自独立存在的两个事物，经济因素是法产生和发展的前提和基础，是法脱胎而出的母体，也是法演进的根本原因和必要条件。每种生产形式都会产生出它特有的法的关系和统治形式，就像不同的母体基于不同的遗传基因会产生不同的子体一样，然而，子体一旦脱离母体产生出来，就具有了相对于母体的独立性存在；其次，在经济与法的关系中，马克思恩格斯还辩证地看到了法对经济发展的反作用，法与周围事物之间相互联系、相互制约、相辅相成。恩格斯曾指出："政治、法律、哲学、宗教、文学、艺术等的发展是以经济发展为基础的。但是，它们又相互影响并对经济基础发生影响。"[①] 不同的法或者会促进或者会阻碍经济的发展，但是经济与法之间的这种辩证联系与事物的本质不是一回事，母体和子体是两个不同的、各自独立的

---

① 恩格斯：《致瓦·博尔吉乌斯》（1894），《马克思恩格斯选集》第4卷，人民出版社1995年版，第732—733页。

个体，一事物不能成为另一独立存在的事物的内在属性，即母体不是子体本身固有的属性，所以作为母体的经济条件也不可能是作为子体的法的本质。

（四）解读马克思恩格斯法本质认识的其他路径尝试

如果说传统的法本质解说——阶级性（统治阶级意志论）和社会性（物质生活条件制约性）都是站不住脚的，都误读了马克思恩格斯的理论，我们接下来将面临另外三个问题：马克思恩格斯有没有一个法本质理论？他们到底是如何论述法的本质的？我们应当如何解读经典作家的法本质理论？

马克思恩格斯涉及法本质的相关论述很多，但是从没有像列宁那样明确具体地给法下一个定义。综合马克思恩格斯各个时期的作品来看，他们对一般意义的法的本质的真正理解是：法律应该是社会共同的、由一定物质生产方式所产生的利益和需要的表现；如果一种生产方式持续一个时期，那么，它就会作为习惯和传统固定下来，最后被作为明文的法律加以神圣化；在社会发展的某个很早的阶段，产生了这样的一种需要：把每天重复着的生产、分配和交换产品的行为用一个共同规则概括起来……这个规则首先表现为习惯，后来便成了法律。对于经典作家的上述论述，我们的理解是：马克思恩格斯谈到了法本质的两个方面，一是法的内容本质；二是法的形式本质。法在内容上是一定物质生活条件所决定的社会共同利益和需要的体现，是公共意志的反映；法在形式上具有普遍适用性，"持续一个时期"、"每天重复着"、"共同规则"等词语表明法这种事物在适用时间和适用对象上都具有普遍性。

这两种特征之所以能成为法的本质属性，首先是因为它们能使法与其他社会规范区分开来。道德、宗教、习惯等社会规范都不体现社会共同利益和需要，而"国家权力与法的本源是人民。人民是国家的主人，社会的主体。"因而，"国家立法不应只是国家意志或统治阶级意志的体现，而应是全民的、全社会的共同意志的体现。"[1]另外，道德、宗教、习惯等社会规范不具有普遍适用性，对适用对象会有所选择。例如，习惯具有明显的个别性和分散性；道德具有明显的层次性，对不同的人、不同的群体不能强求一致，对具有特殊职务和身份的人会有不同于普通社会成员的较高层次的职业道德要求；宗教规范则主要针对教徒。"法律法则在或多或少的程度上总是一般的，它对或大或小范围的人和场合总是一视同仁。虽然法律的专门化可能一如既往地深入发展，但

---

[1]　郭道晖：《法治国家与法治社会、公民社会》，《政法论丛》2007年第5期。

在任何程度上，法律面前平等和法律规范的一般性都是法律的本质"。① 至于国家法，它本身只是法的一种表现形式，当然应当充分体现法的本质，但是由于现实的种种复杂情况的存在，"这种准则就可以依情况的不同而把这些条件有时表现得好，有时表现得坏。"②

其次，从这些论述的内容看，它没有任何附加的定语和条件限制，明确说明法律应当具有的属性就是反映一定物质生产方式下所产生的社会共同利益和需要。这里的法律很可能是马克思眼里的阶级对立社会的法律或资产阶级社会的法律，而这种法律应当具有的属性正是一般意义的法的本质属性所在。由于现实中的法律往往仅体现统治阶级一个阶级的意志，成为私人利益的代言人，所以恰恰是偏离了法的本质。当然，法所体现的共同利益不是个人利益的简单相加，它本身充满内在矛盾，是各种力量（这些力量在阶级对立社会是不同的阶级，在消灭了阶级对立的社会则表现为不同的社会阶层）博弈和较量的结果，法律是国家对各种力量较量所达成的协调意志的神圣化。恩格斯用于分析历史形成过程的"合力"论同样也适用于法律本质的展现过程。

最后，从这些论述产生的时间看，是在《共产党宣言》发表之后，马克思恩格斯的历史唯物主义法律观已经正式形成，在理论阐述上已臻于完善，正处于从理论阐述到实践运用的发展阶段。这一时期的论述能够代表他们已经比较成熟的思考。马克思恩格斯比其他唯心主义法学家的高明之处即在于：他们没有把法的本质绝对化，从永恒理性或永恒正义的角度去界定法本质，而是看到了影响法本质实现程度的现实因素是意志背后的物质生活条件，既不是统治阶级的意志也不是被统治阶级的意志。因此，要使现实法律更好地体现法的本质，只能从生产力和生产关系即经济基础上下功夫，不能停留于上层建筑特别是意识形态领域转圈圈。

从历史的发展脉络看，即使是阶级对立社会的法律，也总是要体现某种程度的社会共识（当然以现在的眼光来看，这种共识可能是极低层次的，并且是显失公平的），因为任何一次真正的社会变革都不是孤立地由一个阶级所完成的，必然要争取大多数市民社会力量的支持，形成社会合力，当新的生产力、生产关系取得了胜利后，为了社会的平衡与有序发展，法总是要在一定程

---

① ［德］拉德布鲁赫：《法学导论》，中国大百科全书出版社 1997 年版，第 7 页。

② 恩格斯：《路德维希费尔巴哈和德国古典哲学的终结》，《马克思恩格斯全集》第 21 卷，人民出版社 1965 年版，第 346—347 页。

度上反映整个社会的共同要求，即照顾到社会全体成员的利益诉求，并在全社会范围内普遍适用。法从来只对它所调整的社会关系作普遍的规定，是对个体共性的一般抽象和提炼，具体的、个别的、特殊的情况虽然要兼顾，但不是法考虑的重点。马克思说过："法律是肯定的、明确的、普遍的规范。"①在这一点上经典作家延续了卢梭和黑格尔的观点，卢梭认为："法的对象永远是普遍的，它绝不考虑个别的人及个别的行为。"②黑格尔也认为，"法对于特殊性始终是漠不关心的。"③否则，现实法律偏离这一法的本质过远，人民将不认可也不遵守这样的法律，使其形同虚设，在事实上失去效力。正如中世纪的阿奎那所言："只要人法按照真正的理性办理，它便具有法的性质；只要它违背理性，它就被称为非正义的法律，并且不具有法的性质而是暴力的性质"，并且"暴戾的法律既然不以健康的论断为依据，严格地或真正地说来它根本不是法律，而宁可说是法律的一种滥用。"④只不过在马克思恩格斯那里，抽象的理性被换成了客观的不断发展变化的物质生活条件。

（五）马克思恩格斯法本质论新解读的实践应用

在对马克思恩格斯的法本质理论重新解读后，我们可以尝试将其运用于不同社会的法律性质分析。

首先，原始社会的习惯法具有法的属性。习惯最初是个别的、分散的行为规范，当原始社会的某些习惯或习俗人们已经习以为常，获得了氏族或部落共同体成员的共同认可，并在共同体内普遍适用时，就上升为习惯法。原始社会的习惯法大致包括如下内容：每个氏族成员选举和罢免氏族首领或酋长的权利；被选为氏族首领或酋长的权利；在本氏族内互不通婚的义务；公共财产的处分与分配原则；相互继承已故成员遗产的权利；相互支援、保护和代偿损失的义务；有关收养外人加入氏族的规则；各部落之间的关系等。⑤当阶级和国家出现时，开始就是将这些习惯法加以成文化和公开化，后来才出现了国家专

① 马克思：《第一届莱茵省议会的辩论（第一篇论文）》，《马克思恩格斯全集》第1卷，人民出版社1956年版，第71页。

② ［法］卢梭：《社会契约论》，何兆武译，商务印书馆1980年版，第50页。

③ ［德］黑格尔：《法哲学原理》，范扬、张企泰译，商务印书馆1996年版，第58页。

④ ［意］阿奎那：《阿奎那政治著作选》，马清槐译，商务印书馆1997年版，第116、12、110页。

⑤ 马克思：《路易斯·亨·摩尔根〈古代社会〉一书摘要》，《马克思恩格斯全集》第45卷，人民出版社1985年版，第348、449、408—417页。

门的立法机关针对未来行为的前瞻性立法。从马克思的论述中不难看出，国家的制定和认可行为并不是法产生的根本原因，因此我们就不能以原始社会的习惯法没有经过国家的制定和认可而否定其具有法的属性。目前学界比较普遍的观点认为，原始社会只有习惯或习俗，而没有法这种事物或现象，法是奴隶制国家产生之后的产物，法与习惯之间有着历史的联系，也有本质区别。目前通行的《法理学》或《法学概论》教材大多将原始习惯和法两者的区别归纳为下列几点：产生方式不同；赖以产生和存在的经济基础不同；体现的意志不同；实施方式不同；使命不同；发生作用的范围不同。其实这是误把原始习惯法与国家制定法的区别当成了原始习惯与法的区别，并以一种错误的前提得出了原始社会的习惯不具有法律性质的错误结论。正如周凤举先生所言："根据现在对法的定义来看，那时只能叫习惯，不能叫法。但我们看问题不能从定义出发。一个事物叫什么无关紧要，关键是它的内容和属性。"① 本书认为，原始社会的习惯法是人们在共同的生产和生活过程中形成的社会关系的反映，生产资料的氏族公有制是其产生和存在的基础，习惯法规定着氏族成员之间的权利和义务，体现的是氏族全体成员的共同利益和需要，在内容上符合法的本质；在形式上，习惯法普遍适用于氏族社会的全体成员，平等地保护氏族全体成员的利益，它主要靠氏族成员的自觉遵守，辅之以社会舆论和氏族首领的威信等特殊的强制力保证实施。由此，不管从法的内容本质还是形式本质来看，原始社会的习惯法都是完全意义上的法，完全具备法的本质属性。

其次，阶级对立社会的法律在形式上具有法的属性。由于阶级对立社会的法律都建立在生产资料私有制的基础上，而经济上占统治地位的阶级往往在政治上也会同时占据统治地位，所以私有制社会的法律带有较强的偏私性，更多地体现和反映了私有主阶级的利益和需要。阶级性只是阶级对立的私有制社会里法的一种现象特征，根本不是法的本质属性。阶级对立社会的法律的偏私性不是单纯统治阶级意志或被统治阶级意志所能决定或改变的，而是基于当时时代的特定生产形式和交往方式而产生或发展的。也就是说，阶级对立社会的法律应当具有法的本质属性，但是由于现实的经济条件，它往往出现一些偏离或背离。即使是这种偏私性的法律，它也总是要伪装成公共利益的代表者，以国家意志的形式出现。马克思指出："在议会中，国民将自己的普遍意志提升

---

① 周凤举：《法单纯是阶级斗争的工具吗？——兼论法的社会性》，载《法学研究》1980年第1期。

为法律，即将统治阶级的法律提升为国民的普遍意志。"①这也从反面证明了法的本质是反映社会共同利益和需要的共同意志。

再次，社会主义社会的法律具有法的属性。在我国，因为剥削阶级作为一个阶级早已不复存在，阶级对立没有了，应该说我国的社会主义法律总体上反映了社会全体成员利益和需要的一致性和共同性，主要执行着管理社会公共事务的职能，在全社会普遍适用，并且主要靠社会成员的自觉遵守予以实施。社会主义法律比较充分地体现了法的本质属性，在较高层次上实现了法的内容本质和形式本质的统一。由此可见，是否经过国家制定或认可，是否由国家强制力保障实施只是法的外在性辅助手段，不影响法之为法的根本属性。相反，如果没有体现共同利益和普遍适用的本质属性，只留下国家制定或认可、国家强制力保障实施的外壳，我们得到的不是法，不过是徒具"法律"之名的一项专横命令。

最后，国际法包括国际公法、国际私法和国际经济法都具有法的属性。国际法和原始社会的习惯法一样，反映了作为法律关系主体的成员国家、地区或者氏族社会成员的共同利益和需要，是经全体成员签署同意或默示认可的，并在成员间普遍实施。国际法的大部分内容并没有一个超国家的、专门的公共权力机构去强制实施，而主要是靠国际社会成员的自觉遵守以及国际社会舆论的力量等非强制因素去促其实现。国际法与原始社会习惯法的共同点远比与国家制定法的共同点要多，既然我们称国际法为法，不否认国际法具有法的属性，又凭什么理由去否认原始社会的习惯法具有法的属性呢？

第五节　法的价值论

法的价值，与法起源和法本质一样，也是法理学研究的一个基本问题，甚至被越来越多的法学学者看作法理学的首要问题。正如美国学者博登海默所说："任何值得被称为法律制度的制度，必须关注某些超越特定社会结构和经济结构相对性的基本价值。"②法的价值问题虽然是法理学研究不可回避的一

---

① 马克思：《路易·波拿巴的雾月十八日》，《马克思恩格斯选集》第1卷，人民出版社1995年版，第674页。

② ［美］博登海默：《法理学：法律哲学与法律方法》，邓正来译，中国政法大学出版社2004年版，作者致中文版前言，第5页。

个问题，但不容乐观的是，它也是迄今为止法理学领域最混乱不清的一个问题。不像法的起源、法的本质等问题，虽然学界存在观点争论，但至少有一种通说。什么是价值？什么是法的价值？法到底有哪些价值？这些问题在国内外法学界从来不曾形成一个主流性的认识，以致有学者似乎无奈但又不失公正地评价道："尽管我国法学界对法的价值这一极其复杂抽象的概念作了艰难而又有益的探讨，并取得很大进展，但这一领域的学术纷争使关于法的价值的解释仍然处于春秋战国时代。可以这么说，在中国，读一本法理学著述，就得更换一种新的法的价值概念。"①本节基于论文主题所限，不过多涉及学界在法价值问题上的理论论争，只集中于回答以下几个问题：马克思恩格斯对价值一般的理解；他们特别关注法的哪些价值；这些价值在经典著作中有什么特殊含义，保障这些法价值实现的主要途径有哪些。由于马克思恩格斯关于法的价值问题的思考与本书已经论述过的正义观和下一章将要论述的正义与法关系问题有诸多相通之处，为了本章体系完整，保留本节内容，但此处仅点到为止，不再展开。

一、马克思恩格斯对价值一般的理解

要论证价值特殊，必须从价值一般开始。一般意义上的价值是哲学上的一个概念，在哲学中有专门研究价值问题的分支学科——价值哲学。马克思从青年时代起就对哲学有浓厚兴趣，他一生中对法律现象的研究从来不是孤立进行的，而是把它当作哲学的一个部门，因此，对马克思的法价值探究也应该从他对价值一般的理解开始。在《评阿·瓦格纳的"政治经济学教科书"》一文中，马克思批判了瓦格纳把价值同使用价值相混淆的错误，指出使用价值和交换价值都不过是价值的表现形式，都不是价值本身，一般意义的价值，即"价值这个普遍的概念是从人们对待满足他们需要的外界物的关系中产生的"②。在这篇文章中，马克思只是否定了价值的对立面，指明了价值产生的背景条件，即价值同其他社会意识形式一样，不是主体从外部赋予事物的，而是根源于人类的生产关系和劳动实践。但是，马克思并没有给出一个价值的明确定义，从上述引文中并不能得出"价值是一种关系"的论断。笔者认为，马克思没有明

---

① 张恒山:《法理要论》第 3 版，北京大学出版社 2009 年版，第 178 页。

② 马克思:《评阿·瓦格纳的"政治经济学教科书"》，《马克思恩格斯全集》第 19 卷，人民出版社 1963 年版，第 406 页。

言但隐含的意思是：价值不是别的，正是事物内在的本质属性在社会实践层面的一种反映和外显，是事物的存在对人而言的目的或意义。为什么对人来说，某事物是可欲的，或者说人选择或向往某事物的根据或理由是什么，肯定是该事物现实具有或将来可能具有的某些最基本的品质或属性值得人选择或向往，这里存在一个复杂的互动关系，关系的结果不是主体或客体任何一方单独所能决定的，所以价值是主观性和客观性的统一，是主观见之于客观的一种属性。

二、马克思恩格斯关注的法价值

如果我们对马克思恩格斯的价值一般的理解是正确的，那么法的价值即是在法与人的关系中产生的。这里的人，不是抽象的、孤立的个人，也不是恩格斯批判过的杜林的"两个男人社会"里的人，而是最广大的人民，是具体的社会共同体中的全体成员，是一个相对意义上的普遍主体。在这样的背景关系中，法的价值是正义，也就是说，正义是法的最基本的价值。这一点马克思恩格斯没有明言，但是这个命题笔者认为他们无需明言，因为这是贯穿整个西方古代、近代思想史的一个基本常识。如果法根本不可能代表正义，它就没有任何价值可言。现实法律可以暂时或在一定范围内偏离正义，但不可能长久地或在很大程度上偏离正义，因为那会危及到它自身的存在，会被洪水般的力量驱逐出现实的舞台。

正义作为法的价值，是从终极意义上讲的。它是一个自足的体系，有一系列更为具体的子价值构成。它们都是正义的不同面相，即"普洛透斯似的正义之面"，因为"正义有着一张普洛透斯似的脸，变幻无常、随时可呈不同形状并具有极不相同的面貌"。① 至于正义内含有哪些子价值，在不同的学者那里，答案不一而足。霍布斯重视安全，洛克钟爱自由，卢梭倡导平等，笔者认为，马克思恩格斯最为关注的法价值是自由和平等。

关于法与自由、平等关系的演变，马克思在 1857—1858 年的政治经济学批判草稿的《货币章》中有一段极为精辟的分析。随着人类对社会生产力掌握程度的提高，法与自由的关系经历了一个从受奴役到走向自由、继往开来、前赴后继的演变过程。马克思指出，"人的依赖关系（起初完全是自然发生的），是最初的社会形态，在这种形态下，人的生产能力只是在狭窄的范围内和孤立

---

① ［美］博登海默：《法理学：法律哲学与法律方法》，邓正来译，中国政法大学出版社2004 年版，第 252 页。

的地点上发展着。以物的依赖性为基础的人的独立性，是第二大形态，在这种形态下，才形成普遍的社会物质变换，全面的关系，多方面的需求以及全面的能力体系。建立在个人全面发展和他们共同的社会生产能力成为他们的社会财富这一基础上的自由个性，是第三个阶段。第二个阶段为第三个阶段创造条件。"[①] 从人的依赖关系到物的依赖关系，这不仅不是对自由价值的肯定，而且是一种更大的否定。伴随着人类从人的依赖（受物的奴役）到物的依赖（受人的奴役）再到个人的全面发展的自由演变过程，平等也经历了一个从肯定到否定再到否定之否定的历史性飞跃，人类从原始的平等到经历阶级社会的不平等，必定会走向未来的更高层次的平等。

马克思恩格斯法价值观的最大特点是把法这一社会现象放到人类历史的长河中进行研究，他们把人类社会看作是人不断追求自身解放的一个不间断的历史链条。"最初的、从动物界分离出来的人，在一切本质方面是和动物本身一样不自由的；但是文化上的每一个进步，都是迈向自由的一步。"[②] 马克思恩格斯法价值观的最高理想是通过无产阶级运动消灭阶级差别和阶级对立，形成人与人之间的真正平等，最终实现人自身的最高价值，即"人的全面自由发展"。为了实现这一目标，他还提出了"自由人的联合体"这一概念。自由人的联合体便是共产主义伟大理想的萌芽，后来成为马克思恩格斯毕生奋斗的政治理想和伟大抱负。因此，笔者认为，在马克思恩格斯心中，法的价值是从属于人的价值的，正义不过是实现人的全面自由发展的手段。每一个人的全面自由发展，是马克思恩格斯法价值的最高和终极目的追求，也是其正义理论的永恒魅力所在。

马克思恩格斯从人与法的关系入手，认为不是人为法律而存在，相反，法律是为了实现人的目的而存在的，人的存在本身就是最高的法律。在构成社会共同体的所有要素中，社会成员应该是最核心的要素，因而人，并且只有人，是社会的主体。马克思认为，人的本质是自由，因而法律应当以实现和保障人的自由为基本的目标和内容，法的价值首先是保障人的自由——"法典就是人民自由的圣经"。国家应该是伦理的、政治的、法律的自由的实现，"不

---

① 马克思：《政治经济学批判（1857—1858 年草稿）》，《马克思恩格斯全集》第 46 卷上册，人民出版社 1980 年版，第 104 页。

② 恩格斯：《反杜林论》，《马克思恩格斯选集》第 3 卷，人民出版社 1995 年版，第 456 页。

实现理性自由的国家就是坏的国家"。^①法律的作用是为了保证自由的实现，法律中的强制手段也是为了强制人成为自由的人。"哪里的法律成为真正的法律，即实现了自由，哪里的法律就真正地实现了人的自由……所以，法律在人的生活即自由的生活面前是退缩的，而且只是当人的实际行为表明人不再服从自由的自然规律时，这种表现为国家法律的自由的自然规律才强制人成为自由的人"。可见，国家和法律，作为人的存在形式，根本目的是实现人的自由。因此，只有保护人民权利和尊重人民自由的法律才是正义的。针对普鲁士"书报检查令"的辩护士们关于"出版自由是一种恶，因为人的思想倾向于恶"的谬论，马克思驳斥道："自由出版物的实质，是自由所具有的英勇的、理性的、道德的本质"^②，"出版物在任何情况下都是人类自由的实现。因此，哪里有出版物，哪里也就有出版自由。"^③自由不是少数人的自由，而是多数人的自由、人民普遍的自由，"复数的自由"，少数人的特权是对人民自由的侵犯。马克思所理解的自由，不是康德和黑格尔所说的"道德领域的自由"或"自由意志"，也不是卢梭寻找的"意志自由"，而是积极的、实践的自由。由此可见，在马克思恩格斯的法价值体系中，自由是排在第一位的，是国家和法律的最高价值。不过，既然这种自由是普遍的、积极的，就要受到他人同等自由的制约，因而平等就不是外在于自由之外存在的法的另一价值，而是自由的题中之义，与自由是一体两面的关系。

三、马克思恩格斯论法价值实现的途径

马克思恩格斯对资本主义条件下自由和平等的虚伪性进行了揭露和抨击，认为资本主义的自由和平等是仅仅存在于商品交换领域的形式的自由和平等，一旦离开流通领域甚至就在这个领域背后，实质的不自由、不平等始终主宰着人与人之间的关系。他们向全世界无产阶级指明了实现真正自由和平等的途径：即革命时机未成熟时在现实法律允许的范围内采取合法斗争，善于利用资产阶级的法律争取和维护自己的权益；并时刻准备通过无产阶级革命取得政

---

① 马克思：《第179号"科伦日报"社论》，《马克思恩格斯全集》第1卷，人民出版社1956年版，第127页。
② 马克思：《第六届莱茵省议会的辩论（第一篇论文）》，《马克思恩格斯全集》第1卷，人民出版社1956年版，第66—67页。
③ 马克思：《第六届莱茵省议会的辩论（第一篇论文）》，《马克思恩格斯全集》第1卷，人民出版社1956年版，第62页。

权，经济上实行公有制，政治上实行民主制。

马克思恩格斯认为，资产阶级社会的法律不具有绝对的神圣不可侵犯性，对于不同阶级或社会群体来说，现实法律仅仅意味着不同的策略和手段。对于作为少数人的资产者来说，"法律当然是神圣的，因为法律本来就是资产者创造的，是经过他的同意并且是为了保护他和他的利益而颁布的。资产者懂得，即使个别的法律条文对他不方便，但是整个立法毕竟是用来保护他的利益的，而主要的是：法律的神圣性，由社会上一部分人积极地按自己的意志规定下来并由另一部分人消极地接受下来的秩序的不可侵犯性，是他的社会地位的最可靠的支柱。"[1] 而对于广大的无产者来说，阶级利益的根本对立决定了他们对现存法律的完全不同的态度。他们除了"并不尊重法律，而只是在无力改变它的时候才屈服于它"[2] 之外，不可能对现实社会的资产阶级法律产生更多的感情。因此，无产阶级应当组织自己的力量，提出自己的法律要求，"为了抵御折磨他们的毒蛇，工人阶级必须把自己的头聚在一起，作为一个阶级来强行争取一项国家法律，一个强有力的社会屏障，使自己不再通过自愿缔结的契约而把自己和后代卖出去送死和受奴役。"[3] 马克思主义创始人无情揭露和批判了资产阶级法律的专横性、腐朽性、贪婪性和非人道性，第一次科学揭示了现实法律的阶级属性已经严重背离法的真正本质，当然不再具有法的价值。所以，他们号召无产阶级拿起武器，既运用批判的武器也运用武器的批判，推翻资产阶级的政治和法律统治，在实现自身解放的同时去实现人类的解放。无产阶级取得政权以后，首要的任务是根除阶级以及阶级统治所赖以维持的经济基础，即消灭资本主义私有制，建立社会主义的生产资料公有制。在政治上，马克思寻求的是真正的民主制，因为在民主制国家中，人始终居于首要地位，"一切国家形式在民主制中都有自己的真理，正因为这样，所以它们有几分不同于民主制，就有几分不是真理，这是一目了然的。"[4]

---

① 恩格斯：《英国工人阶级状况》，《马克思恩格斯全集》第 2 卷，人民出版社 1957 年版，第 515 页。

② 恩格斯：《英国工人阶级状况》，《马克思恩格斯全集》第 2 卷，人民出版社 1957 年版，第 516 页。

③ 马克思：《资本论》第 1 卷，《马克思恩格斯全集》第 23 卷，人民出版社 1972 年版，第 335 页。

④ 马克思：《黑格尔法哲学批判》，《马克思恩格斯全集》第 1 卷，人民出版社 1956 年版，第 282 页。

第六节　法的发展论

法的发展问题，与法的本质、法的价值紧密相连。可以说后两者决定了法的发展路径和发展方向。本书所说的法的发展，是与法的起源（或产生）相对而言的。法的起源研究是总结法这一现象从无到有的产生规律；法的发展则是特指法从不完善到比较完善的进化规律研究以及探讨法的未来是不是必然走向消亡的问题。我们从两个方面理解法的发展，一是法的进化，包括法的质变，即法从一种历史类型到另一种历史类型的更替；还有法的量变，即同一种历史类型的法在发生突变以前的量的积累。二是法的未来，即未来的、理想的共产主义社会里法的发展趋势问题。对于法的进化规律，学界争议不大，即法作为上层建筑现象，由经济基础所决定并受经济基础制约，法进化的最终原因是社会生产力的发展和推动。而对于法的未来，我国传统的法学研究认为，法会随着阶级统治和国家的消亡一起消亡，至于消亡的具体时间和具体形式，则依取得社会主义革命胜利的各国过渡时期的长短以及具体国情而定，已故著名法学家卢云先生称这种观点为"同时消亡论"，他认为"同时消亡论"既不符合历史和现实的事实，也有悖于马克思主义关于国家问题的原理。国家、法与统治阶级并不必然同时并存，社会主义法不具有统治阶级意志的属性。[①]笔者赞同卢云先生"国家与统治阶级不是共存亡"的观点，即阶级统治退出历史舞台并不同时带来国家的消亡。但个人认为卢云先生关于"社会主义法与社会主义国家同步发展，具有同样的属性"的结论有些武断，缺乏依据。本书将在此基础上进一步讨论：按照马克思恩格斯的法律观，国家与法两个事物的未来发展是不是完全一致？传统的马克思主义研究者认为，国家与法都是阶级对立社会的产物，两者相伴而生，当然也必然相伴而亡。但是，根据本书已经进行的论证，我们认为马克思恩格斯不但没有提出过国家与法同时产生，反而是赞同一个与传统马克思主义者不同的结论：法先于国家而产生。因此，建立在国家与法"同时产生论"基础上的"同时消亡论"一样也是站不住脚的。

[①] 卢云：《评国家与法和阶级统治同时消亡论——再论社会主义法不具有统治阶级意志的属性》，《现代法学》1987 年第 1 期。

一、法的进化的一般规律

法的进化有两种形式：一是法的质变，即法的历史类型的更替，随着人类社会的发展，法也从低级向高级、由简单形态向复杂形态依次更替；二是法的量变，即同一种历史类型的法内部发生的渐进细微的变化。

在理论上，学者们依据不同的考察标准，从不同的角度对法的进化阶段作过划分。例如，17世纪意大利人文主义学者维柯把埃及人之后的世界历史划分为三个时代：神的时代；英雄时代；人的时代。他认为与世界史的三个时代相对应，法的进化也经历了三种类型：一是神秘莫测的神法；二是英雄时代的王法；三是自然公道的人法。18世纪德国法学家萨维尼将法律（即实在法，笔者注）的发展也分为三个阶段：习惯法；立法；科学法或学者法。19世纪英国法学家梅因认为，法是社会秩序的象征，随着人类社会的发展而发展，法进化的一般规律，亦即社会秩序进化的一般规律，是一个"从身份到契约的运动"。对于法律进化的一般过程，梅因的概括是："所有进步社会的运动在有一点上是一致的。在运动发展的过程中，其特点是家族依附的逐步消灭以及代之而起的个人义务的增长。'个人'不断地代替了'家族'成为民事法律所考虑的单位。用以逐步代替源自'家族'各种权利义务上那种相互关系形式的就是'契约'。在此之前，'人'的一切关系都是被概括在'家族'关系中的，把这种社会状态作为历史上的一个起点，从这一个起点开始我们似乎是在不断地向着一种新的社会秩序状态移动，在这种新的社会秩序中，所有这些关系都是因'个人'的自由合意而产生的。"[①] 梅因根据立法形式及法律性质，划分了法律进化的五个阶段：第一阶段，法律具有神灵启示的性质，它是根据家长式的统治者个人的命令制定的；第二阶段，法律具有习惯法性质，它由垄断法律知识的贵族及少数特权阶级来解释和操纵；第三阶段，法律表现为正规化的法典（如罗马的十二铜表法），它开始反映具有不同利益的各阶级要求；第四阶段，法律的内容和立法手段趋于完善，从而使法律能够同发展渐快的社会生活相和谐；最后阶段，法律形态完全发育成熟，科学的法理学把各种法律形式编制成统一的系统。日本法学家穗积陈重则认为，法律的进化，是一个从无形发展至有形的过程。无形法包括"潜势法"、"规范法"和"记忆法"三类，有形法包括"绘画法"和"文字法"两类。从人类关于法之认识进化的角度看，法

---

① ［英］梅因：《古代法》，沈景一译，商务印书馆1984年版，第96页。

的发展演化呈现为四个时期：1.法潜在于国家主权者之心中，为法规成形之前期；2.法的知识独占于少数特权者，为法规成形之始期；3.法颁布于官吏，为法规成形之中期；4.法公布于一般人民，为法规成形之终期。法的发展，不是突发偶然的社会现象，而是与人类文明文化的进步以及新的社会生活需要分不开的。[①]旧中国的法学教材也曾经把"法律统治时代"的法之演进归为古代法、严正法、自然法及衡平法、法律社会化四个时期。前述思想家的理论探索丰富了法进化研究的思想宝库，为后人深入探研法的进化规律提供了丰富的素材。但是，他们有一个共同的方法论缺陷，即上述研究都不是建立在"现实人"的基础上。

马克思恩格斯在将黑格尔的辩证法与费尔巴哈的唯物论有机结合的基础上，发现了法的最深刻的基础根源于"现实人"的经济事实之中，创立了历史唯物主义法律观，"现实人"的存在是马克思恩格斯历史唯物主义法律观的前提和基础。历史唯物主义法律观的核心内容就是物质生活条件及人们在此基础上结成的现实社会关系是决定法的发展的根本动力。前文提到，与摩尔根的人类社会三阶段理论（蒙昧、野蛮、文明）大致对应，人类社会的经济类型至今也经历了三个阶段的变迁和转型：自然经济、农牧经济、商工经济。不同的经济类型中，人们对法的需求也不同。正如恩格斯所说："历史上依次交替的一切社会制度都只是人类社会由低级到高级的无穷无尽发展过程中的一些暂时阶段。每一个阶段都是必然的，因此，对它所由发生的时代和条件来说，都有它存在的理由。"[②]如前文所述，根据马克思主义经典作家的理论阐述，我们已建立起了对法的本质属性的比较明确的认识，那就是法是出自社会全体成员共同意志的具普遍约束力的社会规范，是在人类开始定居生活的农牧经济阶段产生的。法的内容本质是社会公意，法的形式本质是普遍适用。在历史上，其他形式的社会规范如习惯、道德、宗教等在调整社会关系，规范人的行为方面曾经起过十分重要的作用，但自从法这类社会规范出现以后，它们的调整范围、规范作用都在相对减弱，而法所调整的社会关系范围却在不断扩大，规范作用也越来越突出。随着调整社会关系范围的扩大和规范作用的加强，法的价值取向也更加多元化。人类社会之所以能从自发走向自觉，从愚昧走向文明，标示着

---

① ［日］穗积陈重：《法律进化论》，黄尊三等译，中国政法大学出版社1997年版，第275页。

② 恩格斯：《路德维希费尔巴哈和德国古典哲学的终结》，《马克思恩格斯全集》第21卷，人民出版社1965年版，第308页。

人类社会的存在和发展有着共同的基础和不可否认的共同利益。这个共同利益需要一套基本公正的社会规则来维护。应该说，原始社会的习惯法在原始社会的小共同体（氏族或部落）范围内对这种共同利益体现得比较充分，也在很大程度上得到了氏族社会成员的认同与维护。但随着阶级对立社会的形成，这种共同利益被不同程度的异化了。随着人类社会整体生产力的提高，社会共同利益又有了更广泛的基础。我们只有首先承认这一共同利益的存在，并不断探索形成、表达共同利益的科学的体制机制，使之充分完整地渗透于社会成员的思想，体现于社会成员的行为，才能促进社会关系更加和谐，推动人类社会走向更加光明的未来。

二、法的未来发展趋势

本书通过对法的起源的考察和法的本质、法的价值的论证，得出关于法的未来发展的一个结论：在未来的人类发展旅途中，国家和实在法可能会消亡，但作为公共生活规则的法不会消亡，它将伴随人类社会的整个未来行程。即使是到了共产主义社会，国家消亡了，作为国家意志体现的法律也消亡了，而作为社会公共利益和需要的反映和社会共同意志关系体现的法——一种具有普遍性的公共生活规则，仍然会继续存在并在新的矛盾运动中不断向前发展。这种意义上的法将会与成熟的人类社会共同体不离不弃。

有人说：法不是从来就有的，而是在人类社会发展的一定阶段上产生的。既然法是历史的产物，它就有始有终，也将在人类社会发展的另一个阶段上消亡。笔者认为，"法不是从来就有的"这一事实无法证明法在未来的发展趋势，人类是从茹毛饮血的动物形态起步的，后来的一切文明成果可以说都不是与人类相伴而生的，都是在人类社会发展到一定历史阶段上才出现的，不能就此说这些文明成果将来肯定都会消亡。

也有人根据马克思恩格斯的阶级消亡论和列宁的国家消亡论得出法必然会消亡的理论。马克思恩格斯曾明确指出，无产阶级革命的一切要求都可以归结为消灭阶级的要求。因此，在无产阶级取得政权后，阶级差别和阶级剥削将会消失。列宁据此提出国家消亡的理论，他说："我们的最终目的是消灭国家，也就是消灭任何有组织有系统的暴力，消灭任何加在人们头上的暴力。我们并不期待一个不遵守少数服从多数的原则的社会制度，但是，我们在向往社会主义的同时深信：社会主义将发展为共产主义，而对人们使用暴力，使一个人服从另一个人、使一部分居民服从另一部分居民的任何必要也将随之消失，因为人们将习惯于遵守公共生活的起码规则，而不需要暴力和服从。"①列宁认为社会主义革命的目的是消灭作为阶级统治工具和暴力机器的国家，但没有否认未来社会的人们仍然要接受作为"公共生活的起码规则"的法的约束。

迄今为止，人类已有几千年的文明发展史。根据不同的标准，我们可以将人类文明进行若干不同层次的分类。其中，最具代表性的一个分类标准是根据文明类型的主要成分——生产力发展水平与人们的生产生活方式，即人类获取财富的主要手段及使用的工具对文明类型进行划分。据此，人类最早出现的文明类型是农耕文明，然后随着生产力的进一步发展，世界各国开始不同步地、不同程度地向更高的文明类型——商工文明过渡，张恒山教授将此过程称为文明转型。②笔者认为，我国自明末清初即已开始了从农耕文明向商工文明的转型，目前仍处在这一转型过程中。尽快融入商工文明，实现国家工业化和现代化是许多后发展国家的近期目标，但是，可以断言，商工文明不会是人类文明的终结，代替商工经济存在的，将会出现一种新型的更高经济类型③。与这种新型经济形态相适应的，将是法的另一种存在形态——与国家法相对的社会法的诞生。

---

① 《列宁全集》第 31 卷，人民出版社 1985 年版，第 78 页。

② 张恒山：《论文明转型——文明与文明类型》，《人民论坛》2010 年 11 月中旬刊。

③ 这种新的经济类型现在已经初露端倪，我们可以称为一体经济或统筹、计划、生态、知识、信息、循环经济等。早在 1980 年，未来学家托夫勒在其著名的《第三次浪潮》一书中将继农业社会和工业社会之后出现的经济时代称为"后工业经济"；1982 年奈比斯特在《大趋势——改变我们生活的十个新方向》一书中用"信息经济"命名这一新时代；1990 年，联合国有关机构提出"知识经济"概念；1996 年，世界经合组织发表主题为《以知识为基础的经济》的报告，将新经济定义为是建立在知识和信息的生产、分配和使用之上的经济；1997 年 2 月，美国总统克林顿正式采用"知识经济"的提法。其实，叫什么名称并不重要，那要看当代人甚至更多是后代人的智慧总结。重要的是我们认为应当以一种进化论的观点和发展的眼光，而不是以一种终结论的观点和静止的眼光去看待社会和历史的发展。

第四章 马克思恩格斯关于正义 与法关系的认识

　　古希腊戏剧家索福克利斯在其著名的悲剧作品《安提戈涅》中，向后人讲述了这样一个故事：忒拜城的国王俄狄浦斯去世后，两个儿子陷入了王位之争。波吕涅刻斯借助岳父城邦的军队回攻忒拜城，厄忒俄克勒斯则率领忒拜城的军队奋力抵抗，结果两人都战死沙场，马革裹尸。之后，俄狄浦斯的妻弟克瑞翁坐收渔翁之利，得以继任忒拜城的王位。为惩罚本城邦的敌人，克瑞翁下令厚葬了守卫忒拜城的厄忒俄克勒斯，但不许安葬进攻忒拜城的波吕涅刻斯，违令者处死。俄狄浦斯之女安提戈涅公然违抗舅舅克瑞翁的禁葬令，因为她相信根据源自天神的永恒不变的不成文法，人死了应当入土为安，安葬过世的亲人既是在世亲人的权利，也是一项神定的义务。所以她选择了触犯人定的律条，宁愿以自己年轻的生命作为代价，而不愿违背心中的信仰——神示的正义。① 可见，自西方法律文明的源头开始，人们就已经为正义与法的关系问题所困扰，经常在生活中面临守法与服从正义的两难行为选择。正义与法自古以来就有着解不开的结，两者之间并不是一一对应的关系。

　　正义与法的冲突，在近现代以来的人类历史上仍屡有上演。两次世界大战之后，反法西斯同盟国在纽伦堡和东京分别设立欧洲国际军事法庭和远东国际军事法庭，审判法西斯战犯。当时，被告的战犯们有一个共同的辩护理由：即他们战争期间的行为具有合法性，因为有上级命令或本国的法律为依据。但是各国政府痛定思痛，达成了一个基本的共识：即任何人都不能以服从上级命令或执行明显违背良知的法律为借口而超越一定的道德伦理底线。因为这个世界在法律之外，还有良知。当法律与良知相冲突时，人进行行为选择的最高准则是良知，而不是法律。国家法律在任何时候和任何情况下都不应当与人类最

---

　　① ［古希腊］索福克勒斯：《古希腊罗马文学作品选》，罗念生译，北京出版社 1988 年版，第 79—113 页。

高的良知相抵触。这"最高的良知"就是法理学上的正义，而违反正义的国家立法就是"实在法的非法"。对这种"法"的执行行为，同样构成犯罪。以此为契机，久以沉寂的西方自然法学开始在当代复兴。

在西方法律思想史上，法律常常被认为是正义的同义语，如斯坦和香德所说，"我们有时把正义几乎当作是法律的同义语，我们有各种成文法处理'正义的行政'，很多国家的法院被称作'正义的殿堂'。一般共同之处是，正义是法律应奉为神圣的一种价值。"① 由于正义与法之间密不可分的关系，所以，离开正义谈法律或者离开法律谈正义是没有任何意义的。关于正义与法关系问题的认识，西方法律思想史上绵延着两条截然不同的思路：自然法学主张正义优先于法，法必须以正义为依归；而实证法学坚持法律之外、之上无正义，正义与不正义皆在法律之内。科学社会主义的创始人马克思恩格斯在辩证唯物主义和历史唯物主义的指导下，创造性地提出了辩证的"正义与法"观，科学地解决了正义与法的关系问题。根据马克思恩格斯唯物史观和辩证法的基本原理，正义与法既密切联系，又若即若离，两者之间是对立统一的辩证关系。

第一节　西方法律思想史上论证正义与法关系的两条思路

正义与法的关系问题由来已久，这从古希腊和古罗马时期流传至今的下列名言中可见一斑，如"法乃是善良和公正的技艺"，"法是美德与正义之求"，"法是正义、公平、公道的表现"，"法学是关于神和人的事务的知识，是关于正义和非正义的科学"，"守法即正义"等。② 自正义观念在初民社会产生以来，正义与法的关系问题作为法正义观的一个重要组成部分，一直为历代思想人家所关注。

一、自然法学的"法以正义为依归"

在西方社会的诸法学流派中，自然法学有着最为悠久的历史，自然法学的核心概念——自然法在西方法律思想中地位显赫。梅因对此的评论是比较中肯

---

① Peter Stein & John Shand: Legal Values in Western Society, 1974 Edmburgh University Press. p.59.
② 谷春德主编，史彤彪副主编：《西方法律思想史》，中国人民大学出版社2004年版，第80页。

的，他说："如果自然法没有成为古代世界中一种普遍的信念，这就很难说思想的历史，因而也就是人类的历史究竟会朝哪一个方向发展了。"① 对正义的追求构成了贯穿西方自然法学发展的一根红线。在一定程度上讲，自然法就是对人间不正义现象的克服。对不满现存政治法律制度或要求变革现存法律秩序的人来说，自然法是很好的武器。梅因讲道："时代越黑暗，则诉诸'自然法律和状态'便越加频繁。"② 尽管自然法的具体内容在自然法学派内部众说纷纭，并不统一，但总体上来说，自然法可以理解为正义所演化出的各种原则的总和，正义与法的关系主要体现为自然法同正义的关系，正义与自然法几乎是可以通用的，"在法理学思想史中，正义观念往往是同自然法概念联系在一起的。"③

（一）古代思想家的"法即正义"

从古代思想家流传下来的文本资料来看，认为法是正义化身的观念由来已久。正义是法产生的基础和前提，正义与法好像一枚硬币的两个面，基本上是一体的。把正义与法等同，是与人类社会早期学科体系还不发达，法学尚未成为显学的状况相适应的。古希腊先哲苏格拉底虽然述而不作，"从来没有把他的学说变成文字形式"，但他在同其雅典同胞的口头辩论中发展了自己的思想。④ 当智者希比亚追问苏格拉底关于正义的看法时，苏格拉底智慧地回答道："我本人的见解是，不希望不义就是正义的充分证明。如果这一回答还不能使你满意，那么下面的回答或许也不合你的心愿：我确信，凡合乎法律的就是正义的。"⑤ 苏格拉底的后继者柏拉图和亚里士多德对法律问题的论述，同样也是从正义问题的思考开始的。柏拉图的传世之作《理想国》的副标题即是"关于正义的理论"，《理想国》通篇都是围绕着何谓正义、正义对人有何功用以及怎样实现正义等问题展开的。亚里士多德虽然在政体主张、法治与人治关系以及研究方法等具体问题上同其师不同，但"法即正义"仍然是总体上贯穿其伦

① ［英］梅因：《古代法》，沈景一译，商务印书馆1959年版，第43页。

② ［英］梅因：《古代法》，沈景一译，商务印书馆1996年版，第53页。

③ ［美］博登海默：《法理学：法律哲学与法律方法》，邓正来译，中国政法大学出版社2004年版，第271页。

④ ［美］博登海默：《法理学：法律哲学与法律方法》，邓正来译，中国政法大学出版社2004年版，第8页。

⑤ ［前苏联］涅尔谢相茨：《古希腊政治学说》，蔡拓译，商务印书馆1991年版，第116—117页。

理学和政治学的一条主线，"要使事物合乎于正义（公平），须有毫无偏私的权衡；法律恰恰正是这样一个中道的权衡"。①古罗马的西塞罗和中世纪的阿奎那在此基础上进一步发展了正义与法的关系理论。

自然法思想在柏拉图那里已经初露端倪。他认为法律是一种理性的命令，是基于正义的要求而制定的。正义是与不正义相对而言的一种德性，"正义是智慧与善，不正义是愚昧和恶。"②他将正义区分为城邦正义与个人正义两类。前者是城邦的一种德性，后者是个人灵魂的一种德性。在后期所作的《法律篇》中，柏拉图开始反思自己早期的思想，意识到第一等好的贤明人治国家很可能是可遇而不可求的，现实社会的人们更应该服从那些理性的命令，即法律。他提出，法律对人而言不是可有可无的东西，而是决定人类之优劣的分水岭。人间高明的立法者"在立法中除了以最高的美德为目标不会有其他目标。这种最高的美德……，我们可以称之为完全的正义。"③在柏拉图看来，正义就是最高的美德，而法律必须以正义为依归，与正义密不可分。人遵循法律和正义，就能达到完美境界，成为最优秀的动物；而一旦脱离法律和正义，就将是最恶劣的动物。

正义与法的关系问题也是亚里士多德思考伦理和政治问题的出发点。亚里士多德认为，正义不但是一种德性，而且是一种完满自足的德性，是至善。他将正义分为分配正义和校正正义。分配正义涉及财富、职位、荣誉、权利等有价值的东西的分配。在这个领域，按照比例的平等，对不同的人给予不同的对待，对相同的人给予相同的对待，就是正义。校正正义涉及对被侵害的财富、职位、荣誉和权利等的恢复和补偿。在这个领域，不管伤害者是谁，也不管受害者是谁，按照数量的平等，受害者从伤害者那里得到与损失相当的补偿，就是正义。他还将正义区分为自然的正义和惯例的正义，两者的起源不同，效力也不同。"自然的正义规则，在任何地方都具有同等效力，而不取决于我们是否接受它。惯例的正义规则起初可以用这种或那种方法加以确定，这都是无关紧要的，尽管在它一经确立以后，就不再是无关紧要的了。"④

① ［古希腊］亚里士多德：《政治学》，吴寿彭译，商务印书馆1965年版，第148页。
② ［古希腊］柏拉图：《理想国》，郭斌和、张竹明译，商务印书馆1986年版，第36页。
③ ［古希腊］柏拉图：《法篇》，《柏拉图全集》第3卷，王晓朝译，人民出版社2003年版，第373页。
④ 转引自［美］博登海默：《法理学：法律哲学与法律方法》，中国政法大学出版社2004年，第11页。

在阐明了正义的两个基本分类后，亚里士多德在他的伦理学中从两个方面概括了正义与法的关系。首先，法即正义，合法的就是正义的，违法的就是不正义的。法律是人类智慧的体现，与正义相辅相成。"法律是以合乎德性以及其他类似的方式表现了全体的共同利益，或者只是统治者的利益"，"法律要求人们合乎德性而生活，并禁止各种丑恶之事。为教育人们去过共同生活所制定的法规就构成了德性的整体。"① 在这一点上，他认为正义与法有着内在的一致性，因为人难免有偏私，容易导向专制和暴政，所以他坚决反对人治，而提倡法律之治。这是他与其师柏拉图在同一前提下得出的一个不同结论。其次，在他看来，正义是善德，善的行为本身就是目的而不是手段，因而正义高于法律。而法律毕竟是外在的东西，与正义并不处于同一层次，法律只是实现正义的一种工具。与柏拉图坚持正义与法的同一性不同，他看到了法律本身的局限性和法律与正义之间的裂痕，例如，法律是具有普遍性的行为准则，只对调整范围内的大多数情形有效，而不可能适用于一切事物，因此需要一种弹性的公平机制予以纠偏，才能更接近正义。又如"相应于城邦政体的好坏，法律也有好坏之分，或者是合乎正义或者是不合乎正义。"② 良法符合正义，而劣法则是对正义的背离。正义性应当是法律的本质所在。对正义与法关系的这一认识同样反映在他的政治学中，亚里士多德以为，第一，法律的本质是正义。"人类所不同于其他动物的特性就在他对善恶和是否合乎正义以及其他类似观念的辨认"，由正义而衍生出规范人类行为的礼法。第二，正义是建立社会秩序的基础。凭借正义指导下的法律，人类能够明辨是非。"城邦以正义为原则。由正义衍生的礼法，可凭以判断（人间的）是非曲直，正义恰是树立社会秩序的基础。"③ 第三，守法和正义是衡量人之行为优劣的标尺。一个人奉公守法，遵循正义的指导行事，则趋于至善；反之，如果一个人不守礼法，且再运用人类特有的功能如语言、逻辑思维等去作恶，那么他就会骄奢纵欲，贪婪无度，下流无耻而堕落为最肮脏最残暴的野兽。"人类志趋善良而有所成就，成为最优良的动物，如果不讲礼法、违背正义，他就堕落为最恶劣的动物。"④ 显然，亚里士多德对正义与法关系的认识一方面传

---

① ［古希腊］亚里士多德:《亚里士多德全集》第 8 卷，中国人民大学出版社 1994 年版，第 94—98 页。

② ［古希腊］亚里士多德:《政治学》，吴寿彭译，商务印书馆 1965 年版，第 148 页。

③ ［古希腊］亚里士多德:《政治学》，吴寿彭译，商务印书馆 1965 年版，第 9 页。

④ ［古希腊］亚里士多德:《政治学》，吴寿彭译，商务印书馆 1965 年版，第 9 页。

承了其师柏拉图的思想，主张法律追随正义，而正义源于自然；另一方面又在"法即正义"观念的基础上有所超越。

古罗马法学家西塞罗也从自然中寻找法的根源，认为"法律是根据最古老的、一切事物的始源自然表述的对正义和非正义的区分，人类法律受自然指导，惩罚邪恶者，保障和维护高尚者。"① 他把法律同人的理性和神明的灵智统一起来，把法律看做最高理性的体现，"法律由神明赋予人类，它理应受到称赞。"② 法律并非始自于它成文之日，而是始自它产生之时，它与神明灵智一起产生。西塞罗认为真正的法律只能是自然法，它是普遍适用且永恒不变的，具有至高无上的地位，"真正的法律乃是正确的规则，它与自然相吻合，适用于所有的人，是稳定的，恒久的，以命令的方式召唤履行责任，以禁止的方式阻止犯罪，……我们无论以元老院的决议或是以人民的决议都不可能摆脱这样的法律，无需请求塞克斯图·艾利乌斯进行说明和阐释，将不可能在罗马一种法律，在雅典另一种法律，现在一种法律，将来另一种法律，一种永恒的、不变的法律将适用于所有民族，适用于各个时代。"③ 真正的法律代表正义，不正义的东西根本不能成为法律。如果人民通过了有害的决议，不管这些决议是什么样的，它们也不应该被称为法律，他说："如果正义在于服从成文法律和人民的决议，如果正义像那些哲学家们所断言的那样，一切应以是否有利来衡量，那么这些法律便会遭到任何一个人的反对和破坏。"④ 西塞罗所说的法律主要是指自然法，而人定法是以"决议"、"意见"、"成文法律"的形式出现的。自然法是正义的化身，是最高的、永恒不变的，它产生于成文法和国家形成之前，适用于一切时代。"如果愚蠢的人们的意见和决议具有如此巨大的力量，以至于他们的表决能够改变事物的自然法则，那么为什么他们不能认为恶的、有害的为善的和有益的？或者如果法律能使非法变成合法，那么为什么同一

---

① ［古罗马］西塞罗：《论共和国　论法律》，王焕生译，中国政法大学出版社1997年版，第220页。

② ［古罗马］西塞罗：《论共和国　论法律》，王焕生译，中国政法大学出版社1997年版，第217页。

③ ［古罗马］西塞罗：《论共和国　论法律》，王焕生译，中国政法大学出版社1997年版，第120页。

④ ［古罗马］西塞罗：《论共和国　论法律》，王焕生译，中国政法大学出版社1997年版，第201页。

法律不能使恶变成善？"① 在西塞罗那里，人定法与自然法已经截然分开，尽管他强调，完全非正义的法律不具有法律的性质，但是反过来看，他实际上已经承认了实在法的存在，只是人们可以通过自己的理性来判断人定法是否符合自然法从而决定是否遵从罢了！西塞罗关于自然法和人定法的二元分野对中世纪以及 17、18 世纪古典自然法学的法正义观产生了深刻影响。

在中世纪的欧洲，一切知识都披上了神学的外衣。《圣经》中将正义等同于对上帝的信仰，"亚伯拉罕信仰上帝，上帝便以此为正义"，"谁心里相信、口里承认，他就会达到正义和神圣。"② 而具体到人类关系中，与信仰相关的仁慈、忠诚、诚实则是基督教对尘世正义的基本要求，这些要求通过"十诫"的形式具体化。可以说，正是"从基督教的正义观念中，逐步发展出了现代西方的正义思想。"③ 基督教圣徒奥古斯丁和神学家阿奎那在神学的框架下继承了古代思想家关于正义与法关系的思考。揭去披在中世界自然法理论上的神学外衣，可以发现神学思想家对正义与法关系思考的合理内核。奥古斯丁在《上帝之城》中写道："如果正义不复存在，政府将是一大帮强盗"，"没有正义，人们之间的联系就不可能通过法律的纽带继续"，在真正的正义缺失的地方，法律也不可能存在。④ 阿奎那也指出，"如果人法在任何一点上与自然法相矛盾，它就不再是合法的，而宁可说是法律的一种污损了"；法律的有效与否取决于它的正义性。⑤ 在法依附于正义，必须以正义为依归这一点上，中世纪思想家与苏格拉底、柏拉图和亚里斯多德的法正义观是一脉相承的。

虽然自然法学派在此时还没有正式形成，但自然法思想在古代已经萌发。古代思想家在思考正义与法问题时，形成了一个鲜明的特点，即正义在理论上源于自然。古希腊时期的思想家们认为正义纯粹是自然的一种品质，与人为无关，因而无需证明。人类的一切，只有符合自然，才是正义的。正如庞德所说，"希腊哲学家们并不议论权利问题，这是事实。他们议论的是，什么是正当的或什么是正义的。……希腊人并没有明显的权利观念。他们讲到正义或用于特定

---

① ［古罗马］西塞罗：《论共和国 论法律》，王焕生译，中国政法大学出版社 1997 年版，第 201—202 页。

② 《圣经·创世记》，第 15.22 页。

③ 李云龙、张妮妮：《民主、自由、人权、正义》，河南人民出版社 2002 年版，第 103 页。

④ ［美］约翰·麦·赞恩：《法律的故事》，刘昕、胡凝译，江苏人民出版社 1998 年版，第 181 页。

⑤ 《西方法律思想史资料选编》，北京大学出版社 1987 年版，第 105 页。

场合的是正当行为。"① 希腊人当时所考虑的自然法与其说是自然权利，毋宁说是一种体现时代特色的道德义务。从正义的道德基础到法律保障，是古罗马人为了维护自己的统治需要无意间促成的。总之，在古代的思想家们看来，渊源于自然的正义是制定法律的指导原则，也是一种高于实在法的更高原则。

古代思想家们对正义产生本源的讨论，开启了西方正义论特别是制度正义论研究的先河，由此孕育了西方浓厚的法律意识和守法习惯，最终确立了法在社会生活中的至上地位。尽管由于法的二元论思维，人定法的地位始终低于自然法，但由于自然法自身的不确定性，人定法事实上占据了正义之代表的最高地位。这在一定程度上为 19 世纪实证法学的兴起埋下了伏笔。此外，古代思想家们对正义实现途径的探讨，促生了现代平等观念的萌芽。虽然当时人们探讨的平等还是不彻底的，不能与现代意义上的平等同日而语。古代的平等观是极端狭隘的，仅仅是指具有公民身份的人之间的平等，奴隶则被视为"非人"和"会说话的工具"而不具有人的地位，实质上仍然是人与人之间的不平等占据主导地位。正如恩格斯所说："在希腊人和罗马人那里，人民的不平等比平等要受重视得多。如果认为希腊人和野蛮人、自由民和奴隶、公民和被保护民、罗马的公民和罗马的臣民（指广义而言），都可以要求平等的政治地位，那么这在古代人看来必定是发了疯。"② 尽管如此，平等观萌芽的意义仍不容低估，因为一种进步观念的产生，总有一个从无到有、从小到大的过程，我们对此不应当过度地苛求。也正是因为每一个时代的理论总有其不完善之处，才启发并激励后人"在科学的入口处"，③ 根绝一切犹豫，克服任何怯懦，进一步拓宽知识的广度和深度，在科学研究之路上继续不懈的探索。

（二）近代以来古典自然法学的"自然法即正义"

17 世纪，荷兰法学家格老秀斯作为古典自然法学的创始人脱颖而出。他使自然法摆脱了宗教神学的束缚，将其从天国带回到人间，恢复和发展了自然法的世俗面貌，使其成为解释和解决现实问题的理论武器。马克思曾指出："马基雅弗利、康帕内拉和其后的霍布斯、斯宾诺莎、胡果·格老秀斯以及卢

① ［美］庞德：《通过法律的社会控制　法律的义务》，沈宗灵、董世忠译，商务印书馆 1984 年版，第 44 页。

② 恩格斯：《反杜林论》，《马克思恩格斯选集》第 3 卷，人民出版社 1995 年版，第 444—445 页。

③ 马克思：《政治经济学批判　第一分册》，《马克思恩格斯全集》31 卷，人民出版社 1998 年版，第 415 页。

梭、费希特、黑格尔等都已经用人的眼光来观察国家了，他们是从理性和经验中而不是从神学中引申出国家的自然规律。"① 虽然《战争与和平法》一书的"修辞欠佳，推理繁琐，表达晦涩"，② 却以其博大精深的思想性开启了人类历史上的一个新纪元，奠基了西方法律思想史上一个新的里程碑。格老秀斯区分了自然法和习惯法两类法源，自然法是符合人类理性之本性的法则，它是永恒的，不因国别、地区的不同而异形，也不因时间的流逝而变化。自然法是判断战争正义与否的尺度，格老秀斯认为，具有正义性质的战争就是为维护和行使自然法规定的权利和义务而进行的战争。他使自然法脱离了神性，因为神并不过问人类的具体理性活动，神也不能改变人的理性，即使是上帝也不能使二加二不等于四，也不能把邪恶变成正义。③格劳秀斯认为："有人性然后有自然法，有自然法然后有民法"，"自然法之母就是人性"。④ 习惯法，亦称意志法或人定法，它源于人们之间的合意或契约，会因时因地而异。他认为正义意味着事物本身的正当性，"正义只不过指本身是正当的东西。……所以正义一定不是指不正当。任何事物只要是不正当的，就会与在理性动物间建立起来的社会的性质相冲突。"⑤ 正义也源自人类作为道德生物的本性，因而与自然法相连通，两者具有同一性。"自然法是正当理性的命令，它指示任何与合乎本性的理性相一致的行为就是道义上公正的行动；反之，就是道义上罪恶的行为。"⑥ 正义即自然法是人定法的基础，人定法必须以自然法为依归。格老秀斯之后，正义与法的关系问题开始转化为自然法与人定法的关系问题，正义问题也相应地转化为自然法如何识别和实现的问题。

与格老秀斯一样，英国的经验主义哲学家洛克也认为自然法与人类的理性相通，自然法就其内容而言，是与人的理性本性相符合的法则。在洛克看来，宇宙中的万事万物都遵循着一种与其本性相符合的法则，都有其特定的存在方式，"在万物的整个组织中，没有任何事物如此不确定不坚固以致不存

---

① 马克思：《第179号"科伦日报"社论》，《马克思恩格斯全集》第1卷，人民出版社1956年版，第128页。

② ［美］D.J.Hill：《格老秀斯其人其书》，何勤华译，《华东政法学院学报》2004年第2期。

③ Hugo Grotius.On the Law of War and Peace.Oxford: Oxford University Press, 1925, p.40.

④ 《西方法律思想史资料选编》，北京大学出版社1983年版，第133页。

⑤ ［荷兰］格老秀斯：《战争与和平法》，何勤华译，上海人民出版社2005年版，第29页。

⑥ ［荷兰］格老秀斯：《战争与和平法》，何勤华译，上海人民出版社2005年版，第32页。

在某些与其本性相适宜的有效的和确定的活动法则。"① 洛克甚至将两者完全等同。他说："理性，也就是自然法，教导着有意遵从理性的全人类，人们既然都是平等和独立的，任何人就不得侵害他人的生命、健康、自由或财产。"② 源于人类理性的自然法代表着正义，是判断实证法（或人定法）正义与否的标准。合乎自然法的，即是正义的；反之，则是不正义的。"……这些法律只有以自然法为根据时才是公正的，它们的规定与解释必须以自然法为根据。"③

洛克的正义优先于法思想又为后来的孟德斯鸠所继承，在孟德斯鸠的早期作品《波斯人信札》中，他就对正义与神及宗教的地位进行了对比，得出了正义对人类行为的约束高于神和宗教的结论。他借波斯人之口说道："即使真主不存在，我们也应该时刻心向公正，就是说，努力像我们理想中那个完美的神一样行事，因为这个神如果存在，一定是公正的。我们可以摆脱宗教的约束，但不应该摆脱公正的约束。"④ 他断言，"公正是永恒的，它丝毫不取决于人们的习俗"。⑤ 尽管孟德斯鸠与其他古典自然法学派的学者有所不同，他不赞同社会契约论，主张直接从人的天性出发就可推导出国家和法律的起源，但他仍然坚持了自然法学关于实证法和自然法关系的基本观点，认为实证法必须以正义为依归，国家法的制定是为了惩罚人类的凶恶悖谬，所以国家法应当力求纯洁无垢，但事实却常常并不如人所愿。孟德斯鸠的一个基本观点是："从最广泛的意义来说，法是由事物的性质产生出来的必然关系，在这个意义上，一切存在物都有它们的法。"⑥ 他在这里所说的法不是国家制定的法律，而是一种客观规律和必然性。由事物的性质产生出客观的法则，也产生出作为公道的正义，人定法是在正义之后并根据它创设的。他说，"在法律制定之先，就已经有了公道关系的可能性，如果说除了人为法所要求或禁止的东西以外，就无所谓公道不公道的话，那就等于说，在人们还没有画圆圈之前一切半径都是长短不齐的。"⑦ 在孟德斯鸠看来，公道关系就是人类的理性和正义。正义虽然与人的理性密不可分，但并不是人们纯主观的认识，而是有其客观必然性。"在

---

① John Locke. Essays on the law of nature.Oxford University Press, 2002, p.109.
② ［英］洛克：《政府沦》下篇，瞿菊农、叶启芳译，商务印书馆 1964 年版，第 6 页。
③ 《西方法律思想史资料选编》，北京大学出版社 1987 年版，第 222 页。
④ ［法］孟德斯鸠：《波斯人信札》，罗国林译，中国政法大学出版社 1997 年版，第 134 页。
⑤ ［法］孟德斯鸠：《波斯人信札》，罗国林译，中国政法大学出版社 1997 年版，第 134 页。
⑥ ［法］孟德斯鸿：《论法的精神》上册，张雁深译，商务印书馆 1961 年版，第 1 页。
⑦ ［法］孟德斯鸿：《论法的精神》上册，张雁深译，商务印书馆 1961 年版，第 2 页。

实证法律建立正义的关系之前，已有正义的各种关系。"①

卢梭认为，自然法学派的先驱者们并没有给出一个关于自然法的比较完善的定义，因为他们大都脱离了现实的人类生活去考察自然法，所以得出的自然法的正义法则只能是虚幻的。"法律究竟是什么呢？只要人们仅仅满足于把形而上学的观念附着在这个名词之上的时候，人们就会始终是百思不得其解；而且，纵使人们能说出自然法是什么，人们也并不会因此便能更好地了解国家法是什么。"②将法律的本质归结到上帝那里，在卢梭看来，并不能解决现实社会中正义的来源问题，他说："一切正义都来自上帝，唯有上帝才是正义的根源；但是如果我们当真能从这种高度上来接受正义的话，我们就既不需要政府，也不需要法律了。"③正义的产生也不是因为抽象的、先验的理性，他承认，"毫无疑问，存在着一种完全出自理性的普遍正义；但是要使这种正义能为我们所公认，它就必须是相互的。"④卢梭从现实中看到，正义法则和自然的规律并没有必然的因果联系，社会实践中人们大量的不正义行为，并不导致自然的惩罚。因此他认为，在理想的社会共同体中，正义应当奠基于人的良心和利己的天性，卢梭郑重指出："我将阐明'正义'和'仁慈'不仅不是两个抽象的辞，不仅不是由智力所想象出来的纯粹的道德的概念，而且是经过理智的启发的真正的心灵的爱，是我们的原始情感的循序发展；我将阐明，如果单单通过理智而不诉诸良心的话，我们是不能遵从任何自然的法则的；如果自然的权利不以人心自然需要为基础的话，则它不过是一种梦呓。"⑤"权利平等及其所产生的正义概念乃是出自每个人对自己的偏私，因而也就是出自人的天性。"⑥虽然人天生有自利的倾向，但每个人的最大福利却不能在人人孤立的生存状态中实现，于是人类选择聚群而居，通过社会契约，组成社会、国家。个人的最大幸福只有融入集体中才能实现，所以法和国家的目标就合理地转换为谋求全体社会成员的最大幸福，卢梭在其另一部著作《日内瓦手稿》中明确指出："实际上，由社会公约而得出的第一条法律，也是惟一真正根本的法

---

① 张乃根：《西方法哲学史纲》，中国政法大学出版社 2002 年版，第 109 页。
② ［法］卢梭：《社会契约论》，何兆武译，商务印书馆 1980 年版，第 49 页。
③ ［法］卢梭：《社会契约论》，何兆武译，商务印书馆 1980 年版，第 48 页。
④ ［法］卢梭：《社会契约论》，何兆武译，商务印书馆 1980 年版，第 48 页。
⑤ ［法］卢梭：《爱弥尔》上卷，李平沤译，商务印书馆 1978 年版，第 326 页。
⑥ ［法］卢梭：《社会契约论》，何兆武译，商务印书馆 1980 年版，第 42 页。

律，就是每个人在一切事物上都应该以全体的最大幸福为依归。"① 法律是公意的宣告，是全体人民对全体人民做出的规定，而公意永远是正确和公正的，它本身就是正义的代名词。公意具有普遍性，"我们无须再问应该由谁来制定法律，因为法律乃是公意的行为；我们既无须问君主是否超乎法律之上，因为君主也是国家的成员；也无须问法律是否会不公正，因为没有人会对自己本人不公正；更无须问何以人们既是自由的而又要服从法律，因为法律只不过是我们自己意志的记录"。② 同其他自然法学家一样，卢梭也把正义作为法律最高的价值追求。不过，与孟德斯鸠、洛克等前人不同，卢梭的正义更多地指向平等，"仅为实在法所许可的精神上的不平等，每当它与生理上的不平等不相称时，便与自然法抵触。""一个孩子命令着老年人，一个傻子指导着聪明人，一小撮人拥有许多剩余的东西，而大量的饥民则缺乏生活必需品，这显然是违反自然法的，无论人们给不平等下什么样的定义。"③ 由此可以看出，卢梭心目中的平等是与生理上的不平等相称的精神上的不平等，这类似于亚里士多德分配正义中的比例平等。但在卢梭眼中，自然不平等的程度并不如一般人所以为的那么深，因为"许多被认为是天然的差别，……完全是习惯和人们在社会中所采取的各种不同的生活方式的产物"④，是后天形成的社会因素加重和加速的结果。卢梭的思想中闪烁着许多辩证法的光辉，恩格斯指出，狄德罗的"拉摩的侄子"和卢梭的"论人间不平等的起源"是18世纪辩证法的杰作。⑤ 后来，恩格斯又进一步对卢梭学说中的辩证法思想加以阐述，人在自然和野蛮的状态中相互之间曾经是平等的，并且与其他的动物之间也是平等的，可是在这些彼此平等的动物之中，人区别于其他动物，有一种特长，即具有趋于完善和往前发展的能力，而这种能力同时也是造成不平等的原因。这样，卢梭既看到了不平等带来的社会进步，也看到了这种进步中包含着对抗的因素，所以同时又是退步。"我们在卢梭那里不仅已经可以看到那种和马克思在《资本论》中所遵循的完全相同的思想进程，而且还在他的详细叙述中可以看到和马克思所使用的完全相同的整整一系列辩证的说法：按本性说是对抗的、包含着矛盾的过

① ［法］卢梭：《社会契约论》，何兆武译，商务印书馆1980年版，第43页。
② ［法］卢梭：《社会契约论》，何兆武译，商务印书馆1996年版，第50—51页。
③ 朱学勤：《道德理想国的覆灭》，上海三联书店1994年版，第149页。
④ ［法］卢梭：《论人类不平等的起源和基础》，李常山译，商务印书馆1982年版，第107页。
⑤ 恩格斯：《社会主义从空想到科学的发展》，《马克思恩格斯全集》第19卷，人民出版社1963年版，第60页。

程，一个极端向它的反面的转化，最后，作为整个过程的核心的否定的否定。因此，如果说在 1754 年卢梭还不能说黑格尔行话，那么，无论如何他在黑格尔诞生前 16 年就已经深深地被黑格尔瘟疫、矛盾辩证法、逻各斯学说、神学逻辑等等所侵蚀。"① 当他的同时代的其他哲学家们，把进步设想为一个连续不断的链条，一种有规则的上升的时候，卢梭却已发现了进步本身所包含着的否定性。

康德延续了卢梭关于人类社会发展的双重性——进步性和对抗性并存以及"法律体现公意"的思考，认为大自然的目的就是利用人的"非社会的社会性"使人的禀赋逐渐得到完善和人作为理性的存在物获得有尊严的生活，制度包括法律应当以此为目标。在康德看来，"世界上最神圣的东西莫过于人的权利"②，凡是违背权利的行为都会丧失正当性，而所有的正义或权利又是依赖于法律的。③ 没有法律就没有正义，法律是贯彻正义的工具和载体。那么我们如何保证所制定的法律都是符合正义原则的呢？康德的回答仅仅是任何人都不可能对他自己不正义。④ 康德所言的正义主要是指政治领域的正义，实现政治正义的根本前提是权利的确立，而权利与美德都属于形而上的范畴，所以对于政治正义的证明和实现，历史的和经验的论据都存在不足，原因是各种政治上的混乱现象充斥在人们的政治经验中，在政治领域，"就其全体而论，一切归根到底都是由愚蠢、幼稚的虚荣、甚至还往往是由幼稚的罪恶和毁灭所交织成的。"⑤ 于是，正义的来源必须到超验的领域里去寻找，康德在对纯粹理性的批判中发现，"任何一个行为，如果它本身是正确的，或者它所依据的准则是正确的，那么，这个行为根据一条普遍法则，能够在行为上和每个人的意志自由同时并存。"⑥ 康德区分了人的两类自由：外在的行为自由和内在的意志自由。他主张，

---

① 恩格斯:《反杜林论》,《马克思恩格斯选集》第 3 卷，人民出版社 1995 年版，第 483 页。

② Kant. Political Writings. Edited H. S. Reiss, Trans by H. B. Cambridge: Nisbet Cambridge University Press.1970. p.211.

③ Kant. Political Writings. Edited H. S. Reiss, Trans by H. B. Cambridge: Nisbet Cambridge University Press.1970.p.77.

④ Kant, Political Writings, Edited H. S. Reiss, Trans byH. B. Cambridge, Nisbet Cambridge University Press, 1970, p.7.

⑤ ［德］康德:《历史理性批判文集》，何兆武译，商务印书馆 1990 年版，第 2 页。

⑥ ［德］康德:《法的形而上学原理——权利的科学》，沈叔平译，商务印书馆 1997 年版，第 40 页。

法律制度的正义性具有绝对必然性，法律处理的是公民们自由选择的外在行为之间的关系，而公民的内在动机、信仰、对自己所认可的好生活或幸福的选择，属于公民自决的领域。法律的正义与否不仅体现在合理划定外在自由的边界，而且体现在不试图干预人们的内在自由，这是法律正义的绝对界限。

黑格尔是近代西方哲学的集大成者，他的《法哲学原理》围绕着"法"这一核心概念（黑格尔的"法"，是一个形而上的概念，不是人们通常理解的法律制度，而是人类的正义理念），论述了"法"发展的三个阶段：抽象法、道德和伦理。与三个阶段相对应，"法"先后经历了一个从客观精神到主体意志再到制度实体的发展过程。法国大革命胜利后，黑格尔充满激情地评论道："正义思想、正义概念立刻得到了公认，非正义的旧支柱不能对它做任何抵抗。因此，正义思想现在就成了宪法的基础，今后一切都必须以它为根据。"①

（三）当代新自然法学的社会制度正义

随着自然法学在 20 世纪的复兴，正义优先于法的观念在罗尔斯那里得到了更生动、更完整的表述："正义是社会制度的首要价值，正像真理是思想体系的首要价值一样。一种理论，无论它多么精致和简洁，只要它不真实，就必须加以拒绝或修正；同样，某些法律和制度，不管它们如何有效率和有条理，只要它们不正义，就必须加以改造或废除。每个人都拥有一种基于正义的不可侵犯性，这种不可侵犯性即使以社会整体利益之名也不能逾越。因此，正义否认为了一些人分享更大利益而剥夺另一些人的自由是正当的，不承认许多人享受的较大利益能绰绰有余地补偿强加于少数人的牺牲。所以，在一个正义的社会里，平等的公民自由是确定不移的，由正义所保障的权利决不受制于政治的交易或社会利益的权衡。允许我们默认一种有错误的理论的唯一前提是尚无一种较好的理论，同样，使我们忍受一种不正义只能是在需要用它来避免另一种更大的不正义的情况下才有可能。作为人类活动的首要价值，真理和正义是决不妥协的。"②德沃金也确信，遵守法律的最终义务并非来自社会既存的某种规则，而是其之外的理想性的追求，是法律人主观上"应然"要求的一个结果。富勒也认为法律不可避免地具有道德性，并且有义务的道德和愿望的道德之分，其中愿望的道德与正义是一致的。如果人们认为法律的形式和内容完全不

①　［德］黑格尔：《历史哲学》，转引自《马克思恩格斯选集》第 3 卷，人民出版社 1995 年版，第 404 页。

②　［美］罗尔斯：《正义论》，何怀宏等译，中国社会科学出版社 1988 年版，第 3—4 页。

符合这两种道德，那么便不是真正的法律，也就没有服从它的义务。我国当代也有学者认为，只有当人们接受法与道德不可分离的观点，才能有效阻止立法者把不正义、不人道的东西写进法律，也才能杜绝漏洞使不道德或非正义的恶行无法为其罪恶辩护。[①] 例如，纳粹时期的立法违反了法固有的伦理道德基础，不符合正义原则，所以是恶法，根本不配称为法律。因此，人民没有遵从恶法的法律义务。

（四）自然法学的法正义观评析

西方自然法学渊源相继，虽然传统自然法和现代自然法在具体主张上有所不同，但其思想脉络是一致的：首先，坚持法的二元论，认为在国家实在法之上存在一个高级法——自然法，自然法是指导人类思维和行动的基本原则，是衡量实在法好坏善恶的唯一标准，是人类所共有的正义体系。关于自然法的含义，在西方思想史上出现过多种不同的认识，但通常是指宇宙秩序中作为一切制定法之基础的关于正义的基本原则的集合。在自然法学那里，法始终是二分的，既指自然法，也指实在法。其次，自然法的存在形式和某些内容随着时代的变化而变化，但它的理想追求却是永恒的，一以贯之的。自然法学派的思想家们总是通过对社会现实的批判确立自己的政治理想，并以此为立足点试图回答时代提出的那些亟需解决的重大社会政治问题。可见，在自然法学中，自然法实为法律正义或正义的法律，它是正义的一部分，正义与自然法、理性基本上是属于同一层次的范畴。人们通常所说的正义与法，其实就是实在法与自然法的关系或者说是法与道德伦理观念的关系，两者之间在逻辑上有包容关系。在这一关系中，正义代表的是一种"高级法"。因此，正义在这一语境中的优先性是一目了然的。在法的"二元论"语境中，实在法是以制定法、判例法、习惯法等形式实际存在的法。实在法有正义和不正义之分，所以它与正义的关系就是交叉关系。自然法学在法价值领域公开打出了"恶法非法"的旗帜，认为恶法徒有虚名而事实上却不具备法性，这一口号不仅在资产阶级反封建的启蒙运动时代具有重大意义，而且对于推动当代法律改革和促进社会进步仍然起着重要作用。

二、实证法学的"法律之内的正义"

实证法学派的出现是 19 世纪西方法学界最引人瞩目的事件，自此打破了

---

① 李龙:《良法论》，武汉大学出版社 2001 年版，第 44 页。

自然法学一统天下的格局。实证法学，泛指以孔德的实证哲学为思想基础发展起来的各法学流派的总称。广义的实证法学包括分析实证法学和社会实证法学，例如奥斯丁的分析法学、边沁和密尔的功利主义法学、萨维尼和梅因的历史主义法学、庞德的社会学法学以及卢维林、弗兰克等人的现实主义法学等都属于广义的实证法学之列。狭义的实证法学仅指奥斯丁的分析法学及在其基础上发展起来的凯尔森的纯粹法学和哈特的新分析法学。

实证主义兴起之后，正义这个一直无法被经验科学证实或证伪的问题，仍然困扰着学术界。边沁的怀疑论功利主义首先对正义发起了强烈攻击，他将善理解为趋乐避苦和最大多数人的最大利益，认为正义不过是一个"虚幻的化身"和"想象出来的角色"。① 奥斯丁的分析实证法学也对正义的确定性提出了质疑。奥斯丁认为，正义感因人而异，因人的身份不同而异，不同的主体站在不同的立场上，对同一问题就会有不同的回答。例如慈祥的老妇与凶恶的强盗对正义会有完全不同的理解。道德上的善恶与法律上的是非是完全不同的两码事，他说："法的存在是一个问题。法的优劣，则是另外一个问题。"② 法理学的任务是研究法存在的事实，即人法事实上是什么样的，而人法应当如何、法的价值是什么等问题是法理学力不能及的，根本不必过问，因为"当我们讨论人法（human law）的好坏，或者，讨论人法值得赞扬或应该谴责的时候，当我们讨论人法应该如何以及不应如何，或者，讨论人法必须如何以及不能如何的时候，我们的意思（除非我们直接表明我们的喜恶），表达了这样一个观念：人法是与某种东西一致的，或者，人法是与某种东西背道而驰的，而这种东西，我们默默地已经将其视为一个标准，或者尺度。"但是，"从创世纪开始至今，在一个法院里，没有听说过以上帝法作为辩护理由或请求理由，可以获得成功的。"③ 自然法学主张的自然法、上帝意志、理性、正义之类的"标准"，都是虚无缥缈的，人言人殊，不但于事无补、于法无益，而且混淆视听，使人无所适从，所以应当从"法"这种具有高度确定性的事物中彻底"剔除"。奥斯丁对自然法学提出了一个有力的质疑：为什么偏偏要去法律之外寻求正义的标准，而法律本身为何不能成为正义评价的尺度？这个法律之外的他者又凭

① ［英］边沁：《道德与立法原理导论》，时殷弘译，商务印书馆2002年版，第174页。

② John Austin, Lectures on Jurisprudence or the Philosophy of Positive Law, Lawbook Exchange Ltd., 1869, p.214.

③ John Austin. Lectures on Jurisprudence or the Philosophy of Positive Law. pp.173-174、215、218.

什么获得高于法律的权威？这是对自然法学的致命一击。

对于正义，凯尔森的纯粹法学认为法律正义论是为一种特定的社会秩序辩护的工具。在他看来，法律的问题是社会技术问题，而不是道德问题。法律与正义是两个不同的概念，必须明确区分实在法学与正义哲学。纯粹法学不反对"实在法应当公正"的主张，但它不能回答某种法律是否公正、正义包含哪些要素的问题。因为纯粹法学追求的是真实的法而不是正确的法，它要表述的是现存状态的法是什么，而不是对之做出道德上的判断。他认为，正义观念与人们的宗教、哲学或者政治观念紧密相连，这样，"法的正义也是无法确定的。立法机关没有科学的办法确定社会的正义原则，它所选择并转化为法定权利、义务的原则，也不过是立法者的偏见而已。"凯尔森还认为，立法的正义虽然无法确定，但适用法律中的正义，相对来说是客观存在的。这种"合法性"意义上的正义，是有关实在法适用的一个特征，与任何实在法律程序都是一致的。正义的意义在这里就是忠实地适用实在程序以维护法律的实效。凯尔森持一种"正义相对论"的立场，他说："人类理性只能达到相对的价值，就是说不能使一种价值判断来排除相反的价值判断的可能性。绝对正义是一个非理性的理想，即人类永恒的幻想之一。"在凯尔森看来，正义是一种纯粹主观的价值判断，根本不能用理性的方法加以回答。"正义是一个人的认识所不能接近的理想"，所以他的纯粹法学力求价值中立，不谈正义，而只研究实在法。"一个纯粹法理论——一门科学——不能回答这个问题，因为这个问题是根本不能科学地加以回答的。"① 任何人都倾向于将自己认为是合乎正义的东西绝对化，并视之为唯一正确的东西，所以，"被认为是自然法的，或者说是等于正义的事物，大都是一些空洞的公式……或者是一些没有意义的同语反复"。纯粹法学是一门关于法律的科学，而不是法律的形而上学，它只专注于实在法，追求真实和可能的法律，而不是正确的法律，它既不捍卫正义，也不谴责非正义。在抛弃了"非理性的理想"式的正义后，凯尔森提出了"法律之内的正义"观，即从合法性角度去理解正义。他认为，"只有在合法性的意义上，正义的概念才能进入法律的科学中"。"在我看来，正义是那种社会秩序，在它的保护下人们能够自由地探索真理。所以，'我'的正义是自由的正义、和平的正义、民主的正义——宽容的正义。"② 他的言外之意在于，在法律之外无正

---

① ［奥］凯尔森：《什么是正义？》，《现代外国哲学社会科学文摘》1961 年第 8 期。
② ［奥］凯尔森：《什么是正义？》，《现代外国哲学社会科学文摘》1961 年第 8 期。

义，只有法律之内或法律之下的正义。据此，凯尔森所说的正义仅仅是法律适用过程中的具体的、个别的正义，即司法机关将具有普遍性的法律规则应用于适当的场合，便是正义的；否则，就是非正义的。

英国新分析法学的代表哈特在实证法学的立场上有所退却，他承认了最低限度内容的自然法，但仍坚持了实证法学的基本立场：即法律与道德应适度分离；法律即规则，正义即合法性，正义只有在法律之内才有意义。① 哈特通过分析日常生活中许多涉及正义或不正义的具体情境，得出了正义的一般原则：同等情况同等对待，不同情况不同对待。哈特在主张法和道德相分离时强调，"法律所反映或符合一定道德要求，尽管事实上往往如此，然而不是一个必然的真理"。② 他认为，承认法的效力与尊重并遵守法律是两码事；恶法仍然是法，但它太邪恶以至于我们不能够服从。他将分析实证主义的观点总结为，在缺乏宪法和法律明确规定的情况下，不能仅仅因为一个规则违背了道德标准而否认它是一个法律规则。相反也不能因为这一规则在道德上是令人向往的，便认为它是一个法律的规则。③ 他还提出，若认为只有符合正义道德的法律才是真法，那么就会诱使人们不仅完全接受现行法，而且认为它是代表正义的，这种误解会使人们丧失批评现有法的信心，盲目支持现行的法律秩序。

总之，实证法学在法律观上坚持的是法的一元论，即只承认国家经过特定程序制定或认可的规则具有法律的效力。实证法学认为，法学要真正成为科学，必须把研究对象锁定为国家制定的实在法。只有站在国家实在法的角度，才有正义与不正义之分。国家实在法设定了正义的范围和内容，是判断事物正义与否的惟一标准，他们不承认任何超越法律之外或之上的正义存在。换句话说，实证法学将正义等同于合法性或守法，是一种法律框架之内或之下的正义。然而，社会科学毕竟不同于自然科学，它的研究对象不是无生命或虽有生命却无意识的物，而是活生生的现实的人。人的欲求不会止于生存和温饱，人的视野也不会仅仅停留于目光所及之处。只要有良知和理性存在，人类就不会放弃对正义的探求，就不会忘记自己头顶的璀璨星空和心中永恒的道德律。④ 实证法学的合法性正义观有着严重的片面性，所以，第二次世界大战以后，实

① ［英］哈特：《法律的概念》，中国大百科全书出版社 1996 年版，第 160 页。

② ［英］哈特：《法律的概念》，中国大百科全书出版社 1996 年版，第 182 页。

③ H.L.A.Hart, *Positivism and the Separation of Law and Morals*, Harvard Law Review 1958（71），pp.593—629.

④ ［德］康德：《实践理性批判》，邓晓芒译，人民出版社 2003 年版，第 220 页。

证法学遭到了思想界的全面批判，但是，他们对正义的这种形而下的认识，对马克思恩格斯法正义观的形成以及我们今天辩证地认识正义与法的关系不无启发。

实证法学洞察到了正义与法关系的一个悖论：一方面，正义是法律的永恒追求；另一方面，正义从来没有被人们经验地认识和实现。仅仅靠形而上学的理论分析不可能真正解决正义与法的背离问题，它还需要有效的制度建构予以支撑。因此，实证法学把关注点放到了正义实现的具体途径方面。麦考密克和魏因贝格尔的正义论虽然有些悲观的色彩，但不无现实意义。他们认为，正义是人类社会的一个独特问题，迄今为止人们还没有获得关于正义和非正义的结论性知识，也不存在一个最终的肯定性标准。已植根于人们信念中的"正义理想"只能是一种形式的正义要求，除此之外，人们各自的"正义理想"都是难以统一的。因此法律一旦确定下来最大的正义就是公正执法和司法。对于正义，人们可以降格以求，但不能无所追求。对实质性的正义理想，人类只能是不断地接近。"正义不是一个事实，而是一项任务：给我们的头脑和我们的心灵规定的一项任务。"[①] 因此，可以将正义视为社会义务、期望和正义理想的一种平衡。

第二节　马克思恩格斯辩证的"正义与法"观

19 世纪 40 年代马克思主义在欧洲社会的诞生，为人们正确认识正义与法的关系问题开辟了一条科学的道路。马克思恩格斯不仅对正义、法的深刻内涵作出了全新的界定，而且在其发展正义观和唯物法律观的基础上，又把唯物史观和辩证法创造性地运用于解决两者的关系问题，提出了辩证的"正义与法"观。

一、辩证的"正义与法"观的理论意义

前文的分析表明，正义观具有一定程度的相对性，会因时因地因人而异，因而正义与法的关系也是复杂的，在不同的层面会有不同的表现。通常情况

---

① ［英］麦考密克、［奥］魏因贝格尔：《制度法论》，周叶谦译，中国政法大学出版社 2004 年版，第 204 页。

下，法总是与社会中占主导地位的阶级或阶层的正义观相一致，而与处于边缘地位的阶级或阶层的正义观相背离，但这种现象的存在，并不排斥社会成员之间总是会存在某些共同的正义情感或正义观念。因此，简单地断定两者孰高孰低是不明智的，不能正确说明正义与法关系在现实中的复杂表现。

自然法学把理性、自然法等同于正义，认为国家实在法必须体现正义，才成其为法，坚持"恶法非法"。这种主张虽不无可取之处，但只抓住了正义与法关系的一个方面，显然是片面的。自然法学的"正义优先于法"理论在反对封建神学，协调各主权国家之间的关系方面曾经起过积极的作用，但正义所依附的自然状态、自然权利、自然法等观念却是一些先验的原则，运用这样一些先验的原则去解释道德、法律、权利、义务、国家等问题，显然是得不出科学的结论的。实证法学过度追求的科学主义则走向了另一个极端，把国家强制力看作法的唯一和本质属性，坚持"恶法亦法"，把评价人们行为合理、正义与否的标准与合法律性完全混为一谈，更是极端错误的。

马克思恩格斯在正义与法的关系问题上超越了西方最有影响的两大派别之争，对这一问题采取了辩证唯物主义和历史唯物主义的解释。作为一种价值追求，正义几乎是共产主义理想的同义语，就正义在这一层面的涵义而言，马克思恩格斯坚信正义优先于并高于一切法律，具有对现实法律引领、评价、指导及推动的功能。正如马克思曾经指出的，自然法是不能够被废除的，在历史的不同环境中发生着变化的，只不过是其发挥作用的形式而已。[①] 由此可见，在形而上的价值领域，马克思恩格斯吸取了自然法学的合理成分，对自然法这一高级法的概念给予过高度的肯定。马克思、恩格斯早期深受自然法观念的影响，尤其受到以康德、费希特和黑格尔转述的卢梭的自然法思想的影响。比如，马克思最初拟就的法哲学体系从"应有"出发，推演出"现有"，几乎是康德法哲学体系的现代翻版；继而又批判了黑格尔客观唯心主义的法哲学体系和费尔巴哈的旧唯物主义的法律观。可以说，马克思恩格斯完成从新理性批判主义法学向历史唯物主义法学的过渡，就是对欧洲古典自然法学派的清算和超越。他们批判了自然法学倡导的人权、民主、自由、平等、分权等价值的局限性，特别是其法哲学中的历史唯心主义成分，同时又注意汲取其中的合理内核。笔者认为，长期以来，人们有意或无意地忽略了这样一个事实，即马克思

---

① Tony Burns, Natural Law and Political Ideology in the Philosophy of Hegel, Avebury Ashgate Publishing Ltd, 1996, p.1.

的理论是在西方社会的沃土中成长起来的，深受西方文化的浸润和滋养，所以陷入了一个理论上的误区，好像马克思主义是经典作家专门为东方国家建设社会主义精心打造的一套完整的自足的理论体系，而割断了其与西方理论渊源的一切联系。事实上，马克思主义作为一种建基于欧美社会（主要是欧洲社会）分析基础上的西方理论，继承了西方历史悠久的自然法学的许多优秀成果。例如，他批判把法（自然法）与法律相混淆的做法，提倡"作为法的法律"，反对让法去迁就法律（恶法）；认为自由是"人所固有的东西"，失去自由对人而言是最大的悲哀；认为平等、人权、法治及权力制约等对无产阶级建立并保持政权的必要性和重要性。他甚至断言自然法是不可能取消的。一言以蔽之，马克思珍惜自然法遗产。研究西方自然法观念，可以帮助我们更好地学习、掌握马克思主义法律观，以科学的态度批判地借鉴和吸收西方法律文化的精髓，以促进我国的法治建设。从这个意义上讲，对自然法思想的研究不可或缺。正是在自然法的先验思维方法的影响下，马克思恩格斯提出了共产主义的理想目标，为无产阶级运动指明了前进的方向。

然而在形而下的实践领域，马克思恩格斯发现用自然法来解释正义却不会得出什么实质性的结论，因为自然法本身具有抽象性和模糊性，容易被用于为不同的目的服务。例如，亚里士多德、阿奎那利用自然法论证奴隶制的合理性；斯多葛学派利用自然法论证人的平等性。中世纪的君权拥护者利用自然法，反对教会干涉世俗事务，主张政教分离；反暴君派利用自然法维护教会，反对"暴君"。霍布斯用自然法为专制主义王权辩护；洛克则用它为个人自由主义呐喊。由此，马克思恩格斯看到了实证法学合法性正义观产生的必然性和内容的合理性。首先，从起源看，实证法学是在特定的历史背景下产生的，它面临的历史任务与自然法学有所不同。它诞生之时，西方社会已基本完成法律启蒙的任务，按照早期的分析法学家奥斯丁等人的说法，经过自由主义的思想启蒙和资产阶级革命运动之后，人们认识到的应然层面的正义价值大都已包含在了现行法中，因此，19世纪法学家的任务不再是继续从事法律的启蒙，而迫切需要做的是在技术性层面上完善法的操作，实证法学正是应这种社会需要而产生的；其次，从内容看，随着法学发展为一门独立的学科，法律职业者日益成为一个重要的社会阶层，他们观察、分析和思考法律问题的角度渐渐引起社会的重视，实证法学显然是作为法律职业者的代表，从法律实务人员的角度考虑正义与法问题的。总之，实证法学的合法性正义观有其历史的、现实的社会基础，在一定条件下和一定范围内有其真理性。正是在实证法学的经验论思维的影响下，马克思恩格斯发现"法也和宗教一样是没有自己的历史的"①，看到了物质生活条件对法律的决定性作用。

由于采用了辩证的思维方法，马克思恩格斯在形而下的范围内承认国家制定的实在法的效力，强调正义行动与发挥法律作用的一致性，例如，马克思在致美国总统安德鲁·约翰逊的信中曾说："在这场战争结束之后，阁下，落在您肩上的任务就是用法律去根除那些已被刀剑砍到的东西，领导政治改革和社会复兴的艰巨工作。深刻地意识到您的伟大使命，将使您在严峻的职责面前不作任何妥协。"②恩格斯晚年也表述了一个非常重要的思想：任何革命政党在取得政权之前的阶级斗争行为都是对现行法制的破坏，而一旦取得政权，则必须制定符合自己利益的法律，并要求绝对地遵守。"当然，这并不是说，社会主义者拒绝提出一定的法权要求。一个积极的社会主义政党，如同一般任何政党那样，不提出这样的要求是不可能的。从某一阶级的共同利益中产生的要求，只有通过下述办法才能实现，即由这一阶级夺取政权，并用法律的形式赋予这些要求以普遍效力。因此，每个正在进行斗争的阶级都必须在纲领中用法权要求的形式来表述自己的要求。但是，每个阶级的要求在社会和政治的改造过程中不断变化，在每个国家中，由于各自的特点和社会发展的水平，这些要求是不同的。因此，各个政党提出的法权要求，尽管最终目的完全一致，但在各个时代和每个民族中并不完全相同。它们是可变因素，并且有时重新修改。这种情况在不同国家的社会主义政党那里可以看到。在进行这种修改时考虑到的是实际关系；相反，在现存的社会主义政党中，还没有一个政党想到要从自己的纲领中造出一个法哲学来，就是将来也不会想到这样做。"③

即使是采取暴力反抗手段，也不能完全忽视对合法性的关注。因为，"革命从来没有忽视过法制的根据，例如，1830 年在法国，无论是国王还是资产阶级都说法在他们那一边。"④"欧洲各国现有的政治制度，都是革命的产物。

① 马克思恩格斯：《德意志意识形态》，《马克思恩格斯选集》第 1 卷，人民出版社 1995 年版，第 133 页。

② 马克思：《致美国总统安德鲁·约翰逊》，《马克思恩格斯全集》第 21 卷，人民出版社 2003 年版，第 151 页。

③ 恩格斯：《法学家的社会主义》，《马克思恩格斯全集》第 21 卷，人民出版社 1965 年版，第 567—568 页。

④ 恩格斯：《致奥·倍倍尔（1884 年 11 月 18 日）》，《马克思恩格斯全集》第 36 卷，人民出版社 1974 年版，第 239 页。

法制基础、历史性的法、法制到处被千百次地破坏着或者说整个被抛弃。但是所有通过革命取得政权的政党，就其本性来说，都要求由革命创造新的法制基础得到绝对承认，并被奉为神圣的东西。革命的权利原先是存在的，否则，执政者就得不到法律的批准，但是后来它被取消了。"①恩格斯晚年时期，资产阶级与无产阶级的斗争进入相对缓和的状态，他特别注意研究这种社会状况下阶级斗争的新手段。即使是对于资产阶级制定的明显违背正义的法律，从无产阶级的长远利益考虑，也有必要在守法与追求正义之间保持一定的张力，恩格斯对工人阶级的教导是："九月法令是有效的，为了变得更强大，我们在武装起来捍卫正义事业时一定要懂得怎样保持在合法的范围内。"②他还在致保·拉法格的信中说："我们目前应该宣布进行合法的斗争，而不要去理睬别人对我们进行的种种挑衅。"③因为，"现在统治集团正忙得不可开交。老威廉一死，它就要进入一个不稳定的、动荡的时期，因此，需要创立一个在它看来是尽可能稳固的局面。于是便突然发生了疯狂的迫害，又因这个集团反对我们的全部活动迄今没有任何成效而怒不可遏，这种迫害特别凶残，于是他们就盼望发生一些小规模的暴动，以便使法律能够更加严酷。"④恩格斯在致左尔格的信中，也非常明确地表述了合法斗争的思想。"小威廉除了'对工人的友爱之外'，还实行军事专政，稍有反抗他就准备把所有的人统统枪杀，我们应当注意不给他们这样做的任何借口。"⑤并且，合法的议会斗争在当时确实已经取得了很大的成效，英国工人阶级经过近 30 年惊人顽强的斗争，利用土地贵族和金融贵族之间暂时的分裂，终于争得了 10 小时工作日法案的通过。此后，欧洲大陆上的大多数政府都不得不在作了或多或少的修改之后，采用了英国的工厂立法，而英国议会本身也不得不每天扩大这一法律的应用范围。这一法案对于工厂工

---

① 恩格斯：《致奥·倍倍尔（1884 年 11 月 18 日）》，《马克思恩格斯全集》第 36 卷，人民出版社 1974 年版，第 238 页。

② 恩格斯：《改革派的利尔宴会》，《马克思恩格斯全集》第 42 卷，人民出版社 1979 年版，第 389 页。

③ 恩格斯：《致保·拉法格（1890 年 3 月 7 日）》，《马克思恩格斯全集》第 37 卷，人民出版社 1971 年版，第 359 页。

④ 恩格斯：《致奥·倍倍尔（1886 年 8 月 18 日）》，《马克思恩格斯全集》第 36 卷，人民出版社 1974 年版，第 498 页。

⑤ 恩格斯：《致弗·阿·左尔格（1890 年 4 月 12 日）》，《马克思恩格斯全集》第 37 卷，人民出版社 1971 年版，第 377 页。

人在体力、道德和智力方面引起的非常良好的后果，现在已成为大家公认的事实了。① 由此看来，法律既可为资产阶级服务，也可以用作阶级斗争的手段，为无产阶级谋取利益。

当实证主义法学派和自然法学派在正义与法的关系问题上争论不休的时候，马克思恩格斯创立的辩证唯物主义和历史唯物主义法学认为正义既会随着不同的时代、不同的地域呈现出多样性和差别性，也会基于人类物质生活条件的共性产生某种共同的追求或者标准，作为人们合作的基础。从辩证唯物主义的角度来看，正义既是主观的又是客观的，这两种特性统一于主体的社会实践；从历史唯物主义的角度看，正义既有相对性又有绝对性，是绝对和相对的辩证统一。正义与法的关系问题，是任何一个国家的法治建设和法学研究都不能绕开的一个思维前提。只有坚持具体问题具体分析，因时因地制宜，辩证地认识、科学地处理正义与法的关系，才能使国家立法保持生机和活力，才能使社会秩序保持长期的稳定与和谐。

二、正义与法的一般关系——法哲学的角度

正义与法的关系问题由来已久，古往今来，无数的仁人志士满怀激情地投入探讨这一法理学难题的行列。然而令人遗憾的是，许多人乘兴而来，却败兴而归。马克思恩格斯之前的自然法学把法律视为正义的化身，强调正义的绝对性，法律制度应尽可能体现正义。实证法学将正义置于法律之下，将正义与合法性等同，认为正义实现的最重要途径就是法律的实施。这两种解释都是片面的。马克思恩格斯之后的后现代主义法学则把正义和法律从根本上割裂开来，片面夸大了正义的相对性，只承认具体的、个别的正义行为选择，不承认普遍的、一般的正义理念存在。认为正义和法律都是地方性知识，没有一种占据主导地位的和超验的正义原则适用于一切时空内的一切人类事务。正义只有在特定语境中才有意义，只能在微观的叙事中重新定义，各种微观正义之间不具有可比性，不能认为一种正义优越于另一种正义。因此每一种生活游戏都有自己的规则以及与之相适应的"正义"。正义在法律之外，与法律无关，甚至和法律相矛盾。这种将正义与法"碎片化"的解释同样不利于正义与法关系的正确理解。

---

① 马克思:《国际工人协会成立宣言》,《马克思恩格斯全集》第 16 卷，人民出版社 1964 年版，第 11 页。

根据马克思恩格斯法正义观的基本原理，正义与法之间的关系应当是对立统一的，既有联系又有区别，二者不能截然分开。从根本上说，正义是一个与法有着紧密联系的概念。正义是评价主体从意识形态的角度判断社会制度和人类行为的最高理性标准，是法的观念性存在，而正义与法归根到底都是对现实社会经济关系的反映。正如恩格斯指出："随着立法进一步发展为复杂和广泛的整体，出现了新的社会分工的必要性：一个职业法学者阶层形成起来了，同时也就产生了法学。法学在其进一步发展中把各民族和各时代的法的体系互相加以比较，不是把它们视为各该相应经济关系的反映，而是把它们视为自身包含自我根据的体系。比较是以共同点为前提的：法学家把所有这些法的体系中的多少相同的东西统称为自然法，这样便有了共同点。而衡量什么算自然法和什么不是自然法的尺度，则是法本身的最抽象的表现，即公平。"[1]正义与法在很多层面上有相通性。例如，两者产生的基础是相同的，都来源于社会，都是人类实践活动的产物；两者的目的是相同的，都是为了维护社会的一种秩序状态，因为人类社会需要一种确定的能够维护社会常态秩序进而实现社会稳定持续发展的观念和制度；两者的所属领域是相同的，都是存在于一定社会经济基础之上的上层建筑，能够作为衡量其他许多社会现象的标准，反作用于经济基础。但是，正义与法也有明显的区别：首先，法的产生比正义要晚近一些，因为正义是一种价值观念，在人类社会生产力比较落后的时期即已产生，而法律是在人类社会生产力不断发展，社会分工日益复杂的情况下才出现的，是一种更为明确的，具体的，能够对人类社会方方面面都进行规范的一种制度性存在；其次，从属性上说，二者都是一种评价标准，但是性质不同，因而发挥作用的机制也不同。正义从其属性来说，就是一种理性的观念，仅仅是作为一种价值导向而存在的，没有强制力和确定性，它更多的是从道德伦理层面去评判一个对象，而法律则是具有强制力和规范性的，显然具有制度的特性，是一种制度化的标准。

卜劳顿曾告诉世人，任何法律都由肉体和灵魂两部分组成，"法律的文字是其肉体，道理及其意义是其灵魂。"忽略了其中的道理及其意义——正义内核，"如果只依靠那些文字，就不会从法律中获益。"[2]法律之所以成为法律，

---

[1] 恩格斯：《论住宅问题》，《马克思恩格斯选集》第3卷，人民出版社1995年版，第211—212页。

[2] ［美］约翰·麦·赞恩：《法律的故事》，刘昕、胡凝译，江苏人民出版社2010年版，第239页。

不是因其文字，而是依赖其正义的内涵。将法律的观念从正义中解脱出来是有困难的，不管是在法学研究和法律实践的专业术语中，还是在社会成员的街谈巷议里，正义和法律两个概念不断地被交叉混用。其实，法是向着正义的无限趋近，但两者却从未合二为一。"法的理念作为真正的正义的最终的和永恒的形态，人在这个世界上既未彻底认识也未充分实现，但是，人的一切立法的行为都以这个理念为取向，法的理念的宏伟景象从未抛弃人们。"[①]总之，正义与法既影形相随，又若即若离。法律抛弃正义，便会成为没有灵魂的躯壳，退化为单纯的暴力，最终丧失其规范社会关系的功能；同样，正义脱离法律，就丧失了载体，仅仅成为一个纯粹的"价值判断"，结果失去其对现实和人文的关怀力。

（一）法对正义的实现作用

抽象的正义原则必须具体化、实证化为一系列具体的价值、规则或措施，才能对人们的行为及社会生活产生实际的影响。马克思在总结巴黎公社经验教训的《法兰西内战》一文中指出："工人阶级不能简单地掌握现成的国家机器，并运用它来达到自己的目的。"[②]也就是说，取得革命胜利的阶级，必须彻底摧毁旧的国家机器。其中，废除旧的法制是摧毁旧的国家机器的主要内容。恩格斯在《论权威》一文中进一步强调了革命政党在摧毁旧的国家机器的同时建立和加强革命权威的必要性。而树立革命权威离不开法制手段的运用。可见，马克思恩格斯总结的巴黎公社法制建设方面的一条重要经验，就是工人阶级在取得政权后，一定要不失时机地建立自己的法制，巩固革命胜利的成果。没有革命的理论，就没有革命的行动。革命的理论只有转化为革命的行动，才有实际意义。用自然法学的话语来说就是，"在论述自然法时，永远不可能是谈论一个完整的、随时随地（hic et nunc）都可以应用的制度，而是仅仅涉及正义的一些原则。但是，这些原则需要进行某种具体化，才能应用于某些特定的生活情景。这种必要的改造由实证化（Positiverung）来完成，实证化把那些原则变为具体的、切实可行的法的规则。"[③]这里的实证化即是制度化和规范化之意，而制度化与规范化的主要途径是国家立法。

1.法的终极价值和最高追求即在于实现正义

---

① ［德］H.科殷：《法哲学》，林荣远译，华夏出版社2003年版，第10页。

② 马克思：《法兰西内战》，《马克思恩格斯选集》第3卷，人民出版社1995年版，第52页。

③ ［德］H.科殷：《法哲学》，林荣远译，华夏出版社2003年版，第171—172页。

马克思恩格斯不赞同资产阶级启蒙思想家、小资产阶级社会主义者和空想社会主义者的不变的、绝对的"永恒公平"，认为那只是一个空洞的口号，但没有否定公平正义概念本身。相反，他们从唯物史观出发，发现了正义与法事实上起源于一个共同的基础，即"在社会发展某个很早的阶段，产生了这样一种需要：把每天重复着的产品生产、分配和交换用一个共同规则约束起来，借以使个人服从生产和交换的共同条件。这个规则首先表现为习惯，不久便成了法律。随着法律的产生，就必然产生出以维护法律为职责的机关——公共权力，即国家。随着社会的进一步发展，法律进一步发展为或多或少广泛的立法。这种立法越复杂，它的表现方式也就越远离社会日常经济生活条件所借以表现的方式。立法就显得好像是一个独立的因素，这个因素似乎不是从经济关系中，而是从自身的内在根据中，可以说，从'意志概念'中，获得它存在的理由和继续发展的根据。人们忘记他们的法起源于他们的经济生活条件，正如他们忘记他们自己起源于动物界一样。"① 正义，在很多时候都体现为一种权利性要求，而"权利决不能超出社会的经济结构以及由经济结构制约的社会的文化发展"②，这与法的基本内容——权利和义务具有一定程度的同构性。正义与法的同源性和同构性决定了两者之间是一体两面的关系，因此法通常会将人们与一定历史阶段的社会物质生活条件相适应的正义诉求作为社会核心价值确定下来。这种正义诉求是通过一些更为具体的价值表现出来，这些价值的具体名目和位阶顺序在不同的时期有不同的表现。例如，美国学者博登海默就认为"法律旨在创设一种正义的秩序"③。

在马克思恩格斯那里，正义的内涵主要体现为自由和平等。自由、平等是马克思恩格斯正义观的题中义。马克思在主编《莱茵报》时期，就对法与自由的关系进行了精辟的论述，提出一个著名的命题"法典就是人民自由的圣经"④。马克思所主张的自由，具有主体的普遍性和形式的普遍性。它不是资本

---

① 恩格斯：《论住宅问题》，《马克思恩格斯选集》第 3 卷，人民出版社 1995 年版，第 211 页。

② 马克思：《哥达纲领批判》，《马克思恩格斯选集》第 3 卷，人民出版社 1995 年版，第 305 页。

③ ［美］博登海默：《法理学 法律哲学与法律方法》，邓正来译，中国政法大学出版社 2004 年版，第 318 页。

④ 马克思：《第一届莱茵省议会的辩论（第一篇论文）》，《马克思恩格斯全集》第 1 卷，人民出版社 1995 年版，第 176 页。

主义法律下的少数人的自由和多数人的被奴役状态，而是人民大众的普遍自由，"在那里，每个人的自由发展是一切人的自由发展的条件。"① 自由的形式也具有普遍性，"自由的每一种形式都制约着另一种形式，正像身体的这一部分制约着另一部分一样。只要某一种自由成了问题，那么，整个自由都成问题。"② 关于平等，恩格斯在对杜林平等观的批判中，考察了平等的发展历程，认为原始社会的平等仅仅是一种狭隘的平等；进入阶级对立社会后，古希腊罗马和中世纪时期不平等取代了原始的平等占据了主导地位，资产阶级社会市民等级的平等要求则带有极大的虚伪性；只有无产阶级的平等要求才是真正的和实际的，"无产阶级抓住了资产阶级的话柄：平等应当不仅是表面的，不仅在国家的领域中实行，它还应当是实际的，还应当在社会的、经济的领域中实行。……无产阶级平等要求的实际内容都是消灭阶级的要求。任何超出这个范围的平等要求，都必然要流于荒谬。"③ 社会主义社会的法就是要实现以普遍自由和无阶级差别的平等为基本内涵的正义。

2. 法通过原则的形式吸纳正义的精神

由于人与人之间存在着共同的追求和一致的利益，所以他们组成社会，寻求合作，最大限度地利用大自然供给的有限资源，创造出孤立的个人难以企及的生活；又由于人类社会的成员具有许多先天和后天的差异，在很多重要的方面存在重大的不同，所以在资源的获取、分配及使用等等方面常常发生无序竞争，冲突不断。法便是人类解决冲突的一项伟大发明。法承载着人类期待和盼望的诸多价值，或者说，法致力于实现的具体价值名目是多元的，如自由、平等、秩序、人权、安全、效率等都是法律追求的具体目标。这些多元价值之间的顺序和位阶排列不是一成不变的，其重要程度会因时因地、因人因事而异。如何协调多元价值之间的冲突？这就需要一种更高层次的、既能涵盖各具体价值又能协调具体价值之间矛盾的终极善存在。正义正是这样一种终极的至善。

将无形的正义观念演化为有形的原则，作为法的基本构成要素之一，协调多元价值，规范人的行为，是人类的又一伟大智慧。法的原则有两种形式：

① 马克思恩格斯：《共产党宣言》，《马克思恩格斯选集》第1卷，人民出版社1995年版，第294页。

② 马克思：《第一届莱茵省议会的辩论（第一篇论文）》，《马克思恩格斯全集》第1卷，人民出版社1995年版，第201页。

③ 恩格斯：《反杜林论》，《马克思恩格斯选集》第3卷，人民出版社1995年版，第448页。

一种是贯穿于整个法律制度体系的总的指导思想和精神实质，可以称为法的根本原则，如法律面前人人平等，现在已经成为世界各法治国家的一条通识性原则；二是仅仅适用于法的某一部门的目的或宗旨，可以称之为不同部门法的具体原则，如宪法部门的权力分立原则，刑法部门的罪刑法定原则，民法部门的诚实信用原则，社会保障法中的人道主义原则等等。原则是法的灵魂，是正义精神在法中的体现。

3. 法通过义务规则和权利规则确定正义的边界

法不仅通过抽象的原则吸纳正义精神，还通过具体的权利义务安排，使社会约定俗成的关于正义的价值共识制度化、规范化，转换为一套更具操作性的行为准则，为社会成员提供各种可为的、必为的和禁为的具体行为模式和标准，使得法律定纷止争的功能得以发挥，从而实现社会公认的正义价值，确保整个社会的稳定和谐。马克思指出："没有无义务的权利，也没有无权利的义务。"[1] 义务规则和权利规则共同框定了正义的范围，确立了法律正义的边界。就法律的构成来说，义务规则和权利规则都是法律的主干，既是构成实体法的主干，也是构成程序法的主干。其中，实体法通过对人们的各种权利和义务进行合理的权威性分配，实现起点的正义；程序法通过惩罚和矫正机制保障过程的正义。两者的有机协调构成一套完善的法律体系，共同促进结果的正义。

（1）义务规则划定了正义的底线

对于社会成员中的每一个体来说，履行义务是行使权利的前提和基础。马克思曾言："他们（指国际工人协会即第一国际的各国工人代表，笔者注）认为，一个人有责任不仅为自己本人，而且为每一个履行自己义务的人要求人权和公民权。"[2] 仅仅在社会个体付出与获得的意义上讲，笔者认为张恒山先生"义务先定、而权利后生"的论断是有道理的，符合社会发展的客观必然性规律，即"人类首先必须劳动、生产，才能通过与自然的能量、物质、信息交换而获得劳动产品；只有在有劳动产品的前提下，才谈得上每个人有获得一份劳动产品的权利。所以，在社会主义社会，在不存在阶级对立、阶级压迫和剥削的情况下，每个人有分得一份社会劳动产品的权利，这是后生的权利。没有劳动义务的履行，就没有劳动产品；没有劳动产品，说获得劳动产品的权利就是

---

[1]　马克思：《国际工人协会共同章程》，《马克思恩格斯选集》第 2 卷，人民出版社 1995 年版，第 610 页。

[2]　《马克思恩格斯选集》第 2 卷，人民出版社 1995 年版，第 673 页第 170 注。

空想。"① 义务规则反映了人们满足共同的、基本的物质生活条件的需要，是由既定的生产力发展水平和现实生产方式的必然性要求所决定的。因此，义务规则传达的"必须"、"应当"或"不应当"等信息代表了正义的底线，遵守还是违背义务规则既是区分合法行为与违法行为的标准，也是正义与不正义的分野所在。

（2）权利规则确立了正义的上限

在很多西方民族的原始语言中，法、正义与权利的含义是一体的，浓缩于同一个古老的词汇中，以至于在后人眼里，法的目的即在于维护正义和保障权利几乎成了一个无需证明的真理性判断。下面这种观念是由来已久的：法调整正义与权利的关系，所谓法律正义，就是通过法律来保障个人的基本权利不被侵犯，每个人所拥有的基本权利是先天具有的，或者说是每一个人作为人所应当具有的，对于这种权利何时享有、为何享有，法律并不给予进一步的追究，它所关注的只是如何维护和保障这些权利的实现。法的正义集中地体现在维护每个人的基本权利不被各种各样的社会政治、经济等方面的非法势力所损害，这是正义的根本。也仅仅是在这个层面上，国内的"权利本位论"主张有其合理之处。权利规则不像义务规则那样传达"必须"、"应当"或"不应当"等如此强烈的信息，而是以"可以"、"允许"或"提倡"等委婉的、建议性的语词引导人们的行为选择。人们关于权利的通识是：权利可以行使，也可以放弃。放弃行使自己权利的个体，只意味着免除他人对等义务的履行，并不意味着可以放弃自己任何义务的履行。因此，在某种意义上说，权利的行使，符合正义；而权利的放弃，却并不违反正义，行为人对他人义务的免除超越了法律和正义的范畴，带有了仁慈、博爱的色彩（当然只能是在通常意义上而言，因为有些权利的放弃，等于是对不法的纵容和罪行的漠视），升入了道德的星空。所以，权利规则确立了正义的上限，行使还是放弃权利是区分法律行为和道德行为的标准，是正义与超正义的分界线。

4. 法通过责任归究矫正正义的失衡

法律中的权利规则和义务规则是静态的，是对各种权利和义务的一种初始性分配，仅仅是关于权利和义务的抽象规定，还不是现实法律关系本身。权利规则和义务规则要转化为现实的法律关系，中间要经过法律关系主体对权利的积极行使和对义务的严格履行等环节。当有些法律关系主体怠于行使权利或

---

① 张恒山：《义务先定论》，山东人民出版社 1999 年版，第 140 页。

逃避履行义务时，即当某个或某些社会成员违反权利义务的初始分配原则或规则时，就会引起责任归究即矫正正义的问题，也可以称为权利义务的再分配。责任归究主要包括归责原则和追究责任的具体方式等内容。

行为人的行为具有可归责性的一个重要原因是行为存在过错。过错行为或者是对法定权利的侵犯，或者是不履行法定的义务。不论是哪一种情况，都会导致不正义现象的发生。在本质上，过错行为既是对已有权利义务分配方案的破坏，也是对法律正义的损害。法律通过归责原则的设置扬善抑恶，追究过错者的责任，补偿受害者的损失，矫正失衡的正义。为了平衡过错原则的过于僵化，实践中立法者通常会适度引入无过错责任原则和公平责任原则予以衡平。要使失衡的正义得以真正有效回归，法律还有必要实现与权力的联姻，必要时可以借助国家强制力作为坚强的后盾。

追究责任的具体方式主要是惩罚犯罪和赔偿损失。道义性正义要求对罪恶予以惩罚；功利性正义则要求对受害者的损失予以补偿。以犯罪和刑罚为主要内容的刑法设置了刑事责任，通过对邪恶行为作出否定评价，对善意行为给予褒扬，惩罚违法犯罪行为，终止恶行，惩戒罪恶，伸张正义，这是道义正义的应有内涵。但是，惩罚违法犯罪的行为只是正义实现的一个方面，考虑到受害者因为受到不正义侵害而产生的物质或精神损失也必须得到弥补，才是正义的完整实现。所以，正义既要通过法律惩罚违法犯罪的行为得以实现，也要通过赔偿受到不正义侵害的物质损失和精神损害得以实现，这主要表现在私法领域的违约责任和侵权责任中。

当然，实在法对正义的实现作用具有或然性。就个别法律条文或某一时期的具体法律制度来讲，它对正义是否具有推动作用是不确定的：可能会促进也可能会阻碍正义的实现；可能在一段时期内促进了正义的实现而之后又走向反面。另外，任何法律都存在着自身先天的"非正义性"，这表现为法律自身的不合目的性、滞后性、模糊性、不周延性、缺漏性等等。因此，法律事实上并不能百分之百地实现正义。但是从进化论的角度看，作为整体而言的法律始终是实现正义不可或缺的手段。首先，法律所具有的形式理性特点能促使社会关系更加稳定化、明确化、规范化，这本身就排斥了任意分配社会资源这一最大的不正义，即使是最专断的立法也在一定程度上制止任意暴力对人身和财产的侵犯，是对弱肉强食的低级动物生存状态的否定。其次，法律具有的强制性要素能使正义观念更有效地转化为现实。正义观念通过法律得以更广泛地传播，达到惩恶扬善的结果。

（二）正义推动着法的进化

正义作为法的价值相对于其他法价值具有优先性。正义与安全、自由、平等、秩序、人权、效率、利益等都是法所追求的重要价值，诸价值之间既有和谐共存的时候，也会处于相互博弈的张力之中。当正义和其他价值出现矛盾或者冲突时，何为熊掌？何为鱼肉？在这种难以调和的矛盾面前，有的学者主张正义是社会最重要的美德，不能舍弃正义而追求其他价值，罗尔斯便主张正当优先于善、正义优先于功利。波斯纳则认为，效率是评价法律的首要标准，正义应该退居第二。也有的学者试图调和多种价值，主张多元化的正义。实际上，理念上的价值之争任何时候都不能脱离现实的人而存在，正如一些对西方社会极富洞察力的学者所指出的那样，"一个正义的社会并不是一个自我膨胀财势的人们的社会，这些人只受警察和法院执行贤明的哲学家起草的法律的约束。相反，一个公正的社会是由公正的个人组成的社会，这些人实践着正义，因为这是他们认为其本身值得加以培养的美德。所以，法哲学家应该回到人的问题上，首先解决理性人的本质和理性生活的本质。"[1]正义作为社会的一种最基本的美德和价值理念，始终为人类所孜孜不倦地追求着。随着历史的推移，程序正义与实体正义逐渐从博弈走向融合，正义和其他法律价值的不同发展道路也逐渐交织。这一切，无不证明了马克思主义的基本观点：正义是历史的产物。

1.正义对法律理想的引领和导向作用

正义理念是法律从一定的物质生活条件中脱胎成型的思想先导。法律并不是产生于一种自在自为的状态之下，它受到了若干理念的引导，正义便是其中之一。中国最古老的字书《说文解字》中记载，中国古代有一种名叫獬豸的独角兽，法官断案的时候，其角将触不直者，也即不正义的一方。这幅远古的场景向人们展示了正义对法律的引导作用。与人类在认识论领域的真善美一样，正义也是调整社会关系、规范人们行为的一种基本价值，是一种值得向往的理想状态。正义价值具有原初性和自足性，其自身的正当性无需证明。正义是法的基本价值，是立法者的永恒追求。国家立法，如果严重背离人们的正义理念，就会导致"制定法上的不法"；法律，如果抽去其中的正义根基，就会失掉自身的法性，即使名称还叫做法，却没有了作为法的任何价值。[2]可以说，

---

[1] 张文显：《20世纪西方法哲学思潮研究》，法律出版社1996年版，第605页。

[2] ［日］山田晟：《法学》，东京大学出版会1964年新版，第72页。

正义是法律的灵魂，国家制定法只有与各自时代的正义理念相符合，才能长盛不衰。正如德国法学家科殷所说，"制定法在应用和解释里所获得的生机勃勃的发展中，一再追溯到正义所要求的东西，从中得到滋养。如若没有那种追溯，制定法的发展是根本无法理解的。"① 在正义理念的指引下，社会的各种机构和制度逐渐得以建立和完善起来。虽然人们的观念从来不会完全同一，但一定时期的正义共识始终在引导着法律的形成及发展，引导着法律从不完善向完善的目标演进。

2. 正义对法律优劣的评价和批判作用。

民谚中有句话说："老百姓心里有杆秤"。其实，这杆秤就是正义，它无时无刻不在掂量着法律的善与恶。正义对法律具有评价作用，但是在不同的政治体制和文化背景下，其发挥作用的程度有所不同。一般说来，在民主法治程度较高的国家，正义作为纠正法律失误的力量和法律解释的标准，就比在集权专制国家里效果更加明显。在西方文化传统中，正义与法长期以来密不可分，正义是法的本质属性，国家制定的法律如果违背正义，则被拒绝作为法律适用。直到近代民族国家崛起以后，法律与国家权力开始联姻，才致使正义与法渐趋"疏离"，因而产生"恶法亦法"的观念。但是，这一观念在 20 世纪下半叶的全球法治浪潮中已逐渐失去市场。事实上，任何长期存在的法律制度都有一个坚定的正义基础，并接受它们评价，因为人们无法单凭暴力长久维持非正义的法律制度。汉儒所谓的"可以在马背上得天下，却不可在马背上治天下"讲的也是这个道理，靠武力可以行一时，但不可行一世。

马克思恩格斯一生理论研究的分析对象主要是资本主义社会，所以他们在谈到法律的大多数场合都是特指资本主义法律，而不是指一般意义上的法。因此，他们对这种资本主义法律主要是采取了批判的态度，批判的根据当然是基于他们站在无产阶级立场上的正义观，除此以外没有别的更为合理的解释。马克思在《资本论》的创作过程中分析了资产阶级法律的实质，"很清楚，在这里，并且到处都一样，社会上占统治地位的那部分人的利益，总是要把现状作为法律加以神圣化，并且要把习惯和传统对现状造成的各种限制，用法律固定下来。"② 恩格斯对资产阶级法律的阶级性做过更清楚的揭露，他指出，在以

---

① ［德］H. 科殷：《法哲学》，林荣远译，华夏出版社 2003 年版，第 165 页。

② 马克思：《资本论》第 3 卷，《马克思恩格斯全集》第 25 卷下册，人民出版社 1974 年版，第 893—894 页。

大机器生产为标志的资本主义社会里，工厂主是绝对的立法者，他们考虑的只是剥削者阶级的私人利益，资本主义国家立法的最直接目的就是保障资产阶级最大限度地发财致富，保护有产者不择手段地剥削无产者。恩格斯说："'法律压迫穷人，富人管理法律'和'对穷人是一条法律，对于富人是另外一条法律'——这是两句早已家喻户晓的至理名言。"① 在资本主义最发达的英国，马克思没有为启蒙思想家的华美诺言所迷惑，而是密切关注现实的法律关系，指出资产阶级立法中的不正义，"现在我们来看看资产阶级如何以政党，甚至以国家政权出面来反对无产阶级。整个立法首先就是为了保护有产者反对无产者，这是显而易见的。只是因为有了无产者，所以才必须有法律。这一点虽然只是在少数法律条文里直接表现出来：——例如：取缔流浪汉和露宿者的法律便宣布无产阶级不受法律保护——但是，敌视无产阶级却是法律的不可动摇的基础。因此法官，特别是本身就是资产者并且和无产阶级接触最多的治安法官，不用思考就会看出法律本身所包含的这种意图。"②

在立法本身整体出现不公正的情况下，根本不能指望执法和司法中会有丝毫的正义。在资本主义社会的阶级斗争发展到不可调和的程度时，资本主义国家的法庭总是扮演着"把敌人押解到牢狱里去的可靠的护送队"的角色，成为有产者的帮凶。由陪审法庭对被告进行的审判，表面上看似乎体现了司法民主，但实质上不过是一个虚伪的幌子。马克思说："被告们所体现的手无寸铁的革命无产阶级站在由陪审法庭所代表的统治阶级面前；因此，这些被告的罪是老早判定了的，因为他们是站在这样一种陪审法庭面前。……这样一来，在莱茵普鲁士还存在的那种对陪审法庭的迷信就一扫而光了。显而易见，陪审法庭是特权阶级的等级法庭，建立这种法庭的目的是为了用资产阶级良心的宽广来填补法律的空白。"③ 如果说在司法领域里资产阶级还勉强装点着法律正义的幌子，那么在执法领域里，这种阶级压迫则是赤裸裸的，完全撕下了伪善的面具。"一方面，这些'道勃雷'只是按照法律的原意来解释法律，而另一方面，他们本身就是资产者，他们首先认为本阶级的利益是一切

---

① 恩格斯：《英国状况　英国宪法》，《马克思恩格斯全集》第 1 卷，人民出版社 1956 年版，第 703 页。

② 恩格斯：《英国工人阶级状况》，《马克思恩格斯全集》第 2 卷，人民出版社 1957 年版，第 570 页。

③ 马克思：《揭露科伦共产党人案件》，《马克思恩格斯全集》第 8 卷，人民出版社 1961 年版，第 535—536 页。

真正的秩序的主要基础，治安法官是这样，警察也是这样。无论资产者做什么，警察对他总是客客气气，并且严格依法办事。但是对无产者却粗暴而残酷。贫穷本身就已经使得无产者有各种罪行的嫌疑，同时也剥夺了他对付当局专横行为的法律手段。因此，对无产者来说，法律的保护作用是不存在的，警察可以随便闯进他家里，随便逮捕他，随便殴打他。……法律的保护作用对无产者说来是多么微小，无产者经常背负法律的全部重担而享受不到法律的一点好处。"①

在这一严重偏私的法律制度下，英国工人阶级的法律地位可想而知，"换句话说，工人在法律上和事实上都是有产阶级即资产阶级的奴隶。他们竟可以像商品一样地被卖掉，像商品一样的涨价跌价。"②恩格斯分析道："可见工人不仅在身体方面和智力方面，而且在道德方面都遭到统治阶级的摒弃和忽视。而统治阶级为工人准备的惟一的东西就是法律。当工人把它逼得太紧的时候，它就用法律来对付他们，就像工人是无理性的动物一样。对他们的教育工具只有一种：皮鞭——粗暴的不能服人而只能吓唬人的力量。所以，这些被当做牲口看待的工人，不是真的变得像牲口一样，就是只有靠着对当权的资产阶级烈火般的憎恨，靠着不可熄灭的内心激愤才能保持住人类应有的意识和感情，那是毫不足怪的。只要他们还对统治阶级感到愤怒，他们就仍然是人，但如果他们乖乖地让人们把挽轭套在脖子上，只想把挽轭下的生活弄得比较过得去一些，而不想摆脱这个挽轭，他们就真变成牲口了。"③工人在资本主义私有制下，"无论是个人或者整个阶级都不可能像人一样地生活、感觉和思想。"④所以对这种法律，广大人民的态度不可能是尊重，只能是屈从和一俟时机成熟就推动法律变革的迫切需求。"工人并不尊重法律，而只是在无力改变它的时候才屈服于它，所以他们至少也要提出修改法律的建议，他们力求以无产阶级的法律代替

① 恩格斯：《英国工人阶级状况》，《马克思恩格斯全集》第2卷，人民出版社1957年版，第570—571页。
② 恩格斯：《英国工人阶级状况》，《马克思恩格斯全集》第2卷，人民出版社1957年版，第363页。
③ 恩格斯：《英国工人阶级状况》，《马克思恩格斯全集》第2卷，人民出版社1957年版，第399—400页。
④ 恩格斯：《英国工人阶级状况》，《马克思恩格斯全集》第2卷，人民出版社1957年版，第500页。

资产阶级的法律，这是再自然不过的事情。"①

上面的论述中马克思恩格斯针对的都是资本主义的法律，而马克思下面谈到的法律明显不同，应当是泛指适用于一切社会的一般意义的法律或特指未来社会主义社会的法律，同时马克思也谈到了新旧法律的冲突问题，"社会不是以法律为基础的，那是法学家们的幻想。相反地，法律应该以社会为基础。法律应该是社会共同的、由一定物质生产方式所产生的利益和需要的表现，而不是个人的恣意横行。……法典一旦不再适应社会关系，它就会变成一叠不值钱的废纸。你们不能使旧法律成为新社会发展的基础，正像这些旧法律不能创立旧社会关系一样，旧法律是从旧社会关系中产生出来的，它们必然也同旧社会关系一起消亡。它们不可避免地要随着生活条件的变化而变化。不顾社会发展的新的需要而保存旧法律，实质上不是别的，只是用冠冕堂皇的词句作掩护，维护那些与时代不相适应的私人利益，反对成熟了的共同利益。"②资产阶级法律已经不再适应无产阶级的社会关系，因此，推动旧法律同旧的社会关系一起消亡，建立适应新的社会关系发展的新法律是无产阶级的历史使命之一。

3. 正义对法律运行的指导作用

在立法的过程中，只有融入了正义的观念，制定出来的法律才能在现实生活中帮助国家更好地管理社会，成为民众行为的指南。同样，在执法和司法的过程中，法律实施只有融入正义观念，才会有助于人们对法律的认知和认同，也才有助于国家法律权威的树立，推动社会的法治进程。在法的实施过程中，当法律与正义基本契合时，执法者和司法者应当严格依法办事，这是严格规则主义盛行的主要原因。但当法律与正义产生了冲突，出现紧张的背离时，执法者和司法者就不应当拘泥于僵化的法律规定，而应本着代表公平正义的良知对具体问题进行具体分析，这是自由裁量主义存在的主要理由，也是美国古特案中法官的"违法裁判"获得人们强烈赞赏与支持的原因所在。

案例：美国的古特非法行医案

1935 年 1 月 24 日，纽约市第二高等法院正在开庭审理一起非法行医案件。被告人古特先生是一位来自德国的移民，在到达美国纽约之前，他是柏林有名

① 恩格斯：《英国工人阶级状况》，《马克思恩格斯全集》第 2 卷，人民出版社 1957 年版，第 516 页。
② 马克思：《对民主主义者莱茵区域委员会的审判　马克思的发言》，《马克思恩格斯全集》第 6 卷，人民出版社 1961 年版，第 291—292 页。

的小儿科医生。古特到达纽约后的第一个房东是一位名叫莫菲的爱尔兰人，一个独自抚养着 5 个孩子的鳏夫。莫菲最小的儿子叫吉米。有一天，小吉米突然病倒了。莫菲知道古特先生是小儿科医生，因此请求其为吉米进行诊断。由于古特刚来美国不久，还没有取得在美国行医的资格，他表示此刻不宜替吉米看病，否则就会触犯美国的法律，轻则被驱逐出境，重则可能被捕入狱。莫菲只好请了一个意大利医生，但是这个意大利医生并没有能治好吉米的病，吉米已经生命垂危，且意大利医生因为莫菲拖欠医药费用不肯再给吉米继续治疗。古特在乡邻舆论和自身良心的双重煎熬下，不得不知法犯法，非法行医。由于其医术高超且全力施救，在奋战十天十夜后终于使吉米转危为安，治好了吉米的病。但是，古特也因此站在了美国法庭的被告席上，接受司法审判。此时，如果法官完全是一个"严格规则主义者"，严格按照美国当时的法律裁判，他完全可以"非法行医罪"将古特投入监狱。但是，法官却并没有如此处理这一个案，而是面带微笑并大声地宣判道："古特先生，您违反了我国的法律！但原因是为了遵循另一个更高级的法——医生的良知。因此，我判您——无罪！"①该案判决一经作出，法庭内外一片欢呼。

在服从制定法将违反法官内心的正义信仰时，费尔巴哈主张，不服从就成为法官的一项神圣义务。②"面对具体的个案，永远也不可能放弃个人所感觉到的正义的活生生的声音；这种声音是永远不可能被排除的。不管法是多么努力想把正义变为原则的制度，法也不可能缺少正义，相反，只有在正义里面，法才变得生机勃勃。"③守法、法律监督等法运行的其他环节也同样如此。实践证明，只有把正义理念贯穿于法律运行的诸环节之中，正义价值才得以从始至终地体现出来，法律的作用也才能更好地彰显出来。

4. 正义对法律变革的推动作用

法律变革包括法的精神进步和法的形式完善两个方面。正义作为法的终极价值追求，区别法之良恶的根本标准，是法律变革的直接动力所在。法律的根本进步首先在于法意识和法理念的变革。因为正义的基本功能即在于批判，人类物质生产发展带来的新需求只有转化为人们日趋强烈的正义情感和日臻完

① 刘文基：《非法行医还是救死扶伤？一个无执业资格的德国医生在美国面临的法律困境》，《上海法治报》2011 年 1 月 26 日。
② ［德］考夫曼：《法律哲学》，刘幸义等译，台湾五南图书出版有限公司 2000 年版，第 144 页。
③ ［德］H. 科殷：《法哲学》，林荣远译，华夏出版社 2003 年版，第 186 页。

善的正义观念，才能推动法律精神的进步。例如，中西方法律由人治模式向法治模式的转型，都离不开正义理念的推动。其次，法律进化也包括形式方面的立法完备和法律实效。法律体系的日益科学合理，宪法、控权行政法、社会法等新型立法的产生，程序法的不断完善，法律的实施效果等，都与人们的正义观念密切相关。在一个社会公众正义感普遍缺失的地方，有法等于无法，法律只能成为权力的附庸和摆设。

正义对法律的推动作用主要是通过"纠偏"来实现的，正义是法律的"校正器"。正义对法律的纠偏主要有两种形式：制度外的形式和制度内的形式。前者可以是洛克所谓的"诉诸苍天"，也可以是中国所谓的"官逼民反"。正义诉求（其最低的要求是维持生命）最终会使不正义的法律、对抗正义的僵化制度发生崩塌，重建正义的法律。后者是指正义如何在制度内促使法律进化，纠正不良立法。法治发达国家就这种纠偏机制已有许多成熟的探索，主要有三种途径：（1）衡平。衡平即公平，当人们认为某一法律不正义或严格遵守法律会导致不正义时，可以申请国家直接适用公平正义理念对抗不良立法。罗马法中有衡平机制，英国在 14 世纪形成了有别于普通法的衡平法系统。与此类似的中国法律制度则有始于汉代并通行于封建社会的"春秋决狱"，即以春秋中的微言大义平衡刑律中被公认为过于苛责的条款。（2）违宪审查。公民可通过申诉或诉讼等途径启动审查程序，纠正不良立法，经审查机关宣布违宪或违反上位法的规范性文件通常将失去效力。（3）法律解释或法律修订。通过扩展或限制解释对法律进行灵活处理，使之更符合原初的立法目的或适应新的形势需要；或者通过法律改革重新制定新法以代替正义性日益缺失的法律。

马克思主义创始人赞同利用制度外的形式推动法律进化，同时也从未放弃制度内的法律斗争。第一国际建立之后，马克思一再号召各国工人阶级及其政党要善于同资产阶级政府当局进行立法上的斗争，他在《临时中央委员会就若干问题给代表的指示》的文件中指出："工人阶级通过普遍的立法行为能够得到靠许多分散的个人努力无法得到的东西。"[①]马克思甚至将这一基本思想作为无产阶级政党进行政治斗争的一个基本原则。在资产阶级势力占绝对优势、仅靠无产阶级的力量还不足以推翻资本主义制度的情况下，无产阶级要想多少改善自己的生活条件和劳动条件，"只有通过变社会意识为社会力量的途径才

---

① 马克思：《临时中央委员会就若干问题给代表的指示》，《马克思恩格斯全集》第 16 卷，人民出版社 1964 年版，第 218 页。

能办到。而在目前条件下，只有通过国家政权施行的普遍法律才能办到。工人阶级要求实行这种法律，绝不是巩固政府的权力。相反，工人阶级正在把目前被用来反对他们的政权变为自己的武器。"①

然而马克思恩格斯从来没有把合法斗争作为阶级斗争的唯一手段，从来没有放弃主张人民起义和革命的权利，甚至将起义作为公民的首要义务。恩格斯在致费舍的信中明确表示："然而我不能容忍你们立誓忠于绝对守法，任何情况下都守法，甚至对那些已被其编制者违犯的法律也要守法，简言之，即忠于右脸挨了耳光再把左脸送过去的政策。……我认为如果你们宣扬绝对放弃暴力行为，是绝捞不到一点好处的。没有人会相信这一点，也没有一个国家的任何一个政党会走得这么远，竟然放弃拿起武器对抗不法行为这一权利。"他主张区分守法的法律义务和道义义务，"如果你们坚持这样的观点就更好些：守法的义务是法律上的，而不是道义上的，像鲍古斯拉夫斯基给你们庄严指出的那样：如果掌权者违反法律，上述义务就完全解除。而你们（起码是你们之中的某些人）却表现软弱，敌人提出守法的义务是道义上的，是适用于一切场合的，对这一要求未能给予应有的抵制，你们制定法律，我们如有违反，你们可以根据这些法律处置我们，我们只得忍受；如此而已，此外我们再没有任何义务，你们也再没有任何权利。……你们没有权利从这个立场后退……请你们看看奥地利人，如果选举权不很好实行，他们将尽可能直接地使用武力威胁，回想一下你们自己在非常时期的非常行为吧，现在人们又想用它让你们就范！守法——目前暂时在一定程度上对我们还是适用，但绝不是不惜任何代价的守法，即使口头上也罢。"②对于资产阶级统治无产阶级的残酷法律，恩格斯始终坚持高悬一把达摩克利斯之剑——正义的暴力，作为批判并推动法律进步的手段。

但恩格斯与马克思一样，从来不是一个极端的冒险主义者，对资产阶级法律一直采取辩证的态度。恩格斯非常透彻地论述了合法斗争与非法斗争相结合的策略。他指出，在反社会党人法破产后，"帝国政府又企图在普通法的范围内来反对我们，因此我们也试图利用我们通过坚决运用不合法手段而重新争

---

① 马克思：《临时中央委员会就若干问题给代表的指示》，《马克思恩格斯全集》第 16 卷，人民出版社 1964 年版，第 217—218 页。

② 恩格斯：《致理·费舍（1895 年 3 月 8 日）》，《马克思恩格斯全集》第 39 卷，人民出版社 1974 年版，第 401—403 页。

得合法手段。至于是否要把关于'合法'手段那一条重新列人纲领，这并不怎么重要。应当设法暂时用合法斗争手段对付下去。不仅我们这样做，凡是工人拥有某种法定的活动自由的所有国家里的所有工人政党也都在这样做，原因很简单，那就是用这种办法能获得最大成果。但是这必须以敌人也在法律范围活动为前提。如果有人企图借助新的非常法或者借助非法判决和帝国法院的非法行为，借助警察的专横或者行政当局的任何其他的非法侵犯而重新把我们的党实际上置于普通法之外，那么这就不得不使德国社会民主党重新走上它还剩下的惟一的道路，不合法的道路。即使在英国人这个最尊重法律的民族那里，人民遵守法律的首要条件也是其他权力机关不越出法律的范围；否则，按照英国的法律观念，起义就成为公民的首要义务。"[①] 在这里，恩格斯至死不渝的无产阶级立场和坚定的共产主义信仰跃然纸上。

三、正义与法的特殊关系——部门法学的角度

马克思恩格斯不仅从法哲学的角度对正义与法的一般关系有独到的论述，而且从部门法学的角度看，他们对正义与法的特殊关系也有许多精深的见解。部门法学的分类标准比较繁杂，本书依据大陆法系传统的公、私法划分以及新出现的第三法域——兼具公法和私法因素的社会法——的分类，分别从刑法学（典型的公法学）、民法学（典型的私法学）和环境法学（公认的社会法学）三个领域深入剖析马克思主义创始人对正义与法关系的认识。

（一）刑法学中的正义与法

刑法学是关于犯罪与刑罚的理论。马克思恩格斯吸取了康德因果关系决定论中的合理成分，认为犯罪与刑罚之间有着先后的因果联系，犯罪事实为因，刑罚为果。刑罚是法律对犯罪行为的否定性评价。犯罪行为具有客观性，作为犯罪必然结果的刑罚当然也应遵循一个较为客观的评价标准。犯罪事实及其所造成的社会危害性程度是刑罚适用的标尺。其中，犯罪的行为类型决定刑罚的质，犯罪行为中蕴含的社会危害性程度决定刑罚的量。马克思恩格斯认为，刑法学中正义与法的关系主要体现在犯罪设定的合理性和刑罚设置的正当性上。

1.关于犯罪设定的合理性

---

① 恩格斯:《给"社会民主党人报"读者的告别信》,《马克思恩格斯全集》第22卷，人民出版社1965年版，第91页。

马克思在讲到犯罪问题时，提到两个与犯罪相关的重要概念：一是罪犯；二是罪行。两者之间的关系是"罪犯生产罪行。"[1]相应地，刑事立法在进行犯罪设定时，主要也是解决两个问题：一是哪些主体可能犯罪，即罪犯的主体范围如何界定；二是主体的哪些行为可能构成犯罪，且应当作为罪行处罚。

（1）犯罪主体设定的合理性

犯罪的主体主要是社会成员中的个体，即孤立的个人，马克思恩格斯指出，"犯罪——孤立的个人反对统治关系的斗争"[2]。个人当然要对其犯罪行为承担责任，因为个人具有理性和自由意志，清楚地了解自己的所作所为，也能预测自己行为的后果及影响，所以应当对其后果负责。1848 年在为《新莱茵报》撰写的一篇文章中，他们[3]对比了英国和普鲁士的法律理念，对英国的个人自由意志观表现出明显的赞同，社会中的每个常人"在法律上绝没有被看成是机械地照命令办事的没有意志的机器。相反地，法律认为他们是'自由行动者'，是有自由意志的人，他们随时都应当知道自己在做什么。"人的自由意志是法律令他们"对自己的一举一动负责"的主观基础。[4]

既然犯罪的主体是个人，一切犯罪行为的责任最终都要落实到个人身上承担。那么，有组织的革命政党不应受现行法的过度约束。革命政党和无产阶级作为集体不应被设定为犯罪的主体。因为革命虽然会对现行法制有破坏作用，但从长远的社会发展看终究是推动法律进步的因素，因此，革命政党的集体不应成为犯罪主体。"在英国，甚至是辉格党人马考莱也承认现代法制是建立在一次又一次的革命的基础上的……在这些国家，大多数都存在着一些现存法制不能加以约束时就不再受其约束的政党。……只有在这样的（即政治上落后的，笔者注）德国还会要求一个政党不仅在实际上而且在精神上都受现存的所谓法制的约束；要求这个政党预先保证，无论出现什么情况，也不要推翻它与之斗争的法制基础，即使能做到也不要做，换句话说，

---

① 马克思：《剩余价值理论（附录 11：关于一切职业都具有生产性的辩护论见解）》，《马克思恩格斯全集》第 26 卷上册，人民出版社 1973 年版，第 415 页。

② 马克思恩格斯：《德意志意识形态》，《马克思恩格斯全集》第 3 卷，人民出版社 1960 年版，第 379 页。

③ 马克思恩格斯在《新莱茵报》时期的一组稿件都没有署名，既然本书认为他们两人的思想基本一致，所以把未署名稿的内容假定为两人的共同思想。

④ 马克思恩格斯：《英国士兵的誓言》，《马克思恩格斯全集》第 6 卷，人民出版社 1961 年版，第 392 页。

它必须承担使现存政治制度永世长存的义务。"① 革命政党应当坚持合法斗争与暴力反抗手段相结合，根据斗争形势的变化采取灵活适当的方式。恩格斯非常赞赏德国工人阶级在资产阶级强大时采取的斗争手段，他说："在德国，工人阶级从工人运动一开始就清楚地懂得，不经过革命，就不可能摆脱军事专制制度。同时，德国的工人也懂得，这样的革命，不预先进行组织，不掌握知识，不进行宣传，即使开始时是顺利的，但归根结底总会反过来反对他们，因此他们是在严格的法制范围内进行活动的。非法行为完全来自政府方面，它宣布工人为非法。构成工人的罪状不是行动，而是不合他们统治者心意的观点。"② 资产阶级法律绝没有任何神圣性可言，因而无产阶级对资产阶级的法律只能采取功利性的态度。如果听信资产阶级法律神圣不可侵犯、法律至上的口号，无异于出卖了自己。相反，拿起武器反抗反而是无产阶级的权利，是符合正义要求的行为。在守法和武装斗争的界限问题上，他们坚持无产阶级守法的前提只能是资产阶级必须同样守法，双方在守法义务上是绝对平等的。

虽然犯罪的主体主要是个人，马克思主义创始人不赞成将革命政党或无产阶级的集体这种社会组织作为可能的犯罪主体，但他们并没有认为个人是犯罪的唯一主体，而是多次提到过国家犯罪的问题。马克思认为，除了私人犯罪之外，也有一些领域是属于国家的犯罪。"离开私人犯罪的领域来说，如果没有国家的犯罪，能不能产生世界市场？如果没有国家的犯罪，能不能产生民族本身？"③ 一个国家对其他国家或民族发动的侵略战争便是国家的犯罪，虽然从客观影响来看，殖民主义充当了"历史的不自觉的工具"，带有"双重使命"，但是，从根本上说，侵略战争是侵略者对殖民地人民的犯罪，侵略战争带来的微不足道的积极影响是以巨大的犯罪为前提的。马克思以英国对印度的殖民侵略为例，指出推动革命并非出自殖民者的主观本意："英国在印度斯坦造成社会革命完全是受极卑鄙的利益所驱使，而且谋取这些利益的方式也很愚

① 恩格斯：《"卡尔·马克思在科伦陪审法庭面前"一书序言》，《马克思恩格斯全集》第21卷，人民出版社1965年版，第237页。

② 马克思：《致亨·迈·海德门（1880年12月8日）》，《马克思恩格斯全集》第34卷，人民出版社1974年版，第457页。

③ 马克思：《剩余价值理论（附录11：关于一切职业都具有生产性的辩护论见解）》，《马克思恩格斯全集》第26卷上册，人民出版社1973年版，第415页。

蠢。"[1] 侵略带来的积极影响远不能抵消其罪行的令人发指，"英国资产阶级将被迫在印度实行的一切，既不会使人民群众得到解放，也不会根本改善他们的社会状况，因为这两者不仅仅决定于生产力的发展，而且还决定于生产力是否归人民所有。但是，有一点他们是一定能够做到的，这就是为这两者创造物质前提。难道资产阶级做过更多的事情吗？难道它不使个人和整个民族遭受流血与污秽、蒙受苦难与屈辱就实现过什么进步吗？"[2] 对于国家的犯罪，被侵略地的人民有反抗的权利，针对英国报刊对印度起义者的攻击和诽谤，马克思代表一切"公正而严肃的人们"，大义凛然地质问道："人民企图赶走竟敢对自己的臣民这样滥用职权的外国征服者，难道不对吗？如果英国人能够冷酷无情地干出这种事情，那么就算起义的印度人在起义和斗争的狂怒中犯下了硬说是他们犯下的那些罪行和暴虐，又有什么奇怪呢？"[3] 国家可以成为犯罪的主体，两次世界大战后，反法西斯同盟国对法西斯轴心国战犯的审判就是国家应当对其战争罪行承担责任的实践证明。

（2）犯罪行为设定的合理性

既然个人都能成为犯罪的主体，那么革命政党中个别成员的过激行为当然可以依法追究刑事责任，但是只要其行为没有达到"最明显最极端"的犯罪程度，也不应当随意被认定为犯罪。这就涉及违法行为的程度与罪行的关系问题。

马克思主义创始人认为，并不是违反法律的一切行为，都构成犯罪。犯罪应当是严重危害社会的行为，行为具有社会危害性并且达到一定的严重程度是犯罪的本质性特征。恩格斯认为，犯罪是蔑视社会秩序的最明显、最极端地表现。[4] 在爱北斐特的演说中，他又从行为方式上对犯罪的形式特点做了进一步描述，"现代社会促使一个人敌视其他一切人，这样就引起了一个一切人反对一切人的社会战争。这个战争在某些人那里，尤其是在文化水平低的人，

---

①　马克思：《不列颠在印度的统治》，《马克思恩格斯选集》第 1 卷，人民出版社 1995 年版，第 766 页。

②　马克思：《不列颠在印度统治的未来结果》，《马克思恩格斯选集》第 1 卷，人民出版社 1995 年版，第 771 页。

③　马克思：《印度刑罚的调查》，《马克思恩格斯全集》第 12 卷，人民出版社 1962 年版，第 296 页。

④　马克思：《英国工人阶级状况》，《马克思恩格斯全集》第 2 卷，人民出版社 1957 年版，第 416 页。

不可避免地采取粗暴的、野蛮的暴力形式，即犯罪的形式。"①所谓"最明显"，是指行为的后果是产生了显而易见的社会危害性；所谓"最极端"，是指行为采取了"粗暴的、野蛮的暴力形式"，在程度上是令人难以同情或容忍的。

犯罪行为的后果和方式都达到了较严重的程度，不同于违反法律的一般过错行为，因而国家在通过刑事立法设定罪行时，应当对这两类行为进行严格区分，不能把一般过错行为纳入刑事犯罪领域。在《关于林木盗窃法的辩论》一文中，马克思指出："如果把这些过错当作危害社会的犯罪行为来惩罚，那就是最大的不公平。"马克思所说的过错就是指还没有达到犯罪程度的一般违法行为，这里特指偷、捡枯树枝之类的行为。他认为偷、捡枯树枝的行为与盗窃林木有着明显的区别，如果对其进行行为定性的话，充其量属于一般违法行为，"这只能看作是一种单纯违反警章规定的行为，无论如何不能当作犯罪来处罚。"②立法者应当在立法层面明确不同的行为类型，根据其危害程度设置相应的制裁措施。法作为社会规范人们行为的标准，其主要作用是引导社会成员养成有益社会、无害他人的行为倾向，即哪些应为、哪些可为、哪些不为。不同的行为类型要由不同的法律来规制，例如，刑法禁止的是刑事犯罪行为；民法限制的是民事违法行为；行政法约束的是行政违法行为；对行为类型不加任何区分地随意处罚是最大的不公平。马克思认为混淆行为性质差异的刑法规定不符合正义，应该予以废除。

犯罪行为设定不应侵犯人们的习惯权利，对于人们已经习以为常的行为方式，不应通过刑法设定为新的犯罪予以禁止。马克思指出："有道义的立法者应当首先认定：最严重、最有害而又最危险的事情是把过去不算做犯罪的行为列入犯罪的领域。"③马克思对资本主义的刑事立法状况表示愤慨，他严正指出："判定某些违犯由官方制定的法律的行为是犯罪还是过失，在一定程度上则取决于官方。这种名词上的区别远不是无关紧要的，因为它决定着成千上万人的命运，也决定着社会的道德面貌。法律本身不仅能够惩治罪行，而且也能

---

① 恩格斯:《在爱北斐特的演说》,《马克思恩格斯全集》第 2 卷，人民出版社 1957 年版，第 608 页。

② 马克思:《关于林木盗窃法的辩论》,《马克思恩格斯全集》第 1 卷，人民出版社 1956 年版，第 148 页。

③ 马克思:《关于林木盗窃法的辩论》,《马克思恩格斯全集》第 1 卷，人民出版社 1956 年版，第 149 页。

捏造罪行，尤其在职业律师的手中，法律更加具有这方面的作用。"[1]他质问实在法本身的合法性，大声疾呼地为全体穷人争取习惯法上的权利。"我们为穷人要求习惯权利，但并不是限于某个地方的习惯权利，而是一切国家的穷人所固有的习惯权利。"[2]

2. 刑罚设置的正当性

（1）刑罚的最终目的不是报复，也不是一般预防，而是消灭犯罪行为产生的社会根源。按照报应主义的观点，犯罪与刑罚之间有着因果相应的关系，两者都是犯罪人自由意志选择的结果。但是他们把这种联系孤立化和简单化了。马克思恩格斯指出："由于我们在这里所要谈的正是法律的和政治的犯罪，所以，我们在这方面也一定会知道：'通常理解的'这些罪行通常会招致刑罚，或者像圣书所写的，'死是罪孽的报应'。在我们已经知道了关于罪行的一切之后，不言而喻，刑罚就是圣物的自卫和对它的亵渎者的反抗。"[3]甚至"过去有些思想家可能想象：……犯罪只是由于对一个概念的狂妄放肆才构成的，犯罪一般来说就是对概念的嘲弄，惩罚犯罪也只是为了向受辱的概念赔罪。"[4]报应主义者没有看到犯罪和刑罚背后有着更深刻的经济和社会原因。马克思恩格斯认为，犯罪现象的产生有其客观必然性，犯罪，"和法一样，也不是随心所欲地产生的。相反的，犯罪和现行的统治都产生于相同的条件。同样也就是那些把法和法律看作是某种独立自在的一般意志的统治的幻想家才会把犯罪看成单纯是对法和法律的破坏。"[5]因此，社会对犯罪是负有一定责任的，因为"当无产者穷到完全不能满足最迫切的生活需要，穷到要饭和饿肚子的时候，蔑视一切社会秩序的倾向就愈来愈增长了。""只要那些使工人道德堕落的原因起了比平常更强烈、更集中的影响，工人就必然会成为罪犯，正像水在刘氏 80℃

---

[1] 马克思：《人口、犯罪率和赤贫现象》，《马克思恩格斯全集》第 13 卷，人民出版社 1962 年版，第 552 页。

[2] 马克思：《关于林木盗窃法的辩论》，《马克思恩格斯全集》第 1 卷，人民出版社 1956 年版，第 142 页。

[3] 马克思恩格斯：《德意志意识形态》，《马克思恩格斯全集》第 3 卷，人民出版社 1960 年版，第 390—391 页。

[4] 马克思恩格斯：《德意志意识形态》，《马克思恩格斯全集》第 3 卷，人民出版社 1960 年版，第 394 页。

[5] 马克思恩格斯：《德意志意识形态》，《马克思恩格斯全集》第 3 卷，人民出版社 1960 年版，第 379 页。

时由液态变为气态一样。在资产阶级的粗暴野蛮、摧残人性的待遇影响之下，工人日渐变成了像水一样缺乏自己意志的东西，而且也同样必然地受自然规律的支配。"①既然犯罪主体的自由意志已经被扭曲，也就削弱了犯罪与刑罚之间的因果联系，动摇了报复性惩罚的根基。

按照预防主义的观点，刑罚的目的主要不是报复或惩罚，而是一般性预防，即通过对犯罪分子适用刑罚，对社会上有潜在犯罪倾向的不稳定分子起到威慑和警戒效应。马克思对这种预防论的正当性表示了质疑，他说："一般来说，刑罚应当是一种感化和恫吓的手段。可是，有什么权利用惩罚一个人来感化或恫吓其他人呢？况且历史和统计科学非常清楚地证明，从该隐以来，利用刑罚来感化或恫吓世界就从来没有成功过。适得其反！"②刑罚本身不是目的，而是达到某种社会效果的手段。既然效果不理想甚至"适得其反"，预防论者关于刑罚设定的正当性自然受到了挑战。

基于对自由含义的重新界定，马克思提出了一种新型的刑罚目的观，"既然人不是由于有逃避某种事物的消极力量，而是由于有表现本身的真正个性的积极力量才得到自由，那就不应当惩罚个别人的犯罪行为，而应当消灭犯罪行为的反社会的根源，并使每个人都有必要的社会活动场所来显露他的重要的生命力。既然人的性格是由环境造成的，那就必须使环境成为合乎人性的环境。既然人天生就是社会的生物，那他就只有在社会中才能发展自己的真正的天性，而对于他的天性的力量的判断，也不应当以单个人的力量为准绳，而应当以整个社会的力量为准绳。"③犯罪行为产生的根源就在于邪恶的社会制度，"如果说大量的犯罪行为从其数量和种类就会揭示出像自然现象那样的规律性……那么，应不应该认真考虑一下改变产生这些罪行的制度，而不是去颂扬那些处死相当数目的罪犯来为新的罪犯腾出位置的刽子手呢？"④由此可见，在马克思看来，刑罚的最终目的既不是报复，也不是一般预防，而是"消灭犯罪行为的反社会的根源"，即"改变产生这些罪行的制度"，清理犯罪滋生的土壤，从而实现作为个体的每个社会成员的真正自由发展。

---

① 马克思:《英国工人阶级状况》,《马克思恩格斯全集》第 2 卷, 人民出版社 1957 年版, 第 400、416 页。

② 马克思:《死刑》,《马克思恩格斯全集》第 8 卷, 人民出版社 1961 年版, 第 578 页。

③ 马克思恩格斯:《神圣家族》,《马克思恩格斯全集》第 2 卷, 人民出版社 1957 年版, 第 167 页。

④ 马克思:《死刑》,《马克思恩格斯全集》第 8 卷, 人民出版社 1961 年版, 第 580 页。

（2）刑罚的直接目的是特殊预防。特殊预防即通过对犯罪分子的教育改造，使其悔过自新、重返社会，消除重新犯罪的可能性。特殊预防是刑罚存在的必要性所在。马克思在《哥达纲领批判》一文中提出了对犯罪分子实行劳动改造的人道主义刑罚观，对于德国的爱森纳赫派和拉萨尔派在纲领中提出的"调整监狱劳动"的条款，马克思很是不屑，他说："在一个一般性的工人纲领里面，这是一种微不足道的要求。无论如何应该明白说出，工人们完全不愿意由于担心竞争而让一般犯人受到牲畜一样的待遇，特别是不愿意让他们失掉改过自新的惟一手段即生产劳动。这是应当期望于社会主义者的最低限度的东西。"[①]在该文中，马克思不但指出了生产劳动对于改造犯罪人的重要意义，还预见了教育刑在未来的发展趋势。通过生产劳动改造犯罪人的思想，是一种典型的特殊预防理论。马克思的教育刑思想，与其思想体系内的其他理论保持了一致，既符合其"社会人"的人性定位，也符合其一贯主张的"人的自我实现是最高价值，使人成其为人"的人道主义理想，因而既是自洽的，也是马克思主义思想体系的有机组成部分。

（3）刑罚的适用对象只能是人的行为，思想不能入罪。马克思指出："我只是由于表现自己，只是由于踏入现实的领域，我才进入受立法者支配的范围。对于法律来说，除了我的行为以外，我是根本不存在的，我根本不是法律的对象。我的行为就是我同法律打交道的惟一领域，因为行为就是我为之要求生存权利、要求现实权利的唯一东西，而且因此我才受到现行法的支配。可是追究倾向的法律不仅要惩罚我所做的，而且要惩罚我所想的，不管我的行为如何。所以，这种法律是对公民名誉的一种侮辱，是威胁着我的生存的一种阴险的陷阱。"不管是思想的具体内容还是思想的方式或倾向，都不应成为刑罚处罚的对象。言论和出版自由都是人表达思想的具体形式，应该得到国家法律的鼓励和维护，但是现实的法律却往往与此相反，"反对倾向的法律，即没有规定客观标准的法律，乃是恐怖主义的法律；在罗伯斯比尔时期，国家在万不得已时所制定的法律就是这样的法律，在罗马各王朝时期，国家在腐败不堪的情况下所制定的也是这样的法律。凡是不以行为本身而以当事人的思想方式作为主要标准的法律，无非是对非法行为的公开认可。"因此，"惩罚思想方式的法律不是国家为他的公民颁布的法律，而是一个党派用来对

---

① 马克思：《哥达纲领批判》，《马克思恩格斯选集》第 3 卷，人民出版社 1995 年版，第318 页。

付另一个党派的法律。"①

（4）刑罚的限度是与罪行相适应，同时坚持人道主义原则。马克思认为，刑罚作为实现某种社会目的的手段，其适用应当有一定的界限，罪犯所受的惩罚应该以他的行为为界。罪行是衡量刑罚的尺度，刑罚则是罪行招致的必然结果，"如果犯罪的概念要有惩罚，那么实际的罪行就要有一定的惩罚尺度。实际的罪行是有界限的。因此，就是为了使惩罚成为实际的，惩罚也应该有界限，——要使惩罚成为合法的惩罚，它就应该受到法的原则的限制。"马克思认为黑格尔的等价报应论优于康德的等量报复型思想，他也赞同刑罚的限度应当与犯罪程度具有内在等价性，"对于财产来说，这样的尺度就是它的价值。一个人无论把他置于怎样的界限内，他总是作为一个整体而存在，而财产则总是只存在于一定的界限内，这种界限不但可以确定，而且已经确定，不但可以测定，而且已经测定。价值是财产的民事存在的形式，是使财产第一次获得社会意义和互相转让能力的逻辑术语。显然，这种由事物本性中得出的客观规定，也应该成为惩罚客观的和本质的规定。"② 由此，对于财产类犯罪，就能用价值的尺度把犯罪与刑罚贯通起来。但是，对于侵犯人身权益的犯罪，这一原则是不适用的，因此马克思恩格斯又把人道主义原则引入其刑罚理论中。

产生于西方近代启蒙思想运动背景之下的人道主义是一种进步的思潮，刑罚人道主义是人道主义在刑事立法、司法活动中的具体运用和体现。把人当作人，尊重人之为人所应有的基本权利，是人道主义的基本要求。马克思在刑罚问题上也坚持了人道主义的原则，反对重刑主义。与康德、黑格尔抽象地承认人格尊严不同，马克思从社会层面现实地承认人的人格尊严。他极力强调人的社会性，认为现实的人都是具有社会性的，人的本质是一切社会关系的总和。在《关于费尔巴哈的提纲》里，马克思对人的本质做了概括，"人的本质并不是单个人所固有的抽象物，实际上，它是一切社会关系的总和。"③ 马克思基于人的社会性，抨击了异化的社会对个人价值的蔑视和对人性的践踏，指出："只要人不承认人自己是人，因而不按照人的样子来组织世界，这种社会

① 马克思:《评普鲁士最近的书报检查令》,《马克思恩格斯全集》第1卷，人民出版社1956年版，第16—17页。
② 马克思:《关于林木盗窃法的辩论》,《马克思恩格斯全集》第1卷，人民出版社1956年版，第140—141页。
③ 马克思:《关于费尔巴哈的提纲》,《马克思恩格斯全集》第3卷，人民出版社1960年版，第5页。

联系就以异化的形式出现。"① 死刑是近现代刑罚体系中最为严厉的惩罚形式，马克思对于死刑的基本观点是否定性的，他认为死刑是一种不公正、不适宜的刑罚。马克思曾明确指出："的确，想找出一个原则，可以用来论证在以文明自负的社会里死刑是公正的或适宜的，那是很困难的，也许是根本不可能的。"② 恩格斯在《英国状况 英国宪法》一文中，描述了英国中世纪以来残酷的刑事立法，表达了他对酷刑的厌恶，"谁都知道，英国的刑法典在欧洲是最森严的。就野蛮来说，早在 1810 年，它就已经毫不亚于《加洛林纳法典》了。焚烧、轮碾、砍四块、从活人身上挖出内脏等曾是惯用的几种刑罚。不错，从那时起，最令人愤慨的酷刑固然已经废止，但刑法中原封不动地保留了大量野蛮的和卑劣的酷刑。处死刑的有 7 种罪（杀人、叛国、强奸、兽奸鸡奸、破门入盗、暴力行劫、纵火杀人）；而以前应用范围广泛得多的死刑，也只是到 1837 年才限制在这几个方面。可是除了死刑之外，英国的刑法还有两种野蛮的无以复加的刑罚：苦役流刑和单独监禁。前者通过群居把人变成野兽，后者通过孤寂的生活把人变成禽兽。这两种刑罚经年累月连续不断地从肉体上、精神上、道德上来摧残法律的牺牲者，一直把他们弄得像牲畜一样，很难想象出比这更残酷和更卑劣的刑罚了。"③

（5）刑罚的本质是矫正罪行的手段，而不是什么社会自卫手段。刑罚的目的是教育和改造罪犯，该目的的实现应当是通过矫正社会不良环境进而起到矫正个人行为的效果。马克思不赞同将对罪犯个人的惩罚作为刑罚的主要内容，认为这无异于远古时代"报复刑"的现代翻版。他说："这种把刑罚看成是罪犯个人意志的结果的理论只不过是古代《justalionis》（"报复刑"）——以眼还眼、以牙还牙、以血还血——的思辨表现罢了。"紧接着，他又以其惯用的反讽语气写道："直截了当地说：刑罚不外是社会对付违犯它的生存条件（不管这是些什么样的条件）的行为的一种自卫手段。一个社会如果没有比刽子手更好的自卫手段，并通过"世界指导性的报纸"把自己的残酷宣称为"永恒的法律"，这样的社会也实在是太美妙了。"④ 刑法学界有些学者将上述引文中

---

① 马克思：《詹姆斯·穆勒〈政治经济学原理〉一书摘要》，《马克思恩格斯全集》第 42 卷，人民出版社 1979 年版，第 24—25 页。

② 马克思：《死刑》，《马克思恩格斯全集》第 8 卷，人民出版社 1961 年版，第 578 页。

③ 恩格斯：《英国状况 英国宪法》，《马克思恩格斯全集》第 1 卷，人民出版社 1956 年版，第 701 页。

④ 马克思：《死刑》，《马克思恩格斯全集》第 8 卷，人民出版社 1961 年版，第 579 页。

的"自卫手段"一句视为马克思对刑罚本质的肯定性论述，笔者认为这是对马克思刑罚观的一种误读，因为就上下文语境来看，"自卫手段"一句不是马克思的直接论断，而是他前后一直在批判的观点，相反，马克思是坚决反对将刑罚视为社会的自卫手段的，并以反讽语气表明了他对这一论断的大不以为然的态度。

（二）民法学中的正义与法

对于社会中的每一个成员来说，与国家直接打交道，处理公法关系的机会毕竟是很少的。大部分社会个体在其一生中的大多数时间，时时刻刻置身其中的主要是私法（即广义的民法）领域的社会关系。家庭关系和劳动关系是最具代表性的民事关系。我们观察到的现实社会的个人，首先是作为一个家庭的成员而存在，他（或她）从降生到离世的整个过程，几乎都被包裹于家庭这一最基本的社会共同体之中。所以，人的一生，家庭关系是其被动接受或主动选择的数量最大、种类最多、持续时间最长的社会关系，在人类社会之初甚至是唯一的社会关系。其次，除了极少数生理或精神有缺陷的社会成员，绝大部分个人在其年富力强的青壮时期（通常是从社会公认的或法定的成年年龄至老年退休年龄）是作为一个单位的劳动者而存在的，劳动关系可以说是人面对的第二大社会关系。任何一个社会，都有若干处理家庭关系和劳动关系的正义理念和行为规范。正义与法的关系在这些领域有什么特殊表现？马克思恩格斯也提供了在民事法律领域观察正义问题的独特视角。

1. 家庭关系中的正义与法

家庭是构成社会的细胞，是以姻缘和血缘为基础的最基本的社会共同体，同时也是人生产和生活的基本形式。因为，"全部人类历史的第一个前提无疑是有生命的个人的存在"[①]，而现实人在满足当代人的物质需要，进行物质生产的同时，还要延续种族，进行人自身的生产——"类"的繁衍，"每日都在重新生产自己生命的人们开始生产另外一些人，即繁殖。这就是夫妻之间的关系，父母和子女之间的关系，也就是家庭。"[②] 人进行类生产的功能主要是在家庭中实现的。可以说，家庭关系是最基本的社会关系，没有家庭关系的和谐，就不可

[①]　马克思恩格斯：《德意志意识形态》，《马克思恩格斯选集》第 1 卷，人民出版社 1995 年版，第 67 页。

[②]　马克思恩格斯：《德意志意识形态》，《马克思恩格斯选集》第 1 卷，人民出版社 1995 年版，第 80 页。

能有整个社会关系的和谐。因此，每一时代的家庭立法都应当以符合社会发展方向的进步的家庭伦理（即家庭正义）为指导。当然，每一时代的家庭正义观念是由现实的生产力发展水平和人们的交往方式决定的，"人们是自己的观念、思想等等的生产者，……他们受自己的生产力和与之相适应的交往的一定发展———直到交往的最遥远的形态——所制约。"[①] 广义的家庭关系包括爱情关系、婚姻关系和亲子（或狭义的家庭）关系，其中，爱情是婚姻的前奏，家庭（狭义）则是婚姻的继续和展开。三者之中，婚姻作为爱情关系的结果、亲子关系的序幕，可以说是广义的家庭关系的核心。所以，婚姻制度的正义性就成为家庭伦理的主要内容。马克思主义创始人对婚姻制度有许多经典的论述，挖掘这些论述的深刻内涵，有助于我们进一步完善社会主义的婚姻家庭制度。

（1）婚姻制度变迁的实质是发展

婚姻是男女两性结合的社会形式。婚姻关系是一种特殊的社会关系，实质上是一种世俗的伦理关系。[②] 马克思主义创始人对人类的婚姻史做过考察，发现从原始的群婚制、对偶婚制、到后来的专偶婚制、一夫一妻制，婚姻制度变迁的背后反映的是人们的家庭伦理观念的变迁，更深层次的原因是社会经济状况及人们的物质及精神需求的变迁。家庭成员间的关系经历了一个从原始平等到私有制社会的不平等再到更高层次的平等的发展过程。马克思说："家庭是一个能动的要素，它从来不是静止不动的，而是由较低级的形式进到较高级的形式。"[③] 这就决定了与之相适应的婚姻家庭制度也是不断发展的，是一个从不完善到完善、从不成熟到成熟的发展过程。

在原始的蒙昧和野蛮社会，原始人刚刚脱离动物状态不久，生活处于混居和杂居状态，行为基本上还是受动物的本能控制，氏族成员共同劳动，平均分配劳动产品，分享着一种原始的、自然的自由和平等。

在私有制占据主导地位的社会状态下，不平等成为家庭成员间关系的主旋律。在奴隶制家庭中，奴隶作为主人的财产或工具，根本不具有人的意志；在封建制家庭中，男女性别不平等，父权和夫权是封建家庭的主宰，以"未嫁

---

① 马克思恩格斯：《德意志意识形态》，《马克思恩格斯选集》第 1 卷，人民出版社 1995 年版，第 72 页。

② 马克思：《论离婚法草案》，《马克思恩格斯全集》第 1 卷，人民出版社 1995 年版，第 346 页。

③ 马克思：《摩尔根〈古代社会〉一书摘要》，《马克思恩格斯全集》第 45 卷，人民出版社 1985 年版，第 353 页。

从父，既嫁从夫，夫死从子"①和"妇德、妇言、妇容、妇功"②为内容的"三从四德"严重束缚了封建妇女的思想和行为，妇女的一生都必须依附于不同的男性，丧失了个人的意志和行动自由；资产阶级家庭中，"金钱至上"的观念堂而皇之地走入前台，金钱成为择偶的标准以及婚姻关系确立的条件，"资产阶级撕下了罩在家庭关系上的温情脉脉的面纱，把这种关系变成了纯粹的金钱关系"③"现代的、资产阶级的家庭……是建立在资本上面，建立在在私人发财上面的。这种家庭只是在资产阶级那里才以充分发展的形式存在着，而无产者的被迫独居和公开的卖淫则是它的补充。"④马克思恩格斯认为，私有制下的婚姻家庭只能使人性扭曲，使人在家庭中异化。

他们坚信，当无产阶级主导的社会主义制度建立之后，将打破封建等级和资产阶级以金钱敷面的家庭关系壁垒，进而"同传统的所有制关系实行最彻底的决裂"⑤，同传统的婚姻制度彻底决裂，这是婚姻制度发展的必然趋势，是不以任何人的主观意志为转移的。恩格斯在《家庭、私有制和国家起源》中指出，"现代各文明国家的立法愈来愈承认，第一，为了使婚姻有效，它必须是一种双方自愿缔结的契约；第二，在结婚同居期间，双方在相互关系上必须具有平等的权利和义务。"⑥社会主义社会的家庭伦理将以自由、平等为基本内涵，家庭关系建立在男女平等和自由选择的基础上，体现每一个家庭成员真正的"人"性。

（2）马克思主义婚姻立法中的自由精神

马克思在《论犹太人问题》和《1844年经济学哲学手稿》等文章中深刻地分析了封建婚姻和资产阶级婚姻的经济根源，批判了性解放理论的根据。在《神圣家族》中，批判了青年黑格尔派主张的宗教式和资产者式的爱情和婚姻

---

① 出自《礼记·丧服·子夏传》。

② 出自《周礼·天官·九嫔》。

③ 马克思恩格斯:《共产党宣言》,《马克思恩格斯选集》第1卷，人民出版社1995年版，第275页。

④ 马克思恩格斯:《共产党宣言》,《马克思恩格斯选集》第1卷，人民出版社1995年版，第289页。

⑤ 马克思恩格斯:《共产党宣言》,《马克思恩格斯选集》第1卷，人民出版社1995年版，第293页。

⑥ 恩格斯:《家庭、私有制和国家的起源》,《马克思恩格斯全集》第21卷，人民出版社1965年版，第85页。

观。马克思恩格斯合著的《德意志意识形态》一书，可以说是马克思主义婚姻法思想基本成熟的标志。他们把婚姻家庭作为人与人之间最基本的社会关系之一，对婚姻和婚姻法的本质属性给以科学的阐述，逐步揭示了婚姻家庭的发展阶段同社会生产方式发展的内在联系，详细地阐明了婚姻法与物质生活的关系、婚姻法与现实婚姻家庭的关系，提供了研究婚姻家庭问题的科学方法，从而实现了人类婚姻制度研究史上的伟大革命。在《共产党宣言》中，他们用更加犀利的"批判的武器"，把资产阶级婚姻制度揭露得淋漓尽致，宣告了资产阶级婚姻制度的彻底灭亡。《资本论》进一步将资产阶级的家庭关系和盘托出，并揭示了新生的社会主义婚姻家庭产生的基础。马克思恩格斯认为，社会主义婚姻制度应当体现人的自由精神，自由是贯穿婚姻制度正义性的一条主线。

第一，爱情关系中的择偶自由。爱情是婚姻的前奏，择偶自由是婚姻自由的前提。而爱情有无的衡量标准只能是双方情感上的相互爱慕，舍此无他。"当事人双方的相互爱慕应当高于其他一切而成为婚姻基础的事情，在统治阶级的实践中是自古以来都没有的。"[1]罗素所言的"男女之间完美的爱情是自由而无畏的，是肉体和精神的平等的结合"[2]，至多只能出现在文学作品中构思的浪漫故事里。无产阶级革命却正是要促成这一点。因此，在社会主义制度下，择偶应当是男女双方基于自由意志而非出于外界胁迫或外物诱惑而做出的自觉自愿选择。

第二，婚姻缔结时的结婚自由。婚姻自由首先是指婚姻开始，即缔结婚姻的充分自由。"结婚的充分自由，只有在消灭了资本主义生产和它所造成的财产关系，从而把今日对选择配偶还有巨大影响的一切派生的经济考虑消除后，才能普遍实现。到那时候，除了相互的爱慕以外，就再也不会有别的动机了。"[3]摒除封建制婚姻和资产阶级婚姻的等级性、物质性因素影响，还原婚姻关系的真实本质，使婚姻成为爱情的自然结果，真正实现主体在意志自由前提下的自主选择。

第三，婚姻终止时的离婚自由。婚姻自由不仅表现在婚姻关系确立的自由，也包括婚姻关系终止的自由。"国家中现实的婚姻也是可以分离的。任何

---

[1]　恩格斯：《家庭、私有制和国家的起源》，《马克思恩格斯选集》第4卷，人民出版社1995年版，第77页。

[2]　[英]罗素：《性爱与婚姻》，文良、文化译，中央编译出版社2005年版，第76页。

[3]　恩格斯：《家庭、私有制和国家的起源》，《马克思恩格斯选集》第4卷，人民出版社1995年版，第80页。

伦理关系的存在都不符合，或者至少可以说，并不一定符合自己的本质。正像在自然界中，当某种存在物完全不再符合自己的使命时，解体和死亡自然就会到来一样。"① 由于婚姻关系中的双方都是现实世界的个人，随着岁月的流逝、生活环境的变迁，其生理、心理无时无刻不在发生变化，情感当然也会发生这样或那样的改变，正如恩格斯所说："如果说只有以爱情为基础的婚姻才是合乎道德的，那么也只有继续保持爱情的婚姻才是合乎道德的。……如果感情确实已消失或者被新的热烈的爱情所排斥，那就会使离婚无论对于双方或者对于社会都成为幸事。"② 可见，马克思主义创始人赞成离婚自由，但不能把这里所说的自由理解为任何人的主观任意或任性，自由不应是一个人为所欲为的自由，而是遵循事物法本质的行为选择，是建立在对婚姻的伦理本质正确认识基础上的。婚姻的本质是其伦理性，既然是伦理关系就意味着婚姻关系最本质的准则是义务与责任，因为"几乎任何的离婚都是家庭的离散，就是纯粹从法律观点看来，子女的境况和他们的财产状况也是不能由父母任意处理，不能让父母随心所欲地来决定的。"③ 因此，婚姻双方需要对已发生或新产生的关系负责，"任何人只要结了婚，那他就得服从婚姻法。……婚姻不能听从结婚者的任性，相反，结婚者的任性应该服从婚姻。"④ 当婚姻已丧失其本质意义，也就是说，"某一婚姻是已经死亡的婚姻，它的存在仅仅是一种假象和骗局。不言而喻，既不是立法者的任性，也不是私人的任性，而是只有事物的本质才能决定，某一婚姻是否已经死亡"，立法者只有根据最无可怀疑的征象才能最终确定伦理的死亡。⑤

也就是说，婚姻的终结，并不是由夫妻双方的主观任意决定的，而是由婚姻的伦理本质决定的，当婚姻已经背离其伦理本质时，那么离婚不但是必要

---

① 马克思：《论离婚法草案》，《马克思恩格斯全集》第 1 卷，人民出版社 1995 年版，第 348 页。

② 恩格斯：《家庭、私有制和国家的起源》，《马克思恩格斯全集》第 21 卷，人民出版社 1965 年版，第 96 页。

③ 马克思：《论离婚法草案》，《马克思恩格斯全集》第 1 卷，人民出版社 1995 年版，第 347 页。

④ 马克思：《论离婚法草案》，《马克思恩格斯全集》第 1 卷，人民出版社 1995 年版，第 347 页。

⑤ 马克思：《论离婚法草案》，《马克思恩格斯全集》第 1 卷，人民出版社 1995 年版，第 348 页。

的，而且是合乎道德的。所以，婚姻立法者的使命就是找出符合婚姻关系伦理本质的条件，规定在什么条件下婚姻是可以离异的，也就是要确定，"在什么样的条件下现存的婚姻不再成其为婚姻"[①]。因为对于任何立法者来说，维护伦理关系的生命不仅是其权利，也是其最高义务，即他的自我保存的义务。

（3）马克思主义婚姻立法中的平等理念

婚姻关系中的择偶自由、结婚自由和离婚自由强调的都是男女双方的自由意志，是一种两性平等前提下的自由。两性的平等不仅体现在婚姻关系的缔结和终止方面，更体现在婚姻关系存续期间的共同生活和家庭分工中。

家庭分工，首先是男、女两性在生育方面的自然分工，也是最早出现的社会分工形式。这是一种先天的不平等。其次，随着剩余产品的积累，家庭内部开始对劳动及其产品进行不平等分配。这是一种人为的不平等。先天的不平等一经与人为的不平等结合，越来越发展到不平等的极致。卢梭在这方面有非常深刻的论述。伴随社会分工的发展，这种分工往往并不是基于主体的自愿，开始时多是出于自发，后来，往往是出于社会强制，于是，家庭日益异化为奴役、束缚人的工具，"人本身的活动对人来说就成为一种异己的、与他对立的力量，这种力量驱使着人，而不是人驾驭着这种力量。"[②]"因为分工不仅使物质活动和精神活动、享受和劳动、生产和消费由各种不同的人来分担这种情况成为可能，而且成为现实"，所以，生产力、社会状况和意识这三个因素之间必然会发生矛盾，"要使这三个因素彼此不产生矛盾，只有消灭分工。"[③] 特别是消灭那些人为的强制的分工，消除一部分人对他人劳动力的支配。而要消除非自愿的分工，必须从消除最早的所有制，即"家庭中的奴隶制"[④] 开始，"必须推翻那些使人成为受屈辱、被奴役、被遗弃和被蔑视的东西的一切关系"[⑤]，

---

① 马克思：《论离婚法草案》，《马克思恩格斯全集》第 1 卷，人民出版社 1995 年版，第 348 页。

② 马克思恩格斯：《德意志意识形态》，《马克思恩格斯全集》第 3 卷，人民出版社 1960 年版，第 37 页。

③ 马克思恩格斯：《德意志意识形态》，《马克思恩格斯全集》第 3 卷，人民出版社 1960 年版，第 36 页。

④ 马克思恩格斯：《德意志意识形态》，《马克思恩格斯全集》第 3 卷，人民出版社 1960 年版，第 36 页。

⑤ 马克思：《黑格尔法哲学批判》导言，《马克思恩格斯选集》第 1 卷，人民出版社 1995 年版，第 10 页。

也就是说，必须消除家庭关系中的不平等，实现两性平等。

　　马克思恩格斯憧憬的共产主义家庭中，"随着阶级差别的消灭，一切由这些差别产生的社会的和政治的不平等也自行消失。"① 在家庭生活中，夫妻地位也随之平等，在此基础上将实现对夫妻双方而言的真正的一夫一妻制。马克思十分赞同摩尔根的下述观点，"现代一夫一妻制家庭，是历史发展的产物，它将随着社会的发展而达到更高级的阶段，在那个阶段上的道德特点，将是达到真正的'两性间的平等'。"② 恩格斯也说："随着生产资料转归社会所有，雇佣劳动、无产阶级、从而一定数量的——用统计方法可以计算出来的——妇女为金钱而献身的必要性，也要消失了。卖淫将要消失，而一夫一妻制不仅不会终止其存在，而且最后对于男子也将成为现实。"③ 取代资本主义婚姻关系的，将是一种全新的两性秩序，新一代家庭中的男女双方处于完全平等的地位，不存在附属关系，妇女不再是生育工具，而是有着独立人格的个体，同男子一样享有自由追求爱情和建立家庭的权利，"这一代男子一生中将永远不会用金钱或其他社会权利手段去买得妇女的献身；而妇女除了真正的爱情以外，也永远不会再出于其他某种考虑而委身于男子，或者由于担心经济后果而拒绝委身于她所爱的男子。这样的人们一经出现，对于今日人们认为他们应该做的一切，他们都将不去理会，他们自己将知道他们应该怎样行动，他们自己将造成他们的与此相适应的关于各人行为的社会舆论。"④ 恩格斯认为，法律平等将是两性平等的最完备表现，"确立双方的真正社会平等的必要性和方法，只有当双方在法律上完全平等的时候，才会充分表现出来。"⑤

　　这一切是由于妇女直接参加社会生产成为可能的，"妇女的解放，只有在妇女可以大量地、社会规模地参加生产，而家务劳动只占她们极少的工夫的时候，才有可能。而这只有依靠现代大工业才能办到，现代大工业不仅容许

①　马克思：《哥达纲领批判》，《马克思恩格斯选集》第 3 卷，人民出版社 1995 年版，第311 页。

②　马克思：《摩尔根〈古代社会〉一书摘要》，人民出版社 1978 年版，第 45—46 页。

③　恩格斯：《家庭、私有制和国家的起源》，《马克思恩格斯全集》第 21 卷，人民出版社1965 年版，第 89 页。

④　恩格斯：《家庭、私有制和国家的起源》，《马克思恩格斯全集》第 21 卷，人民出版社1965 年版，第 96 页。

⑤　恩格斯：《家庭、私有制和国家的起源》，《马克思恩格斯全集》第 21 卷，人民出版社1965 年版，第 87 页。

大量的妇女劳动,而且是真正要求这样的劳动,并且它还力求把私人的家务劳动融化在公共的事业中。"① 因为随着大工业的发展,个体家庭不再是社会的经济单位,"一切女性重新回到公共的劳动中去"②,妇女在社会生产中处于与男性同等的地位,不再依靠丈夫的经济支持,男女在家庭中的角色分工日益模糊,于是,男女平等在社会和家庭层面同时得到实现,妇女解放成为现实。马克思恩格斯除了强调婚姻家庭中的两性平等,还提倡其他家庭成员间的平等关系,如"确立婚生子女和非婚生子女享有同等的继承权"③,还有代际之间的平等。

2. 劳动关系中的正义与法

劳动关系,亦称劳资关系,是指劳动与资本或劳动力的所有者与资本的所有者之间的关系,是人类历史发展到一定阶段的产物。随着社会分工和商品交换的发展,越来越多的货币被投入市场,转化为资本。资本的大量出现,标志着一个新的时代——资本主义时代——的来临。在这一时代背景下,劳动关系日益成为与家庭关系并列的另一大社会关系。马克思指出,劳动关系"既不是自然史上的关系,也不是一切历史时期所共有的社会关系。它本身显然是以往历史发展的结果,是许多次经济变革的产物,是一系列陈旧的社会生产形态灭亡的产物。"④ 劳动关系的发展促进了劳动法⑤的诞生,也促使人们对劳动法的正义性不断拷问。

(1)劳动法的产生和发展是规范资本主义劳动关系的需要。劳动力成为

---

① 恩格斯:《家庭、私有制和国家的起源》,《马克思恩格斯选集》第4卷,人民出版社1995年版,第162页。

② 恩格斯:《家庭、私有制和国家的起源》,《马克思恩格斯全集》第21卷,人民出版社1965年版,第87页。

③ 恩格斯:《共产主义原理》,《马克思恩格斯选集》第1卷,人民出版社1995年版,第240页。

④ 马克思:《资本论》第1卷,《马克思恩格斯全集》第23卷,人民出版社1972年版,第192页。

⑤ 19世纪,劳动立法在资本主义世界大量涌现,此时的劳动法还是作为传统民法部门的一个分支而存在的。至于20世纪以后,劳动立法日趋完善,呈现出与传统民法越来越多的区别,渐渐与社会保障法一起成为一个独立的法律部门,被人们归于社会法范畴,这是20世纪法学领域的新发展,是马克思恩格斯之后出现的法律现象,不影响19世纪劳动立法的民事法律属性。因此本书将劳动关系中的正义与法放在民法学部分予以论述。

商品，是资本主义工业化发展的必然产物，也是工业社会里商品普遍化的一种特殊表现形式。随着现代大工业的兴起，原先束缚在封建领地上的农业劳动者开始摆脱土地的束缚，主动或被迫地涌入城市。进入城市之后，农业劳动者成为彻底的无产者，由于他们除了自己的劳动力之外一无所有，所以只能靠出卖自己的劳动力为生。从法的形式上看，在流通领域，劳动力这种特殊商品的买卖关系同其他商品一样，也要符合市场经济的基本规律，即买卖双方在法律上是平等的主体，可以根据意思自治的原则交换彼此的商品，因为"一方只有符合另一方的意思，就是说每一方只有通过双方共同一致的意志行为，才能让渡自己的商品，占有别人的商品。可见，他们必须彼此承认对方是私有者。这种具有契约形式的（不管这种契约是不是用法律固定下来的）法的关系，是一种反映着经济关系的意志关系。这种法的关系或意志关系的内容是由这种经济关系本身决定的。"① 但是，一旦离开流通领域，形式上的平等就荡然无存，"原来的货币所有者成了资本家，昂首前行；劳动力所有者成了他的工人，尾随于后。一个笑容满面，雄心勃勃；一个战战兢兢，畏缩不前，像在市场上出卖了自己的皮一样，只有一个前途——让人家来鞣。"② 在劳动力商品的使用即资本主义生产过程中，这种商品的特殊性进一步显现出来，工人除了以必要劳动换回微薄的工资外，还有大量的剩余劳动可供资本家支配，剩余劳动产品全部归资本家所有。资本无限扩张的趋势不仅使无产阶级忍无可忍，也在动摇资本主义制度本身的存在根基，于是对生产领域进行法律干预就成为国家和社会的共同需要，工厂立法作为劳动法的最初萌芽，应运而生。马克思指出，通过工厂立法限制工作日，以遏制资本无止境的贪欲，"即使撇开一天比一天更带威胁性地高涨着的工人运动不说，也有必要把工厂劳动限制一下"，对于"劳动自由"进行干预，否则的话，就会"使国家的生命力遭到根本性的摧残"。③ 马克思还指出，工厂法的制定，就像棉纱、走锭纺纱机和电报一样，是大工业的必然产物，也是社会对其生产过程自发形式的第一次有意识、有计划的反作

---

① 马克思：《资本论》第 1 卷，《马克思恩格斯全集》第 23 卷，人民出版社 1972 年版，第 102 页。

② 马克思：《资本论》第 1 卷，《马克思恩格斯全集》第 23 卷，人民出版社 1972 年版，第 200 页。

③ 马克思：《资本论》第 1 卷，《马克思恩格斯全集》第 23 卷，人民出版社 1972 年版，第 267 页。

用。① 恩格斯则在《资本论》的书评中写道，19 世纪一开始，过度劳动制度就盛行起来并达到人类史上空前未有的程度，结果迫使立法机关不得不在 1803 年做出限制工作日的规定。马克思先生对直到 1867 年工厂法为止的英国工厂立法史进行了考察，得出的结论是：机器和蒸汽首先在使用它们的工业部门中引起过度劳动，因此，法律上的限制首先就在这些部门中施行。② 人们一般认为，1802 年英国颁行的以禁止使用童工和缩短劳动时间为主要内容的《学徒健康与道德法》是现代劳动法的开端。随后，工厂立法逐渐从一项最初的特殊法发展成为生产领域的普遍法，迅速为越来越多的生产部门和国家所接受，到 1850 年的新工厂法颁布实施之时，受工厂法约束的工业部门的全体工人的工作日都已纳入法律调整范围，1867 年英国皇家委员会的农业调查报告甚至试图将工厂立法的原则应用到农业领域中去。正如马克思所说，"工厂法从一项在机器生产的最初产物即纺纱业和织布业中实行的特殊法，发展成为整个社会生产中普遍实行的法律，这种必然性，正如我们已经看到的，是从大工业的历史发展过程中产生的。"③ 因为"资本是根本上不关心工人的健康和寿命的，除非社会迫使它去关心。"④ 所以，社会及其代表——国家推动工厂立法的目的，就是"作为工人阶级的身体和精神的保护手段"⑤ 以限制和对抗资本的支配权。

（2）劳动法的价值取向是平等前提下的自由。现代劳动法的直接立法目的是限制资本自由，大工业带来的资本无限扩张的趋势，使资本获得了巨大的支配权，严重压缩了劳动力所有者的自由空间。从本来意义上讲，劳动关系属于双方当事人之间的协商事项，与国家的公共权力行使并没有直接关系。但是，由于劳动力在使用过程中具有极强的人身属性，如果契约双方当事人已然存在经济地位等多方面的不平等，国家在此情况下不作任何约束，仅仅依赖当

① 马克思：《资本论》第 1 卷，《马克思恩格斯全集》第 23 卷，人民出版社 1972 年版，第 527 页。

② 恩格斯：《卡·马克思"资本论"第一卷书评——为"双周评论"作》，《马克思恩格斯全集》第 16 卷，人民出版社 1964 年版，第 345 页。

③ 马克思：《资本论》第 1 卷，《马克思恩格斯全集》第 23 卷，人民出版社 1972 年版，第 537 页。

④ 恩格斯：《卡·马克思"资本论"第一卷书评——为"双周评论"作》，《马克思恩格斯全集》第 16 卷，人民出版社 1964 年版，第 344 页。

⑤ 马克思：《资本论》第 1 卷，《马克思恩格斯全集》第 23 卷，人民出版社 1972 年版，第 549 页。

事人来加以解决，不平等的程度就会加剧，最终会危及社会的有序运行。因此，马克思以当时英国的劳动立法为例，在《资本论》中对现代劳动法的价值取向进行了深刻剖析。他指出，现实关系的变化需要通过劳动法（即工厂法）对传统的政府不干预理论及实践实行重大调整，现代劳动法的价值定位必然转向限制契约与资本自由，对少数人和多数人的自由进行协调和平衡，因为"机器引起的劳动力买者和卖者之间的法权关系的革命，使全部交易本身失去了自由人之间的契约的外表，这就为后来英国议会提供了国家干涉工厂事务的法律上的根据。"①他盛赞限制工作日的工厂法是保护劳动者阶层的"朴素的大宪章"，与启蒙思想家提出的"天赋人权"等抽象的口号相比，是社会的一个巨大进步。在劳动立法的兴起过程中，首先涉及的是工作日和休息时间问题。由于个别资本总是有盲目且无限度地追逐剩余价值的趋势，经常突破工作日的道德极限和工人的纯粹生理极限。而整体资本从本质上来说是天生的平等派，既然商品社会的交换是等价交换，契约当事人的法律地位就应当是平等的。也就是说，资本不但要求流通领域的平等，也要求在生产领域内剥削条件的平等。从马克思的《资本论》所依据的历史资料看，工人的工作日在资本主义世界里是逐步缩短的，即从无时间限制的劳动到有时间限制的劳动，从十五小时到十二小时，再到十小时，最后到八小时工作制的全面确立，这一方面是长期以来资本家和工人之间阶级斗争的结果，另一方面从劳动立法自身的发展看，也是劳动立法的道德性和正义性日益接受拷问并不断自我完善的一个过程。其次涉及的是劳动报酬问题。劳动力成为商品以后，在契约自由和等价交换的形式下，出现了作为其等价物体现的劳动报酬或工资。如何对劳动报酬或工资进行保障，单靠劳动者一方的力量往往不能完全解决问题，同样需要国家公共权力的介入和干预。恩格斯指出了国家干预工资的具体措施和手段，即"在国家农场、工厂和作坊中组织劳动或让无产者就业，这样就会消除工人之间的竞争，并迫使还存在的厂主支付同国家一样高的工资，等等。"②再次是关于劳动卫生和安全问题。随着机械化的推广使用，大型工厂日益取代手工作坊成为主要的劳动场所，大规模的室内集中化劳动成为越来越普遍的劳动形式，于是工厂的

---

① 马克思：《资本论》第 1 卷，《马克思恩格斯全集》第 23 卷，人民出版社 1972 年版，第 436 页。

② 恩格斯：《共产主义原理》，《马克思恩格斯选集》第 1 卷，人民出版社 1995 年版，第 240 页。

卫生及安全状况就成为直接影响劳动者身体健康乃至生命安全的重大社会隐患。1872 年英国的劳动法令规定，在采矿业中，由矿山经营者和采矿主对矿山事故负主要责任。马克思充分肯定和赞同这一条款所体现出的进步意义，因为就当时英国的工厂立法来讲，关于卫生安全类的内容是十分贫乏的，仅有的几项卫生安全条款也由于措辞模糊极容易导致规避行为，所以像 1872 年法令那样明确规定资方责任就是一大进步。另外，马克思还对工厂法中的教育条款作了评论，教育条款即把初等教育规定为参加劳动的强制性条件主要是针对未成年工人的，他指出，"从工厂制度中萌发出了未来教育的幼芽，未来教育对于所有已满一定年龄的儿童来说，就是生产劳动同智育和体育相结合，它不仅是提高社会生产的一种方法，而且是造就全面发展的人的唯一方法。"[①] 他还进一步阐述道，"对所有的儿童实行公共的和免费的教育，取消现在这种形式的儿童的工厂劳动，把教育和物质生产结合起来"，这是"工厂立法作为从资本那里争取来的最初的微小让步"[②]。至于劳动的目的，马克思认为应当是为了满足人本身的需要，他明确指出，"劳动本身，不仅在目前的条件下，而且一般只要它的目的仅仅在于增加财富，它就是有害的、造孽的。"[③] 马克思主义创始人关于劳动法的上述论述蕴含着自由平等的价值取向，验证了正义的实质即发展在劳动法领域的有效性，他们所说的自由是主体间的普遍自由，他们所说的平等是经济、政治、教育、文化等方面的全面平等，这些思想对于我国当今的劳动立法完善依然具有深远的启发。

（三）环境法学中的正义与法

环境法学是 20 世纪后半叶兴起的一门法学分支学科，以环境法的创制及实施作为自己的研究对象。环境法是人类为了应对日益严重的环境问题和适应人类环境保护的需要而创立的一个新型法律部门。马克思恩格斯生活的年代，环境问题刚刚凸显，环境法和环境法学尚没有发展成为相对独立的部门和学科。但是，他们关于人与自然关系的许多前瞻性论述，时至今日仍然可以作为我国环境立法、执法及司法的指导思想。

1. 环境正义的基点：人类中心主义还是生态中心主义？

---

① 马克思：《资本论》第 1 卷，人民出版社 2004 年版，第 556—557 页。

② 马克思：《资本论》第 1 卷，人民出版社 2004 年版，第 561 页。

③ 马克思：《1844 年经济学哲学手稿》，《马克思恩格斯全集》第 42 卷，人民出版社 1979 年版，第 55 页。

随着科技的进步、工业的发展和个人自我意识的觉醒，特别是资本主义生产方式的影响，人们的目光逐渐从虚幻的天国和来世的幸福转向物质的自然，越来越关注自己在现实社会的物质利益。一些人在剥夺同类的同时，也加大了向自然的索取力度，增强了对自然的控制程度。于是人与自然的关系便成为正义哲学关注的另一个重要领域，环境正义的概念随之而生。

环境正义一词最早源于上世纪 80 年代美国兴起的环境正义运动，[①] 是这些运动的综合产物。自此，有关环境正义的思考日益繁盛。但是关于它的定义，国内外至今没有共识。环境正义是在一定的环境伦理基础上产生的，在西方环境伦理学界，生态中心主义作为一种新兴的思潮，矛头直指传统的人类中心主义，两大理论之间的争论，在我国理论界也引起不少反响。[②] 在关于人类中心主义的大讨论中，也涉及如何正确理解马克思恩格斯对人与自然的关系的论述以及经典作家的环境伦理观问题。同马克思主义在其他领域的遭遇一样，人类中心主义和生态中心主义往往都扯起马克思主义的大旗为自己的主张辩护。

为重申马克思恩格斯的人本主义立场，笔者认为有必要深入分析经典作

---

① 1982 年，美国北卡罗来纳州沃伦县居民，为抗议阿夫顿社区附近建造的多氯联苯废物填埋场，在联合基督教会的支持下举行游行示威，试图阻止填埋场的施工。事件的直接结果是：包括哥伦比亚特区议员沃特等人在内的 500 多名示威者遭到逮捕。这次事件被称为"沃伦抗议"。"沃伦抗议"不仅第一次将种族、贫困与工业废物的环境后果联系到一起，而且在社会上引起强烈反响，并在美国国内引发了一系列类似行动。"沃伦抗议"正式拉开了美国环境正义运动的序幕。

② 例如：有学者认为人类中心主义"是一种以人为宇宙中心的观点。它的实质是：一切以人为中心，或一切以人为尺度，为人的利益服务，一切从人的利益出发。"这种"人类中心主义是迄今为止人类全部成就，包括物质成就和科学与文化等精神成就的思想和理论基础。同样，它也是我们现在所面临的困难的思想根源。"要解决环境问题，就"要求我们冲破人类中心论的局限性，走出人类中心主义"，在伦理观念上选择非人类中心主义（即生态中心主义或自然中心主义）。参见余谋昌：《走出人类中心主义》，载《自然辩证法研究》1994 年 7 期；也有学者从"主体性原则"的角度理解人类中心论，认为正是这种伦理观支配着传统的发展模式，并断言："如今世界环境恶化到这个地步，既表明人类中心论的破产，也是对'主体性原则'的最好否定。"从而主张"应该果断地抛弃人类中心论的哲学。"参见陈中立：《可持续发展战略和思维方式》，载《新华文摘》1997 年第 7 期。对于上述观点，也有不少学者选择了从不同的角度为人类中心主义辩护，主张人类不可能"走出人类中心主义"，只能重建人类中心主义，或者从绝对人类中心主义走向相对人类中心主义等。参见杨波：《重建人对自然的统治原则》，载《南方日报·新论丛》2000 年 10 月 15 日。

家的两种生产、两大关系和两个和解理论。他们提出，人类要生存，就必须同时进行两种生产：生活资料的生产和人本身的生产。[①] 在两种生产中必然会产生两大关系：人与人之间的生产关系和人对自然的占有关系。[②] 两大关系总是紧密交织在一起的，因为自然始终是作为人际关系发生的背景而存在的，并且越来越成为一种"人化的自然界"，"一切生产都是个人在一定社会形式中并借助社会形式而进行的对自然的占有"，[③] 所以，人与自然的关系同时也是人与人之间的关系在物质生产领域的表现形式。马克思明确指出："人同自然界的关系直接就是人和人之间的关系，而人和人之间的关系直接就是人同自然界的关系，就是他自己的自然的规定。"[④] 恩格斯在此基础上进一步提出了两个和解的任务，他认为现实世界面临着两大变革，"即人类同自然的和解以及人类本身的和解"[⑤]。前者是针对人与自然关系中的矛盾，即资本主义的扩张性生产方式对大自然无限制地索取掠夺造成的生态危机；后者是针对人与人关系中的矛盾，即资本主义剥削导致的人与人之间的不平等。恩格斯还指出，要实现两个和解的目标，"需要对我们直到目前为止的生产方式以及同这种生产方式一起对我们的现今的整个社会制度实行完全的变革。"[⑥]

在马克思主义创始人看来，不管是在人与人的关系中，还是在人与自然的关系中，作为主体的人始终是占据主导地位的因素。人，作为类存在物，在社会中的全面自由发展一直是贯穿马克思主义整个理论体系的终极价值尺度。在这个意义上，也仅仅是在这个意义上，我们可以说，马克思恩格斯是"人类中心论"者。"我们的整个公认的物理学、化学和生物学都是绝对地以地球为中心的，仅仅是为地球打算的。"[⑦] 从天文学的角度看，地球中心论

---

① 恩格斯：《家庭、私有制和国家的起源》，《马克思恩格斯选集》第4卷，人民出版社1995年版，第2页。

② 马克思恩格斯：《德意志意识形态》，《马克思恩格斯全集》第3卷，人民出版社1960年版，第33页。

③ 马克思：《1857—1858年经济学手稿》，《马克思恩格斯全集》第46卷上册，人民出版社1979年版，第24页。

④ 马克思：《1844年经济学哲学手稿》，《马克思恩格斯全集》第42卷，人民出版社1979年版，第119页。

⑤ 恩格斯：《政治经济学批判大纲》，《马克思恩格斯全集》第1卷，人民出版社1956年版，第603页。

⑥ 恩格斯：《自然辩证法》，《马克思恩格斯选集》第4卷，人民出版社1995年版，第385页。

⑦ 恩格斯：《自然辩证法》，人民出版社1984年版，第101页。

的观点是偏狭的，已经理所当然地被抛弃掉。"但是，当我们在研究工作中继续前进时，它又愈来愈成为正确的东西了。太阳等等服务于地球（黑格尔《自然哲学》第155页）。（整个巨大的太阳只是为小的行星而存在。）对我们来说不可能有不是以地球为中心的物理学、化学、生物学、气象学等等，而这些科学并不因为说它们只对于地球才适用并因而只是相对的而损失了什么。如果人们把这一点看待得很严重并且要求一种无中心的科学，那就会使一切科学都停顿下来。"[①] 正义，包括环境正义，只能是一个就人类社会、人际关系而言的概念。脱离开主体人或现实人的生存空间和思维领域，根本无正义与不正义可言。我们不能评价日出和日落哪个更正义，我们也不能指责2008年的汶川大地震对中国人民特别是四川人民是如此的不正义。对于一切已发生、正发生或将发生的事件，我们可以评价或痛斥的只能是与之相关的人的关系、人的行为。近年来媒体屡屡曝出的"虐鸡"、"虐狗"类事件中被虐的动物或其同类真的能站出来向人类主张它们的权利吗？激进的生态中心论者主张的动物权利背后实际上反映的仍然是人的诉求，人与人关系中的冲突，说到底就是动物虐待者的行为在某种程度上伤害了动物爱好者的情感或精神利益。

从人类的整体和长远利益来看，人与自然是一荣俱荣、一损俱损的关系，两者是高度一致的统一体。自然"利益"受损，人类社会的整体利益最终也必将受损。正如马克思在致恩格斯的信中引用特雷莫的话说："不以伟大的自然规律为依据的人类计划，只会带来灾难。"[②] 在这个意义上，生态中心论者主张限制人类的无限和无序扩张行为是有道理的。如何实现自然利用和自然维护的最大平衡，使人类在最大限度地享用自然提供的财富的同时，又能维护自然生态系统的良性循环？马克思恩格斯指出的必然路径是，在认识和实践活动中坚持人的尺度与物的尺度相统一。他们指出，只有"社会化的人，联合起来的劳动者，"才能"合理地调节他们和自然之间的物质变换，把它置于他们的共同控制之下，而不让它作为盲目的力量来统治自己；靠消耗最小的力量，在最无愧于和最适合于他们的人类本性的条件下来进行这种物质变换。"[③] 他们还认

---

① 恩格斯：《自然辩证法》，人民出版社1984年版，第102页。

② 马克思：《致恩格斯》（1866年8月7日），《马克思恩格斯全集》第31卷上册，人民出版社1972年版，第251页。

③ 马克思：《资本论》第3卷，《马克思恩格斯全集》第25卷下册，人民出版社1974年版，第926—927页。

为，这一路径不但是必然的，而且也是具有现实可能性的，因为人具有其他动物不能比拟的优越性，能从事有意识的生命活动。"动物只是按照它所属的那个种的尺度和需要来建造，而人懂得按照任何一个种的尺度来进行生产，并且懂得处处都把内在的尺度运用于对象。"① 恩格斯还进一步告诫世人，"必须时时记住：我们统治自然界，绝不像征服者统治异民族一样绝不像站在自然界以外的人一样，——相反的，我们连同我们的肉、血和头脑都是属于自然界，存在于自然界的；我们对自然界的整个统治，是在于我们比其他一切动物强，能够正确认识和运用自然规律。"② 这正是化解人类社会的两大危机特别是其中的人与自然危机的关键所在。

2. 环境正义的核心：平等的环境权

马克思和恩格斯所生活的时代，环境问题远不像今天这样严重，但是他们却预见到了资本主义环境危机不可遏止的发展趋势，并深刻地揭示了环境问题产生的深层次原因。他们认为，环境污染和资源浪费虽然体现了现代工业发展的某些共性，但根本原因却是社会制度问题。正是资本主义的所有制性质、生产方式、消费理念等共同塑成了一种强大的征服和掠夺自然界的无形力量。"只有在资本主义制度下自然界才不过是人的对象，不过是有用物；它不再被认为是自为的力量；而对自然界的独立规律的理论认识本身不过表现为狡猾，其目的是使自然界（不管是作为消费品，还是作为生产资料）服从于人的需要。"③ 由于在资本主义制度下，人们的各种环境权利之间界限模糊，环境和资源无法进入生产成本核算；不同主体之间环境权利不平等，各利益群体间缺乏公平博弈的平台寻求并达成共识，弱势群体的环境权利往往被无形剥夺。马克思认为，本来，自然为人类提供了基本的谋生手段，林间生长的野果、树下滑落的枯枝都是自然界对穷人的布施。所以，采摘野果和捡拾枯枝就是穷人固有的习惯权利。然而，就连这最后的一点自然救济资产阶级的林木所有者也不想放过，时刻觊觎剥夺。马克思用手中的笔，挥洒出穷人阶级心中的呐喊，"既然大小林木所有者都有同样的权利要求国家的保护，那么，难道国家的大小公

---

① 马克思：《1844 年经济学哲学手稿》，《马克思恩格斯全集》第 42 卷，人民出版社 1979 年版，第 97 页。

② 恩格斯：《自然辩证法》，《马克思恩格斯全集》第 20 卷，人民出版社 1971 年版，第 519 页。

③ 马克思：《政治经济学批判》（1857—1858 年草稿），《马克思恩格斯全集》第 46 卷上册，人民出版社 1971 年版，第 393 页。

民不是更有同样的权利要求这种保护吗？"①

　　环境正义的核心是环境利益或负担的分配状况，特别是环境权的享有和实际行使。环境权是贯通环境正义与环境法律制度的纽结。环境权是一项基本的人权，是指人人，不分国别、民族、地区、性别、出身、贫富、教育程度、健康状况等一切先天或后天的差异，而平等享有的一组权利，包括清洁空气权、干净水源权、通风权、采光权、自然资源开发利用权、安全的工作环境权等。概括地说，环境权即人人平等地享有在适宜的环境中生存生活的权利。当今世界不少国家已经明确在宪法中确认了环境权的地位。虽然从长远看，环境问题危及的是人类整体；但从短期内的即时效应看，环境权的分配是极不平等的。弱势群体的环境权益几乎总是处于虚置、丧失或被剥夺状态。发达国家、地区、民族，城市居民，富人等获得了大部分的环境利益，而落后国家、地区、民族，农村居民，穷人等则承受了大部分的环境负担。正如恩格斯所说，"西班牙的种植厂主曾在古巴焚烧山坡上的森林，以为木灰作为肥料足够最能盈利的咖啡树施用一个世代之久，至于后来热带的倾盆大雨竟冲毁毫无掩护的沃土而只留下赤裸裸的岩石，这同他们又有什么相干呢？"② 这种法国皇帝路易十五式的思维逻辑和价值取向③ 至今在以追逐利润为唯一目的的资产者中还颇为盛行。因此，根据环境权平等的理念，实现环境正义，需要充分发挥法律机制的优势，尽快建立起合理的补偿与救济机制，坚持"谁保护、谁受益，谁污染、谁付费"原则，通过区域补偿、政策补偿、资金补偿、技术补偿、教育补偿等种种措施，从法律制度的层面有效地保障受到不平等待遇的弱势群体的环境权，恢复弱势群体在环境权方面的平等地位，这是实现人的全面自由发展的基本前提。

---

① 马克思：《关于林木盗窃法的辩论》，《马克思恩格斯全集》第 1 卷，人民出版社 1995 年版，第 260 页。

② 恩格斯：《自然辩证法》，《马克思恩格斯选集》第 4 卷，人民出版社 1995 年版，第 386 页。

③ 路易十五有一句臭名昭著的名言"我死之后，哪管洪水滔天！"，当今中国的地产大鳄任志强也有一番宏论："我是一个商人，我不应该考虑穷人。如果考虑穷人，我作为一个企业的管理者就是错误的。因为投资者是让我拿这个钱去赚钱，而不是去救济穷人。"就冲这番豪言壮语，《第一财经日报》也毫不吝惜自己的赞赏，称其为"敢把自己的观点亮在桌面上的汉子"，因为"这份勇气，低头搂钱的开发商中就没几个人有。"任志强之勇在于敢做敢说，而更多的资产者却只是在默默践行着路易十五的谆谆教导，但只做不说。参见《第一财经日报》2006 年 5 月 22 日报道。

第五章　正义与法的具体关联：以我国社会主义法的创制及实施为例

马克思恩格斯的法正义观是其辩证唯物主义和历史唯物主义在法正义问题上的具体体现，在古往今来的法哲学理论中可以说独树一帜，为后人运用马克思主义这一科学立场、观点和方法正确认识正义与法的关系问题提供了具体指引。我国立法机关和全国人民在马克思恩格斯法正义观的指导下，经过30多年的不懈努力，已经基本形成中国特色社会主义法律体系，使我国从一个无法可依的时代进入了"后立法时代"。"后立法时代"有两层意思：一是指在我国，无法可依的问题已基本解决，当前法治建设的主要任务是解决有法不依、执法不严、违法不究的问题；二是指虽然立法在数量上取得了可观的进展，但立法瑕疵、立法漏洞、立法空白、立法冲突等立法质量问题却大量存在，所以当前法治建设的主要任务是立法协调及修改不良立法，也就是说从以立法为主到以修法为主。如何深入挖掘马克思恩格斯法正义观的科学内涵，将其运用到认识我国后立法时代的正义与法关系问题上，并在其指导下正确处理我国现阶段法的创制及实施过程中与正义的关系，是本章探讨的主要内容。

第一节　良法何以可能：社会主义的制度设计与立法正义

在一个选择了依法而治的国家，制度设计基本上都要通过法的形式体现出来，不管是政治制度、经济制度还是思想文化制度，其中行之有效且具有普遍性的内容都会或迟或早地被创制为国家法律。法的创制，是指特定国家机关在其法定职权范围内，依照法定程序，制定、认可、修改或废止规范性法律文件的活动，也称为法律的立、改、废活动。从外延上说，法的创制大体相当于广义的立法。任何一个国家的政府要实现对社会的有效治理，都必须以广泛的立法为前提，即使在我国历史上以人治和专制为主要特征的封建社会也不例外。如战国时代的《商君书·更法》记载："伏羲、神农教而不诛，黄帝、尧、舜诛而不怒，及至文、武，各当时而立法，因事而制礼。"这大概是我国最早出现"立法"一词，不过，这时的立法概念主要是指制法设刑，与现代意义的法的创制概念有所区别，决定两者区别的因素可能很多，但关键是其体现的正义内涵在历史过程中发生了流变。立法是现代法治的起点，立法正义是制度正义的源头，体现的是制度产生的正义，马克思曾精辟地指出，"如果认为在立法者偏私的情况下可以有公正的法官，那简直是愚蠢而不切实际的幻想！既然法律是自私自利的，那么大公无私的判决还能有什么意义呢？法官只能够丝毫不苟地表达法律的自私自利，只能够无条件地执行它。在这种情形下，公正是判决的形式，但不是它的内容，内容早被法律所规定。"[①]因此，法治应当是良法之治，良法是法治的前提，社会主义法治所要求的立法产品更应当是良法。正义是立法的最基本的、灵魂性的价值，立法正义的实质是"平等地关怀社会每一成员的应有权利，平等地分配由应有权利转化而来的法定权利"。[②]用马克思的话说即是，法是精神关系的内在规律即事物本质的表述，"立法者应该把自己看作一个自然科学家。他不是在创造法律，不是在发明法律，而仅仅是在表述法律，他把精神关系的内在规律表现在有意识的现行法律中。如果一个立法者用自己的臆想来代替事物的本质，那么人们就应该责备他极端任性。"[③]但现实社会里的法治却并不必然也不可能永远是良法之治。我国立法工作中一度存在借立法"扩权卸责"的现象，行政、司法领域里存在的"部门保护主义"、"地方保护主义"在立法领域同样屡禁不止，导致"国家立法部门化，部门立法利益化，部门利益合法化"等不正常现象，背离了现代法治中"良法"的立法价值追求，这或多或少与我们过去片面追求立法数量、忽视立法质量的立法导向有关。正如我国司法部的一位工作人员所说，"当代中国的立法近年来在数量上明显呈膨胀趋势，片面追求立法的数量忽视立法的质量和效益堪称中国立法的一大通病。"[④]自上世纪90年代之后、特别是进入新世纪以来，我国立法工作的重点开始由过去的"数量型立法"向"质量型立法"转

---

① 马克思：《关于林木盗窃法的辩论》，《马克思恩格斯全集》第1卷，人民出版社1995年版，第287页。

② 曹刚：《法律的道德批判》，江西人民出版社2001年版，第54页。

③ 马克思：《论离婚法草案》，《马克思恩格斯全集》第1卷，人民出版社1995年版，第347页。

④ 刘武俊：《中国主流立法观念检讨》，《学术界》2001年第2期。

变。随着"依法治国"观念的深入人心，提高立法质量，确保立法正义成为大势所趋。

一、良法及其标准

良法，是指具有正当性和合理性的法律。历史上首倡"良法"理念的是古希腊的亚里士多德。① 他认为，法有良恶之分，法只有具备以下要件才能冠以"良法"的美誉：第一，良法的目的应该是为了公共利益而不是谋求某一阶级或某一个人之私利；第二，良法应该体现古希腊人所珍爱的自由价值；第三，良法必须有利于维护与之相适应的城邦政体。此后历代的思想大家也都极为关注良法问题。例如，霍布斯认为良法就是为人民利益所需而又清晰明确的法律。② 罗尔斯则指出，正义是社会制度的首要价值。法律和制度，不管他们如何有效率和有条理，只要不符合正义，就应该加以改造或废除。③ 新中国的开国领袖毛泽东同志自青年时代就关注良法及其标准问题，他在《商鞅徙木立信论》一文中，对商鞅立法进行了朴素唯物主义的但精辟入理的分析。他对商鞅立法的定性是，"商鞅之法，良法也。"之所以说商鞅之法为良法，他进一步论证道："法令者，代谋幸福之具也。法令而善，其幸福吾民也必多，吾民方恐其不布此法令，或布而恐其不生效力，必竭全力以保障之，维持之，务使达到完善之目的而止，政府国民互相倚系，安有不信之理？法令而不善，则不惟无幸福之可言，且有危害之足惧，吾民又必竭全力以阻止此法令。虽欲吾信，又安有信之之理？"④ 毛泽东从正反两个方面分析了良法必备的要素：一是以谋求人民幸福为根本宗旨；二是获得广大人民竭力拥护并在人民推动下保证其实施和不断完善。反之，不具备此两要素者，则为恶法。商鞅之法正是具备了这两个要素，所以成为良法。人民幸福便是最大的正义；人民的满意、支持、拥护便是正义的最好实现。商鞅立法取得了良好的社会效果，因为其宗旨目的的合理性决定了其结果的合理性，正如史学家司马迁公允的评论道，"行法十年，秦民大悦，道不拾遗，山无盗贼，家给人足。"⑤ 当然，良法的衡量标准不是一

---

① 亚里士多德说："法治应当包含两层意义：已制定的法律获得普遍的服从，而大家服从的法律又应该本身是制定得良好的法律。"参见［古希腊］亚里士多德：《政治学》，吴寿彭译，商务印书馆 1965 年版，第 199 页。

② ［英］霍布斯：《利维坦》，黎思复、黎廷弼译，商务印书馆 1985 年版，第 113 页。

③ ［美］罗尔斯：《正义论》，何怀宏等译，中国社会科学出版社 1988 年版，第 3 页。

④ 《毛泽东早期文稿》，湖南人民出版社 1990 年版，第 1 页。

⑤ 《史记·商君列传第八》。

成不变的，而是随着历史条件的变迁而变化。2000 年前，商君所面对的人民，可能以衣食足为最大的幸福。而今世之人民，习惯了丰衣足食的生活后，可能更多是追求精神层面的愉悦。就现代社会而言，良法不仅指内容上正义的法律，也指在形式上可以达致正义的法律。换言之，法律不仅应当具有正义的内容，也应当具有能够达致这一正义内容的形式。因此，笔者认为，良法的标准可归结为形式标准和实质标准两个方面。形式标准即良法必须具有普遍性、明确性、统一性、稳定性、先在性、可行性、公开性等形式方面的特征；实质标准即良法必须体现平等、自由等正义的基本内涵，代表社会公共利益，反映社会公共意志。良法应当是形式标准与实质标准的高度统一，仅仅具备形式标准或实质标准的法律都不足以列入良法之列。马克思在驳斥徒具法律外表的普鲁士书报检查制度时说，"正如奴隶制一样，即使它千百次地作为法律而存在，也永远不能成为合法的。"[①] 此处的"合法"，完全可以理解为法律内容的"合乎正义性"。

（一）内容体现公益，反映公意是良法的实质标准

公益和公意是统一的，卢梭对公意的解释就是，公意即公共幸福，是全体人民的公共利益。法律作为一种特殊的"公共产品"，应当充分吸纳民意，集中民智，理应广泛地体现公共利益，反映公共意志，否则就可能蜕变为少数利益集团服务的"私人产品"。实践中，形形色色的"劣法"甚至"恶法"之所以会出现，最根本的原因是某些参与立法的利益集团操控立法，狭隘的部门或地方利益保护主义观念在其中作祟的缘故。少数利益集团或不法个人为了争权夺利，借立法之名行谋私、侵权和垄断之实，越权、违规立法，甚至以立法的形式随意限制或剥夺公民的基本权利。从某种意义上讲，许多司法腐败现象其实是导源于不良立法，是以"劣法"和"恶法"为其保护伞的。美国法学家哈耶克将立法视为人类最伟大的发明之一，但是对不良立法的影响也表现出了深深的忧虑，"立法，即审慎地制定法律，已被恰如其分地描述为人类所有发明中隐含着最严峻后果的发明之一，其影响甚至比火的发现和弹药的发明还要深远……立法被人们操纵成一种威力巨大的工具。人们需要运用它来求善，可是人们尚未学会驾驭它使之避免产生巨大的恶。"[②] 良法首在去私，我国

---

① 马克思:《第六届莱茵省议会的辩论》,《马克思恩格斯全集》第 1 卷, 人民出版社 1995 年版, 第 176 页。

② Hayek. Law, Legislation, and Liberty, The University of Chicago Press, 1973, Vol.2.Ch.4.

古人对此也早有认识。战国时期法家的代表人物慎子曾言"故蓍龟所以立公识也，权衡所以立公正也，书契所以立公信也，度量所以立公审也，法制礼籍所以立公义也，凡立公所以弃私也。"①中西方法律文化在关于法律代表公益的认识上是一致的，区别在于如何协调私益和公益？如何去私？中西方选择了不同的路径。中国古人主张"存天理，灭人欲"，"天下为公"，即"灭私存公"；而西方文化选择了"扬私生公"。从柏拉图、亚里士多德到洛克、卢梭再到亚当·斯密，一个一以贯之的思维逻辑即是顺从人的自利本性，公益会从私欲中自然而然产生。两种路径孰是孰非，超出了本书论述的范围，暂不做评述。私人利益操控的立法完全背离了法的本质，走到了法的反面——不法。对此，马克思有过入木三分的分析，"利益就其本性说是盲目的、无止境的、片面的，一句话，它具有无视法律的天生本能；难道无视法律的东西能够立法吗？正如哑巴并不因为人们给了他一个极长的话筒就会说话一样，私人利益也并不因为人们把它抬上了立法者的宝座就能立法。"②但是，马克思并不是一般地摒弃一切利益，而是否定那些"不变的利己"的纯粹私利，在《关于出版自由和公布等级会议记录的辩论》一文中，他表达了对利益的朴素唯物主义的理解，"人们奋斗所争取的一切，都同他们的利益有关"③。在《神圣家庭》一书中，他进一步表达了自己对公共利益的态度："既然正确理解的利益是整个道德的基础，那就必须使个别人的利益符合于全人类的利益。"④如何使个人利益与公共利益相符合，中间就需要一个利益整合的环节。恩格斯在研究了政治经济学之后，认为利益是未来社会发展的动力和基础。他提到了利益整合的重要性，"人类的联合今后不应该再通过强制，即政治的手段来实现；而应该通过利益，即社会的手段来实现。它以这个新原则为社会的运动奠定了基础。"⑤良法的内容，必须是体现公众利益、反映公共意志，从而能实际保障公众的幸福。这是事物

---

① 《慎子》、《威德》。

② 马克思：《关于林木盗窃法的辩论》，《马克思恩格斯全集》第1卷，人民出版社1995年版，第288—289页。

③ 马克思：《第六届莱茵省议会的辩论》（第一篇论文），《马克思恩格斯全集》第1卷，人民出版社1995年版，第187页。

④ 马克思恩格斯：《神圣家族》，《马克思恩格斯全集》第2卷，人民出版社1957年版，第167页。

⑤ 恩格斯：《英国状况 十八世纪》，《马克思恩格斯全集》第1卷，人民出版社1956年版，第663页。

的法本质之所在，不是事物的法本质去适应法律，恰恰相反，法律应该去适应事物的法的本质。唯此，才能够实现社会和谐和国家的长治久安。

(二) 良法的形式标准

良法的形式标准，是指就一部具体的法律而言，在形式上具有哪些特点，才符合我们对正当性和合理性的起码要求。对于良法的形式标准，国内外学者从不同的角度表达过一些独到的看法。例如，美国法学家富勒提出了法律的内在道德性的八条标准，或者说是维持法律使其为人类行为服从规则治理事业的八条原则：1.法律的一般性；2.法律应当颁布；3.法律不应当溯及既往；4.法律内容应该清晰明白；5.法律不应该要求不能或无力做到之事；6.法律不应存在矛盾；7.法律在时间之流中应该具有连续性；8.官方行动与颁布的规则应该一致。[①]英国学者拉兹提出了法治的八项原则：1.法不溯及既往，应公开明确；2.法律应相对稳定；3.特别法的制定应受公开、稳定、明确的一般规则指导；4.保障司法独立；5.遵守自然正义原则：公开审理、不得以偏见司法；6.法院应对于其他原则的执行握有审查权，即审查议会和行政立法等；7.法院应易于接近：省时省钱；8.预防犯罪的机构在行使裁量权时不得滥用法律。[②] 其中，富勒的前七条原则，拉兹的前三条原则都涉及对法的形式特点的概括。国内学者李龙教授认为良法的形式标准包括法的形式合理性和法律体系的完整性两个部分。前者体现为法律的确定性原则、平等原则、国情原则、人本价值优先原则、无矛盾性原则和自治原则，具体又有法的渊源形式的合理性、表达形式的合理性和内在形式的合理性三种形式。后者体现为法律体系的统一性、发展性、完备性和内在协调性。[③] 赵震江教授认为良法应具有民主性、科学性和道德性三重标准。[④]

笔者认为，良法的形式标准应该是法律本身在外观或表面上所具备或应当具备的特点，不应到法外的他者中或到法律追求的目的性领域去寻找。上述的国情原则、人权原则以及民主性、道德性等条目很难说是法律本身所具备或应当具备的特点。相比之下，富勒关于法治八原则中涉及法律自身特点的七项原则是比较全面和值得借鉴的。本书在富勒论述的基础上略作发挥，归纳了良

---

① ［美］富勒：《法律的道德性》，郑戈译，商务印书馆 2005 年版，第 55—242 页。

② J. Raz, The Authority of law : Essays on Law and Morality, Clarendon Press, 1979, p.214-219.

③ 李龙：《良法论》，武汉大学出版社 2005 年版，第 215—278 页。

④ 赵震江：《法律社会学》，北京大学出版社 1998 年版，第 326—327 页。

法在形式方面的八个特点。①

1.一般性。又称普遍性或规范性。法律是一种规范性指引,不是针对特定人的特定行为的规定,不是因人因事设制。法律所要求的行为必须是某一范围内不特定的多数人的某一类别的行为。如果没有充分说服人的理由,法律的内容不能对主体身份作区别对待,即法律面前人人平等是法律的题中应有之义。

2.明确性。法律规则传达的信息必须清晰具体,法律的语言文字表达应当准确无歧义,凡智力正常的普通成年人通过法律文本能确定无误地明白法律对自己的行为要求,能对他人如何行为产生合理的预期。

3.统一性。一个国家的法律体系是一个统一的整体,法律规则之间不应当出现严重的相互抵触,使法律主体面对相互冲突的法律规则或者无所适从,或者产生侥幸心理钻法律空子;即使有些冲突难以避免,也应当有解决法律冲突的配套措施,务必防止善良法律主体因遵循某一法律规则但违反另一法律规则而遭受惩罚。

4.稳定性。法律一旦出台,非因社会情势发生重大变更,不应朝令夕改。否则,会使社会成员丧失对法律的信任。当然,随着社会条件的变化和人们观念的改变,法律也要适时变革。如何处理好法律的稳定性和与时俱进性之间的关系,是考量立法者的理性和智慧的最大难题。

5.先在性。法律的先在性是指法律原则上不具有溯及力,仅对法律产生之后的行为具有约束力。即从逻辑上看,应当是法律规则对人们的行为规定在先,而人们遵守法律规则的行为在后。只有坚持这样的因果联系,才能现实地引导人们未来的行为选择。否则就是违背人性、侵犯人权的任意立法。

6.可行性。法律的可行性是指法律对人的行为的要求必须是人们可以或应当做到且能够做到的。即法律对人的行为要求是人力所能及的。人的生命是有限的,人的智识和能力也都是有限的。法律不能要求人的智识和能力所不可能达到的行为,超出普通大众对一个人行为的合理期待的法律不具有可行性,在违法者众的情况下不具有执行力或严重执行力不足的法律也不具有可行性。不具有可行性的立法不如无法。

7.公开性。法律迄今为止的全部运动,从形式上看,就是一个从不公开

---

① 关于良法形式标准的部分内容还借鉴了张恒山先生在《论正义和法律正义》一文中对法的形式正义内容的一些概括。参见张恒山:《论正义和法律正义》,《法制与社会发展》2002年第1期。

走向公开的运动。刑不可知、威不可测是专制法的最大特色；而公开透明则是现代法的根本特征。可以说，从暗箱操作走向公开透明，是法律趋向文明进步的重要标志之一。

8. 适合性。最后这一点也许是最重要的。良法并没有一个完美的、统一的、一成不变的模式，适合的才是最好的。不管是已有法还是待定法，只要适合其适用范围内的人和事、风土人情，为属地范围内的人民所自觉自愿地选择，就是最理想的。正如亚里士多德认为，地理环境和居民的谋生方式对城邦的立法有重要影响。卢梭也指出："正如建筑家在建立一座大厦之前，先要检查和勘测土壤，看它是否能担负建筑物的重量一样；明智的创制者也并不从制定良好的法律本身着手，而是要事先考察一下，他要为之而立法的那些人民是否适宜于接受那些法律。"①

二、明确立法的宗旨和目的

在现代汉语中，宗旨和目的经常被不加区分地作为同义词使用，导致在法学领域立法宗旨和立法目的也经常混淆，其实二者是有区别的。立法宗旨代表的是立法追求的终极价值理念，是一切立法的根本目的所在，也是法学的核心理论问题。而立法目的是立法宗旨在具体法律中的体现，是具体法律对立法终极价值的更直接、更明确的表达，是对根本目的分解。法律所追求的道德价值和社会目的直接决定着法律的良恶，因此，立法工作启动之前必须明确为什么立法？即立法的根本宗旨和具体目的是什么？

（一）立法宗旨不明确，导致劣法产生

良法理论产生的基础首先是对法律价值的关注，即立法的宗旨问题。法律的基本价值总是贯穿和体现在法律制度中，具体体现为法律的根本原则。法律所追求的价值是多元的，如正义、自由、平等、秩序、效率、安全等，但在各种价值中，正义是首要的、核心的，也是终极的价值。在整个法价值体系中，正义具有统率或优先的地位。法国思想家爱尔维修说："良法是使人们从善的唯一手段，立法的全部艺术在于，根据人的爱己之心促使他们经常对人公正。"②在实行成文宪法制度的国家，立法宗旨通常确立在本国的宪法中，例

---

① ［法］卢梭：《社会契约论》，何兆武译，商务印书馆1980年版，第59页。

② 转引自［美］乔治·霍兰·萨拜因：《政治学说史》下册，刘山等译，商务印书馆1986年版，第633页。

如，美国宪法的序言中开宗明义地指出："我们合众国人民，为建立更完善的联盟，树立正义，保障国内安宁，提供共同防务，促进公共福利，并使我们自己和后代得享自由的幸福，特为美利坚合众国制定本宪法。"既表明了立宪的目的，也宣示了美国整个法律体系的立法宗旨。笔者认为，我国宪法中立法宗旨的缺失是导致立法质量不高特别是劣法产生的一个重要原因之一。法律不仅是对人们现实行为的规范和现实社会关系的调整，还引领着社会的未来发展方向。因此，在确定立法的宗旨时，需要抓住全局的、长远的、根本性的问题，将社会在价值观领域已经形成均衡共识的正义诉求及时上升为法律。立法者应时刻秉承"为天地立新，为生民立命，为往圣继绝学，为万世开太平"的信念，将社会形成的正义共识上升为规范化的法律，这是法的创制所要解决的主要问题。针对我国立法实践中出现的一些问题，中央和地方各立法部门已经意识到提高立法质量的重要性。例如，2004 年国务院发布的《关于全面推进依法行政的决定》中指出："要进一步加强政府立法工作，切实提高政府立法质量，为依法行政奠定坚实的基础。"这里的质量当然包括完善法律形式，但主要不是指法律体系和法律文本本身的结构是否严密，文字是否严谨，更多地是指法律反映和体现社会正义的程度。笔者建议，我国立法的宗旨可以确定为维护社会正义，弘扬社会正气，引领社会风尚，加固道德根基。之所以将正义确定为良法的核心甚至最高价值，首先是因为法律作为一种对社会行为具有普遍约束力的规则体系，在客观上能保障社会个体成员的合理需要得到满足、社会资源得到合理配置、社会结构得以优化组合。在后立法时代，法律承担着实现社会正义的主要任务，这是正义成为良法最高价值的可能性所在。其次是因为正义作为个人行为和社会制度正当性与否的评价标准，对现实社会总有一定的批判性和超越性，可以引领人们为实现一种更加合理、完善的法律制度而努力奋斗，这是正义成为良法最高价值的必要性所在。

道德是习惯升华的一种结果，是社会发展过程中各种力量不断地博弈所形成的一种规范和秩序。在立法的宗旨中，如果忽视了立法的道德基础，就会造成法律与社会发展实际不相适应甚至阻碍社会发展的情况。法律不能也无力取消人们的习惯权利，智慧的立法者不会去做这种出力不讨好的事情。实践中有不少反面的例子，或多或少是因为我国宪法没有明确立法宗旨的缘故。例如：20 世纪 90 年代初开始，全国大小城市陆续出台烟花爆竹禁放令，实施 10 多年后，效果并不理想，2005 年开始，绝大多数原来出台过禁放令的城市又陆续开禁；2004 年、2007 年教育部为加强高校学生住宿管理，曾三令五申禁止大学生自行在校外租房居住，但"禁租令"发布后收效甚微；某省人大曾经制定了对大摆宴席征收宴席税的地方性法规，同样因为执行力不足形同虚设。上述立法都严重浪费了国家的立法资源，还使社会成员对立法产生了某种程度的不信任甚至蔑视、敌视，造成法律效果与社会效果的双重损失，其结果都是不了了之。立法是整个法治系统的基础；任何立法活动的背后，都有特定的价值观的支配。而立法的正义观又是立法价值观的基石。因而，如果立法机关没有树立科学的立法价值观并以正义观为立法导向的话，那么，不仅会危害到立法的权威性和统一性，而且还会对整个法治系统造成不良的后果甚至是毁灭性的灾难！因此，立法在整个法治系统中的地位和功用决定了立法的价值观特别是作为基石的正义性价值观的重要性。

（二）立法目的不正当，导致恶法横行

立法目的是立法宗旨在具体法律中的贯彻和体现。既然人们奋斗所争取的一切，都同他们的利益有关，任何立法便都是对某一社会关系领域里多元利益的分配和协调。认识和协调利益是立法的核心内容，法是利益分化和利益冲突的产物。美国法学家庞德曾言，"法律的功能在于调节、调和与调解各种错综复杂和冲突的利益，——以便使各种利益中大部分或我们文化中最重要的利益得以满足，而使其他的利益最少地牺牲。"[1] 作为社会制度最核心组成部分和最广泛表现形式的法，如果从其产生根源、发展动力、调整对象来看，实质上就是一种利益制度，即分配、协调和维护利益的制度。法作为利益的平衡器，是公益的化身。在法治文化底蕴浓厚的西方社会，这几乎是自古以来伟大思想家的一个共识。亚里士多德认为，一切社会团体建立的目的都在于实现某种"善"，城邦的善即正义，而正义"以公共利益为依归"，"以城邦整个利益以及全体公民的共同善业为依据"[2]。卢梭进一步提出公意和公益是统一的，"公意永远是公正的，而且永远以公共利益为依归。"[3] 葛德文也说"任何政府当局可以推行的唯一公正的法令也必须是最符合公共利益的。"[4]

作为社会主义国家的立法，更应当追求公共利益和个人利益的辩证统一。而当前一个不容乐观的现实是，有些地方政府或部门打着"公共利益"的幌子

① ［美］庞德：《通过法律的社会控制》，商务印书馆1984年版，第41页。

② ［古希腊］亚里士多德：《政治学》，吴寿彭译，商务印书馆1983年版，第153页。

③ ［法］卢梭：《社会契约论》，何兆武译，商务印书馆2002年版，第39页。

④ ［英］威廉·葛德文：《政治正义论》第一卷，何慕李译，商务印书馆1997年版，第81—82页。

任意侵犯个人利益，属于立法目的不正当，实际上是私人利益篡夺了立法者的宝座，在为国家立法。此等行径，不仅侵犯了其他个人的利益，也侵犯了集体的或国家的合法权益，属于违法行为，危害无穷。例如，近年来的暴力拆迁事件屡屡升级，成为引发多起群体性冲突的直接导火索，拆迁矛盾的矛头最终指向 2001 年国务院出台的《城市房屋管理拆迁条例》，导致了该法的废止；再例如某市出台的关于在国有企业改革中企业产权向管理层转让的规定，不仅没能实施，还引发了大规模的企业职工上访，也是恶法的证明。

任何个人、集团、阶层、阶级都有自己的利益诉求，在人类追求正义的历程中，无数圣人贤哲都曾力求通过立法整合所有利益主体的利益诉求。于是，在作为主权者的人民不能或不必直接立法的场合，一个中立、公正的超然立法者掌控了世人可望而不可及的良法理想。人民主权论的第一个系统论述者卢梭认为，立法者在一切方面都是国家中的非凡人物。他有能够洞察人类的全部感情而又不受任何感情支配的最高智慧，他没有我们人性的缺陷却能认识人性的一切需要，他自身的幸福与我们无关却愿意关怀我们的幸福，他不为时日所限能在这个世纪工作而在下个世纪享受。这是一种独特的、超然的职能，以高于人民的德行和智力，代表人民的理性、良知和意志去为社会制定规矩。而这样的立法者在现实中是否存在呢？卢梭悲观地承认，要为人类制定良法，只能寄希望于神明。① 这里出现了卢梭无法解决的一个悖论：立法者应为神明，而现实社会不存在神明。立法者应当摒弃私利，而现实社会的人们不可避免地为私利所困扰。只要为私人利益所操控，立法目的就不具有正当性。对实现良法的实体路径的探索至此似乎走入了绝境，因此后世学者多选择从程序的路径切入思考良法的实现问题。例如，当代新自然法学派的代表美国学者富勒关注的程序自然法，就"不是法律规则的实质目的，而是调整人类行为规则体系用以建立和实施的方式，以便能够有效地达到它所要实现的目的。"② 美国另一位学者萨默斯认为法律程序显示了独立的价值，正义的法律程序具有理性、人道、尊重人格等良好的品性。③

---

① ［法］卢梭：《社会契约论》，何兆武译，商务印书馆 1980 年版，第 53、55 页。

② L.L.Fuller, The Morality of Law (revised edition)，Yale University Press, 1969, p.96.

③ R. S. Summers, Evaluating and Improving Legal Process-A Plea for "Process Values", in Cornel Law Review, Vol, 60, November 1974, No.1, pp.25-26.

三、规范立法程序，用过程正义促生结果正义

几乎所有的实体问题，最后都可以归结为程序问题。立法程序正义与否直接影响到立法结果的正义性。因为正义是一个抽象的概念，是程序正义和实体正义的有机统一，如果离开程序正义谈实体正义，无异于缘木求鱼。立法要输出"良法"，跳出部门立法的窠臼，需对从立法调研到立法规划、立法议案、法律草案的提出、审查和批准再到法律实效的调查、立法评估等整个立法环节进行全方位改革，使立法的全过程都纳入正义的考量范围，将一切立法权利和权力尽可能地化解到程序之中，化解到具体的步骤、过程和方式方法之中。立法程序是保障立法权利、限制立法权力滥用的制度化手段，"现代程序意味着建立制度性妥协的机制，以保证市场自由竞争的协调平衡，保证没有任何权力可以独断专行。"[①] 现在法学界和法律界提得较多的所谓科学立法、民主立法其实都是保障立法程序正义的价值取向或原则。但是，笔者认为，仅仅这两个原则是不够的，还不足以涵盖立法程序正义的全部内容。

参考其他国家的立法程序及相应制度，笔者认为立法程序正义至少应包括以下原则性的价值取向：1. 科学性。立法的科学性原则是一个较为抽象，内容宽泛的原则，主要含义是指立法活动的合乎规律性，即立法权限的划分、立法体制的设计、立法权的行使及监督制约都符合社会发展的客观规律和立法活动本身的规律，正确反映立法活动的本质，并与立法的价值及功能相协调。2. 公开性。公开立法是指将立法程序的各个阶段及其文本资料向社会公布。这里所说的立法程序是更广义的，延伸到传统立法程序的台前幕后，从立法调研开始，到立法评估结束。而传统意义上的立法程序是从提出立法议案开始，到法律公布结束。公开的内容也应当是全方位的，不仅指原有的立法结果向社会公布，也包括立法过程的公开和除涉及国家秘密之外的立法资料的全部公开。公开性是民主性的前提。在我国的立法实践中，由于立法部门和公众之间存在着严重的信息不对称现象，使得一般的社会公众难以实现立法事项及立法进展的知情权与参与权。公众参与立法离不开有效信息的迅速汇集和及时反馈，而这是只有通过立法公开才能保障的。近几年立法部门尝试的开门立法、阳光立法便是对公开立法原则的探索。3. 民主性。民主立法是人民主权理论在立法活动中的体现，具体表现为公民直接立法和代议制立法两种形式。由于代议制立

---

① 季卫东:《法治秩序的建构》，中国政法大学出版社 1999 年版，第 26 页。

法成为现代国家立法的主要形式，普通公民的立法权利被层层代表，越来越远离政治中心。当前的立法体制改革亟须加大公民的立法参与，广泛吸纳民意，弥补代议制立法的不足。目前一些地方立法部门探索的立法听证、立法博弈等即是对民主立法形式的创新。4. 效率性。立法是人类的一项耗时费力的公共活动。立法资源同其他社会资源一样，也具有稀缺性。所以立法活动必须及时、节约、有用，用最小的成本、最短的时间输出具有最大效用的成果。效率是正义的题中之义，但效率不是一个独立的价值，它永远要从属于正义。美国经济分析法学派的集大成者波斯纳虽然极为重视法的效率价值，但他从没有把效率抬到至高无上的地位，而是经常提醒，"读者必须牢记：经济学后面还有正义。"只不过在关注形而上的正义时，不要脱离现实的大地，还要时常关照实实在在的经济关系，"对正义的要求绝不能独立于这种要求所应付出的代价。"①5. 中立性。立法的中立性是指立法者应当超然于立法事项之外，与立法事项没有直接的利害关系。立法者保持中立在立法过程中具有极其重要的意义。"当不清楚什么是正确结果时，人们关注程序公正；同样，当不清楚什么是恰当的结果时，人们重视中立。"②实践中的委托专家立法、部门立法回避都是追求中立性的尝试。6. 自治性。自治立法是指保持立法机构的相对独立性，重视法的社会演进，以真正的社会需要来决定立法行为，避免将立法变为政策的单纯"签章行为"。厘清政党、人民与立法机关的关系，科学划分立法机关与行政机关、司法机关的权限。在任何一个国家，立法都不可能是立法机关一家的事情，不可以闭门造车。政党特别是执政党在立法活动中发挥着决定性作用。但执政党对立法的影响要程序化、公开化、法制化。执政党既要依法享有引导立法的权利，也要依法承担领导立法不利的后果。③ 行政"授权立法"是现代立法活动的大势所趋，有其存在的必要性，但授权内容应明确，授权程序要制度化规范化，同时要建立可操作性的机制来防范被授权机关僭越授权机关的意志。基于司法权的判断权属性与功能，司法机关应享有解释法律的权力，但这种解释只应限于具体的法律适用问题，进行法律文本的字面解释，而不应超越法律规定的内容，任意扩充或限制法律的适用范围。

---

① ［美］理查德·A·波斯纳：《法律的经济分析》，中国大百科全书出版社 1997 年版，中文版译者序言，第 32 页。

② 宋冰编：《程序、正义和现代化》，中国政法大学出版社 1998 年版，第 378 页。

③ 秦前红、李元：《中国共产党对立法的影响》。载于中国宪政网 http://www.calaw.cn。

第二节 执法如何公道：社会主义的制度运行 与执法正义

法的执行，即执法，亦称行政或行政执法，是指国家行政机关或法律、法规授权的其他组织依法履行自己的职责，将法律规范运用到具体人或组织的专门活动。如果说法的创制是要使现实的正义诉求上升为应然的制度设计，那么，法的执行则是在一个新的层次上将纸上的法律对接到活生生的现实，从而使正义变得可见可触。在我国，大约有 80% 的法律、90% 的地方性法规和几乎所有的行政法规、规章都是通过行政主体的执法行为得以实施的。古希腊的柏拉图在 2000 多年前就曾警示世人："立法工作是很重要的事情，可是，如果在一个秩序良好的国家安置一个不称职的官吏去执行那些制定得很好的法律，那么这些法律的价值便被掠夺了，并使得荒谬的事情大大增加，而且最严重的政治破坏和恶行也会从中滋长。"[①] 中国古人也讲："徒法不足以自行"。社会正义要能在现实生活中得到较大程度上的实现，除了立法要充分体现社会正义的内容外，还需要体现社会正义的良法能够在实践中得到不折不扣的执行，也就是说，执法环节同样需要贯彻正义的价值理念。执法正义体现的是制度运行的正义，"一个国家如果不能为自己的国民寻求公正，将不可能获得真正的发展，并跻身于世界强国之林。"[②] 行政权力行使的目的是通过执法活动引导、教育、纠正行政相对人的行为，从而确保整个社会秩序的公平、公道、公正，达到一种和谐的状态。我国行政许可法和行政处罚法的总则部分都明文规定了公正是行政执法必须遵守的原则，正是意识到了这一点。保障法在执行过程中的正义性是确保良法之治的关键，而更新执法理念、协调执法价值、明确执法原则是实现执法正义的重中之重。

一、更新执法理念

执法理念是执法活动的基本指导思想。正确的执法理念有利于行政主体摆正自身的位置，认知自己的职能，从而有效地约束自己的执法行为。缺乏理

---

① ［古希腊］柏拉图：《法律篇》，转引自《西方法律思想史资料选编》，北京大学出版社 1983 年版，第 26 页。

② 孙健：《社会公正论》，陕西旅游出版社 2003 年版，第 5 页。

念的执法，就如同没有生命的枯树。当前，行政执法领域存在的问题，原因很多，但最根本的还是思想观念层面的原因。因此，更新执法理念，使其更符合法治的精神实质，是实现执法正义的前提。自 20 世纪 80 年代以来，我国启动了以市场化为导向的经济体制改革和以民主法治建设为重点的政治体制改革。为了适应市场经济的发展和建设法治政府的需要，党和政府采取了一系列措施创新行政执法体制，如实行大规模的政府机构改革，相对集中行政许可权、行政处罚权、实行行政综合执法试点，推行行政执法责任制等。目前我国行政执法体制改革已进入一个新的阶段：依法行政、执法为民理念正在全社会形成，政府职能得到初步界定，行政执法体制改革的思路逐渐明朗，权责明确、行为规范、监督有效、保障有力的行政执法体制改革目标基本确立等。但是，实践中人们对与行政执法相关的一些问题还存在认识上的误区，例如，对执法与管理的关系、执法体制创新的出发点和落足点等问题的认识就很不一致，因此我们有必要从基本概念入手，逐一厘清。

（一）执法就是管理，管理就是服务

执法与管理之间是什么关系？有些地方政府部门经常在自己的政策文件或工作报告中提到"实行管理与执法分离，有利于行政管理部门集中精力强化行政管理职能，提高行政管理效率；有利于降低执法成本，提高执法效率"，但对哪些事项属于管理，哪些事项属于执法其实并没有明确区分，事实上也很难对二者进行明确界分。

对于执法的内涵，理论界和实务界尚未达成共识。一种观点认为执法是指行政处罚、行政强制措施等对公民、法人或其他组织权利、义务有重要影响，强制性效果明显的行为。比如某些实践部门的人员就持此观点，对行政给付、行政裁决等行政机关依法实施的具体行政行为纳入需要梳理的执法事项不很理解。这种观点在行政执法队伍中比较流行，越到基层持这种观点的执法人员就越多。还有一种很类似的观点，把行政执法等同于行政处罚。比如，2000 年以前，在开展相对集中行政处罚权试点工作的一些正式批复中使用的都是行政执法概念，甚至今天也还有相当一部分人仍习惯性地将行政执法等同于行政处罚，因而，也常常把行政处罚权的改革等同于整个行政执法体制改革。这些观点显然具有片面性，在实践中不利于执法理念的更新。笔者认为，执法有广义和狭义之分。广义的执法是指行政主体（含行政机关和法律、法规授权组织）执行法律规范的活动。因为行政和行政权的主要功能就是执行国家法律、法规，所以行政主体也就是执法主体。基于我国 80% 以上的法律、法规都要靠行政主体来贯彻执行的事实，行政主体在本质上就是执法主体，行政行为在本质上也都是执法行为。具体来看：如果以抽象行政行为与具体行政行为作为划分标准，行政执法行为既包括依法实施的抽象行政行为，如：制定行政法规、行政规章以及其他行政规范性文件的行为；又包括依照法律、法规、规章实施的所有具体行政行为，如：行政许可、行政处罚、行政强制措施、行政给付、行政征收、行政确认、行政奖励、行政规划以及行政法律规范中规定的其他具体行政行为；还包括依法实施的行政复议、行政裁决等准司法性的中立裁决行为，这类行为通常也被认为属于具体行政行为。如果以内部行政行为与外部行政行为作为划分标准，行政执法行为不仅包括外部行政行为，还包括内部行政行为，如非行政许可审批、下级行政机关向上级行政机关的报备、行政机关之间的抄报等，因为这些行为也都需要依法实施。狭义的行政执法是指行政机关依照法律、法规或规章的规定对行政相对人实施的影响其权利义务的外部具体行政行为；从外延上看，行政执法包括行政许可、行政征收、行政强制、行政处罚、行政复议等。这个概念应该说是获得较为普遍认同的概念，是与现阶段行政执法体制改革创新实践中涉及的主要范围最接近的一个概念。但是由于内部行政行为与外部行政行为，抽象行政行为与具体行政行为在行政执法实践中的关联性，要实现行政执法体制改革创新的目标，未来改革涉及的范围、领域就不是该狭义概念所能涵盖的了。随着改革的深入，行政执法体制创新必然会触及更多广义行政执法概念涵盖的其他范围。当然，现阶段，我国行政执法体制改革的重点仍然是狭义行政执法概念涵盖的范围。因为这一范围与人民群众关系最密切、最直接，人民群众反映最强烈，具有紧迫性，客观上也是行政执法体制创新必然涉及的首要和核心范围。

由于执法与管理的关系不清，以致有的执法人员甚至形成"管理就是收费、执法就是罚款"的错误认识。笔者认为，管理与执法其实并无本质的区别，从根本上讲都是行政主体运用行政权力对公共事务的处理，两者之间不存在截然分明的一条界限。依法实施的行政管理其实就是广义上的行政执法，只是现阶段社会主义法律体系尚不十分完善，行政管理不仅包含行政执法，还包含政策性的管理等非执法性管理。国务院通过的《全面推进依法行政实施纲要》明确要求："行政机关实施行政管理，应当依照法律、法规、规章的规定进行；没有法律、法规、规章的规定，行政机关不得作出影响公民、法人和其他组织合法权益或者增加公民、法人和其他组织义务的决定……行政机关依法履行经济、社会和文化事务管理职责，要由法律、法规赋予其相应的执法手段。"可见，从依法行政的角度讲两者具有高度的一致性，管理与执法的统一是法治政府建设的必然追求和必然趋势。因此，不管在理论上还是实践中，都不宜将两者割裂开来。

管理和服务并不是一对不可调和的矛盾，而是可以有机地统一起来，好的管理者其实必然是一个好的服务者。一个靠罚款和收费来运行的政府部门，老百姓是不会信服的。随着改革开放的不断深入，民众主体意识的不断增强，建设服务型政府已是大势所趋。只有切实改变"管理就是收费"、"执法就是罚款"的惯性思维模式，把执法与管理、管理与服务统一起来，才能赢得群众的支持和拥护。各级领导干部必须牢记党的全心全意为人民服务的宗旨，树立正确的权力观、地位观、荣辱观，牢固树立执法就是管理，管理就是服务的理念，把服务寓于管理之中，以服务促进管理，实现管理者和被管理者的良性互动，改变"管"字当头、管理就是处罚的执法理念，切实做到执政、执法为民，规范执法行为，打造一个服务型的政府。正义不是抽象的空谈，执法正义就寓于全心全意为人民服务的理念中。

（二）执法体制创新的出发点和落足点都是以人为本

执法体制，即行政执法体制，是指行政执法机关的组织结构、职能配置、工作制度、机制、效能、程序以及人员结构、素质等的总称，是国家为了顺利实现行政目的，而规定行政执法权力如何配置、怎么运行的制度体系。它是由行政执法主体、职权、程序和运行机制等共同构成的有机体系。我国的行政执法体制脱胎于行政管理体制，是在行政管理体制的基础上发展起来的。传统的行政管理体制是在计划经济基础上形成的，带有浓厚的计划经济色彩。十一届三中全会以后，随着计划经济体制向社会主义市场经济体制的逐步转变，我国民主与法制建设不断发展与完善，社会开始转型，政府与市场、政府与社会、政府与企业、政府与公民的关系面临着全方位的变革，行政管理体制呈现出一种新的状态，越来越多的行政管理领域为行政执法所取代，行政执法体制逐渐形成。

与社会转型相对应，执法体制也处在一个创新转型的过程中。正如美国学者盖伊·彼得斯所说："对于政府部门来说，变革与其说是一种特例，不如说是一种惯例。只要有一个不完美的政府，人们就会持续不断地寻求理想的治理形态。在某种程度上，变革不能单纯地界定为寻求一个完美的行政实体；更确切地说，每一种改革方案都会带来一些新的问题，而这些问题又会引发一套新的改革方案。"① 总之，创新将是一个永无止境的发展过程。实践中，执法体制在静态上表现为各个行政执法主体实施各种行政执法行为时的法律依据，在动态上表现为各种行政执法行为模式。从理论上讲，行政执法体制的动态和静态表现应该是一致的。而当前，我国现行的行政执法体制静态上表现为我国现行的行政法律规范和部门"三定"规定及相关的行政规范性文件的规定，动态上则是指实践中的各种行政执法行为模式。这些行政执法行为模式，由于在某种程度带有计划体制下或社会转型过程中形成的行政执法惯例的烙印，因此，并不一定全面、准确地反映静态的行政执法体制。行政执法体制创新从形式上看，要改的主要就是这些行为模式。从实质上看，则是适应社会主义市场经济发展和加快建设法治政府的需要重新配置行政执法权，重构行政执法权力的运行机制，使行政执法权力更加科学合理地介入社会公共管理事务，实现执法权力运行的规范化、人本化、文明化。

　　执法体制创新的出发点和目的必须正当，行政执法的出发点必然是为了人，服务人，以人的自由、平等的实现为最终目的。以人为本，作为一种理念，应当贯穿于执法体制创新的全过程，既是出发点，也是落足点。以人为本是一种对人在社会发展中的主体地位与作用予以充分肯定和尊重的价值观念，是以人的全面发展为目标的信念。只有关注人的全面发展，才能真正实现社会公正和推动社会进步。伴随着人的生理、心理、智识、能力等各方面的发展，社会中的不正义现象应当呈现逐渐缩小而不是扩大的态势。能否促进人的全面发展，是衡量行政执法正义性的尺度。从官本位到民本位，从治民管理到民主参与，以人为本的理念为行政执法打开了人道化、文明化和法治化的崭新视野。以人为本的执法观是执法观念的创新，它要求尊重人的人格与尊严，保护人的合法权益并体恤人的自然要求。行政执法的理想是追求政府和公民的互动与和谐，因此坚持以人为本，努力倡导柔性执法，是现代法治社会行政执法的必然趋势和要求，符合行政执法体制创新的时代潮流。并不是所有的行政行为都需要采取强制性方式实施，实践中不断出现的行政指导、行政合同、行政资助，这些也都是行政执法行为，但方式是柔和的。谦抑行政，柔性执法，是以人为本理念对执法方式方法创新的新要求。

　　社会的科学发展、和谐发展要求全面考虑公益与私益，平衡兼顾公平与

---

① ［美］盖伊·彼得斯：《政府未来的治理模式》，吴爱明等译，中国人民大学出版社2001年版，第8页。

效率，人权与秩序。执法体制创新的各种举措，凡是不符合民主化、科学化潮流的，也许暂时没有争论，但却注定要失败。而符合这个方向的，即使暂时有争议，也值得坚持。只有坚持以人为本，把握时代潮流，符合发展趋势，创新才能立于不败之地。因此，要实现传统执法体制的变革与创新，必须从理念的更新着手，将服务和人本理念与行政执法实践相结合，因为"行政执法理念是对行政执法的目标、价值以及效果等的总体把握。理念的引入，能够为评价现状提供标准，为未来之改革、发展提供理想目标与方向。"①

二、协调执法价值

法的价值是多元的，如自由、平等、人权、秩序、公平、效率、利益等。不同的法体现着不同的价值准则和价值观念。在具体的历史条件下，诸价值之间会出现冲突。例如，自由和平等之间的冲突、公平和效率之间的冲突。价值冲突不仅表现在不同法的价值准则、观念之间，而且也表现在法的价值准则、观念的不同性质或形式上。西方 17、18 世纪以来，经历了思想"启蒙运动"的洗礼后，人（或理性）彻底取代了上帝的位置，成了世界的主宰。西方思想界出现了两大主流派别，一是自由主义，高扬自由和民主的价值，强调原子式的个人自由，由人的理性设置一个法治框架，在该框架内个人自由神圣不可侵犯。二是功利主义，认为人性最终取决于两种力量：苦与乐。人类行为的终极动机都可溯源于趋利避害和好逸恶劳的需要，"最大多数人的最大幸福"成为衡量个人与社会行为的唯一标准，"效率"是个人和社会所追求的首要行动准则。以致有学者公开宣扬："行政科学的目的就是以最少的人力和材料消耗来完成手头的工作，因此，效率是行政管理的价值尺度中的头号公理，效率也是行政科学的大厦得以建立起来的价值基石。"②但是，在现实中，过度追求效率会损及其他价值。因为，效率的基本规定性是从一个给定的投入量中获得最大的有效收益，意味着自然资源、社会资源和人文资源的优化（价值最大化）。效率的价值目标，要求执法过程尽可能减少成本消耗，要求程序简易，迅速、及时、灵活及一定的自由裁量权，而从执法活动的正义性出发，则要求执法过

---

① 杨解君：《行政执法研究——理念引导与方式、制度创新》，中国方正出版社 2006 年版，第 299 页。

② Robert A. Dahl. *The Science of Public Administration:Three Problems*. JayM. Shafritz and Albert C. Hyde（eds）.Classics of Public Administration. MoorePublishingCompany, inc. OakPark: Illinois, 1978. p.123.

程应遵循严密的程序、谨慎的方式，这两种价值目标之间也经常会出现冲突、相互抵触。

法的价值冲突可能在法运行的任何一个环节上出现，执法环节也不例外，同样面临价值冲突的问题。执法领域中，民主、平等、效率、公益等都是执法活动追求的价值，但它们彼此在实践中会发生冲突，这说明它们都不是第一位的，都要受到某种限制，需要一种更高位阶的价值来统领上述价值。正义就是这样一种价值，正义的产生，是基于人类社会的需要，与人类社会对秩序的需求紧密相关，体现为人类对一种和谐有序的社会理想的价值追求和制度安排。正义本身是一个综合性很强的概念，是实践中各种条件、各种境遇中不同价值的一种平衡。正如王南湜教授所指出的，社会生活的各个方面之间，既有整体性的特征，也有分离性的趋势，"整体性使得各个角度、各个领域的价值原则具有某种一致性，或者至少不相互冲突；而其分离性则使得各个角度、各个领域的价值原则彼此冲突、难以并存。这种冲突和难以并存有可能导致社会生活的不可能，因而必须予以折中协调，使之能和平共处，共同保证社会生活的正常进行。这样一种用以折中协调诸价值原则的价值原则，便是一种正义原则。作为一种协调诸原则之原则，正义原则便是一种综合性的价值原则。"① 正义价值是法的灵魂和存在根基，是法律充满生机和活力的精神源泉，也是贯穿行政执法活动始终的精神实质。其他价值名目相对于正义价值，都属于子价值。只有在正义价值的支配和统领下，上述子价值各自才能最大限度地扩展，实现和谐共赢，也正因此，正义成为平衡和限制这些子价值的一个更高层次的标准。

在协调价值冲突的过程中，实践中已经确定了一些行之有效的原则：如价值位阶原则、个案平衡原则和最小损害原则等。价值位阶原则是当不同位阶的价值发生冲突时，在先的价值优于在后的价值，如曾经在一段时间内盛行的"效率优先，兼顾公平"。不过这种位阶的排序不是固定不变的，而是随着社会的发展不断调整和变化的。个案平衡原则是指同一位阶上的法的价值之间发生冲突时，必须综合考虑主体之间的特定情形、需求和利益，以使得个案的解决能够兼顾双方的利益。最小损害原则，是指为了保护某种较为优越的法律价值，而必须损害法的另一价值时，不得逾越目的所必要的限度，尽可能将损害最小化。

---

① 王南湜：《实践哲学视野中的社会正义问题——一种复合正义论论纲》，《求是学刊》2006 年第 3 期。

三、明确执法原则

执法原则是人本理念和正义价值在执法活动中的具体体现，是对正义实质及内涵的具体贯彻与落实。

合法原则，即依法行政原则。严格依照法律规定履行职责，是法治社会对执法者的基本要求。行政主体的行为不得与法律相抵触，行政执法权的行使应当有法律的依据或授权，没有法律根据，不得使公民负担义务，或侵害公民的权利；同样，没有法律根据，也不得任意免除公民应负担的义务。法律不是针对某一个人或某几个人的规定，而是针对一定范围内共同体的全体成员，维护社会成员的整体利益。行政主体如果不依法律办事，就可能因情、因利或因其他诱惑而不能一视同仁，从而助长社会不正义。行政主体的权力是人民赋予的，执法者行使权力必须为人民服务，而不应当运用人民授予的权力徇私，为自己或者与自己有关系的组织、团体、个人谋取私利。当前的行政执法体制改革，不同于以往的行政管理体制改革，表现在它更注重法律在改革中的引导、保障和促进作用。新中国成立以来，我国的行政管理体制每隔几年都要进行一次大规模的改革，每一次成效都不尽理想。结果都只能证明这样一个事实：没有法律制度的保障，一切行政改革的成果，最终都易于流失和走样。因此，在行政执法体制创新过程中，无论从行政体制与机构设置的整体构建上，还是从机构改革实际成效的巩固上，都必须贯彻合法原则。

合理原则，亦称适当原则。行政主体的执法行为，特别是行政机关的自由裁量行为，不仅要合法，也要适当，做到合情、合理、客观、恰当和适度。法律不可能对所有的行政行为都予以具体的、详细的规定，这既不可能，也不现实。因此，行政机关就被赋予了一定的自由裁量权，它可视具体情况做出相应的行为。一般认为，合理原则的具体要求包括以下三方面：1. 执法行为应符合法律目的。凡有悖于法律目的的行为都是不合理的行为。执法行为应建立在正当考虑的基础上，要有正当的动机，不得违背社会公平观念或法律精神，不应存在法律动机以外的目的或追求。行政机关在行使行政自由裁量权时，可供选择的方案均在两个以上，不同的方案对公民合法权益的不利影响程度是不同的。如果行政机关有不当利益掺杂其中，就可能会选择对公民合法权益不利影响大的方案，使行政机关以一个合法的形式达到了不正当的目的。目前我国行政机关在罚没款和行政收费上出现的问题均与此有关。2. 行政主体在实施执法行为时必须出于公心，平等地对待行政相对方。做到同等情况同样对待，类似情况类似处理，不同情况不同安排。例如某市道路交通执法部门对两例情况类似的机动车侵占人行道做出的处罚：一例是依据《××市道路交通安全管理办法》第 73 条第（十四）项处罚 200 元。另一例是依据《中华人民共和国道路交通安全法》第 93 条处罚 100 元。虽然执法主体、依据、程序都是合法的，但是明显适用的标准不一，出现了同案异罚，导致执法不公。出现这种现象的原因在于行政主体作出自由裁量决定的依据、条件、标准和程序不对社会公众公开，处理结果就容易受个人好恶和人情关系等其他因素影响，导致行政执法行为合理性的缺失。3.　行政行为的内容应合乎基本的人情事理，即应符合事物发展的客观规律和大多数人的常识性认知。

比例原则，又称对称或均衡原则。是指行政相对人的权利和义务应当对等，行政主体追究责任的手段与维护权益的大小应当相称。执法正义要求行政主体及其工作人员在作出行政行为时采取的措施和手段应当确有必要，即行政主体实现行政目的可以采用多种方式，尽量避免采用损害当事人权益的方式，在迫不得已的情况下给当事人造成的损害，也要求小于因此可能获得的行政收益。另外，还要符合过罚相当的原则，所采取的措施与所欲达到的目的之间应当合乎比例或相称。

效率原则，也称效益原则。合法权益得到及时维护，损害得到及时救济，过错行为得到及时矫正，这是执法活动的目标和基本要求。效率是执法活动的生命，执法过程应贯彻经济、便利的要求，应尽可能地节约人力、物力、财力，消除不必要的成本消耗，以较小的成本获取较大的收益。这就需要对执法活动全过程设置明确规则，对执法活动的一般过程作出统一规定，避免程序上的凌乱、错杂和繁琐，设置明确的时效制度，根据执法过程的专业性，设置代理制度。坚持原则性与灵活性相结合，允许行政主体有一定程度的自由裁量权。没有效率的执法不能实现立法的目的，不能有效地维护公共利益。行政相对人的合法利益得不到保障，执法正义的实现也就成为空中楼阁。

第三节　司法怎样公正：社会主义的制度救济与司法正义

司法正义，即制度救济的正义性，是指司法权运作的一种理想状态，反映了社会公众对司法活动的结果及运行过程的正向评价。社会如同一个有机体，其中的任何部分都可能出现腐败和问题，而唯独司法领域绝对不能丧失其正义本色。如果说社会机体的其他部分出现不正义情形尚可补救的话，那么，司法领域出现问题则是灾难性和毁灭性的，因为司法设立的目的就是为了矫正法在实施过程中产生的各种不正义，如果矫正环节自身的正义性都受到了怀疑，那么，其身不正，更正人何？正是从这个意义上，我们说司法正义是社会正义的最后一道防线。但是，当前司法不公、司法腐败现象的大量存在，使得社会公众对司法的正义性产生了一定程度的"信任危机"。近年来，社会各界对司法正义问题倍加关注，尤其是法学界和法律界研究司法正义或司法公正问题的文章如雨后春笋般大量涌现，但是对"什么是司法正义"和"如何实现司法正义"这两大社会公众普遍关心的问题，仍没有取得多少共识。所以，笔者认为，对司法正义问题的研究还有继续和深化的必要。本节拟通过两起真实的案例展开对这两个问题的探讨。

一、从两则真实案例谈起

案例一：云南李昌奎案

如果评选 2011 年度最受舆论关注的刑事案件，云南李昌奎案肯定是名列前茅的。自 2011 年 7 月 3 日中国网《云南一男子强奸杀害两人终审因自首悔罪获免死》的报道发出后，迅速获得上百家媒体关注，并瞬即在网络上引发网友高达百万条的激烈讨论和关注。现将案情简介如下：

2009 年 5 月 16 日，云南省巧家县茂租乡鹦哥村村民李昌奎将同村 19 岁女子王家飞击昏后强奸，之后将王家飞与其 3 岁的弟弟王家红一同杀害，手段极其凶残。2010 年 7 月 15 日云南省昭通市中级人民法院作出一审判决：以故意杀人罪，判处李昌奎死刑，剥夺政治权利终身；以强奸罪，判处被告人李昌奎有期徒刑 5 年，决定执行死刑，剥夺政治权利终身。由被告人李昌奎赔偿附带民事诉讼原告人经济损失共计人民币 30000 元。被告人提起上诉后，2011 年 3 月 4 日，云南省高级人民法院进行二审，经审判委员会讨论决定，支持一审法院对故意杀人罪、强奸罪的认定，但认为基于自首情节，死刑立即执行的量刑过重，遂改判为死刑，缓期二年执行。后被害人家属多方申诉，2011 年 8 月 22 日，云南省高级人民法院对李昌奎故意杀人、强奸案启动再审程序，再次改判死刑立即执行，并报最高人民法院核准。根据最高人民法院下达的执行死刑命令，昭通市中级人民法院于 2011 年 9 月 29 日对李昌奎执行了死刑。

案例二：南京彭宇案

这其实是一起极为普通的民事纠纷，虽然距案件的发生及解决已经过去了五六年的时间，但它没有从人们的记忆中淡化以致消失，反而常常以不同的方式、从不同的角度被提及和反思。诸如"天津版彭宇"、"济南版彭宇"、"郑州版彭宇"、"温州版彭宇"、"女版彭宇"等类的字眼在报刊和网络频频出现，另外在 2011 年 10 月广东发生的"小悦悦事件"中人们也往往会联想到彭宇案的社会影响。事件经过如下：

2006 年 11 月 20 日早晨，南京市水西门广场站公交站台，64 岁的徐寿兰在等 83 路车。人来人往中，徐寿兰摔倒在地，医院鉴定为骨折，构成 8 级伤残。2007 年 1 月 4 日，徐寿兰向南京市鼓楼区人民法院提起诉讼，指认撞人者是第一个扶起自己并陪同至医院的彭宇，向彭宇索赔医疗护理费、残疾赔偿金和精神损害抚慰金等损失共计 13.6 万元。彭宇在法庭上否认自己撞人。他说，当天早晨有 3 辆公交车同时到站，徐寿兰要去赶第 3 辆车，而自己从第 2 辆车的后门下来，看到她跌倒在地，赶忙去扶，不一会儿，另一位中年男子看到了，也主动过来扶老太。老太当时不停地说谢谢，后来他和家属一起将徐寿兰送到医院。接下来，徐寿兰及其家属一口咬定彭宇是"肇事者"。2007 年 9 月 4 日，鼓楼区人民法院作出一审判决，认为本次事故的双方徐寿兰和彭宇均无过错。按照公平原则，当事人彭宇对受害人徐寿兰的损失应当给予适当补偿。因此，判令彭宇承担受害人损失的 40%，共 45876.36 元。双方当事人对一审判决结果都表示不服，上诉至南京市中级人民法院，经二审法院调解，双方当事人在二审期间达成和解，申请撤诉。南京市中级人民法院裁定予以准许。此后，双方各缄其口，为了避开公众视野，徐寿兰搬家，彭宇辞职。2010 年 11 月，彭宇案的一审主审法官王浩在一次人事变动中被调入挹江门街道办事处下属的司法所工作。2011 年 9 月 5 日，彭宇案的另一当事人徐寿兰病逝。双方在二审期间达成的和解协议的具体内容，一直是"蒙在彭宇案上的最后一块面纱"。直至 2012 年 1 月 16 日，南京市政法委书记刘志伟接受《瞭望》新闻周刊记者的独家专访，在事先征得有关当事人及亲属的同意后，进一步公开了彭宇案的相关情况，包括彭宇最近承认的与徐寿兰相撞的事实，还有当年那份双方协议的主要内容：彭宇一次性补偿徐寿兰 1 万元；双方均不得在媒体（电视、电台、报纸、刊物、网络等）上就本案披露相关信息和发表相关言论。

二、司法正义的内涵

什么是司法正义？司法正义的具体内涵是什么？如果把司法正义理解为一种社会评价，在抽象的社会公众背后，评价主体有没有具体的所指？是法官、当事人、学者还是与具体个案无关的普通民众？社会评价司法正义与否的具体标准又是什么？如果把司法正义解释为与民意的符合，而民意在实践中是流变的、多元的、不明确的，且常常是相互抵触的。很多情况下，面对同样的案件，论者的立场、身份不同，评价就可能截然不同。这是否意味着司法正义其实并没有固定的标准和内涵？诸如此类的问题是探讨司法正义必须弄清而目前远未弄清的。

立法正义作为制度产生的正义，是良法之治的前提；执法正义作为制度运行的正义，是良法之治的关键；而司法正义作为制度救济的正义，是良法之治的保障。与立法正义是代表所有人的正义、执法正义是代表不特定多数人的正义不同，司法正义就是每一件个案的正义、具体的正义、特定化的当事人的正义。司法正义包括实体正义与程序正义两个方面的内容，即每一件个案的结果正义和过程正义。前者是指司法机关或司法者对具体案件的事实认定准确，法律适用适当；后者是指处理具体案件的过程公平合理，不偏不私。笔者认为，司法正义不是抽象的、从一般意义上对司法活动的评价，只能就具体案件而论。司法正义，只能是指个案的正义。离开个案，司法无正义与不正义可言。正如"英国唯物主义的第一个创始人"弗兰西斯·培根断言："一次不公正的裁判，其恶果甚至超过十次犯罪。因为犯罪虽是冒犯法律——好比污染了水流，而不公正的审判则毁坏法律——好比污染了水源。所以所罗门曾说，谁若使善恶是非颠倒，其罪恶犹如在水井和饮泉中下毒。"[①]司法活动的直接任务是解决个案问题，而当事人和社会公众也都是通过个案正义能否实现对司法活动作出评价。

结合上述两案，不能说程序上没有任何瑕疵，但引起当事人和社会各界争议最大的主要是案件的实体结果。李昌奎案争议的焦点是对法律适用的不同理解，而彭宇案争议的焦点是对事实的认定。但我们在两案中能发现一个共同的特点，这也许是绝大多数司法纠纷都面临的一个困境，即：在不同的社会主体眼里，正义的具体内容是不同的。并且每一方都不是孤立的个人，而是有着一个群体——利益共同体或同情者的支持。所以"什么是司法正义"的问题就转换成了"谁主张的正义才是司法正义"的问题。我们认为，在上述两案中，起码有下列几种不同的正义主张：

1.被害人或原告方主张的结果正义。李昌奎案中，被害人的父母及其他

①　［英］弗兰西斯·培根：《培根随笔》，吉林出版集团 2010 年版，第 183 页。

亲属的诉求是很明确的，那就是杀人者偿命，一命抵两命，法院应当判处被告人李昌奎死刑立即执行；附带民事诉讼中，原告方要求被告人李昌奎赔偿死亡赔偿金、丧葬费等共计人民币 380129.50 元。彭宇案中，原告方的主张是被告赔偿原告摔倒造成的全部损失 13.6 万元。如果这些诉求不能实现，他们眼里的司法正义肯定是打了折扣的。

2. 被告人及其亲属主张或认可的结果正义。李昌奎案中，我们应当注意一个细节，即从李昌奎被捕到二审改判，李昌奎的家人并没有委托辩护律师，一直是法院指定的辩护人参加辩护。他们也曾对媒体记者解释过，原本以为李昌奎的情况肯定是死刑立即执行了，所以连律师都没有请，也没钱请，就靠政府指定的律师辩护，是二审的改判让他们全家人重新看到了生的希望。所以，云南省高院启动审判监督程序后，他们也积极联系北京知名律师为李昌奎辩护。被告人及其家属的思想变化是比较清晰的，他们同样接受"杀人偿命"的传统思维，提起上诉不过是基于侥幸和延长一点生存时间的心理。至于民事赔偿，他们能力有限且主观上也没有积极赔偿的意思，这从后来乡村两级调解组织干预的结果可以知悉。可以说，二审的改判对李昌奎及其家人来说肯定是个大大的意外。彭宇案中，被告主张自己是见义勇为，与原告摔伤没有任何关系，不应承担任何责任。原告摔伤是事实，但摔伤的原因只有原告和被告两人清楚。然而法庭上出现了两种完全不同版本的说法，肯定有一方歪曲了事实真相。假使彭宇无辜，让其承担任何责任都是不正义；但假使彭宇撒了谎，判其承担责任，即使他嘴上不服也会心服。

3. 一审法官认定的正义。李昌奎案中，一审法官在刑事部分认定李昌奎构成故意杀人罪和强奸罪，按照数罪并罚，判决执行死刑立即执行；在民事部分，量刑时考虑了被告人的实际支付能力，判决支付 3 万元。无论从法律效果还是社会效果看，如此判决基本上是能为原被告双方和社会公众接受的。彭宇案中，一审法官综合考量了各方面的间接证据，尽可能地去探究案件的事实真相，在形成自己内心确信的过程中，运用了经验法则和日常生活中的情理分析，尽管这份判决一度在媒体和舆论中广受诟病，但我们今天走出滚滚的舆论洪流，仔细推敲这份判决书的文辞表达，相信它合情入理的分析能经得住时光的磨砺。但是，在强大的舆论冲击下，彭宇案的一审主审法官已经调离法官职业，法官连自己的命运都不能左右，怎么期望他们为当事人和全社会提供信得过的正义呢？

4. 二审法官认定的正义。李昌奎案和彭宇案中，二审法官以不同的形式更改了一审法院的判决，说明二审法院和一审法院在这些具体的个案中，对正义的理解是有所不同的。云南省高院更多地考虑了当前国家的刑事政策导向，南京市中级人民法院则更多地考虑了案件处理的社会效果。

5. 法律职业者中对终审结果的支持和反对态度。在一些广受社会关注的典型案例中，法学界和法律界的专家学者、业内人士的看法总是不可少的。但这些意见却往往是有分歧的，形成截然对立的两派或各有侧重的三派。在本书选取的两个案例中，专业人士的观点也不例外。

6. 媒体和公众舆论对终审结果的支持和反对态度。李昌奎案中，舆论几乎是一边倒地倾向于被害人，对被告人一片喊杀之声。而彭宇案中，舆论却是一边倒地支持被告彭宇。当然也有少数反对主流舆论的声音，但被主流声音湮没了。当代中国还有一个奇怪的现象是，主流舆论和法律职业人士中的主流意见出现了持续化的冲突和对立。

7. 众多的没有发出声音的大众内心评价。这是民意的主体，是一种潜在的民意。古人讲：民意如水，可疏可导不可堵，水可载舟亦可覆舟，所以民心不可欺。无声的大众经常会有事不关己高高挂起的旁观者心态，他们也经常会有极强的从众意识。但他们同样有独立的是非善恶判断标准，一旦这部分民意形成稳定的、集中化的表达机制，将是一股不可抗拒的社会力量。

针对具体案件的上述来自各方面的主张，都认为正义在自己手中，认为自己掌握着正义的话语权或主导权。司法正义的理想状态当然是各方面意见形成一致共识，指向一个共同的结果。但这种理想状态在现实中几乎是不存在的。现实的可行的选择只能是尊重最接近司法正义的方案。而上述方案中哪一种主张更接近司法正义呢？经过上述的对照分析，笔者认为，一审法官由于在时间和空间上最接近案件事实和案件当事人，其对案件的认定最接近事实真相，其基于事实认定基础上作出的判断最接近双方当事人和社会公众的理性共识。除非一审法官有徇私舞弊、明显偏袒一方当事人，或对法律的理解和把握有明显错误，或严重违反法定程序的情形发生之外，二审法院应引导当事人及社会公众遵守和尊重一审法院的判决。确有改判必要的，一定要拿出比一审判决更充分的理由。

三、司法正义的实现

正义乃司法权、司法机关和司法人员的存在之本，是司法之生命力所在。司法应当追求正义是一个不言而喻的问题，但是，如何实现司法正义，却是一件仁者见仁智者见智的事情。迄今为止，社会各界针对如何通过司法制度及体制的改革实现司法正义已经开出了若干剂药方，其中不乏真知灼见。笔者也不揣冒昧，拟从理念转变及原则设定方面择要把握一下司法改革的价值取向及可行性措施。

（一）司法权独立化

理由：司法的实质是判断，司法权的性质是判断权。司法是行使判断权的主体——面对具体案件的法官——基于自己的职业道德、行为操守、学识和能力，在意志自由的基础上，对案件是非曲直作出独立判断的活动。因此，司法权应当归位，回归审判权即判断权。司法权作为国家权力体系中一个必不可少的组成部分，应当按其权力性质予以设定和行使，使其具有相对独立性和制约性，这是实现依法治国的体制保障，也是实现司法正义的基本前提。司法独立主要是指司法权独立，所谓的法院独立和法官独立仅仅在其被赋予和实际行使司法权的角度才有意义。

措施：1.审检分离。审判权和检察权应按照权力的不同性质分别配置和行使，把检察权从司法权中分离出去，检察权的执行性特征使其不应也不必非得要与审判权捆绑在一起服从司法权运行规律。笔者认为，对检察权中的不同权能可以予以拆分：侦查权并入公安（或国家安全）部门；公诉权并入政府法制办，承担起国家刑事公诉和政府行政应诉任务；法律监督权并入人大法工委。2.审执分离。审判权和执行权分开，把执行权从法院中剥离出去，法院专职做好审判工作，而不是现在法院系统内部实行的设立执行局、审执分离加审执兼顾等换汤不换药、治标不治本的改革举措。目前执行权是由公安、司法行政部门和法院几家分享，把法院的执行权剥离后完全可以配置给公安和司法行政部门。由于行政机构上下级之间的联动和隶属关系，更容易形成执行合力，解决执行难问题。为加大执行力度，还可以规定将执行法院裁判情况作为法治政府的衡量指标，每年全国的未执结案件逐级上报，由国务院总理和省级行政负责人直接负责督导。

（二）法院去行政化

理由：法院是司法机关，是审判权即判断权的唯一享有者。审判权与行政权有着根本的不同，行政权是一种对行政事务的积极主动的干预，而司法权是一种消极被动的判断权。因其被动，所以需要独立。因为判断权的行使并不依赖于外在的强制性或行政性，而决定于法官个体的内心确信以及形成这种确信前提的理智、经验、知识和道德伦理水准，是一种意志和行为自由前提下的独立判断。由于司法权的独立属性，法院系统就不应出现行政关系中的上下级格局。但是，由于种种因素的影响，我国法院系统事实上带有明显的行政化色彩。首先，从上下级法院的关系看，按照宪法和人民法院组织法的规定，上下级法院之间应当是监督与被监督关系，而不是领导与被领导关系。但是，实践中，不同级别的法院对应着不同的行政级别，如最高法院是副国级，省级高院是副部级，市级中院是副厅级，县级法院是副处级。每一级法院受同级党委领导和同级人大监督，经费由同级政府控制，这般设置只能使国家的人民法院在一定程度上降格为服务于地方的"地方法院"，事实上成为了政府的一个职能部门。另外，上级法院主导着下级法院的评比、考核，部署辖区内所有法院系统的工作，听取下级法院的汇报，下级法院遇到疑难案件，也习惯于向上级法院请示，以免自己受到错案责任追究。所有"上级机关"具备的权力上级法院几乎都具有，成为下级法院事实上的领导机构。这种现象已经严重扭曲了宪法和人民法院组织法对上下级法院之间关系的安排。其次，从每一个具体法院的内部结构看，也有明显的行政化倾向。与行政机关的首长负责制相类似，法院里的院长、副院长、庭长、副庭长、审判员之间的关系是领导与监督并行的关系。从院长、副院长、审判委员会委员、庭长、副庭长到审判员、助理审判员形成一个严密的等级体系，这种等级完全是按照行政系统官员的职级套用的。这就意味着，在同一个法院内部，法官是按职务而不是按业务被划分为三六九等的，法官与法官之间地位是不平等的，具有院、庭长身份的法官不但对普通法官具有领导权，而且对案件的最终结果具有审批权或签字权。法官所行使的审判权天然地要求法官之间具有平等性，因为人与人之间的判断力只有专业与非专业之分，而不能有绝对的高下之分，尤其不能以职务高低论判断力之高下。鉴于上述理由，法院改革必须去行政化。

措施：1. 取消法院和法官的一切行政性级别。法院内部审判业务和行政事务实行严格区分，审判、行政人员不交叉任职，院长、庭长等行政管理人员只处理内部行政事务，不得过问、干预案件审理。2. 四级法院的设置不变，在审级上试行有限的三审终审制。为避免地方保护主义，并且实现案件繁简分流，基层、中级人民法院可以考虑跨区域设置，分享初审管辖权。基层法院受理小额民事纠纷及轻微刑事案件和法律关系简单的行政案件，可以适用调解。中级法院受理其他刑事、民事、行政案件。高级人民法院按现有行政区划设置，行使上诉管辖权。如果切实做到案结事了，相信绝大部分案件会在一审或二审阶段终结。最高人民法院行使终审管辖权。取消死刑复核程序，由最高法院受理所有死刑案件的上诉或抗诉，因为死刑判决是人命关天的大事，应当由同一个法院按照统一的标准作出裁断。另外，为了不给最高法院增加过重的三审压力，非死刑案件的上诉或抗诉是否受理，可以由最高法院自由裁量决定，可以选择受理社会广泛关注的案件，有典型代表意义的新类型案件。吸取判例制度的长处，最高法院的判决结果可以对全国各级法院以后处理的类似案件产生拘束力，这样就能促进同案同判的效果。3.法院系统的人、财、物收归中央和省两级管理。最高人民法院的人员、经费报全国人大常委会批准，由中央财政拨付；地方各级人民法院的人员、经费报各省人大常委会批准，由各省财政统一拨付。

（三）法官精英化

理由：法官精英化是与职业化、专业化的要求紧密联系的。宪法和法律配置给法院的审判权最终要由法官行使，审判权维护社会正义的神圣性质决定了法官群体应当是社会的精英。西方有法谚云："法官不是人，而是人之上的神。"英国大法官爱德华·柯克也说：法律是一门艺术，它需要长期的学习和实践才能掌握，在未达到这一水平前，任何人都不能从事案件的审判工作。[①] 法官除了具备精深的业务素质，还应当了解自己国家的社情民意，富有同情心和正义感，拥有刚直不阿的品格。正如美国大法官霍姆斯所说："只有熟悉与法律有关的历史背景、社会因素和经济情况的法官和律师，才能够适当的履行职责。"[②] 要使法官成为社会精英，就需对法官职业的进入、在职和退出等环节实行精英化的管理。另外，由于法官职业需要有较为丰富的社会阅历，还需对法官的任职年龄有所限制。目前，我国法官的任命方式几乎与行政官员任命方式无异。就基层法官的任命而言，审判员的任命程序是：首先由组织部门考察，再报该地区常委会通过后，由该级人大会常委会批准并颁发任命状。这种任命方式使得法官从产生之处就没有权威。就法官的在职管理来说，根据我国现行法官法的规定，法官的级别分为四等十二级，与国家公务员的行政等级划分基本对应。第一等是首席大法官，只有一人，即最高人民法院院长。第二等是大法官，包括两级。第三等是高级法官，包括四级。第四等是法官，包括五级。如此繁杂的等级划分可能在一段时期内适合我国的国情，但终究不符合司法权运行的规律。另外，法院系统内部对在职法官的监督管理形同虚设，法官

---

① 转引自［美］罗斯科·庞德：《普通法的精神》，唐前宏等译，法律出版社2001年版，第42页。

② Holmes, The path of law, Collectd Legal Papers, Harcourt, Brace, 1920, pp.180, 184.

群体中屡屡曝出的贪腐案件几乎都是因为其他案件被牵出，可见法院系统内设的纪检机构作用极为有限，形同虚设的制度不如弃而不用。再就法官的退出机制来说，目前有很多外界因素都能影响法官非自愿的职业变动，且不说明任何理由。法官精英化是实现司法正义的重要保障，上述不利于法官精英化的种种举措，必须改革。

措施：1. 法官分两个等级：大法官和法官。最高人民法院分设刑事、民事、行政三个业务庭，各设 7 名大法官，在其中指定一名为首席大法官，首席大法官负责召集、组织案件的终审。每位大法官设一定数额的法官助理。大法官、首席大法官只作为荣誉称号，不与职务待遇挂钩。这 21 名大法官由全国人大常委会差额提名，由国家主席任命。大法官人选从地方各级法院的优秀法官、著名律师或法学学者中产生，大法官终身任职，任职年龄可以限定为年满 50 周岁，出现空缺随时补选。省级以下法院的全部法官由省级人大常委会差额提名，由省（自治区、直辖市）的一把手任命。地方各级法院的法官编制实行定额制，按照所辖地区的人口数按一定比例配备。法官的任职年龄可以限定为年满 40 周岁。2. 根据地区经济发展水平，确定该驻地法院大法官和法官群体的在职及退休待遇，使其能达到当地公务员收入的较高水平，然后依据任职年限待遇逐年提升，退休时再领取一份丰厚的养老金，这对保证司法职业的尊严和荣誉感是很重要的。取消错案责任追究制，从职业道德和行为规范的角度加强对在职法官的监督，在全国人大和省级人大设法官言行惩戒委员会，受理社会各界对大法官和法官不当言行的举报。对于轻微违纪，智识和能力不足，有损法官荣誉的，给予警告、记过、记大过、留用察看等轻微处分，不过法官之间基于对法律适用情况的不同理解而对案件作出的不同判决，不应当被认定为错案和法官言行（往往体现在判决书的说理部分）不当；对于严重违纪，由于徇私舞弊而出入人罪、是非不分、黑白颠倒，不适合再担任法官职位的，启动弹劾程序，给予调离法官职位、开除公职的处分。对于开除公职的，永远不得录用为国家公职人员。3. 大法官和法官除自愿申请离职、因病或亡退职（法官还包括到正常退休年龄而退职）、受全国人大或省级人大弹劾外，不得因其他原因调离法官职位。

（四）人民陪审员大众化

理由：司法权是一项重要的国家权力，而国家的一切权力都来自于人民，所以人民有权监督司法权的运作。参与案件审理，监督司法权的运作是行使公民权的体现。陪审是目前为止人们发现的监督司法权运作的最直接形式，也是发扬司法民主的重要途径。鉴于陪审制度的重要作用，这项制度在我国有必要继续坚持。但由于现行的人民陪审制度有很多缺陷，所以需要不断改革完善。根据十届全国人大常委会第十一次会议通过的《关于完善人民陪审员制度的决定》的要求，我国人民陪审员的任职资格有四项必备条件：拥护中华人民共和国宪法；年满 23 周岁；品行良好、公道正派；身体健康。另外还有一项非必备条件：一般应当具有大学专科以上文化程度。有了这样的条件限制，实践中法院选择人民陪审员通常走的是"精英路线"，很多法院不仅把学历、而且把法律专业背景作为人民陪审员的任职资格条件。这种做法不符合人民陪审制度设计的初衷。从理论上讲，人民陪审员不应当是精英法官群体的成员，而是民意的代表，是普通民众的代言人，正好以其广泛性和大众性与法官的精英化相互补充，使非职业法官与职业法官之间形成思维互补，二者相得益彰。18 世纪法国伟大的革命家罗伯斯庇尔认为，为了使公民受到最公正和最无私的对待，让与他们具有同等身份的人们来审判，这正是陪审制度的最大特点。

措施：1. 在宪法中确立公民的陪审权。2. 改人民陪审员制为人民陪审团制，人民陪审团只负责对案件事实问题的认定，刑事案件中负责认定被告人有罪与否，民事案件中认定双方当事人的是非对错，行政案件中认定被告有责与否。这是与人民陪审员的大众化要求相适应的，既然不要求专业知识背景，就不能勉为其难地让他们去处理繁杂的法律问题，而对于案件的事实问题，他们凭着普通公民的良知和正义感，是能够作出公正判断的。3. 人民陪审团只适用于一审法院的一审案件，是否启动由当事人选择。刑事公诉案件由被告方选择，刑事自诉案件和民事案件由当事人双方选择，行政案件由原告方选择。4. 取消人民陪审员的大专学历资格限制，通常来说，凡是在地方人大代表选举中进行了登记的选民，都可以列入人民陪审员名单。但考虑到审判权行使的特殊要求，还应再设定几个合理的必备条件：年满 40 周岁至 60 周岁之间；初中文化程度；没有违法犯罪记录；非现职国家工作人员；身体健康；本人自愿。符合上述条件的选民都列入人民陪审员名单，自动获得人民陪审员资格。5. 具体案件的人民陪审团成员由当事人通过随机方式从人民陪审员名单中选择产生。

（五）程序公开化

理由：程序公开是司法正义的重要组成部分，是促进司法正义，提升法院公信力，树立司法权威的重要举措，也是中国共产党的一项优良传统。中国共产党从探索创立社会主义司法制度时起，就重视通过司法公开促司法公正。苏区的临时最高法庭成立后，立即在当时的中央政府机关报《红色中华》上开辟

"苏维埃法庭"专栏，定期公布案件审理情况和法律文书，增强审判工作的透明度，赢得了苏区群众对社会主义司法的信任和尊重。审判公开既是苏区的一项重要司法原则，也是一项重要的司法制度。今天我们重复'公开'一词的理由仍然是强有力的，正如美国学者戴维斯所说："公开是恣意与专横的天敌；公开是与非正义进行战斗的天然盟友。"① 程序公开之所以获得社会的广泛接受，其原因在于它是衡量程序正义与否的一个重要指标。暗箱操作总是与专制、恶法为伍，正所谓"刑不可知，则威不可测"。马克思也曾经指出，正是因为"有人把怕见天日的私人利益运进我们的法里，就必须赋予这种内容以相应的形式，即秘密的诉讼程序的形式，这样，至少才不会引起和产生任何危险的、自满的幻想。……如果形式不是内容的形式，那么它就没有任何价值了。"② 一切肮脏交易都是害怕见阳光的。而社会主义法是体现广大人民利益、反映广大人民意志的良法，追求程序公开是其题中之义。正义的法律程序一定是公开的、透明的，很多实体方面难解的问题都可以通过程序方面的细节改变而得到解决或从根本上得以避免。

措施：1. 加强司法系统信息化建设，进一步扩大程序公开范围，符合公开审判条件的案件从法院立案到法庭审理到判决书内容，都应当及时在法院外网公开，方便当事人和社会公众查询。2. 确立集中审理原则，并行审理仅作为例外情况适用。集中审理原则，即不间断审理原则，是指法庭对案件的审判，除非基于不可抗力等客观情势，应由固定的审判人员持续不中断地进行，并应在审理结束后即行作出判决。3. 取消定期宣判制度，案件如果没有再次开庭的必要，应当在最后一次开庭结束时当庭宣布判决结果，判决书可以定期送达。4. 取消二审不开庭审理方式，凡是当事人提起上诉或检察院提起抗诉的案件，法院都应当开庭审理，贯彻直接、言辞原则，听取各方当事人的意见，审理结果在法定时间内送达各方当事人，包括原审未提起上诉的一方当事人。

（六）裁判书说理化

理由：重视裁判书的说理性是中国共产党的一项优良传统，最高人民法院第三任院长谢觉哉同志早在 1942 年就强调过判词说理的重要性，他指出："判词，要剖析隐微、合情合理，使败诉者不能不心服。上控案子，总是原判失

---

① K.C.Davis, Discretionary Justice: A Preliminary Inquiry, University of Illinois Press, 1971, p.98.

② 马克思：《关于林木盗窃法的辩论》，《马克思恩格斯全集》第 1 卷，人民出版社 1956 年版，第 178 页。

当，或者判得虽对而说得不清，遂致两告（指原告和被告）都受上诉的累。"①
司法的实质是判断，裁判书就是法官说明判断过程和判断依据，并努力获得当
事人和社会公众信服的有形载体。尤其是其中的理由部分，是裁判书的重要内
容之一，也是裁判书的灵魂所在。但是，目前司法实践中还普遍存在着裁判书
过于简单和质量不高的问题，例如，有些裁判书根本不说理，有些说理不充
分、不恰当，甚至有些干脆讲歪理。还有些裁判书形式上便漏洞百出，出现错
别字，当事人姓名、日期错误，或将当事人之间的关系颠倒混淆等。这样的裁
判书能否使人信服，能否产生良好的法律效果和社会效果可想而知。这些不良
现象的存在，既损害法官和法院形象，削弱司法权威；又辜负了公众对司法的
期望，降低了司法公信力。所以，法院系统有必要在推行审判方式改革的前提
下继续深化裁判文书改革，强化裁判书的说理性。

　　措施：1. 改变裁判书千案一面的模式，充分展示法官的个性。2. 把合议庭
内部的少数不同意见公之于众，这样做有两个好处：一是更符合事物发展的客
观规律。合议庭成员的意见不可能在一切案件上都是整齐划一的，明知不可能
却要以整齐划一的形式示人，有悖于司法求真的品格。二是有利于增强合议庭
每个成员的责任感。如果公开了合议这一环节的内容，则揭开了司法中最后一
块隐秘的面纱，使审判公开更加彻底。

---

① 《谢觉哉谈司法文书》，1942-02-08.

结语：回到马克思恩格斯

社会主义，目前正处在艰程之下。马克思主义中国化，实践中也面对诸多悖论和难题。几乎任何一种新理论的诞生，都是基于解释或解决现实问题的需要。理论从来不是为了理论而理论，指导实践永远是理论创新的不竭动力。马克思主义也不例外，它首先是一种关于实践的学说。至于理论与实践之间经常出现的紧张与对立，理论指导实践的效果不尽如人意，既可能是理论设计本身存在缺陷，也有可能是实践背离了理论的正确指导。不管是哪一种情况，都需要现实社会的人们回到马克思恩格斯那里，对经典作家的理论本身有深刻的认知，而不是人云亦云，仅作壁上观。马克思主义，作为目前为止最为系统的科学社会主义理论体系，蕴涵着丰富的宝藏，值得我们深入挖掘。

马克思主义是无产阶级的思想武器

马克思主义是分析资本主义发生、发展及灭亡的基本规律，探索无产阶级如何在资本主义制度下解放自己，进而解放全人类的规律的科学理论体系，是无产阶级认识世界和改造世界的思想武器。由于马克思主义建立在辩证唯物主义和历史唯物主义等科学方法的基础上，其关于社会基本矛盾运动、剩余价值、阶级分析等基本原理有着不容置疑的科学性。"马克思主义站在了社会科学的制高点上，虽然这个制高点并非不可逾越，但是迄今为止它依然是社会科学的高峰。"① 马克思主义的科学性是与其阶级性紧密联系在一起的。始终不渝地坚持马克思主义，是一切无产阶级政党的基本立场。背离马克思主义，不但会失掉无产阶级政党的本色，自身也不会取得良好的结果。前苏联共产党的结局为我们提供了一个反面镜鉴。作为世界范围内首次领导无产阶级革命取得成

---

① 陈奎元：《信仰马克思主义　做坚定的马克思主义者》，《光明日报》2011年6月13日第5版。

功、曾经建立起第一个社会主义国家的无产阶级政党，前苏联共产党一度以大党老党自居，无论在理论创新和实践探索方面都曾经是后起无产阶级政党的榜样和表率，但最终却因其背离了马克思主义理论的指导，在党内宣扬非马克思主义的"新思维"，自动在思想上放下武器，使全党丧失了共产主义的理想和信念，最后导致苏共在组织上瓦解，丧失执政地位。前车之鉴，不断警示后人切勿重蹈覆辙，这样的教训是任何一个执政党都应当铭记的。作为一种科学的世界观和方法论，马克思主义并非适用于一切阶级的普适性真理，它只钟情于无产阶级，是指导无产阶级运动的思想武器。无产阶级只有自觉接受马克思主义理论的指导，并密切联系当时当地的社会实践，才能把批判的武器转变为实实在在的物质力量。

马克思主义在当今世界远未过时

当今世界，资本主义和社会主义两种制度长期并存。马克思主义不仅是无产阶级认识和批判当时资本主义世界的思想武器，也是我们分析和解决当代社会诸多矛盾和问题的理论指南。从1848年《共产党宣言》的发表至今，马克思主义已经历160多年实践磨砺。在这期间，世界形势发生了翻天覆地的变化，马克思主义已经过时的论调一度甚嚣尘上，是坚持还是抛弃马克思主义，长期以来一直是我国政治思想领域斗争的主要焦点。马克思主义真的过时了吗？我们坚信，答案是否定的！无论过去、现在还是将来，马克思主义都将是中国共产党和中国人民的根本指导思想。

95年前，正当生活在水深火热之中的中国人民一筹莫展的时候，十月革命一声炮响给中国人民送来了马克思主义，它犹如暗夜里的一缕曙光，照亮了中国人民前进的道路，从此马克思主义就与中国人民结下了不解之缘。在马克思主义的指引下，中国人民建立了自己的政党——中国共产党，在中国共产党的正确领导下，中国人民经过艰苦卓绝的斗争，前仆后继，终于推翻了压在自己头上的三座大山，在饱经战火洗礼的废墟之上，建立起了一个令世人瞩目的社会主义新中国。先进理论与先进政党的结合，使满目疮痍的旧中国旧貌换新颜，恢复了生机和活力，正如新中国的开国领袖毛泽东同志所说，"马克思列宁主义来到中国之所以发生这样大的作用，是因为中国的社会条件有了这种需要，是因为同中国人民革命的实践发生了联系，是因为被中国人民所掌握了。任何思想，如果不和客观的实际的事物相联系，如果没有客观存在的需要，如果不为人民群众所掌握，即使是最好的东西，即使是马克思列宁主义，也是不起作用的。"① 马克思本人对自己理论的未来影响，也有非常客观的认识，他说："理论在一个国家的实现程度，决定于理论满足这个国家需要的程度。"②

马克思主义认为社会主义必然代替资本主义是社会生产力发展的要求和合乎规律的结果，推翻资本主义并实现社会主义是无产阶级的历史使命。只要资本主义制度还没有退出世界和历史舞台，只要资本对劳动的统治和剥削关系还没有绝迹，马克思主义理论就不会过时；只要社会主义还没有在世界范围内取得普遍胜利，人类还没有全面实现共产主义，马克思主义的历史使命就没有终结。看今日世界，社会主义陷入低谷，资本主义虽面临重重危机但势头不减，全球范围内的地区差异及贫富分化日益严重。美国社会学家费根比较公正地指出："许多国家的政府以及诸多国际组织的各种亲资产家的政策，已经加剧了世界范围内的物质财富从穷人及劳动者阶级向富人及富裕的社会阶层的转移过程。在当今的美国，收入不平等的状况已经达到了创历史的纪录。1/5的家庭几乎拥有着全美家庭总收入的一半，而生活在底层 1/5 的家庭却只拥有不到全美家庭总收入的 4%。不仅如此，全美 1% 最富的家庭拥有的财富要比底层 95% 的人所拥有的还要多，并且，他们的财富自 19 世纪 70 年代以来已经翻了一番；此外，与十年前相比，生活在贫困中的美国人更多了，在 1980 年代末期，有 3150 万人生活在官方定义的贫困线或更低的状况之中，但到了 1999 年，有资料显示，这个数字已经上升到了 3450 万。在最近的几十年中，百万富翁乃至亿万富翁的人数有了戏剧性的增加。但同时，大多数普通劳动者却明显地感觉到他们实际的工资在减少——尽管他们在住房、交通以及医疗保健方面费用的实际支出有大幅度提高。"③ 在阶级分化和阶级对立依然严重的全球背景下，马克思主义仍然是全世界无产阶级和劳动大众认识世界、改造世界的精神武器。

中国共产党建党伊始，全国接受马克思主义并立志为之奋斗的人，不过几十人。这些先知先觉的马克思主义者如星星之火，迅速在全国形成燎原之

---

① 毛泽东：《唯心历史观的破产》，《毛泽东选集》第 4 卷，人民出版社 1991 年版，第 1515 页。

② 马克思：《黑格尔法哲学批判》导言，《马克思恩格斯选集》第 1 卷，人民出版社 1995 年版，第 11 页。

③ ［美］J·R·费根：《社会公正与社会学：二十一世纪的议程》，《新华文摘》2002 年第 12 期。

势，根据民政部统计，从建党到建国 28 年，全国有 2100 多万革命者为社会主义事业捐躯。而今，仅中国共产党员的人数，已经从建国初的 449 万发展到现在的 8000 多万。另外，还有其他社会主义国家的执政党和资本主义国家的共产党及其同盟党。他们现在正是世界范围内传播马克思主义的重要力量。历史和实践证明：什么时候坚持马克思主义，党和人民的事业就会无往而不胜；什么时候脱离马克思主义，党和人民的事业就要遭受挫折。什么时候坚持真正的马克思主义，就能推动社会主义的大发展；什么时候坚持虚假的马克思主义，就会阻碍社会主义的进步。正如列宁所说："沿着马克思的理论的道路前进，我们将愈来愈接近真理（但绝不会穷尽它）；而沿着任何其他的道路前进，除了混乱和荒谬之外，我们什么也得不到。"① 所以，作为法学工作者，我们必须始终不渝地坚持真正的、原汁原味的马克思主义，与各种教条的或扭曲的伪马克思主义划清界限，推动马克思主义法学的中国化，实现马克思主义法学在中国的创造性发展。

必须回到真正的马克思主义

马克思主义是具有高度革命性的理论，是无产阶级的一枚锐利的思想武器，自诞生以来所向披靡。在正面斗争难以取胜的情况下，一些资产阶级分子打着马克思主义的旗帜反对马克思主义，掀起一浪高过一浪的歪曲、篡改甚至彻底否定马克思主义的逆流。从伯恩施坦到考茨基，再到赫鲁晓夫等等代表人物，他们的套路几乎是相同的，无不是用资产阶级自由主义的价值观来否定社会主义的价值观，试图从根本上否定马克思主义基本原理，进而全面瓦解无产阶级政党为共产主义事业而奋斗的历史使命和阶级意志。在这股逆流袭来时，真正的马克思主义者就识破了这些反马克思主义者的计谋。他们同修正主义、机会主义的斗争，是无产阶级反对资产阶级的革命斗争中一个不可分割的组成部分，是全世界人民反对帝国主义奴役的解放斗争的一个不可分割的组成部分。不同修正主义、机会主义进行长期的、坚决的、顽强的斗争，就根本谈不上坚持马克思主义、反对资本主义，就根本不可能取得无产阶级革命胜利、建立无产阶级专政，更别指望尽快从社会主义初级阶段过渡到更高级的共产主义阶段。毛泽东同志指出："修正主义，或者右倾机会主义，是一种资产阶级思

---

① 《列宁选集》第 2 卷，人民出版社 1995 年版，第 104 页。

潮，它比教条主义有更大的危险性。修正主义者，右倾机会主义者，口头上也挂着马克思主义，他们也在那里攻击'教条主义'。但是他们所攻击的正是马克思主义的最根本的东西。他们反对或者歪曲唯物论和辩证法，反对或者企图削弱人民民主专政和共产党的领导，反对或者企图削弱社会主义改造和社会主义建设。在我国社会主义革命取得基本胜利以后，社会上还有一部分人梦想恢复资本主义制度，他们要从各个方面向工人阶级进行斗争，包括思想方面的斗争。而在这个斗争中，修正主义者就是他们最好的助手。"[①] 因此，本书在结论中提出回到马克思主义这一命题，特别说明是回到真正的马克思主义，回到马克思恩格斯那里。

回到马克思恩格斯，本书只是选取了马克思恩格斯的法正义观这一视角，抛砖引玉地作了一次尝试，试图贯通马克思主义法学与马克思主义伦理学的主脉联系。就当前我国的现代化法治建设来说，马克思主义法哲学中的法正义理论可资借鉴的地方很多。几千年来，关于正义与法问题的争论伴随着人类思考的轨迹。马克思、恩格斯科学地揭示了正义与法关系的真谛，将人类对于正义、法律以及二者关系的认识提高到了新的高度，这是对人类思想史的巨大贡献。马克思恩格斯的法正义观之所以能超越古希腊和近代资产阶级的法正义理论，就在于经典作家在历史唯物主义这样一个全新的理论视野中对正义与法的关系进行了科学的分析与把握。但是我们也要看到，任何一种理论都是特定时代的产物，从发生学的意义上看，一定程度上都是一种"地方性知识"。马克思恩格斯也曾经指出："一切划时代的体系的真正内容都是由于产生这些体系的那个时期的需要而形成的。"[②] 因此，马克思恩格斯的法正义观对我国法治建设的指导意义更多的是方法论意义上的。正如博登海默所说："思想家提出的一些假设和结论因日后的经验和发现而未能经受住时间的考验，但是这些思想家寻求解决问题的各种可能进路的方法，却可以说是持久有效的。"[③] 在马克思去世后，恩格斯也曾强调指出："马克思的整个世界观不是教义，而是方法。它提供的不是现成的教条，而是进一步研究的出发点和供这种研究使用的方

---

① 毛泽东：《关于正确处理人民内部矛盾的问题》，《毛泽东文集》第7卷，人民出版社1999年版，第233页。

② 马克思恩格斯：《德意志意识形态》，《马克思恩格斯全集》第3卷，人民出版社1960年版，第544页。

③ ［美］博登海默：《法理学 法律哲学与法律方法》，邓正来译，中国政法大学出版社2004年版，第3页。

法。"① 相对于具体的制度设计，马克思恩格斯法哲学的正义价值和共产主义理想有着更加超越时空的感召力和真理性。就连"第三条道路"理论的集大成者吉登斯也不得不承认，马克思主义法哲学中的正义观对现实世界具有不可忽视的重要影响，"社会主义和共产主义已经消逝了，但它们的幽灵仍然缠绕着我们。我们不能简单地放弃推动他们前进的那些价值和理想，因为这些价值和理想中有一些是为了我们的社会和经济发展所要创造的美好生活必不可少的。"②相对于马克思恩格斯浩瀚的科学社会主义理论体系而言，本书的内容仅仅是一种管中窥豹式的解读，也许屡屡以偏概全、顾此失彼而不自知。不过，好在思想中划过的痕迹，自觉大致已描绘在笔端了。

---

① 恩格斯：《致威·桑巴特》(1895 年 3 月 11 日)，《马克思恩格斯全集》第 39 卷，人民出版社 1974 年版，第 406 页。

② ［英］安东尼·吉登斯：《第三条道路：社会民主主义的复兴》，郑戈译，北京大学出版社、生活·读书·新知三联书店 2000 年版，第 2 页。

参 考 文 献

一、马克思主义经典原著

1.《马克思恩格斯选集》第 1—4 卷，人民出版社 1995 年版。

2.《马克思恩格斯文集》1—10 卷，人民出版社 2009 年版。

3.《马克思恩格斯全集》第 1、2、3、10、11、12、13、16、19、21、25、30、31、32、33、34、44、45、46、47、48 卷，人民出版社 1995—2008 年版。

4.《马克思恩格斯全集》第 1—50 卷，人民出版社 1956—1985 年版。

5.《列宁选集》第 1—4 卷，人民出版社 1995 年版。

6.《列宁全集》第 1—60 卷，人民出版社 1984—1990 年版。

7.《毛泽东选集》第 1—4 卷，人民出版社 1991 年版。

8.《毛泽东选集》第 5 卷，人民出版社 1977 年版。

9.《毛泽东文集》第 1—8 卷，人民出版社 1993—1999 年版。

二、中文（译）著作

10. [古希腊] 荷马:《伊利亚特》(《罗念生全集》第五卷)，人民出版社 2004 年版。

11. [古希腊] 荷马:《奥德赛》，人民文学出版社 1997 年版。

12. [古希腊] 赫西俄德:《工作与时日　神谱》，商务印书馆 1991 年版。

13. [古希腊] 柏拉图:《理想国》，商务印书馆 1986 年版。

14. [古希腊] 柏拉图:《政治家——论君王的技艺》，中国青年出版社 2002 年版。

15. [古希腊] 亚里士多德:《政治学》，商务印书馆 1965 年版。

16. [古希腊] 亚里士多德:《尼各马可伦理学》，中国社会科学出版社 1999 年版。

17. [古希腊] 普鲁塔克:《希腊罗马名人传》，商务印书馆 1990 年版。

18. [古希腊] 索福克勒斯．安提戈涅:《古希腊罗马文学作品选》，北京出版社 1988 年版。

19. [古罗马] 马尔库斯·奥勒利乌斯:《沉思录:一位罗马皇帝的哲学思考》，天津社会科学院出版社 2010 年版。

20. ［英］莫尔：《乌托邦》，商务印书馆 1982 年版。

21. ［意］康帕内拉：《太阳城》，商务印书馆 1980 年版。

22. ［德］安德里亚：《基督城》，商务印书馆 1991 年版。

23. ［英］弗兰西斯·培根：《新大西岛》，商务印书馆 1959 年版。

24. ［英］《温斯坦莱文选》，商务印书馆 1979 年版。

25. ［法］维拉斯：《塞瓦兰人的历史》，商务印书馆 1963 年版。

26. ［法］摩莱里：《自然法典》，商务印书馆 1982 年版。

27. ［法］《马布利选集》，商务印书馆 1981 年版。

28. ［英］《巴贝夫文选》，商务印书馆 1962 年版。

29. ［法］邦纳罗蒂：《为平等而密谋》，商务印书馆 1989 年版。

30. ［法］梅叶：《遗书》，商务印书馆 1960 年版。

31. ［法］《圣西门选集》，商务印书馆 1962 年版。

32. ［法］《傅立叶选集》，商务印书馆 1959 年版。

33. ［英］《欧文选集》，商务印书馆 1965 年版。

34. ［法］卡贝：《伊加利亚旅行记》，商务印书馆 1965 年版。

35. ［法］德萨米：《公有法典》，商务印书馆 1982 年版。

36. ［法］《布朗基文选》，商务印书馆 1979 年版。

37. ［德］魏特林：《和谐与自由的保证》，商务印书馆 1960 年版。

38. ［法］蒲鲁东：《什么是所有权？》，商务印书馆 1982 年版。

39. ［法］皮埃尔·勒鲁：《论平等》，商务印书馆 1988 年版。

40. ［英］威廉·莫里斯：《乌有乡消息》，商务印书馆 1997 年版。

41. ［英］葛德文：《政治正义论》，商务印书馆 1980 年版。

42. ［英］洛克：《政府论》下篇，商务印书馆 1981 年版。

43. ［英］休谟：《人性论》，商务印书馆 1980 年版。

44. ［英］休谟：《道德原则研究》，商务印书馆 2001 年版。

45. ［德］康德：《纯粹理性批判》，商务印书馆 1960 年版。

46. ［德］康德：《历史理性批判文集》，商务印书馆 1990 年版。

47. ［德］康德：《法的形而上学原理——权利的科学》，商务印书馆 1991 年版。

48. ［德］黑格尔：《法哲学原理》，商务印书馆 1961 年版。

49. ［德］黑格尔：《精神现象学》，商务印书馆 1979 年版。

50. ［英］梅因：《古代法》，商务印书馆 1997 年版。

51. ［法］孟德斯鸠：《论法的精神》，商务印书馆 1997 年版。

52.［法］卢梭:《论人类不平等的起源和基础》,商务印书馆 1962 年版。

53.［法］卢梭:《社会契约论》,商务印书馆 1980 年版。

54.［法］卢梭:《忏悔录》,人民文学出版社 1988 年版。

55.［法］卢梭:《漫步遐想录》,人民文学出版社 1988 年版。

56.［英］亚当·斯密:《道德情操论》,中央编译出版社 2008 年版。

57.［法］托克维尔:《论美国的民主》,商务印书馆 1997 年版。

58.［美］摩尔根:《古代社会》,商务印书馆 1995 年版。

59.［英］艾瑞克·霍布斯鲍姆:《革命的年代:1789—1848》,江苏人民出版社 1999 年版。

60.［苏］涅尔谢相茨:《古希腊政治学说》,商务印书馆 1991 年版。

61.［德］E·策勒尔:《古希腊哲学史纲》,山东人民出版社 1992 年版。

62.［俄］普列汉诺夫等:《论空想社会主义》,商务印书馆 1980 年版。

63.［德］W.戚美尔曼:《伟大的德国农民战争》,商务印书馆 1979 年版。

64.［英］柏克:《法国革命论》,商务印书馆 1998 年版。

65.［法］P.米涅:《法国革命史》,商务印书馆 1997 年版。

66.［英］罗素:《西方哲学史》,商务印书馆 1997 年版。

67.［美］爱德华·S·考文:《美国宪法的"高级法"背景》,三联书店 1997 年版。

68.［英］T.巴特摩尔:《平等还是精英》,辽宁教育出版社 1998 年版。

69.［法］拉法格:《思想起源论》,三联书店 1963 年版。

70.［法］拉法格:《财产及其起源》,三联书店 1962 年版。

71.［美］马尔库塞:《理性与革命》,重庆出版社 1993 年版。

72.［美］马尔库塞:《单向度的人——发达工业社会意识形态研究》,上海译文出版社 1989 年版。

73.［美］弗洛姆:《爱的艺术》,上海译文出版社 2008 年版。

74.［法］H.基佐:《欧洲文明史》,商务印书馆 1998 年版。

75.［英］H.基托:《希腊人》,上海人民出版社 1998 年版。

76.［德］马克斯·韦伯:《经济与社会》下卷,商务印书馆 1998 年版。

77.［匈］G.卢卡奇:《历史与阶级意识》,商务印书馆 1992 年版。

78.［美］罗尔斯:《正义论》,中国社会科学出版社 1988 年版。

79.［美］罗尔斯:《作为公平的正义——正义新论》,上海三联书店 2002 年版。

80.［美］罗尔斯:《政治自由主义》,译林出版社 2000 年版。

81.［美］麦金太尔:《德性之后》,中国社会科学出版社 1995 年版。

82.［美］麦金太尔:《谁之正义? 何种合理性》,当代中国出版社 1996 年版。

83.［英］D. 米勒：《社会正义原则》，江苏人民出版社 2001 年版。

67.［美］凯斯·R·孙斯坦：《自由市场与社会正义》，中国政法大学出版社 2002 年版。

68.［英］安东尼·吉登斯：《第三条道路：社会民主主义的复兴》，北京大学出版社 2000 年版。

69.［美］R. 尼布尔：《道德的人和不道德的社会》，贵州人民出版社 1998 年版。

70.［美］戈尔丁：《法律哲学》，三联书店 1967 年版。

71.［美］艾德勒：《六大观念》，团结出版社 1989 年版。

72.［美］M. 桑德尔：《自由主义与正义的局限》，译林出版社 2001 年版。

73.［美］M. 沃尔泽：《正义诸领域》，译林出版社 2002 年版。

74.［美］贝勒斯：《法律的原则》，中国大百科全书出版社 1996 年版。

75.［德］卡尔·曼海姆：《意识形态与乌托邦》，商务印书馆 2000 年版。

76.［意］桑得罗·斯奇巴尼选编：《正义与法》，中国政法大学出版社 1992 年版。

77.［美］布莱恩·巴利：《社会正义论》，江苏人民出版社 2007 年版。

78.［美］布莱恩·巴里：《正义诸理论》，吉林人民出版社 2004 年版。

79.［英］哈耶克：《法律、立法与自由》，中国大百科全书出版社，2000。

80.［英］哈耶克：《自由秩序原理》，三联书店 1997 年版。

81.［英］哈耶克：《通往奴役之路》，中国社会科学出版社 1997 年版。

82.［英］哈耶克：《致命的自负：社会主义的谬误》，中国社会科学出版社 2000 年版。

83.［英］波普尔：《开放社会及其敌人》，中国社会科学出版社 1999 年版。

84.［美］伯尔曼：《法律与宗教》，生活·读书·新知三联书店 1991 年版。

85.［美］霍贝尔：《原始人的法》，贵州人民出版社 1992 年版。

86.［美］诺齐克：《无政府、国家与乌托邦》，中国社会科学出版社 1991 年版。

87.［美］德沃金：《认真对待权利》，中国大百科全书出版社 1998 年版。

88.［美］德沃金：《至上的美德：平等的理论与实践》，江苏人民出版社 2007 年版。

89.［美］弗雷泽：《正义的尺度——全球化世界中政治空间的再认识》，上海人民出版社 2009 年版。

90.［美］约翰·梅西·赞恩：《法律的故事》，中国盲文出版社 2002 年版。

91.［美］桑德尔：《自由主义与正义的局限》，译林出版社 2001 年版。

92.［古］菲德尔·卡斯特罗：《全球化与现代资本主义》，社会科学文献出版社 2000 年版。

93.［美］博登海默：《法理学：法律哲学与法律方法》，中国政法大学出版社 2004

年版。

94.［法］欧内斯特·勒南:《耶稣传》,商务印书馆2010年版。

95.［德］奥特弗利德·赫费:《政治的正义性——法和国家的批判哲学之基础》,上海译文出版社2005年版。

96.［英］韦恩·莫里森:《法理学——从古希腊到后现代》,武汉大学出版社2003年版。

97.［美］范伯格:《自由、权利和社会正义:现代社会哲学》,贵州人民出版社1998年版。

98.［美］弗里德里希:《超验正义——宪政的宗教之维》,三联书店1997年版。

99.［英］伦纳德·霍布豪斯:《社会正义要素》,吉林人民出版社2006年版。

100.［法］保罗·利科:《论公正》,法律出版社2007年版。

101.［奥］凯尔森:《共产主义的法律理论》,中国法制出版社2004年版。

102.［美］列奥·施特劳斯:《自然权利与历史》,三联书店2003年版。

103.［美］萨拜因:《政治学说史》,商务印书馆1986年版。

104.［英］肯·宾默尔:《自然正义》,上海财经大学出版社2010年版。

105.［匈］阿格妮丝·赫勒:《超越正义》,黑龙江大学出版社2011年版。

106.［英］G.A.科恩:《为什么不要社会主义》,人民出版社2011年版。

107.［法］阿尔都塞:《保卫马克思》,商务印书馆1984年版。

108.［法］雅克·阿塔利:《卡尔·马克思》,上海人民出版社2010年版。

109.［美］莫里斯·迈斯纳:《马克思主义、毛泽东主义与乌托邦主义》,中国人民大学出版社2005年版。

110.［德］卡尔·柯尔施:《卡尔·马克思:马克思主义的理论和阶级运动》,重庆出版社1993年版。

111.［美］R.G.佩弗:《马克思主义:道德与社会主义》,高等教育出版社2010年版。

112.［英］史蒂文·卢克斯:《马克思主义与道德》,高等教育出版社2009年版。

113.［英］戴维·麦克莱伦:《马克思主义以前的马克思》,社会科学文献出版社1992年版。

114.［英］戴维·麦克莱伦:《马克思以后的马克思主义》,社会科学文献出版社1992年版。

115.［英］戴维·麦克莱伦:《青年黑格尔派与马克思》,商务印书馆1982年版。

116.［英］戴维·麦克莱伦:《卡尔·马克思传》,中国人民大学出版社2005年版。

117.［意］德拉·沃尔佩:《卢梭和马克思》,重庆出版社1993年版。

118.［英］G.A. 柯亨:《卡尔·马克思的历史理论 一个辩护》,重庆出版社 1989 年版。

119.［德］卡尔·柯尔施:《马克思主义和哲学》,重庆出版社 1993 年版。

120.［美］悉尼·胡克:《对卡尔·马克思的理解》,重庆出版社 1989 年版。

121.［英］安东尼·吉登斯:《第三条道路:社会民主主义的复兴》,北京大学出版社、生活·读书·新知三联书店 2000 年版。

122.［英］伯尔基:《马克思主义的起源:西方传统、经典与解释》,华东师范大学出版社 2007 年版。

123.［德］亨利希·库诺:《马克思的历史、社会和国家学说》,上海译文出版社 2006 年版。

124.［日］城塚登:《青年马克思的思想:社会主义思想的创立》,求实出版社 1988 年版。

125.［英］保罗·菲利普斯:《马克思恩格斯论法和法律》,西南政法学院 1985 年版。

126.［美］乔治·麦卡锡:《马克思与古人:古典伦理学、社会主义和 19 世纪政治经济学》,华东师范大学出版社 2011 年版。

127. 吴钧:《德国农民战争》,商务印书馆 1978 年版。

128. 李步楼:《社会主义与“自由平等博爱”》,湖北人民出版社 1987 年版。

129. 李凤鸣:《空想社会主义思想史》,上海人民出版社 1980 年版。

130. 山东大学等八院校编写组编:《空想社会主义学说史》,浙江人民出版社 1981 年版。

131. 吴易风:《空想社会主义》,北京出版社 1980 年版。

132.《马克思恩格斯论中国》,人民出版社 1997 年版。

133. 宋国诚:《马克思的人文主义〈1844 年经济学哲学手稿〉新探》,台北桂冠图书股份有限公司 1990 年版。

134. 冯景源:《马克思异化理论研究》,中国人民大学出版社 1987 年版。

135. 汤在新:《马克思恩格斯对未来社会经济关系的科学预测》,武汉大学出版社 1983 年版。

136. 张式谷、肖贵毓:《马克思恩格斯共产主义社会理论的形成和发展》,江苏人民出版社 1983 年版。

137. 陈先达:《走向历史的深处——马克思历史观研究》,上海人民出版社 1987 年版。

138. 陈先达等:《被肢解的马克思》,上海人民出版社 1990 年版。

139. 陈先达、靳辉明:《马克思早期思想研究》,北京出版社 1983 年版。

140. 徐崇温:《西方马克思主义》,天津人民出版社 1982 年版。

141. 杨树、石武选译:《西方马克思主义译文集》,中共中央党校科研办公室 1986 发行。

142. 王锐生、黎德化:《读懂马克思》,四川人民出版社 2001 年版。

143. 孙伯鍨:《探索者道路的探索》,安徽人民出版社 1985 年版。

144. 孙伯鍨、张一兵主编:《走进马克思》,江苏人民出版社 2001 年版。

145. 张一兵:《回到马克思——经济学语境中的哲学话语》,江苏人民出版社 1999 年版。

146. 陈刚:《马克思的自由观》,河南人民出版社 1996 年版。

147. 周辅成:《西方伦理学名著选辑》,商务印书馆 1987 年版。

148. 陈学明:《西方马克思主义论》,辽宁教育出版社 1991 年版。

149. 广州市环境保护宣传教育中心编:《马克思恩格斯论环境》,中国环境科学出版社 2003 年版。

150. 中国法学会研究部编:《马克思恩格斯论法》,法律出版社 2010 年版。

151. 孙国华:《马克思主义法理学研究 关于法的概念和本质的原理》,群众出版社 2007 年版。

152. 李光灿、吕世伦主编:《马克思、恩格斯法律思想史》,法律出版社 2001 年版。

153. 公丕祥:《马克思的法哲学革命》,浙江人民出版社 1987 年版。

154. 公丕祥:《马克思法哲学思想述论》,河南人民出版社 1992 年版。

155. 邸瑛琪、房清侠:《马克思恩格斯刑罚思想研究》,中国人民公安大学出版社 2002 年版。

156. 曲可伸主编:《马克思主义法律思想史》,法律出版社 2001 年版。

157. 吕世伦主编:《马列法学原著选读教程》,中国人民大学出版社 1996 年版。

158. 张光博:《坚持马克思主义法律观》,吉林人民出版社 2005 年版。

159. 付子堂:《马克思主义法律思想研究》,高等教育出版社 2005 年版。

160. 付子堂:《文本与实践之间:马克思主义法律思想中国化问题研究》,法律出版社 2009 年版。

161. 种明钊、万映忠:《〈资本论〉中关于法的论述》,西南政法学院出版社 1983 年版。

162.《马克思恩格斯列宁斯大林论法》,法律出版社 1986 年版。

163. 李龙主编:《马克思主义法学著作导读》,武汉大学出版社 1991 年版。

164. 薛伦倬主编:《马克思主义法学新探》,重庆出版社1992年版。

165. 毛信庄:《〈资本论〉法律思想研究》,上海三联书店1992年版。

166. 黎国智主编:《马克思主义法学论著选读》,中国政法大学出版社1993年版。

167. 黎国智主编:《马克思主义法学论著导读》,中国政法大学出版社1993年版。

168. 张文显主编:《马克思主义法理学——理论、方法和前沿》,高等教育出版社2003年版。

169. 张文显主编:《马克思主义法理学——理论与方法论》,吉林大学出版社1993年版。

170. 蔡宝刚:《经济现象的法律逻辑:马克思法律反作用思想研究》,黑龙江人民出版社2004年版。

171. 杜万华:《马克思法哲学与法律社会学理论研究》,法律出版社2003年版。

172. 于沛霖:《恩格斯法律思想研究》,辽宁师范大学出版社2007年版。

173. 周尚军:《自由主义之后的自由——马克思〈巴黎手稿〉的法哲学问题》,法律出版社2010年版。

174. 武步云:《马克思主义法哲学引论》,陕西人民出版社1992年版。

175. 李可:《马克思恩格斯环境法哲学初探》,法律出版社2006年版。

176. 罗国杰主编:《马克思主义伦理学》,人民出版社1982年版。

177. 衣芳:《马克思主义伦理学》,济南出版社2004年版。

178. 曹玉涛:《分析马克思主义的正义论研究》,人民出版社2010年版。

179. 陈传胜:《马克思恩格斯的公平正义观研究》,合肥工业大学出版社2011年版。

180. 李惠斌编:《马克思与正义理论》,中国人民大学出版社2010年版。

181. 上海市社会科学界联合会编:《马克思主义视野下的公平与正义》,上海人民出版社2010年版。

182. 林进平:《马克思的"正义"解读》,社会科学文献出版社2009年版。

183. 王广:《正义之后:马克思恩格斯正义观研究》,江苏人民出版社2010年版。

184. 胡真圣:《两种正义观:马克思、罗尔斯正义思想比论》,中国社会科学出版社2004年版。

185. 惠吉兴主编:《正义·民主·法治:马克思主义政治哲学的当代境界》,红旗出版社2010年版。

186. 王磊选编:《马克思恩格斯论道德》,人民出版社2011年版。

187. 郭增花:《实践与至善——马克思在伦理学上的变革》,经济科学出版社2011年版。

188. 安启念:《马克思恩格斯伦理思想研究》,武汉大学出版社 2009 年版。

189. 陶艳华:《马克思政治伦理思想研究》,人民出版社 2009 年版。

190. 张之沧:《西方马克思主义伦理思想研究》,南京师范大学出版社 2009 年版。

191. 王泽应:《20 世纪中国马克思主义伦理思想研究》,人民出版社 2008 年版。

192. 余达淮:《马克思经济伦理思想研究》,江苏人民出版社 2006 年版。

193. 章海山:《经济伦理论:马克思主义经济伦理思想研究》,中山大学出版社 2001 年版。

194. 刘琳:《〈资本论〉的经济伦理思想研究》,安徽大学出版社 2008 年版。

195. 胡贤鑫:《〈资本论〉伦理思想研究》,湖北人民出版社 2006 年版。

196. 张恒山:《义务先定论》,山东人民出版社 1999 年版。

197. 张恒山:《法理要论》,北京大学出版社 2009 年版。

198. 张恒山主编:《共和国六十年法学论争实录 法理学卷》,厦门大学出版社 2009 年版。

199. 吴忠民:《社会公正论》,山东人民出版社 2004 年版。

200. 周永坤:《法理学——全球视野》,法律出版社 2000 年版。

201. 季卫东:《正义思考的轨迹》,法律出版社 2007 年版。

202. 慈继伟:《正义的两面》,三联书店 2001 年版。

203. 冯象:《木腿正义》,北京大学出版社 2007 年版。

204. 韩水法主编:《社会正义是如何可能的 政治哲学在中国》,广州出版社 2000 年版。

205. 何怀宏:《契约伦理与社会正义——罗尔斯正义论中的历史与理性》,中国人民大学出版社 1993 年版。

206. 何怀宏:《公平的正义》,山东人民出版社 2002 年版。

207. 袁久红:《正义与历史实践:当代西方自由主义正义理论批判》,东南大学出版社 2002 年版。

208. 王海明:《公正、平等、人道:社会治理的道德原则体系》,北京大学出版社 2000 年版。

209. 崔延强:《正义与逻各斯——希腊人的价值理想》,泰山出版社 1998 年版。

210. 李梅:《权利与正义——康德政治哲学研究》,社会科学文献出版社 2000 年版。

211. 胡海波:《正义的追寻——人类发展的理想境界》,东北师范大学出版社 1997 年版。

212. 姚洋:《转轨中国:审视社会公正和平等》,中国人民大学出版社 2004 年版。

213. 严存生:《法的价值问题研究》,法律出版社 2011 年版。

214. 解兴权:《通向正义之路》,中国政法大学出版社 2000 年版。

215. 倪勇:《社会变革中的正义观念》,山东大学出版社 2006 年版。

216. 陈周旺:《正义之善:论乌托邦的政治意义》,天津人民出版社 2003 年版。

217. 葛四友:《正义与运气》,中国社会科学出版社 2007 年版。

218. 沈晓阳:《正义论经纬》,人民出版社 2007 年版。

219. 熊逸:《我们为什么离正义越来越远》,湖南文苑出版社 2012 年版。

220. 胡启忠:《契约正义论》,法律出版社 2007 年版。

221. 赵明:《正义的历史映像》,法律出版社 2007 年版。

222. 何建华:《分配正义论》,人民出版社 2007 年版。

223. 王玉峰:《城邦的正义与灵魂的正义》,北京大学出版社 2009 年版。

224. 周文华:《论法的正义价值》,知识产权出版社 2008 年版。

225. 夏纪森:《正义与德性 哈耶克与休谟的正义理论比较研究》,上海世纪出版集团 2009 年版。

226. 范广军:《中国共产党社会公正思想研究》,河南大学出版社 2009 年版。

227. 任映红、戴海东:《中国共产党的社会公正观研究》,人民出版社 2009 年版。

228. 黄显中:《公正德性论——亚里士多德公正思想研究》,商务印书馆 2009 年版。

229. 赵祥禄:《正义理论的方法论基础——罗尔斯、麦金太尔与哈贝马斯》,中央编译出版社 2007 年版。

230. 高兆明:《制度公正论 变革时期道德失范研究》,上海文艺出版社 2001 年版。

231. 邓正来:《中国法学向何处去——建构"中国法律埋想图景"时代的论纲》,商务印书馆 2006 年版。

232. 卓泽渊:《法的价值论》,法律出版社 2006 年版。

233. 李云龙、张妮妮:《民主自由人权正义——一个社会主义者的解读》,河南人民出版社 2002 年版。

234. 陈瑞华:《看得见的正义》,中国法制出版社 2004 年版。

235. 李龙主编:《良法论》,武汉大学出版社 2005 年版。

236. 高全喜:《法律秩序与自由正义——哈耶克的法律与宪政思想》,北京大学出版社 2003 年版。

237. 汪全胜:《制度设计与立法公正》,山东人民出版社 2005 年版。

238. 王锋:《行政正义论》,中国社会科学出版社 2007 年版。

239. 杨一平:《司法正义论》,法律出版社 1999 年版。

240. 胡玉鸿:《司法公正的理论根基——经典作家的分析视角》,社会科学文献出版社 2006 年版。

三、中文论文

241. 孙国华、郭华成:《马克思主义法正义观初探》,《中国法学》1991 年第 3 期。

242. 张密丹:《论马克思对黑格尔法哲学的超越》,《黑龙江省社会主义学院学报》2006 年第 2 期。

243. 朱晓红:《论马克思对黑格尔法哲学的超越》,《中共南京市委党校南京市行政学院学报》2005 年第 6 期。

244. 李晖:《论马克思法律观的形成》,《政法论丛》2004 年第 1 期。

245. 赵凯荣:《马克思早期法哲学思想研究》,《马克思主义哲学研究》2001 年刊。

246. 陈湘文:《马克思关于法律起源和法律生成的理论演进》,《常熟理工学院学报》2007 年第 7 期。

247. 高金榜:《法的起源探源——再论马克思主义的法起源观》,《中国地质大学学报(社科版)》2003 年第 3 期。

248. 谢石松:《再论马克思主义关于法的起源观》,《法学评论》1998 年第 6 期。

249. 郭道晖:《论法与法律的区别——对法的本质的再认识》,《法学研究》1994 年第 6 期。

250. 王宗非:《略论法的价值——兼及马克思的一个命题》,《法律科学》1990 年第 6 期。

251. 陈友清:《马克思主义法律价值观初探》,《法律科学》1990 年第 6 期。

252. 吴忠民:《马克思恩格斯公正思想初探》,《马克思主义研究》2001 年第 4 期。

253. 姚虹:《试论马克思恩格斯的正义观》,《当代法学》2001 年第 10 期。

254. 段忠桥:《马克思和恩格斯的公平观》,《哲学研究》2000 年第 8 期。

255. 洪镰德:《马克思正义观析评》,《北京大学学报》(哲社版)1991 年第 1 期。

256. 杨汴南:《略论马克思主义的公平正义原则》,《学术界》1994 年第 3 期。

257. 郁建兴:《马克思主义公平观与当代中国社会的公平问题》,《浙江社会科学》1995 年第 4 期。

258. 江山:《再说正义》,《中国社会科学》2001 年第 4 期。

259. 张恒山:《论正义和法律正义》,《法制与社会发展》2002 年第 1 期。

260. 倪勇:《论正义标准》,《文史哲》2000 年第 1 期。

261. 张恒山:《论文明转型——文明与文明类型》,《人民论坛》2010 年 11 月中旬刊。

262. 朱士群:《尼尔森的"激进平等主义"分配正义论述介》,《哲学动态》1995 年第 10 期。

263. 吴予:《法与正义之关联:一个西方文化基因演进的考察》,《比较法研究》1999 年第 2 期。

264. 王书道:《90 年代正义问题研究综述》,《社会科学动态》1998 年第 11 期。

265. 郭华成:《苏联法学理论中法与正义问题研究概述》,《法律科学》1989 年第 6 期。

266. 肖建国:《程序公正的理念及其实现》,《法学研究》1999 年第 3 期。

267.〔奥〕凯尔森:《什么是正义?》,《现代外国哲学社会科学文摘》1961 年第 8 期。

268.〔美〕J·R·费根:《社会公正与社会学:二十一世纪的议程》,《新华文摘》2002 年第 12 期。

四、英文资料

1. Hugh Collins, Marxism and Law, Clarendon Press Oxford, 1982.

2. M. Goncharuk, the Marxist Conception of Law, USSR Academy of Sciences Moscow, 1980.

3. Allen E. Buchanan, Marx and Justice: The Radical Critique of Liberalism, London, Methuen, 1982.

4. Edmond N. Chan, the Sense of Injustice: an Anthropocentric View of Law, New York University Press, 1949.

5. Tom Campbell, Justice, London, Macmillan Education Ltd., 1988.

6. Bruce. A. Ackerman, Social Justice in the Liberal State, New Haven, 1980.

7. Hannah Arendt, The Human Condition, Chicago, 1958.

8. Alexander M. Bickel, The Morality of Consent, Yale University Press, 1977.

9. Kant, Political Writings, Edited H. S. Reiss, Trans by H. B. Cambridge: Nisbet Cambridge University Press, 1970.

10. Charles Fried, Right and Wrong, Harvard University Press, 1978.

11. Stuart Hampshire, Thought and Action, London, Chatto and Windus, 1959.

12. Stuart Hampshire, Two Theories of Morality, Oxford University Press, 1977.

13. Stuart Hampshire, Justice is Conflict, Princeton University Press, 2001.

14. Peter Worsley, Marx and Marxism, Routiedge, 2002.

15. Allen Wood, Karl Marx, London: Routledge and Kegan Paul, 1981.

16. Marshall Cohen et al.（ed.）, Marx, Justice and History, Princeton, Princeton University Press, 1980.

17. Randall Collins, Four Sociological Traditions, New York, Oxford University Press, 1994.

18. Theda Skocpol, Social Revolutions in the Modern World, New York, The University of Cambridge Press, 1994.

19. Martin Buber, Paths in Utopia, New York, Macmillan, 1950.

20. Zygmunt Bauman, Socialism: The Active Utopia, London, Gorge Allen & Unwin Ltd,1976.

21. George G. Brenkert, Marx's Ethic of Freedom, Routledge & Kegan Paul, 1983.

22. Gordon Marshall, Adam Swift and Stephen Roberts, Against the odds?: Social Class and Social Justice in Industrial Societies, Oxford University Press, 1997.

23. Eric A. Havelock, The Greek Concept of Justice: From Its Shadow in Homer to Its Substance in Plato, Cambridge: Harvard University Press, 1978.

24. Robert C. Solomon, Mark C. Murphy, What is Justice?: Classic and Contemporary Readings, New York: Oxford University Press, 1990.

25. Antony Flew, Equality in Liberty and Justice, London; New York: Routledge, 1989.

26. M.W. Jackson, Matters of Justice, Britain, Billing & Sons Ltd., Worcester, 1986.

27. Aleksander Peczenikyu, On Law and Reason, Kluwer Academic Publishers, 1989.

28. Howard Abadinsky: Law and Justice-An Introduction to the American Legal System（Second Edition）, Nelson-hall Publishers, Reprinted, 1993.

29. Joseph Razz,The Authority of Law, Essays on Law and Morality, Oxford, Clarenden Press, 1979.

30. Kenneth J. Arrow, Social Choice and Individual Values, Yale University Press, 1970.

31. Alf Ross, On Law and Justice, University of California Press, 1959.

32. Richard Dien Winfield. Reason and Justice, State University of New York Press, Albany, 1988.

33. Kenneth Culp Davis, Discretionary Justice: A Preliminary Inquiry, University of Illinois Press, 1971.

34. James P. Sterba, Justice: Alternative Political Perspectives, Belmont, Wadsworth Pub. Co., 1980.

35. H. P. P. Lotter, Justice for an unjust Society, Amsterdam, Rodopi, 1993.

36. Elliot R. Pruzan, The concept of Justice in Marx, Boston University Graduate School, 1980.

37. Serge-Christope Kolm, Modern Theories of Justice, Cambridge, MA: MlT Press , 1996.

38. Michael Sandel, Justice: What's the Right Thing to Do? Penguin Books Ltd, 2009.

39. Michael J. Sandel, Justice: a reader, Oxford University Press, 2007.

40. Thomas R. Kearns, Justice and injustice in law and legal theory, University of Michigan Press, 1996.

41. Philip J. Kain, Marx and Ethics, Oxford University Press, 1991.

42. Shefali Jha, Western Political Thought: From Plato to Marx, Pearson Education India, 2010.

43. Rodney G. Peffer, Marxism, morality, and social justice, Princeton University Press, 1990.

44. Bob Jessop,Russell Wheatley, Karl Marx's social and political thought, Routledge, 1999.

45. Julius Stone, Human law and human justice, Stanford University Press, 1965.

46. Evgeny Bronislavovich Pashukanis, General theory of law and Marxism, Transaction Publishers, 2001.

47. David Johnston, A Brief History of Justice, Wiley-Blackwell, 2011.

48. Donna Riley, Engineering and Social Justice, Morgan & Claypool Publishers, 2008.

49. Paul Smart, Mill and Marx: individual liberty and the roads to freedom, Manchester University Press ND, 1991.

50. Eugène Kamenka, The ethical foundations of Marxism, Routledge, 1972.

51. Iris Marion Young, Justice and the Politics of Difference, Princeton University Press, 2011.

52. George E. McCarthy, Marx and Aristotle: nineteenth-century German social theory and classical Antiquity, Rowman & Littlefield, 1992.

53. Jonathan Westphal, Justice, Hackett Pub., 1996.

54. Hans Kelsen, What is justice?: Justice, law, and politics in the mirror of science, University of California Press, 1971.

55. James Daly, Marx: Justice and Dialectic, Greenwich Exchange, 1996.

56. J. Angelo Corlett, Race, rights, and justice, Springer, 2009.

57. Kai Nielsen, Equality and Liberty: A Defence of Radical Equalitarianism, Rowman

& Allanheld, 1985.

58. Nicholas Wolterstorff, Justice, Rights and Wrongs, Princeton University Press, 2007.

59. Dragan Milovanovic, Weberian and Marxian Analysis of Law, Avebury, 1989.

60. Lon L. Fuller, The Morality of Law, New Haven and London: Yale University Press, 1969.

61. Jerome Frank, Law and the Modern Mind, New York, Coward-McCann Publishers, 1930.

62. Brian Barry, Justice as Impartiality, Oxford, Clarendon Press, 1995.

63. Gerasimos Santas, Goodness and Justice——Plato, Aristotle, and the Moderns, Oxsford, Blackwell Publishers Ltd., 2001.

64. Alasdair Macintyre, A Short History of Ethics, London,1980.

65. Fred D. Miller, JR., Nature, Justice, and Rights in Aristotle's Politics, Oxsford: Clarendon Press, 1995.

66. Holmes, The path of law, Collectd Legal Papers, Harcourt, Brace, 1920.

67. Peter Stein & John Shand: Legal Values in Western Society, 1974 Edmburgh University Press.

68. William S. Sorley, The Moral Life, Cambridge, Eng., 1911.

69. Justice William O.Douglas's Comment in Joint Anti- Fascist Refugee Comm. v.Mcgrath, see United States Supreme Court Reports（95Law.Ed.Oct.1950 Term）, The Lawyers Cooperative Publishing Company, 1951.

70. C.Perelman,ConcerningJustice,Inhis "The Idea of Justice and the Problem of argument", J. Petrie（trans.）, London and New York,The Humanities Press, 1963.

71. Hugo Grotius, On the Law of War and Peace.Oxford:Oxford University Press, 1925.

72. John Locke, Essays on the law of nature.Oxford University Press, 2002.

73. Hayek, Law, Legislation, and Liberty, The University of Chicago Press, 1973.

74. Joel Feinberg, "Justice and Personal Desert," Doing and Deserving, Princeton University Press, 1970.

75. R.S.Summers, "Evaluating and Improving Legal Process——A Plea for 'Process Values'", from Cornel Law Review, Vol,60, No.1, November, 1974.

76. Allen Wood, "Marxian Critique of justicc", from Karl Marx's Social and Political Thought: Critical assessments, Jessop, Bob［eds］, London; New York: Routledge, vol. 1, 1993.

77. Z.I.Husami,"Marx on Distributive Justice", from Karl Marx's Social and Political

Thought; Critical Assessments, Jessop, Bob〔eds〕, London, New York, Routledge, vol. 1, 1993.

78. Allen Wood, "Marx on Right and justice: A Reply to Husami", from Karl Marx's Social and Political Thought: Critical Assessments, Jessop, Bob〔eds〕, London; New York: Routledge, vol. 1, 1993.

79. G.McCarthy, Marx's Social Ethics and the Critique of Traditional Morality, From Karl Marx's social and political thought: critical assessments,Jessop,Bob〔eds〕. London; New York: Routledge, vol. 1, 1993.

后　记

　　呈现在读者面前的这本书稿是在我的博士毕业论文基础上修改完成的。在本书出版之际，我要特别感谢人民出版社的郇中建先生和赵圣涛先生。郇中建先生对本书的选题给予了支持和肯定，并对本书的修改完善提出了许多中肯的建议，虽不曾谋面，但对他一丝不苟的敬业精神和严谨细致的工作态度深有体会，不胜感激。责任编辑赵圣涛先生在联络、审稿及编校等方面付出了辛勤的劳动，正是得益于他的热情和高效的工作，本书才得以尽快顺利出版。

　　不记得曾经在哪里看过这样一句名言：失去的永远不会复回，却往往在失去后才懂得它的珍贵。转眼间，博士毕业已近两个年头，每每忆及在中共中央党校攻读硕士和博士学位期间的感受，想起当时兼顾工作、学业与家庭，时常焦头烂额地奔波于京济之间的无数次旅程，常常感慨人生之得失，其实也就在一念之间。几个月前，接到母校研究生院老师的电话，告知博士毕业论文被评为 2012 年度校级优秀毕业论文，欣喜之余更对自己在工作和学习中不时会泛起的惰性心理感到惭愧，由此愈加感念母校，感念师恩。

　　书稿的顺利完成，首先得益于导师张恒山教授耐心细致的教导与点拨。非常有幸攻读博士学位期间师从张恒山教授，我一直相信冥冥之中自有一种无形的力量把我从功利的独木桥上拉回，在导师严厉的目光下，保持一份淡定的心情，又踏踏实实地读了三年书，认认真真地交上这份答卷。导师严谨治学、精益求精、对学术负责的态度时刻鞭策着我，求学期间不敢有丝毫的懈怠。虽个人资质庸钝，不免辜负导师悉心教导、琢石成玉之意，但总算尽心竭力，无愧己心。论文从题目拟定到框架搭建，从动笔写作到初稿成型再到修改定稿，每一步都凝聚了导师的心血。仅仅选题一项，我就记得曾经四易其稿。题目从较大到较小，范围一次比一次限缩。每次我把开题报告交给导师，他总是戴上花镜，旁若无人地陷入沉思，那副专注的深情，至今想起仍记忆犹新，好像时间和一切的一切都在他紧锁的眉宇间冻结凝固了。更不会忘记自己当时的惴惴不安，也许是生怕扰了他的思路，更或许是自知学识浅薄惧怕导师的苛问与训责。然后导师总会摘下花镜，开始讲述他对论文题目及将来写作时如何立意的想法。经几番论证，终于进入动笔写作过程，感觉最难的是两个阶段：一是开篇，真正体会到了万事开头难的感觉，虽然选题确定后，搭建一个大的框架没怎么费劲，但开始动笔却总觉得无处下手，不知从哪里写起；二是论文大部分完成后，好写一些的部分都写了，突然觉得走入了死胡同，大有江郎才尽之感。论文写作期间每遇困惑，经常烦扰导师，每次他都不避繁琐，不管工作多么繁忙，总是适时指点迷津，给予新的启迪。学高为师，身正为范，导师的敬业精神和高贵品行将是我一生做人做事的楷模。

　　同时，感谢我的硕导刘永桂教授及师父蔡长水教授，不论是当年在读硕士期间还是毕业之后，他们都给予了我许多无私的关怀和照顾。如今两位老人都已过古稀之年，由于我读博时间忙于论文和家庭琐事，没能经常探望和问候，心中诸多愧疚。感谢中央党校政法部法学理论专业博士生导师组的其他老师，石泰峰教授、卓泽渊教授、林喆教授在第一学期为我们 2009 级博士生开设课程，在课堂的学习及讨论中，我受益良多。感谢李良栋教授、张晓玲教授、封丽霞教授、王立峰副教授对开题报告提出的许多宝贵意见，我在论文写作过程中都尽力吸纳。感谢参加论文答辩的刘致兴教授、高鸿钧教授、张晓玲教授、李雅云教授和罗志先教授提出的修改建议，使书稿在原来基础上有所完善，当然由于个人能力所限，有些修改可能并不尽如人意。感谢亦师亦友的刘永艳教授，她待人热情，性格爽朗，硕士期间对我帮助很多，既是一位可亲的老乡大姐，更是一位可敬的良师益友，本以为读博期间可以有更多机会向她讨教，怎奈她工作繁忙，除了几次偶遇，没有机会畅谈，后来听说她远赴新疆挂职，毕业前更是无缘相见，甚觉遗憾。感谢中央党校文史部的韩红、焦玉莉、肖宏宇、郭莲四位老师，她们既严肃又活泼的英语教学为我们的博士生活增添了很多情趣。感谢我们 2009 博的组织员辛英老师，她性格豪爽却不失细致，如慈母般护佑着她的 99 个孩子，关心大家的学习，照顾大家的生活，事无巨细，体贴入微。

　　感谢我的工作单位山东省委党校支持我在职学习，并为外出学习提供了诸多便利。特别感谢政法教研部的领导及各位同事，他们总会在我需要帮助时伸出援手。感谢我的同事兼师妹燕方敏，她晚我两届入学，类似的求学经历和同龄人的息息相通使我们有更多的默契和共同语言，在艰辛的学习之外收获一份友谊，感受一层暖意。

　　感谢同窗共读的同学和各位同门师兄弟姐妹：沈玲、黄海媛、李志坚、张岩、杨圣坤、胡焕刚、邱晓里七位同专业学友，晏荣、袁红丽、陈承新、张磊、南储鑫、麻雪峰、曾辉方、居伟、王科等三支部同学，何爱云、杜瑾、娄季芳、马晨、马新颖、赵文丹等饭友，高海青、李海洋、李荣田、郝栋、郑东超等山东老乡，申林、潘华志、王锦、付夏婕、刘祥超、郑继汤等同门，还有……这里写下他们的名字，眼前立马浮现一张张生动鲜活的笑脸，感谢他们真诚的友谊，感谢他们给予我的鼓励和帮助。

最后感谢我的家人多年来默默的付出与支持。父母双亲远在滨州老家，他们年逾六旬仍劳作不息，不愿给子女增加任何负担，因为读博有两个春节没有回去与父母团聚，多亏妹妹及其家人时时尽孝身边，省却我许多牵挂。我的爱人张长阳同志工作之余承担了大量的家务，还不辞辛劳帮我校对文稿，润色文字，无怨无悔且乐此不疲。浓浓亲情，难一个谢字了得。儿子张学垚同学在我读博期间正面临他人生的第一次挑战——中考，虽少年初成却不谙世事，令我伤透脑筋，身为人母，没有尽好养育之责，我惟有深深的自责。儿子是一个聪慧且有个性的孩子，如今已是一名高中二年级学生，也许我不该屡屡尝试做拔苗助长之举。但愿能如前人所言：车到山前会有路，船到桥头自然直。

时光荏苒，岁月如梭。回首往事，依然是：最忆嫦娥舒广袖，阳台峰顶赏金秋。师徒六人坐论道，不觉已是云起时。一路行来，师友的关心和亲人的支持一直如歌相伴。谨将此书献给他们。由于学识有限，书中难免诸多缺憾和不足，敬祈方家和广大读者不吝赐正。

司春燕　谨识

2013 年 11 月 3 日于济南

责任编辑：赵圣涛
封面设计：肖　辉
责任校对：吴晓娟

图书在版编目（CIP）数据

马克思恩格斯法正义观研究／司春燕　著．－北京：人民出版社，2014.5
ISBN 978－7－01－013342－3

I. ①马…　　II. ①司…　　III. ①马克思主义哲学－正义－研究
　　IV. ① B0－0 ② B82

中国版本图书馆 CIP 数据核字（2014）第 055139 号

马克思恩格斯法正义观研究
MAKESI ENGESI FAZHENGYIGUAN YANJIU

司春燕　著

人民出版社 出版发行
（100706　北京朝阳门内大街 166 号）

北京市文林印务有限公司　　新华书店经销

2014 年 5 月第 1 版　2014 年 5 月北京第 1 次印刷
开本：710 毫米 ×1000 毫米 1/16　印张：19.75
字数：320 千字

ISBN 978－7－01－013342－3　定价：45.00 元

邮购地址 100706　北京朝阳门内大街 166 号
人民东方图书销售中心　电话（010）65250042　65289539